章开沅先生，铜版画，2015，[illegible]

2013年湖北省学术著作出版专项资金资助项目

章开沅文集

章开沅／著

【第五卷】

華中師範大學出版社

新出图证（鄂）字 10 号

图书在版编目（CIP）数据

章开沅文集　第五卷/章开沅著. —武汉：华中师范大学出版社，2015.7
（章开沅文集）
ISBN 978-7-5622-6941-0

Ⅰ.①章…　Ⅱ.①章…　Ⅲ.①章开沅—文集②中国历史—文集
Ⅳ.①K207-53

中国版本图书馆 CIP 数据核字（2015）第 066228 号

章开沅文集　第五卷

© 章开沅　著

责任编辑：曾　艳　　**责任校对：**罗　艺
编辑室：学术出版中心　　**封面设计：**甘　英　胡　灿
出版发行：华中师范大学出版社　　**电话：**027—67863220
社址：湖北省武汉市洪山区珞喻路 152 号　　**邮编：**430079
电话：027—67863040（发行部）　027—67861321（邮购）
传真：027—67863291
网址：http：//www.ccnupress.com　　**电子信箱：**hscbs@public.wh.hb.cn
印刷：湖北恒泰印务有限公司　　**督印：**章光琼
字数：450 千字　　**印张：**30.25
开本：710mm×1000mm　1/16　　**版次：**2015 年 7 月第 1 版
定价：91.00 元　　**印次：**2015 年 7 月第 1 次印刷

欢迎上网查询、购书

走出老宅

1937年初冬，摄于芜湖老宅。

章开沅出生在安徽芜湖青弋江边这所老宅内。抗战爆发后，芜湖形势危急，章开沅随父母逃难到四川，离开老宅前在大门口摄影留念。前排右三为章开沅。此行入川八年，从此走出老宅。

求学“金陵”

1947年秋，金陵大学历史系部分师生合影于美籍教师贝德士住宅前。一排左二：王绳祖，二排左三：陈恭禄，二排左四：贝德士，二排右一：章开沅。

昙华林忆旧

2004年6月，章开沅与夫人黄怀玉摄于华师老校区昙华林。这是章开沅夫妇工作多年的地方，章开沅的中国近代史教研室、黄怀玉的世界古代史及中世纪史教研室都在此楼一层。钱基博先生捐建的文物陈列室亦在其侧。

故里寻根

2012年6月，全家湖州留影。章开沅的祖籍是浙江吴兴（今湖州市）菱湖镇荻港村。回湖州寻根问祖是家人多年的愿望。章先生右边是大女儿章明明、女婿董黎、外孙女董昕及其男友于秉彝；章夫人左边是小女儿章雪梅、外孙女陈乐章、女婿陈迎新。

出任院长

1983年底，章开沅被群众推举、国务院任命就任华中师范学院院长。

1984年，与党委书记高原（左）共商校务。

走向世界

1986年3月，章开沅与美国孟菲斯大学校长（前排右）在华中师范大学互签交流协议留影。后排右起：邓宗琦、王庆生、孟菲斯大学外事负责人及王秋来、杨庆德。

组织校友总会

1988年10月，华中师范大学校友总会成立，章开沅致辞。前排右二为老领导刘介愚。

相约桂子山

1995 年 10 月，章开沅与部分弟子合影。1995 年华中师范大学历史研究所举办建所十五周年庆典，海内外弟子纷纷回到母校，相聚一堂，章开沅颇感欣慰。前排左起：乐正、马敏、赵军、章开沅、莫世祥、马小泉、周洪宇；二排左起：宋亚平、郭国灿、桑兵、王杰、张富强、虞和平；后排左起：林济、高钟、郑焱。

为工友祝寿

1986 年冬，章开沅与华中师范大学绿化组姚水印老师傅（右）合影。以姚水印师傅为代表的绿化组几十年勤奋工作，努力创新，为把华师建设成花园式学校立下了汗马功劳。学校领导聘请姚师傅为生物系讲师，并为他隆重庆祝六十大寿。

寄语新生

2004 年 9 月，章开沅为新生作“寄语新同学”讲演后，在党委副书记何祥林陪同下步出会场。近十年来，几乎每年他都要为入学新生作一次演讲。他的演讲成为新生大学阶段的第一堂课。

为“辛亥”立传

1976 年，人民出版社编辑林言椒力邀章开沅出面组织撰写一部多卷本《辛亥革命史》，以填补国内外学术界空白。章开沅先后邀请隗瀛涛、吴雁南、刘望龄、肖致治、王天奖、冯祖贻、林家有等多名学者参与其事，又请林增平共同担纲主编。

1977 年，贵阳会议后，编写组部分成员在游龙宫洞时合影。左起：吴雁南、林增平、隗瀛涛、章开沅。

经过编写组三年的共同努力，120 万字的三卷本《辛亥革命史》终于问世。宋庆龄先生应章开沅之恳请，为此书题写了书名。

两岸盛会

1982 年 4 月，中国大陆代表团出席芝加哥亚洲学会的年会后，部分团员在华盛顿美国国会前合影。左起：章开沅、陈德仁（翻译）、胡绳（领队）、美中友协代表、李宗一。

台湾方面出席的学者有：秦孝仪（领队）、张玉法、李云汉、张忠栋、林明德等。这是新中国成立后两岸史学家第一次坐在一起开会，会场爆满。章开沅与台湾的张玉法被分别指定为答辩人，讨论辛亥革命的性质，争论非常激烈。两人从此成为好友。

反思“辛亥百年”

2011 年 7 月，章开沅在北京国家图书馆演讲。

为南京大屠杀取证

1998 年 5 月，摄于美国耶鲁大学神学院档案馆。此馆藏有 1937 年 12 月南京沦陷后南京安全区国际委员会档案全宗，此乃日军侵华、进行南京大屠杀滔天罪行的铁证。章开沅在金陵大学的业师贝德士是该会的创建人之一，而且是最后一任主席。这一批重要历史文献由贝德士带回美国。

会师东京

1997 年 12 月 13 日，摄于日本东京，右为翻译。世界南京大屠杀研究者云集东京，共同纪念惨案六十周年。章开沅为此会作主题演讲，他列出如山铁证，义正词严地驳斥并谴责日本右翼势力的荒谬言行。

世纪馈赠

2005 年 12 月，章开沅与日本池田大作先生（右）在东京“对话”留影。对话涉及许多方面，主题是强调正确历史观的重要，反对军国主义，促进中日友好，并且共同追求、营造祥和幸福的 21 世纪。对话录于 2010 年及 2011 年先后在日本和中国出版。

教会大学研究

1989 年 6 月，摄于华中师范大学科学会堂。这是中国教会大学史研究的首次国际研讨会，章开沅作为会议主席致开幕词。左为北京大学张寄谦教授，右为英语翻译。

张謇研究

2003 年 4 月，在北京与张謇亲属合影。左起：张绪武夫人、张绪武姐姐张柔武、章开沅、张绪武（张謇嫡孙）、张绪武之儿媳及孙女。这次论坛在北京人民大会堂隆重举行，由章开沅作主题演讲。

受聘“资深教授”

2003 年 9 月 10 日，章开沅先生被聘为华中师范大学资深教授，左为时任校党委书记丁烈云，右为时任校长马敏。

荣休仪式

2014 年 4 月 16 日，校长杨宗凯颁发荣誉资深教授证书时留影。

88 岁的章开沅因身体欠佳，力不从心，主动请辞资深教授，并放弃与之相关的待遇。

同事留影

2014 年 4 月 16 日，荣休仪式结束后，章开沅与华中师范大学中国近代史研究所全体同事合影留念。

自　　序

今年正逢米寿，应该盘点一番自己的生平，这套文集的出版就是在集体帮助下的自我盘点。

我从事历史教学与研究整整65年，但这并非出于自己的选择，终生与史学结缘纯属偶然。

1946年9月进入金陵大学就读，原本报的志愿是农业经济系，因为这是金大的王牌专业，卜凯早已成为知名教授，而我此前曾经在教育部办的计政人员专修班读过将近一年的会计专业。没有想到金大的正式录取书却把我拨归历史系，个中情由至今仍百思不得其解。但我也从未申请转系，因为历史系有好几位良师，他们都对我热心教诲，我不好意思说对史学不感兴趣。实际上我的课余时间多半用于研究陀思妥耶夫斯基的《被侮辱与被损害的》，并努力阅读与印第安人相关的文学作品。

我未能完成历史系本科学业，因为1948年11月进入中原解放区参加革命。原想经过短期培训即奔赴前线，最好是当个战地记者，不料却被当时设在开封的中原大学视为理论人才，就留在校部政治研究室中共党史组。是金大历史系肄业的学历害苦了我，我从此再无任何机会上战场杀敌。

1949年6月，我随中原大学南下，在武汉继续从事干部短期培训工作。稍后中原大学分设政治、财经、教育、文艺等学院，我被划归教育学院，仍然从事中共党史与新民主主义论的教学工作。1951年暑假，又随教育学院与已经改制为公立的华中大学合并（以后改名为华中师范学院，后又改名为华中师范大学），并且正式成为历史系教师。最初仍然是教中共党史等政治课，直到1954年才开始担任中国近代史本科教学的主讲老师。

因此，我常说，是革命为我选择了职业，而职业又使我从家族的历史走向中国的历史与世界的历史。我又常自我解嘲：我的职业像包办婚姻，通常应该是先恋爱后结婚，我却是先结婚后恋爱。我是在担任历史课老师以后，才逐渐增长了对于史学研究的兴趣。不过，1956年以前主要还是应付课堂教学。试想，一个只读完大学二年级的肄业生，要独立地为大学本科生，甚至为在职中学历史骨干教师开课，而且经常是每周3门课（历史、政治、教育三个系分头上），总共13个课时，那是多么勉为其难。当时，也没有一部完整的教材可供凭借，范文澜的《中国近代史》只有上册，戴逸的《中国近代史稿》也只有一半，此外则为胡绳的《帝国主义与中国政治》等少量参考书，陈恭禄、蒋廷黻的教材则已作为反动书籍被封存。幸好华师历史系系主任田家农到中央党校学习，胡绳为他们系统讲授中国近代史，有一个较详尽的教学提纲，田家农赶紧为我寄来一份，我就按照这个提纲编写简要讲义，印发给学生参考。当时中央强调“厚今薄古”，课时的分配上中国近代史与中国古代史门当户对，结果是中国古代史为课时不够发愁，而中国近代史却深感课时过多，没有那么多内容可以搪塞。至今回想起来，我仍时有愧疚。幸好1948年我在南京一所私立高中兼任过世界史课程，多少有点教学技巧，所以无论是本科生还是中学在职老师都还愿意听我讲课，这才不断增强继续教学的信心，并且挤出一点时间进行结合教学需要的课题研究。

中国近代史是个年轻的学科，如同当时国内其他年轻同行一样，初期的研究也是赶潮流，热心参加中国近代史分期问题讨论，并且花费很多精力研究太平天国的性质与土地制度。直到1960年以后，才真正把精力转移到辛亥革命研究，特别是张謇研究。1961年10月纪念辛亥革命50周年的全国性学术讨论会在武汉隆重召开，对我的学术生涯来说这是一个重大转折。此前我与外地同行学者交往极少，可以说是僻处乡野，孤陋寡闻。正是通过这次盛会，我不仅聆听了许多著名前辈学者的教诲，并且结识了一批来自北京、上海、广州等地的青年俊彦，我们从此风雨同舟，共同为中国近代史学科的营建奉献终生。

正是在此次会后，华师领导念我多年苦战在教学第一线，从来没有享受过出外进修的优厚待遇，慷慨地给我两年学术休假，让我借此访师问友进一步提高学术水平。当时，北大与近代史研究所对我都很有吸引力，北大是经过侯仁之亲自联络，邵循正满口答应接受；近代史研究所则是由于范文澜曾经挂名当过中原大学校长，刘大年等已把我看作势在必得的“自己人”。但没有想到更为热心的却是曾任华中师院院长的杨东莼，他在征得华师党委同意后，于 1963 年春天正式以全国政协文史资料委员会的名义，把我借调赴京协助征集北洋政府时期资料，而北大与近代史研究所只不过是经常联系单位。

从 1963 年春天到 1964 年 10 月，我名义上是协助征集北洋史料，但实际上这方面可做的事情并非很多，无非偶尔陪同章士钊与其几位北洋时期的同僚漫无边际地闲聊而已，真正有价值的史料还是他们自己过去已经发表的忆述。坦白地说，这一年多时间我主要是研究张謇，利用北京图书馆善本室收藏的《近代史料信札》（即《赵凤昌藏札》）和此前在南通市市委档案室搜集的《张謇未刊函札》等相关原始文献，对照《张季子九录》、《张謇日记》等已出版书籍，做系统的史料长编与部分笺注工作，然后在此基础上写成 20 多万字的传记初稿，这就是迟至 1986 年才改由中华书局出版的《开拓者的足迹——张謇传稿》一书的原坯。

北京之旅使我大开眼界，我不仅得以充分利用北京图书馆、北京大学与近代史研究所的丰富藏书，而且得以经常向许多学识渊博的师友问难切磋，这将近两年的进修比我读个学位的收获更大，可以说影响了我整个学术生涯。

在朋友圈中，首先要感谢李侃与龚书铎。我刚到北京时，为接待重点“北洋老人”（如曾毓隽、邓汉祥等），陪同他们住在全国政协临时性招待所（在中央社会主义学院招待所租用的两层楼），与北京史学界仍然比较隔绝。只有李侃特别热心，因为此前他已与总编金灿然商定，把我与祁龙威等都列入中华书局的重点扶植青年学者计划。灿然虽然生病住院，仍召我面谈一次，多所垂询并给以鼓励。所以每逢星期天，李侃必邀龚书铎一起来看我，多半是在附近的玉渊潭公园紫竹院品茶、抽烟、神聊，中午就在院中活鱼食堂进餐。当时物价便宜，一餐饭加上二锅头还不到一包中华烟的价钱。那时星期天难得清闲，不谈国家大事，更不谈声色犬马，主要是谈书论学，自得其乐，我从他们那里获取许多学术界的最新消息。大约半年以后，“北洋老人”多已回家，李侃遂按原计划安排我住进中华书局潜心治学撰述。中华书局书库本身就有丰富收藏，有些是还来不及整理出版的大型书稿，如《梁启超年谱长编》，对我写作提供了极大方便。加以当时集中力量校订二十四史，全国史学大家都聚集在公主坟中华书局幽静的原址，作为年轻后辈，请教问难更为方便，其中唐长孺、王仲荦都成为我的忘年之交。正是在中华书局，特别是筹建中国近代社会历史调查委员会期间，我才真正开始融入全国史学界。

李侃豁达大度，急公好义，有古君子风。他明明知道我的张謇传稿在来北京以前已与上海人民出版社签约，但毫不计较，只要求为“历史知识丛书”写一本《武昌起义》就算交差，而且还给以优厚的稿酬。1964 年 10 月，我因撰文评价李秀成惹祸，中宣部通知全国重点批判，中华书局对我的扶植计划亦告夭折。但李侃对我的友情始终如一，就在我回武汉接受批判并且又患黄疸肝炎之际，他仍不断寄来北京上好小米，供我作为中医药丸的添加剂，使我的肝功能迅速恢复正常。

李侃比我参加革命早，原先曾在东北局宣传部任机要工作，以后来北京调入中华书局任近代史编辑室主任，成为金灿然的得力助手，与中宣部的几位老领导关系也比较密切。也正因为如此，“文革”爆发时他就作为中宣部“黑线人物”横遭批斗；我的另一好友戴逸也因《论清官》一文得祸，大字报铺天盖地。华师历史系有一位曾在北京进修的“造反派”教师，看见这些大字报后联想到我与李、戴关系十分密切，认定我是隐藏在桂子山的中宣部“黑线人物”，甚至把我们在紫竹院把酒论学也视为暗授机宜的“黑会”，公开在大会小会发难，借助所谓群众声势逼迫我“彻底交代”。但是，“文革”10 年，我们这些老朋友都是自己做事自己承担，从未牵扯别人以图“立功赎罪”。此所谓道义之交，自有坚守的做人的底线，所以“紫竹院黑会”的爆炸性新闻也就无疾而终。与此相类似的著名编辑还有《新建设》的王庆成、《光明日报》的苏双碧、人民出版社的林言椒，他们都是我推心置腹、放言无忌的密友，我们也都“好汉做事自己担”，从未诿过他人或牵连上级领导。这是我们心知肚明聊以自慰的一点小秘密。遇上这些懂行贴心的好编辑，是我学术生涯的极大幸运。

好不容易熬到1976年，“文革”总算走到尽头。天安门广场人民自发悼念好总理，声讨“四人帮”，尽管被定性为反革命事件，王庆成仍然给我寄来周总理的著名遗像，我挂在床头日夜思念，热泪湿透枕巾。“四人帮”垮台，普天同庆，京师螃蟹涨价畅销，李侃等高阳酒徒更是持螯尽欢。对于我们这一代曾经的“民主青年”来说，“文革”的结束等于第二次解放。中共十一届三中全会以后，我国进入改革开放的新时期，并且自上而下提倡解放思想与实事求是的新学风。学术界与其他各行各业一样，人民备受压抑而又积蓄已久的积极性像埋藏地下的泉水一样突然喷涌而出。这是我一生精力最为旺盛而成果也最为丰硕的时期，1981年继合编的《辛亥革命史》三卷本之后，又陆续出版了《辛亥革命与近代社会》、《开拓者的足迹——张謇传稿》、《离异与回归——传统文化与近代化关系试析》、《辛亥前后史事论丛》等专著，并在国内外重要刊物上发表了许多论文。从1979年秋天开始，我又多次应邀前往美、欧、澳、亚许多国家与地区开会、讲学与访问。1990年—1993年更先后在美国普林斯顿、耶鲁、加州3所大学连续任教与研究共达3年以上，在促进中国近现代史研究，特别是在辛亥革命研究领域的中外学术交流方面，也做了大量有效工作，并且结识了一大批风义之交与良师益友，正所谓“环宇岂无真知己，海外偏留文字缘”。

“文革”前后，我的学术理念、方法、路径与风格发生很大变化。20世纪80年代以来，我在教学与研究工作中非常强调对社会环境、社会群体与社会心态的阐析，也比较注意区域研究（如江浙）与个案研究（如张謇）。有些人以为我可能是接受了美国同行或法国年鉴学派的影响，才发生如此明显变化。其实历史唯物主义本来就很注意对社会环境（特别是经济结构与政治制度）的研究，而我自己对辛亥革命的研究从一开始就以社会运动作为整体对象，并没有局限于单个的人物与事件。日本有的学者认为我是大陆学者中较早也较多把社会学方法引入历史研究的，其实这要感谢已故的老师马长寿教授，他在金大作为历史学家开社会学通选课，自然会在我这个历史系学生身上产生深远影响，所以我对社会学的某些理论、概念与方法早已略有所知。我还要感谢另一位已故老师王绳祖教授，是他在动荡不安的校园为我们开设汤因比史学介绍讲座，使我们对这位大学者的思想体系兴味渐浓。所以，在 20 世纪 80 年代国内引进西方学术新知形成热潮时，我并不感到十分陌生，反而有故人归来之感。

回顾既往，我在多年史学实践中并非简单借用社会学的概念，而是确实形成了自己的风格特点：一是比较注意分析个人、群体与社会环境的互动关系；二是把研究的重点置于个人与阶级的中介——群体之上。其实这两个特点从张謇研究即已开始显现，只不过长期受“左”倾教条主义的束缚，难以自由挥洒而已。我们这一代学人生不逢辰，青少年时代基本上在战乱中度过，特别是我自己竟连大学本科都未读完，因此就学术根基而言，实乃“先天不足，后天失调”。新中国成立以后，政治运动甚多，上山下乡频繁，很多时间都浪费了，连“勤可补拙”都难做到，何况又常以文字得祸，屡遭无妄之灾，自然难以学有大成。尽管由于历史的机缘谬膺学科带头人之选，但自己究竟有多少学术底蕴，内心经常为此惶恐。我从来不敢以“人梯”自喻，因为缺少必要的学术高度，只能为年轻的后辈充当铺路石子，或者是披荆斩棘的前驱。20 世纪 80 年代以后，我很快就从业已成为国际显学的辛亥革命研究先后转入商会研究与中国近代化研究；90 年代以后又把主要精力投入中国教会大学史研究与日本侵华南京大屠杀研究，而最终又从基督宗教研究扩大为东西方文化交流史研究。我从不趋时跟风，但却难免喜新厌旧、浅尝辄止之讥，颇似一个流浪成性的行者，经常漂泊在没有航标的江海。我并不认为这是多大的失误，因为自觉只有这样才能为后继者探索新路，扩展更大的学术空间。但也正因为如此，我的治学从来没有驾轻就熟的轻松，经常是“八十岁学吹鼓手”，必须从头学起，从头做起，永远都在艰难的探索之中。我很高兴，我所开辟的这些领域大多后继有人，而且比我做得更多更好，这就是我们这一代人的最大幸福。

为我这样学无大成的老人出大型文集，内心深感惶恐与歉疚，因为害怕如古人所讥刺的“灾梨祸枣”，流于不必要的资源浪费。但作为学术史而言，一部完整的论著辑录，也许可以供后世的研究者更便于检索。我忽然又想起晚清张维屏的那首诗：“沧桑易使乾坤老，风月难消今古愁。惟有多情是春草，年年新绿满芳洲。”与宇宙乾坤、文化长河相较而言，吾辈普通学人岂不正如一株野草，渺小之至，也平凡之至。春草的多情也无非是自作多情，既无耀目光华，更非国色天香。但小草作为具有生命的植物亦自有其存在的价值。“野火烧不尽，春风吹又生。”小草的生命意志何等刚毅，何等充盈，它用亿万群体的集体苏醒，萌发出漫山遍野的新绿，一片又一片为大地增添了春天的颜色。诗人以春草自喻，既非故作谦抑，更非妄自菲薄，而是对世事对人生已有更深层的领悟，其实也是彻底的自我解脱与更高的精神追求。我常以此诗题赠年轻学人，现在就作为文集自序的结语。

章开沅
甲午仲夏于桂子山麓

目　　录

开拓者的足迹——张謇传稿

相关论文

开拓者的足迹——张謇传稿[①]

① 该书原由中华书局1986年出版。

《中华近代文化史丛书》编印缘起

中华民族各族人民，在漫长的历史发展过程中，以高度的智慧和顽强的精神，创造了绚丽多彩的文化，在人类文化史上写下了光辉的篇章。到了近代，由于帝国主义的侵略，中国沦为半殖民地半封建社会。西方文化的输入和传播，使传统文化的结构和内容发生了重大的变化，显得更加丰富复杂了。

文化是人类生活的重要组成部分，它最能反映历史的特点、社会的风貌和民族的性格。文化又有很强的延续性，近代史上的一些文化现象，在今天的生活中还能看到它的反映。开展和加强中国近代文化史的研究，取其精华，去其糟粕，这不仅对历史科学的建设有着重大的意义，同时对建设社会主义精神文明和向广大人民群众进行爱国主义教育，也会起到积极的作用。

一九八三年五月在长沙举行的全国历史学科规划会议上，一些同志对推动和加强中国近代文化史的研究，提出了许多建设性的意见，其中就包括组织力量编写一套《中华近代文化史丛书》的建议。会后，在历史学科规划小组的指导下，开始了筹备工作。经过一年多的努力，在各方面的支持下，这套丛书与读者见面了。

一、这套丛书的时间范围始自鸦片战争，迄于中华人民共和国成立之前，包括旧民主主义革命和新民主主义革命两个历史时期。丛书体裁广泛，既包括理论性的探讨和综合性的论述，也包括专门领域或具体问题的研究。

二、丛书以马克思主义为指导，贯彻“百家争鸣”的方针。在写作形式、体裁上力求生动活泼，不拘一格，提倡创新。

有计划、系统地编辑出版中国近代文化史丛书，新中国成立以来还是第一次。限于水平和经验，难免会有这样或那样的不足。不过，有广大读者的热情鼓励和支持，我们相信，丛书的缺点和不足一定会得到克服，使之臻于完善。

《中华近代文化史丛书》编辑委员会
一九八四年八月

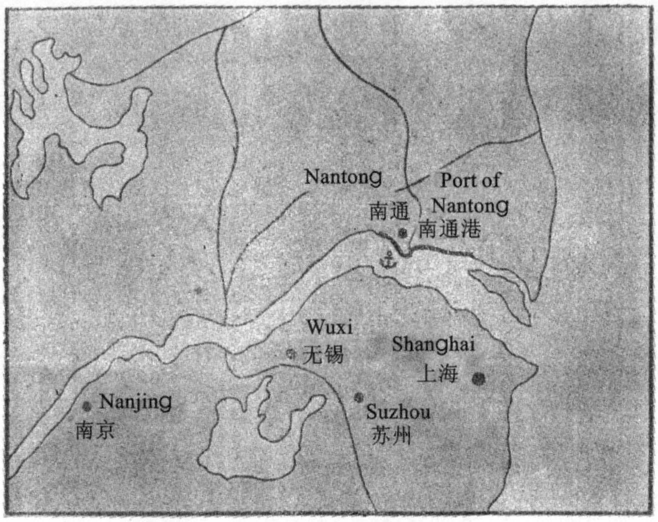

南通地理位置简图

自　　序

在中国走向近代化的艰难途程中，张謇是极其重要的早期开拓者之一。他披荆斩棘，筚路蓝缕，为我国实业与教育的发展作出了卓越的贡献。张謇是南通地区哺育成长的历史人物，南通又由于张謇的辛勤劳绩而成为中外瞩目的名城。人们谈到张謇必然想起南通，谈到南通又必然想起张謇——“南通张謇”已经成为一个具有深刻含义而且流传海内外的历史名词。

南通人民是理解张謇的，他们在为祖国“四化”努力创造新的光辉业绩的今天，仍然不忘先辈开创之功。我高兴地看到一份南通市对外介绍性的资料，上面写道：“张謇从一八九五年开始办实业，距今已整整九十年。如今，他创办的工业、交通、文教卫生、福利事业等，已有很大的发展。他在外地倡议和资助兴办的教育事业，也已发生了巨大变化。他的实业活动，不仅开拓了南通发展近代工业的道路，而且为今天和明天南通工业、文化教育事业的发展奠定了基础，同时也对中国民族工业的兴起和发展作出了贡献。”人们常说，难在理解，贵在理解；张謇在逝世六十年以后得到当地政府与人民这样公正与深刻的理解，应该是可以含笑于九泉了。

我很早就想为张謇写传。一个在科举道路上累遭挫折的旧式读书人，年逾不惑才幸而取中状元，但他却视官爵如过眼云烟，转而以全部精力创办新式实业与教育，锲而不舍，乐此不疲，鞠躬尽瘁，死而后已。是什么历史机缘产生了这样优秀的人物？又是什么力量驱使他义无反顾地艰苦奋斗了一生？这些问题对我具有很大的吸引力。加以张謇享年七十有三，时间跨度较大，涉及事变甚多，历经中法战争、中日战争、洋务运动、维新变法、辛亥革命、讨袁战争、军阀混战、五四运动、五卅运动，研究这个人物亦可有助于加深对于整个中国近代史的理解。因此，在一九六二年至一九六四年期间，我不揣浅陋，写成了这本传记的初稿。

当时，我的工作条件比较优越。学校给我两年进修时间，杨东莼先生在全国政协文史资料委员会为我安排了一个临时性的闲差，南通市委与北京图书馆热情帮助我查阅张謇未刊函电、大生档案、赵凤昌藏札、张謇众多师友的诗文集以及其他有关书报杂志。中华书局那时还在翠微路，为我提供了幽静的写作环境。恰好祁龙威同志也在此间借住，笺注刚刚影印出版的《张謇日记》，我们两人的工作属于同一领域，朝夕问难，颇收切磋之效。唯一的缺憾是“左”的东西又在不断滋长，名为学术讨论实为政治批判的文章在报刊上频繁出现，为资本家写传难免有后顾之忧，因此初稿中颇多不切实际的对于前人的苛求。

一九六四年秋季以后，由于人们所已熟知的原因，我的研究工作被迫中断，这部二十余万字的初稿一放就是二十多年，值得庆幸的是它总算侥幸保存下来。大约是在一九七七年，中华书局李侃、陈铮诸同志鼓励我重新修改这部旧稿，并已正式列入出版计划。但是由于我手头工作太多，加以近些年又出乎意外地承担了学校行政职务，实在没有余力继续研究张謇。我对这部旧稿并不满意，颇想在仔细研读近些年新发现资料的基础上重新加以改写，并且打算在免除行政事务以后再从事此项工作。但是事与愿违，南通张謇研究中心的朋友们考虑到明年是张謇逝世六十周年，应当出本比较系统的传记以示纪念，在他们的热情敦促下我只能勉为其难，利用公余零星时间对旧稿作些修修补补工作，提前交给中华书局付梓问世。由于自己仍觉很不成熟，所以只能名之曰《张謇传稿》。

在修改过程中，我逐渐形成以下若干想法。

第一，张謇的后半生，虽然大部分时间和精力都用于经营各种企业，但是他与一般资本家又有所区别。他具有极大的爱国热忱，而且始终保持书生本色，利润的追逐并不是他唯一的，甚至也不是主要的驱动力。他曾说过“父教育而母实业”，办实业是为了筹措教育经费，办教育又是为地方自治奠定基础。但是，他办事业的规模远远超过企业的负荷能力，或许可以说，他是一个失败的企业家，又是一个受人尊敬的事业家。这是我写此书的基本思路。

第二，张謇是过渡性时代、过渡性社会中的一个过渡性人物，他以一个农家子弟经过科举成为士人群体的成员，又从士人群体的低层逐步上升到高层，然后再从士人群体向商人群体转变，进入新兴资产阶级的行列。我在书中多次使用群体这个概念，主要是由于半殖民地半封建社会的阶级关系特别复杂，而一些历史人物经济、政治、思想状况的变化幅度又较大，有时很难简单地给以阶级或阶层的确切定性，不如借用一个涵盖面较宽而且有一定伸缩性的概念，或许可以有助于更为客观、细致、确切地陈述实际情况。当然，群体这个概念毕竟不能代替阶级和阶层，但如果对这个概念运用得当，则将有可能丰富和发展阶级分析的方法。

第三，人是环境的产物，人的活动又能动地反作用于环境。个人与整个社会的关系如此，个人与自己厕身的某个小社会（阶级、阶层、群体等）的关系也是如此。我写这本传记，很想在人与环境的关系方面多花些力气，特别是注意刻画张謇由于社会地位的变化，由一个群体进入另一个群体，如何接受这一个个小社会的熏陶并逐步得到其认同，又如何通过自己的活动为这些小社会增添了活力并渗入自己的风格。可惜由于时间过于紧迫，我还来不及占有与消化更多的资料，并且从更繁复的社会层面作人与环境的关系的分析，因此颇有力不从心之感。但我决心继这本传稿之后，再写一本《张謇与近代社会》，以求努力实现上述心愿。

第四，过去由于革命战争的影响，我们对“实业救国”、“教育救国”曾经进行反复的批判。但是，历史现象毕竟是复杂的，某种主张或方案的社会效应往往是多方面的，而对于持有此种主张或方案的人更需要作具体分析，既不宜全盘否定，也不可一概肯定。在张謇所处的那个时代，如果不去推翻清朝政府、北洋军阀的统治，单纯靠实业与教育是救不了国的。因为在那样的环境里，即使是实业、教育本身的发展，也是困难重重，往往遭到挫折破产的厄运，张謇和大生资本集团事业的失败就是很有说服力的例证。但是，张謇的救国之心毕竟是真诚的，他的“实业救国”、“教育救国”并不是空洞的高调，而是切切实实办起了许多有益于国计民生的企业、学校以及其他社会公益事业。从公司法的角度来看，张謇和大生资本集团诚然已陷于破产，但是他们艰苦创业的许许多多经济、文教实体终究留存下来。这里用得着今日南通人所说的那句话，就是“为今天和明天南通工业、文化教育事业的发展奠定了基础”。我们应当批判那些用“实业救国”、“教育救国”之类美丽的空话来阻挡革命潮流的政客，但是却不能因此一概否定那些可能迷失政治方向然而确实曾在中国的土地上为营造近代化大厦添砖加瓦的先辈。

由于撰写这本传稿的工作需要，我曾多次来往于南通与常熟之间。在甲午中日战争以前，地处江南的常熟的经济、文化比江北的南通发达得多，即以本地所出状元的数字而论也比南通遥遥领先。张謇中了状元，可以说是使南通在科举竞赛中爆了一个冷门，但更为重要的还是这位南通状元对本地区的经济、文化发展起了不可估量的促进作用。晚清的状元有好几位，但是只有张謇在兴办近代实业、教育方面取得显著的成就。南通在经济、文化方面很快就赶上并超过常熟，这不能不归功于张謇的勇于开拓与苦心经营。我常常对比常熟、南通两地历史形成以至现时仍然存在的差距，由此深感个人在历史上的作用确实难以低估。

在本书写作过程中，得到南通、北京、上海、南京等地许多单位和同志们的热情帮助，《大生资本集团史》编写组慷慨地让我参阅了这部著作的初稿，南通博物苑提供了本书必需的珍贵图片，法国巴士蒂、美国朱昌崚、日本野泽丰与中村英基诸教授先后同我切磋商讨并交流资料，借此书出版的机会谨向他们致以深切的谢意。

最后，我还要感谢我的亲密伴侣黄怀玉同志，她曾含辛茹苦为我分担了昔日的忧患，又以无微不至的关心支持了我今天的工作。很难设想，如果没有她的帮助，这本传记能够如期交稿。

一九八五年深秋于南通啬公园之邻舍

引　言

南通港是我国沿海重要港口之一，东濒黄海，南临长江，是长江水系江海直达中转的咽喉，连接国内外交通的枢纽。

自一九八〇年三月国务院批准南通港为长江对外贸易运输港口，一九八二年十一月全国人大常委会批准决定南通港对外国籍船舶开放以来，港口进入了一个新的发展时期。目前南通港已与日本、美国、苏联、英、法、加拿大、朝鲜、澳大利亚、香港等二十六个国家和地区的卅多个港口通航。一九八四年港口货运吞吐量达八百一十万吨以上。

随着南通市进一步开放，上海经济区的经济发展和长江水系的开放利用，南通港必将具有广阔的发展前景。

一九八五年盛夏，我第三次访问南通，年轻的港务局局长兴奋地向我们这样介绍着。参观者掌声不绝，笑语丛杂，我却发思古之幽情，陷入遐想之中。

南通位于长江入海口的北岸，距上海吴淞口不及一百公里。但在远古时代，这一带还是波涛起伏的海域。经过漫长岁月长江泥沙的冲积，才逐渐形成沙洲陆地。

距今五千余年始有人类居住，最早筑城据说是在五代后周显德五年。自给自足的小农经济的发展是很缓慢的。到明清时期，随着棉花生产和手工纺织业的逐步增长，这里才逐渐成为一个商业城市，并因其处于四通八达之地，定名曰通州（为与直隶通州相区别，亦称南通州）。

但是与长江南岸的一些城市相比较，南通仍然是落后的。直到一八九五年以前，不仅没有一家机器工厂，就连小工业作坊也为数不多，作为小农经济从属品的家庭手工业则是较普遍的。近代新式工业的萌发是在甲午战争以后，起先是纺织，继而是碾米、榨油、电气、火柴、航运、垦牧等一系列企业的兴办，然后是各级学校、博物苑、图书馆、剧场等许多新型文化教育事业的创建。南通终于作为一个轻工业和文化比较发达的城市崛起于经济一向落后的江北。

南通地区和整个中国一样，近代化的道路是崎岖而又艰难的。八十年的风风雨雨，其间经过多少磨难，多少浩劫，又经过多少反复与曲折，才出现了今天南通的繁荣与开放，出现了经济文化发展的新纪元。今日的成就诚然值得自豪，而前人的劳绩也应永远铭记。我漫步市区，驱车郊野，走遍狼、剑五山，到处都可以发现前辈开拓者的足迹。是多少世代先民的汗水、鲜血与智慧滋润着这块土地，才孕育和迸发了今日南通的耀目光华。

在这些开拓者中间，有一个人的名字与南通已经联成一体。甚至在他离开人间六十年以后，通海地区至今仍然到处都可以感觉到他的存在。

这个人就是张謇。

第一章　年少凌风霜

第一节　游幕生涯

一、少年时代

清朝咸丰三年五月二十五日（1853 年 7 月 1 日），张謇出生于江苏海门常乐镇一个富裕农民兼小商人的家庭。当时谁也没有想到，这个穷乡僻壤的农家子弟，以后竟会中了状元，并且投身实业、教育，成为中国近代化的开拓者之一。

张謇的祖上是江苏通州（今南通）人，原来是个比较富有的地主家庭。到祖父辈因为“不治生计”和纵情赌博，才把家产败尽。张謇的祖父名朝彦，在穷困潦倒之余入赘于吴圣揆家。吴圣揆原在通州金沙开一爿小瓷货店，后来迁到海门常乐镇。朝彦除租种几亩田以外，也兼了瓷器贩运。据说，生意最好的时候，经常雇来挑运叫卖瓷器的工人有十几个之多，可见已逐渐富裕起来。

张謇的父亲名彭年。朝彦为履行入赘前约，命彭年兼祧吴氏。彭年先后娶葛氏、金氏。葛氏生长子誉、五子警，金氏生二子謩、三子詧、四子謇。张謇小名长泰，因为兼祧之故，进书塾时取名吴起元，直至五弟警出生后始还本姓。十五岁到如皋小考，由于冒籍曾改名张育才，字树人。到二十四岁才最后改名謇，取直言之义，字季直。五十岁以后以啬庵为号，有时亦称张季子。晚年则自号啬翁。中年时还曾自拟处默、宜宦两个别号，但不常用。

张謇出生的时候，已经是在第一次鸦片战争爆发十多年以后；而在此不过三个多月以前，太平军刚刚定都于金陵。由于僻处江北，通州、海门一带，在鸦片战争以后十多年当中，既未受到战争烽火的直接损害，也未受到外国商品倾销的直接侵袭，基本上保持着千百年来的古老滞缓状态。但是，自从太平军进逼江南以后，大批江浙、皖南的地主和商人，把邻近上海的通海地区看作世外桃源，他们的纷纷到来，增进了这个偏僻地区与外界的经济联系。张彭年的家庭经济正是在这些年月里获得明显的改善，据说他已能借些钱经由上海到宁波做生意了。

几个孩子当中以老四比较聪明，所以张謇自幼至长便得到读书的机会。起初是入邻塾从邱畏之先生学习，到十岁已经读完《三字经》、《百家姓》、《神童诗》、《酒诗》、《鉴略》、《千家诗》、《孝经》、《大学》、《中庸》、《论语》、《孟子》、《诗经》等书。乡村塾师无非是令学生死记硬背，教属对不特不讲究四声，连平仄声也不区分，可见相当平庸。彭年深知自己这样的小户人家若想提高社会地位，只有命子弟走科举入仕这条道路，所以在张謇十一岁时那年，他咬紧牙关，另请宋蓬山先生来家授读。这位宋先生已五十多岁，是个屡试不中的老秀才。他检查张謇弟兄学业，发现“音训句读多误”，命他们从《大学》、《中庸》、《论语》、《孟子》开始，尽换新课本重读。有时结合《三字经》、《四字鉴》、《千家诗》为学生讲历史故事，教属对则授以四声。张謇的学业有所进步，又读了《诗经》、《尚书》、《易经》、《孝经》、《尔雅》、《礼记》等书，学习做五七言诗、试帖诗，到十三岁那年居然能够“制艺成篇”了。一个普通农家子弟已经经过投身科举的基本训练，彭年心满意足，对先生优礼有加。有次，先生举“人骑白马门前去”命对，张謇对以“我踏金鳌海上来”。在乡镇迷信家们看来，这自然是好兆头，仿佛张謇金榜题名、光宗耀祖的灿烂前程已经指日可待，彭年更是满心欢喜。

宋先生虽比邱先生略胜一筹，但也无非是一个学识有限的农村塾师，再加上年老病弱，自己还要连续应考岁试、科试、乡试，有一年停课竟达六个月以上。彭年对儿子的教育也与一般富有的士族大家不同，他不仅命张謇兄弟为先生洒扫侍应，而且还要他们随雇工在棉田锄草，在家中建房时帮忙做杂工。彭年在这方面要求相当严格，张謇以后曾回忆说:“后有兴作，凡木石砖瓦，一一度其修短厚薄之尺寸而预计之，无有差忒。临时必使謇兄弟杂作小工，而于砌墙每层将合时，尤令注意于需砖之度，相其修短厚薄，检以畀工。曰：'工屡觅砖，或断砖不合，则耗时而费料，亦以练儿童之视力。'至他人家，亦视其营造之合否而教之。以是謇于土木建筑计划，稍稍有知识。"①

彭年是个务实、精细而又颇有心计的人。他看见宋先生垂暮之年仍然屡试不中，知道科举的道路并非平易可行，所以他不能不为儿子准备一条后路，兼作农事经营方面的训练。由于家庭经济逐渐宽裕，儿子曾劝他把已有的二十几亩田佃出收租，彭年却谆谆告诫说："子弟非躬亲田间耕刈之事，不能知稼穑之艰难。汝曹日后无论穷通，必须有自治之田。"② 这种注意农工生产，进而科举出仕，退可终老庄园的家训，对张謇此后的人生道路，产生了重大的影响。

二、冒籍风波

同治七年，张謇十五岁就开始进入科举试场。

通州旧俗，家庭三代均无人入学为生员者，称之为"冷籍"，子弟应试往往要受到学官与保人相互勾串的多方勒索。张謇的家庭自然属于"冷籍"，为避免入场前后的种种留难敲诈，经他人介绍冒充如皋人张駉的孙子，并改名育才在如皋应试。这当然是需要报酬的，"许院试隽，酬以钱二百千"③。此类事当时不足为怪，而且索取价值不高，所以彭年父子便一一照办。

张謇初上考场，县、州两试居然顺利通过，但是州试成绩欠佳，取在百名以外。老师宋璞斋（宋蓬山之子，举人）督责甚严，大骂说：如果有一千人应试，定额录取九百九十九，唯一不取的那个人必定是你。张謇羞惭至极，在住宅的窗户和帐顶上"并书九百九十九为志"。睡觉时在枕边系两根短竹，夹住自己的辫子，只要翻身牵动辫子，惊醒立即起来读书。

---

① 张謇：《述训》，《张季子九录·文录》第1卷，中华书局，1931年，第10页。

② 张謇：《述训》，《张季子九录·文录》第1卷，中华书局，1931年，第11页。

③《啬翁自订年谱》卷上。

每夜读书“必尽油二盏”，看见“九百九十九”往往泪下如雨。夏夜多蚊，便在书桌下摆两个水坛，将双脚置于水坛中。经过发愤准备，院试果然被取中第二十六名附学生员，获得了秀才称号。彭年一家人的欢喜自然是难以形容。

张謇在科举道路上迈出了第一步，但人生的忧患也随之降临。原来张驹及其弟张𬳿、侄张镕都相当狡诈，除索取“学官认派保廪生贽及其他费银一百五十元”外，又到彭年家坐索八十元，还要二百二十元约券作为酬谢。其他乘机敲诈者亦纷至沓来。彭年这才发觉中了圈套，想请宋璞斋先生出面疏通让张謇改填履历归还原籍。璞斋嗤之以鼻，反而斥责彭年：“如若言，发达后请改不迟。今请改三代，则秀才立时斥革。种田人家甫得一秀才，易视如此耶？”原来这位老师本身就是为诈骗牵线的媒介，而且也已经得到“重谢”。彭年是个庄户人家，怎敢与举人老爷顶撞，从此更加不堪骚扰。

从同治七年到十二年，在这五年间张謇全家受尽了敲诈与凌辱之苦，不仅经济上遭受严重损失，而且多次被张镕等人串通学官、董事反诬陷害。张謇十九岁那年因为害怕被如皋县官吏拘押，穿着破鞋，手执灯笼，深夜冒风雨仓皇出城逃归。“白日惊看魑魅走，灵氛不告蕙荪愁。”二十几年以后，张謇回忆往事还为此愤慨不已。“折出东门，过桥骤风灭灯。时甫浚城河，缘河泥淖深二三尺，连续不绝。虽雨势稍细，而云黝如墨，立桥下久之。易钉鞵，而藏鞵弃灯，持盖柄为杖。蹲地定瞬，辨路高下险易，行十余步辄一蹲。足陷泥淖及踝，钉鞵屡堕，揞杖起之而行。是时忿火中烧，更不知有何畏怖，亦辄作挟利刃斫仇人头之想。又念父母在，此身事大，不值与鼠头并碎，且自解且行。东门至北门才三里许，三四时始达。比至友人处叩门，街柝四声，雨止天霁。友见余状狼狈，大骇。告以故，急借衣履易焉。外雨内汗，襦袴尽湿，足疱累累，遂坐而待旦。”①

在封建社会里，农民与士子，是两个相互隔绝的群体，处于不同的梯级。作为农民子弟的张謇要走出自己固有的群体，上升到一个较高的梯

① 张謇：《归籍记》，《张季子九录·专录》第3卷，中华书局，1931年，第10页。

级，他必然要面临上层群体的排斥，并且需要付出昂贵的代价。当时海门师山书院院长王崧畦曾致如皋训导杨泰瑛一函，介绍张謇说："少年聪隽，性质温美，洵佳士也。本籍通州，寄居海门，家世务农，乍得读书子弟，州人名之为冷籍。虽身家清白，亦难考试。"[①] 这就已经透露出其中消息。

十九世纪中叶，特别是太平军起义以后，清王朝的统治面临严重危机，在武力和金钱两方面都急需各地的支援，因此下层群体往往可以通过"军功"或"捐纳"向上层群体进行有限的渗透。张謇既未当兵作战，又缺少足够金钱，他只能以苦读与品格来显示自己的价值，谋求赢得上层群体的识拔与结纳。王崧畦与海门训导赵菊泉、通州知州孙云锦相继察觉张謇的潜在价值，他们最先向这个朴实勤学的农家子弟伸出了援救之手。只是由于这些正直的地方官员的帮助，并且得到江苏学政彭久余的同情，其间又几经周折、几经磨难，直到同治十二年才经礼部核准"改籍归宗"，总算了结这场无妄之灾。

张謇家庭虽然号称小康，但底子本来就很单薄，经过这番洗劫性的勒索花费，负债达一千两之多，已经濒临倾家荡产的边缘。但是，对于张謇进入士人群体来说，倒也具有突破性的收获。一是取得上述若干地方官员（主要是学官）的赞赏，开始得到上层人士的援引。二是结识了一批同案生员，如通州范当世，海门周家禄，如皋顾锡爵、黄毓龄、陈国璋等，扩大了交游面。三是在科举训练方面也有某些进益。同治十年，张謇开始求教于海门训导赵菊泉。"先生令尽弃向所读之文，以桐城方氏所选四书文及所选明正、嘉、隆、万、天、崇文授读。每课艺成呈阅，则乙抹过半；或重作，乙抹如前。训督严甚，乃大愤苦。踰半年，抹渐少，复命从事朱子《四书大全》，自是益进，读宋儒书。"[②] 这年科试，果然取中一等第十五名，取得参加乡试中举的资格，张謇在科举道路上又前进了一步。而更为重要的是，张謇从此走进了社会，并且大大增进了对这个社会的理解。

---

① 张謇：《归籍记》，《张季子九录·专录》第3卷，中华书局，1931年，第5页。

②《啬翁自订年谱》卷上。

三、客幕之始

同治十三年，张謇二十一岁。当时孙云锦已调任江宁发审局，念张謇家贫，便邀他任书记。这是张謇游幕生涯的发端。

对于张謇这个孤陋寡闻的乡村知识分子来说，江宁当然是一个更为广阔的天地。发审局书记的公务不多，张謇主要是伴同云锦的两个儿子读书。江宁是东南文化中心，四方人才荟萃，几个大书院的山长都是国内知名学者，如钟山书院山长临川李小湖、惜阴书院山长全椒薛慰农、凤池书院山长武昌张裕钊等。张謇如饥似渴地向这些名师学习"治经读史为诗文之法"。其中以桐城派大师张裕钊对他的影响最大，二十年后，他在为张裕钊所写的祭文说："呜乎！道义橐籥，寓于文章。三代悠邈，下迄汉唐。越宋、元、明而昭代，纽微著于归、方。刘、姚禅作，姬传尤昌。再传之盛，崒起湘乡。孕忠耿于天骨，荡元气而翕张。惟夫子之轶绝，乃尽窥其室堂。"[①] 可见推崇之极。此后，张謇的治学逐渐摆脱了制艺文章的狭隘格局，接受了当代桐城派合义理、词章、考据为一炉的宗旨。

这年夏天，张謇随孙云锦到淮安查勘渔滨河积压讼案。此行对这个初出茅庐的青年文士产生了明显的影响，张謇发现学问不仅不限于八股制艺，而且也不限于经史古文，在许多实际事务中还有更多深奥的道理需要钻研。他在旅途所写的十多首诗中，有"苍生安石与同忧"、"船山不是一经儒"等质朴的语句，表明他有继承明末清初朴学诸大儒经世致用优良传统的强烈愿望。"谁云江南好，但觉农妇苦，头蓬胫赤足藉苴，少者露臂长者乳。乱后田荒莽且廡，瘠人腴田田有主。"[②] 出身农家的张謇对民间的疾苦是关心的，淮扬地区的贫穷落后使他深受刺激。"建炎时事重江淮，故垒萧萧说将才；欲问中兴宣抚使，愁云无际海潮来。"[③] 这已经俨然以经营江淮与中兴清朝自相期许了，表明出张謇新的志向和抱负。张镕之流的

---

① 张謇：《祭张濂亭夫子文》，《张季子九录·文录》第6卷，中华书局，1931年，第7页。

② 张謇：《农妇叹》，《张季子九录·诗录》第1卷，中华书局，1931年，第9页。

③ 张謇：《从孙观察公奉差淮安十六首》，《张季子九录·诗录》第1卷，中华书局，1931年，第15页。

欺诈凌辱已成往事，正所谓“亦既歔为冷风、荡为空波矣”。张謇再不是那个任凭他人愚弄摆布的乡镇青年了，他更多关心的是国家的命运和时局的艰难。不过，当时“同治中兴”的幻想还有很大的影响，所以在张謇的诗文中，对于民族危机与社会危机的反映并不十分强烈。

张謇在江宁扩大了自己的社交圈，结识了许多有声望的师友。士人群体终于承认和接纳了这个来自低层的农家子弟，张謇也自觉而勤奋地力求适应这个群体环境。张謇在《啬翁自订年谱》中曾经回忆过一件往事：“三月朔，投考钟山书院，校官课者丹徒韩叔起弼元摈不录。余负气投书，求示疵垢，无一人知。望课借他名再试，钟山院长临川李小湖先生联琇取第一。复以他名试经古课于惜阴书院，院长全椒薛慰农先生时雨亦取第一。二先生皆传见。既投韩书事泄，薛先生亦诘韩，语孙先生（指孙云锦）。先生索观书稿，曰：‘少年使气，更事少耳，须善养。’余惭谢，即日先生为余谢韩。四月朔，复投课（钟山书院），取亦第一，始诣韩谢。”隶属于正统儒学的士人群体，不容许张謇的少年意气和逞强个性得到自由的发展，所以以“耐烦读书，耐苦处境”八个大字相规劝。张謇既然要投入这个正统儒学的文化圈，而且还想在其中出人头地，他势必要接受这个营垒的道德行为规范。

这年冬天，张謇回家探亲，带回所得俸银一百两作为还债之用。彭年夫妇甚为欢喜，把银子供奉在祖先牌位之前，叹息说：“通海乡里，老师宿儒，授徒巨室，终岁所得，不过如此，汝何能一出门即得之。”[①] 老四已经成人自立了，江宁虽然距离通海地区不过两百多公里，但在乡下人眼里仿佛是另一个世界。旧俗祭灶神或曰过小年的前夕，张謇迎娶海门徐氏，这是一家破落地主大户的女儿，俭朴而又贤淑，两人婚后的生活十分融洽。

正当春节热闹之时（旧历乙亥年正月初四），张謇得到同治皇帝驾崩的消息，新君是同治的堂弟载湉，醇亲王奕譞的儿子，改年号光绪，并由慈安、慈禧两太后秉政。尽管又是幼帝继位，但政局是稳定的，不像咸丰

---

① 《啬翁自订年谱》卷上。

皇帝病逝后那样惊涛险恶。以那拉氏（慈禧）为中心的皇室集团已经巩固了自己的统治地位，所以宫廷内部没有出现新的冲突迹象。

光绪元年二月，张謇仍回江宁发审局。公务依然轻闲如故，但同僚间的气氛已不如过去协调，时时可在词色中感受到讽刺。但这已不再属于士人群体的外向排斥，无非是它内部的嫉贤妒能。好在反正没有多少文书需要处理，张謇干脆借住惜阴书院读书，避开无谓的人事纠纷。次年四月，“应科试，经古制艺正覆，四场皆第一，补廪膳生”①。眼看着就可取得参加乡试的机会，他却“不应优行试”，自己放弃了机会。原因是学官要求“先具挚而后举”，张謇却坚持“未举义不当先挚”，这是正统儒士自我标榜的操守，也是所谓可免于谄的“贫贱之骄”，而时人却往往讥之为古板。

四、投入庆军

光绪二年闰五月，张謇入庆军统领吴长庆幕府，时年二十三岁。

早在去年春天，张謇即已经由孙云锦介绍，结识驻军浦口的吴长庆。张謇避居惜阴书院期间，吴长庆曾有意延揽，邀张謇到军营中小住，并把他的文章送请名流审阅，极力加以奖掖。当时，张謇曾赋诗“骏骨从来能得马，好收骐骥共殊勋”②，已经流露出投靠庆军的意愿。入幕以后，吴长庆对这个青年文士优礼有加，在自已住宅后面筑茅庐五间，作为张謇读书和起草文稿的处所。俸银也增加了，从江宁发审局的每月十两提高到每月二十两。这些都表明张謇的声望和地位又有所增进。

历史有许多机缘，碰上或错过这些机缘，并非人人事先都能预知。如果没有孙云锦的识拔，张謇也许会长期蹉跎于场屋，终老于乡曲。而张謇与吴长庆的结合，却使他从此渐渐卷入清末政治派系斗争的漩涡。

吴长庆（1827—1884），安徽庐江人，由于组织地主武装镇压太平军

---

①《啬翁自订年谱》卷上。

② 张謇：《奉呈庆军统领庐江吴提督》，《张季子九录·诗录》第1卷，中华书局，1931年，第16页。

和捻军而不断得到提拔。他虽属于淮军系统，但却长期处于历任两江总督曾国藩、沈葆桢等人的直接管辖和影响之下，因此没有成为李鸿章最为亲信的嫡系，庆军保持着相对的独立性和自己的某些特点。十九世纪七十年代，绵延二十多年的全国范围的农民起义风暴暂时结束，而随着西方资本主义逐步向帝国主义过渡并加紧掠夺亚洲，中国的民族危机逐渐严重起来。在这种新的政治局势下，湘、淮两系内部出现一定程度的分化。后起的淮系由于买办性较重，在外国侵略者扶持下，声势很快就超过已趋老朽的湘系；而某些湘系头面人物则往往应和士大夫的主战清议，借攻击李鸿章的屈辱求和政策以抬高自己的身价。在这种复杂而微妙的纷争中，吴长庆与淮系另一著名将领张树声都具有离心倾向，在某种程度上与湘系接近。按照张謇的描述，吴长庆"身伟嵇康，音洪卢植"；并且"爱士而门左千客，门右千客；罗贤而朝拔一人，暮拔一人"①。他是一个仗义疏财而又礼贤下士的儒将，在幕府中着意延揽了一批学者、名士，因而能够得到清议的好评。

张謇之所以投身庆军，不仅是期望辅佐吴长庆成为"高勋照图丹"的第二个"懿懿湘乡侯"。同时也未尝不想借此攀登更高的梯级，"朝鱼而暮龙，功名蜕侯伯"②。不过，从光绪二年闰五月到六年四月，四年之间幕府生活都是闲适而又平静的，张謇除处理一些日常文字工作以外，还可以继续向张裕钊习作古文，再就是师友③之间的酬应唱和。其间，他曾多次应试，虽然科试、会考成绩优异，博得沈葆桢、夏同善等颇有声望的督抚和主考官员的赞赏，但是乡试仍未能获捷，连举人的名号都迟迟难以求得。

光绪六年春天，吴长庆升授浙江提督，并奉命入京陛见，张謇等随行。张裕钊因事往济南亦同行，在颠簸的骡车中掌握牙管悬空练习书法，前辈这种"专勤"的精神使张謇终生难忘。途中曾登泰山，游泰庙，观汉

① 张謇：《吴军门五十寿序》，《张季子九录·文录》第9卷，中华书局，1931年，第6页。

② 张謇：《酬泰兴朱曼君》，《张季子九录·诗录》第1卷，中华书局，1931年，第20页。

③ 张謇在庆军幕府结识泰兴朱铭盘（曼君）、武进何嗣焜（眉孙）等，海门周嘉采（彦升）亦聚处一军。他们相与友善，许为知己，以后在事业上颇多合作之处。

柏唐槐。黄河流域的春天较南方稍迟，但大可数围、中心已空的古槐，旁枝已经叶色青葱。他们在快活岭下题名："光绪六年四月，浙江提督庐江吴长庆入觐道此，偕乐平彭汝云、崇明杨安震、通州张謇登岱陟顶。庆于兹山凡六游，而陟顶且三度矣。"① 这是张謇第一次到京师，所以进京以后畅游紫光阁、陶然亭、龙泉寺等名胜，并且结识桐庐袁昶（爽秋）、合肥张华奎（蔼卿，系张树声之子）等名士，眼界较之在江宁、浦口更为开阔。入觐事毕，吴长庆一行乘船到天津，取道海上南归，主宾的心情都是很欢悦的。

但就在这一年，海陆边情同时吃紧，俄国在伊犁交涉中，日本在琉球问题上，都采取强硬的侵略政策。法国加强吞并越南，并且窥伺中国领海。日本则在《江华条约》基础上继续插手朝鲜，直接威胁中国东北。正是在这样的形势下，吴长庆于冬季调补广东水师提督，奉命帮办山东防务。庆军留六营于浦口、下关、吴淞，移六营驻山东登州、黄县。张謇随军去登州，驻防风云变幻的渤海湾。"微闻玉帛方修好，却倚危阑日听潮。"② 他在风景佳妙的蓬莱阁上凭栏远眺，但见海涛汹涌，水天相连，心事浩茫，感奋不已。

然而战事毕竟没有马上爆发。尽管张謇等人协助吴长庆"并海周视"，去济南与山东巡抚商议防务，但并没有完全实现他们的海防部署。清王朝的实权掌握在恭亲王奕䜣和北洋大臣、淮系领袖李鸿章等人手中，当权者宁可出让领土主权以换取虚假的和局。蓬莱军中的岁月显得异样的悠闲，明代抗倭名将戚继光所筑水城故垒任凭惊涛拍击。张謇在百无聊赖中阅读了《老子》、《庄子》、《管子》，并且与友人时相唱和。"锦衣仗节空都护，墨绖临边有上卿；坐使积薪仍厝火，牺牲玉帛任寻盟。"③ 他只能借诗文发泄对误国权臣的憎恨。

渤海湾表面上的平静态势终于被朝鲜的突发事变搅动了。光绪八年夏

---

①《啬翁自订年谱》卷上。

② 张謇：《驻军蓬莱阁呈节使》，《张季子九录·诗录》第2卷，中华书局，1931年，第7页。

③ 张謇：《重有感》，《张季子九录·诗录》第2卷，中华书局，1931年，第7页。

天，朝鲜爆发了反抗封建势力和日本侵略者的“壬午兵变”，日本乘机派遣军舰进抵仁川，逼迫朝鲜政府赔款，并且签订新的不平等条约。朝鲜国王请求清朝政府出兵援助，斗争于是又扩大为中日之间的冲突，形势更为紧急而又复杂。这时，李鸿章正因母丧“丁忧”，北洋大臣和直隶总督暂由张树声署理。张树声倾向于对日本采取比较强硬的对抗政策，于六月下旬邀吴长庆到天津，张謇随行，共商如何应付当前事变。吴长庆旋即奉命率军赴朝，张謇则协助“理画前敌军事”，手书口说，日以继夜，初次显示出在紧急事变中镇静应对和勤苦办事的良好素质。

庆军于七月三日出发，距奉命赴朝不过七天。四日，张謇随吴长庆乘威远舰自登州至烟台，与其他四艘舰艇会合。由于大风，在威海卫停泊，六日始启碇东渡。九日登陆，经鱼鳞川、果川、水原府，十二日渡汉江，驻扎在距汉城仅七里的屯子山。中朝两国唇齿相依，本应共同反抗外国资本主义的侵略，但清军长期驻留并且协助朝鲜封建统治者镇压人民起义，这便造成某些消极后果。

庆军在朝鲜一直停留到光绪十年春夏之交。在这一年多期间，中国封建统治阶级内部出现主战、主和两派分歧。张謇作为吴长庆的主要幕僚，曾参与庆军历次重大决策，并且撰写《壬午东征事略》、《乘时规复流虬策》、《朝鲜善后六策》等政论文章。这些文章流露出浓厚封建“上国”的错误思想和情绪，但也表现出对于中国自身民族危机日渐严重的深沉忧虑。由于李鸿章主和论调已在政府中占优势，张謇经由吴长庆积极献策未能获致任何结果。他在三十年后曾回忆此事：当《善后六策》上陈后，“时张靖达公（张树声）回粤，李（鸿章）复督直，嗤为多事，阁置不议。乃自宛转致于京朝大官，大官中独吴县潘文勤公（潘祖荫）、常熟翁相国（翁同龢）称善，宝竹坡（宝廷侍郎）曾采以入告。孝钦（慈禧）询政府，政府奉教于李（鸿章），亦斥之”[1]。当时支持吴、张建议的，除潘、翁、宝外，还有左宗棠、彭玉麟、张之万、张树声、夏同善、张之洞等。情况

---

① 张謇：《为东三省事复韩子石函》，《张季子九录·政闻录》第1卷，中华书局，1931年，第35页。

很清楚，当权的慈禧和已经处于主流地位的淮系集团宁愿坐视日本侵占朝鲜，以求保存自身实力和统治地位的稳固。而与淮系对立的湘系头面人物，以及属于清流派的一些官员，则鼓吹强硬对日政策以打击淮系，并且谋求抬高自身的社会声望。

张謇曾劝吴长庆“筹所以救之而去就争之”，但吴在李鸿章压制下进言不纳，求去不得，终于成为派系纷争的牺牲品。张謇察觉庆军前景黯淡，态度渐趋消极。光绪九年秋，他已把哥哥张詧荐引到庆军幕中，准备行“金蝉蜕壳之计”[①]。这年冬天，他提前回到家乡，专心料理家庭和乡里有关事务。次年春，朝鲜和越南局势同时吃紧，中国东北和南方边疆也同时面临外来侵略的威胁，京师政局发生重大变化，以李鸿藻为首脑的北派清流（亦称前清流）受到严重打击。恭亲王奕䜣、武英殿大学士宝鋆、协办大学士兼吏部尚书李鸿藻、兵部尚书景廉、工部尚书翁同龢分别受到罢职、降调或谕令休致的处分，统统被排挤出军机处。换上来的一批军机大臣如礼亲王世铎和工部左侍郎孙毓汶等，大都是更为昏聩无知的王公和阿谀趋奉的腐败官僚，而在军机处以外为之枢纽的则是慈禧的小叔子兼妹夫醇亲王奕譞，也就是年幼皇帝的生父[②]。这是张謇第一次亲身感受到朝廷内部纷争的震波，因为斗争的结局将直接影响到他所栖身的庆军的命运[③]。张謇迟迟没有回到军中，直至四月吴长庆调防奉天金州并来函催促，他才从上海循海路返回庆军幕府。及至赶到金州，长庆已经抑郁病重。闰五月二十一日吴长庆逝世，张謇为之料理后事。时庆军已分二支，朝鲜、金州各三营，前者由提督吴兆有继统，后者由提督黄仕林继统，逐渐失去自身

① 张詧少年时即以家贫失学，助理家事并经商。光绪八年在张謇帮助下，以“筹办南中转运”名义捐保江西贵溪知县。次年八月，詧亦入庆军幕府。

②《啬翁自订年谱》卷上，并参见拙作：《翁张交谊与晚清政局》，《近代史研究》1981 年第 1 期。

③ 多年以后，张謇对此事的意义更为重视，在《啬翁自订年谱》中指出：“自恭王去，醇王执政，孙毓汶擅权，贿赂公行，风气日坏，朝政益不可问。由此而有甲午朝局之变，由甲午而有戊戌政局之变，由戊戌而有庚子拳匪之变，由庚子而有辛亥革命之变，因果相乘，昭然明白。以三数人两立之恩怨，眩千万人一时之是非，动几甚微，造祸甚大。经言：治国平天下始于正心诚意，斯固儒者事矣。故谈朝局国变者，谓始于甲申也。”

的特点。

长庆死后，幕府宾客星散，而且行前多向粮台索取银钱，未能如愿即攻讦粮台，甚至迁怒为粮台辩护的张詧，完全不顾宾主之间多年的厚重情谊。张謇早就对世态炎凉利尽交亡的社会现象有所认识，曾对友人说："观人于不得意时，于不得意而忽得意时，于得意而忽不得意时，经此三度，不失其常，庶可谓士。"① 现在目睹这幅尔虞我诈的世情图，他的内心自然更为愤懑。而在这些势利小人中，张謇最为恼怒的则是吴长庆生前爱之甚深望之甚切的"世侄"袁世凯。

袁世凯（1859—1916）河南项城人，字慰廷。其叔祖袁甲三以镇压捻军官至漕运总督，生父保中亦参与举办团练。世凯自幼过继给甲三之子保庆为嗣子，而保庆又曾与吴长庆"订兄弟"之好。袁世凯是个骄奢淫逸的纨绔子弟，因事被乡里所不容，于光绪七年带其家旧部数十人前来投奔庆军。他原以为长庆督办海防用人必多，可以凭借"世谊"得到破格提拔。但长庆当时受到妥协势力阻抑，防务计划无从展布，所以只把世凯留在营中读书，并请张謇指点制艺。不久，长庆命世凯帮办营务处差使，目的是让这个少不更事的世家子弟在办事中增长才干。光绪八年，庆军奉命赴朝，因幕客多离军参加乡试，张謇筹措前敌事务苦于缺少帮手，请求长庆将世凯留在前敌营务处效力。袁世凯读书虽然不甚了了，办事却颇为精明能干，更善于揣摩他人心理，既能慷慨而谈，又似谦抑自下，入朝鲜后表现得亦颇为勇敢，因此得到吴长庆和张謇的器重。三年之间，袁世凯"由食客而委员，由委员而营务处，由营务处而管带副营"，并被奖叙五品同知衔，可说是步步高升。世家子弟少年得意，渐渐滋长了野心与傲慢，待人接物的态度很快就发生了变化。所以张謇曾讽刺说："謇今昔犹是一人耳，而老师、先生、某翁、某兄之称，愈变愈奇，不解其故。"长庆归国后，留袁世凯代管庆军驻朝三营，还不到两个月他就自行巴结李鸿章，"一切更革，露才扬己，颇有令公（长庆）难堪者"②。张謇知人论世多用

① 《啬翁自订年谱》卷上，光绪三年十月。

② 《啬翁自订年谱》卷上。

正统儒家的伦理标准，他立论的着眼点并非袁的“更革”效果，而是其自我表露的动机和对待旧主的是否恪守道义。所以，光绪十年四月，他与朱铭盘、张詧联名写信痛责袁世凯：“……胸中既恃家世，又谓二十许人作营务处营官，姓名见知于一新办洋务之宰相，是旷古未有之事。又有虚憍者、浮检者、圆熟者、庸恶陋劣者左之右之，颂功述德，务求合乎司马（指袁世凯——引者）之所乐。而司马亦遂志得意满，趾高气扬，而又不顾蹈于不义。”[①] 张謇不久即与袁世凯绝交，直到二十多年以后才恢复关系。

从光绪二年到光绪十年（1876—1884），张謇辅佐吴长庆先后有八年之久。他本想借助庆军建功立业，但这个梦想随着长庆之死很快破灭了，虽不能说是壮志消磨，却颇有几分心灰意懒。两广总督张之洞委托专人延请入幕，并向北洋大臣推荐请其聘用，张謇都婉言谢辞了[②]。正统儒家是讲究慎于出处的，张謇早就向友人说明过这层意思：“吾辈如处女，岂可不择媒妁，草草字人。”[③] 功名自然是需要的，但却不屑于“向纱帽下求生活”，这就是当年讲究操守的士大夫们的矜持。

“少壮事行役，悠悠十余载；患难亮非一，奔走亦云殆。北寻微闾山，东泛渠弭海；之罘碣石间，风涛去来每。陈军箕子国，玉剑戛犀铠；当其壮往时，盛气辄百倍。束缚报恩私，功名置有待；风云一朝变，苦心听功罪；浩然归沧洲，徘徊惜文采。皓鹤乘戎轩，置身已凡猥；况与鸡鹜争，但见鸥凫喂。往计真自疏，来辙庶几改；有宅一区存，有田一壥在。农桑世所业，荼荠吾可采；抚今眷畴昔，慷慨有余悔。”[④] 这首诗仿佛是早年游幕生涯的总结，张謇带着七分懊悔与三分惆怅回到故乡。

① 张謇：《与朱曼君及叔兄致袁慰亭函》，收于《张季子九录·文录》第 11 卷，中华书局，1931 年，第 4 页。原书系年为光绪九年癸未，查与事实不符，现据《啬翁自订年谱》改正。据张謇日记，此函作于五月十一日。

② 当时有张謇“南不拜张，北不投李”的说法，提高了他的声望。

③ 张謇：《致何梅生函》，《张季子九录·文录》第 11 卷，中华书局，1931 年，第 1 页。

④ 张謇：《昔悔》，《张季子九录·诗录》第 2 卷，中华书局，1931 年，第 13 页。

第二节　经营乡里

一、场屋蹉跌

张謇于光绪十年七月二十一日返抵家园。事情也真有这样凑巧，九月十四日《申报》又传来了张树声病逝于广东军次的噩耗。张树声与吴长庆一样，都是张謇非常敬重的爱国将领。在张謇以后的诗文中，常把他们的相继死亡归因于李鸿章的压抑和对国事的忧愤[①]。因此他更有感于政海波涛的险恶，心情愈加抑郁。

就在这一年，中法战争爆发，朝鲜又发生“甲申政变”，东北与南部边疆的局势又趋严重。张謇对形势仍然关心，但多限于在信函中发表一些空泛的主战言论，并没有多少积极的具体建议。甚至对朝鲜友人，他也流露出消极情绪。譬如致朝鲜参判金允植函，在谈到辞谢张之洞等督府礼聘时自我表白：“自以天下之事，方用纷纷，好伪惧真，所在而是。苟非难进而易退，鲜有不丧身而辱名者，是用卷然，引义避谢。”[②] 过于珍惜个人的声名，为保全个人名誉，甚至在国事危急之际仍然主张“难进而易退”，这正是封建士大夫标榜道义所隐藏的弱点。

不过张謇的声誉倒确实提高了很多。金允植赞许说：“当今用人之时，如吾先生之才，谁不欲以礼致之？”[③] 另一桐城派大师吴汝纶的评价更高：“执事声实久已倾动一时。”[④] 经过长期的游幕历练，加以一贯勤奋读书，张謇在学识和干才两方面都有优异的表现。特别是赴朝以后，在军事和外交两方面都积累了经验，这更使他超越于一般的科举文士，逐步跻身当代

---

① 《张謇日记》光绪十年九月十四日有如下记载：“申报述张振轩（树声）宫保以初七日殁于粤东军次，知己凋零，可为伤已。”

② 张謇：《为韩乱事致韩参判金允植函》，《张季子九录·政闻录》第1卷，中华书局，1931年，第5页。

③ 《答张季直謇书》，金允植：《云养集》，中国史学会主编：《中国近代史资料丛刊·中日战争（2）》，上海人民出版社，1956年，第393页。

④ 扶海垞编：《来函汇集》。

名士的行列，张謇在士人群体中又上升一个梯级。但他在思想上却难以超越“学而优则仕”的传统格局，因为直到十九世纪末年人们仍然习惯于把科举视为“正途”。张謇至少是囿于孝道，遵从父命，在回乡以后十年间一次又一次经历了场屋的蹉跌。

张謇对于自己的制艺水平也相当自信，他曾对友人表示：“明春当入都，挟吾所素业，刻励以求于世，观其合否？”① 果然，他在光绪十一年四月由上海乘船北上，赶到京师参加顺天乡试。九月乡试发榜，张謇以第二名录取。有清一代，南方士人取中“北榜”（指顺天乡试）第二名的不多，据说从顺治年间到光绪十一年前后仅有三人。“物以稀为贵”，他们虽然不是“会元”，却习惯称作“南元”，就是参加顺天乡试的南方士人中的魁首。张謇自从十五岁考中秀才，前后经过十七年断断续续的试场折磨，直到三十三岁才取中举人，而且又是引人注目的“南元”，其心情的兴奋喜悦可想而知。

但是，张謇的科举生涯也并非从此一帆风顺。他在光绪十二年、十五年、十六年、十八年先后四次参加礼部会试，结果都是名落孙山。从同治七年到光绪十八年，总共二十五年的时间，历经县、州、院、乡、会等各级考试二十多次，其中直接消磨在考场中的时间总计达一百二十天之多。考试一次又一次的失败不能不使张謇灰心丧气，并且对空洞陈腐的八股制艺感到厌倦。正如以后他自己追述：“应试之求屡进而亦渐悟，虽应制诗文，亦当自道其心所明，自见面目，不戾于凡为文之义理。三十三试顺天，中式举人，自信益坚。顾试礼部又四摈，年四十矣。私以为私于有司供其喜怒而寒燠之者，已二十六年，可已矣。”② 他的知心朋友周家禄也给以规劝：“足下行年四十，去日苦多，艺术不患不传，盍求其可以卓然自立者，为吾道之倡乎？”③ 张謇确已心灰意懒，连常用的那套考具也扔掉了。

---

① 张謇：《论出处及韩乱事致袁子久观察函》，《张季子九录·政闻录》第 1 卷，中华书局，1931 年，第 6 页。

② 张謇：《张季子九录·外录》，中华书局，1931 年，第 1 页。

③《周家禄致张謇书》，扶海垞编：《来函汇集》。此信还说：“默数十届会试，足下亦四十余矣。就使得第，开坊在六十以后，能无迟暮之叹哉。”

十九世纪八十年代以后，科举制度已经与逐渐发展的近代经济、文化相抵触，并且对许多有见识的知识分子失去吸引力。张謇的经历从一个侧面反映了这个趋向。

附：考试详表

年　岁	考试名称	主 试 官	名　次
同治七年 十五岁	二月如皋县试	县令贵州周际霖	取第二百余名
	四月通州州试	知州合肥梁悦馨	取第二百余名
	十月院试	侍郎觐县童华	取第二十六名附学生员
同治九年 十七岁	六月科试	侍郎觐县童华	取一等第十六名
	七月乡试		不中
同治十年 十八岁	十一月院试	侍郎江夏彭九余	取一等第十一名
同治十二年 二十岁	六月科试	侍郎江夏彭九余	取一等第十五名
	八月乡试		不中
同治十三年 二十一岁	十月岁试	侍郎江夏彭九余	取一等第四名补增广生
光绪元年 二十二岁	八月恩科乡试		不中
光绪二年 二十三岁	四月科试	翰林院侍讲学士长乐林天龄	取第一名补廪膳生
	七月乡试		不中
光绪三年 二十四岁	九月岁试	侍讲学士长乐林天龄	取第一名
光绪五年 二十六岁	五月科试	侍郎仁和夏同善	取第一名，优行试亦第一名（贡元）
	八月总督、巡抚、学政三院会考优行生试	总督侯官沈葆桢、巡抚固始吴元炳、学使仁和夏同善	取第一名
	九月乡试		不中

续表

年　岁	考试名称	主 试 官	名　次
光绪十一年 三十二岁	六月国子监考到	祭酒宗室盛昱	取第一名
	九月顺天乡试	总裁尚书吴县潘祖荫、常熟翁同龢、左都御史宗室奎润、侍郎童华等	中第二名（南元）
光绪十二年 三十三岁	二月礼部会试		不中
光绪十五年 三十六岁	正月礼部会试	同考官内阁侍读长白熙龄	挑取誊录四十名
光绪十六年 三十七岁	二月礼部会试		不中
光绪十八年 三十九岁	二月礼部会试		不中
光绪二十年 四十一岁	二月礼部会试	总裁尚书李鸿藻、总宪徐郙、侍郎汪鸣銮、副宪杨颐等	中第六十名贡士
	三月礼部覆试	主试官同上	取一等第十名
	殿试	阅卷大臣相国张之万、协揆麟书、尚书李鸿藻、翁同龢等	中一甲第一名赐进士及第（状元）
	六月翰林院大课	主试官同上	取第一名
光绪二十四年 四十五岁	四月保和殿散馆		取二等三十七名
	（七月以经济特科荐）	侍郎唐景崇	

注：据张孝若《南通张季直先生传记》第25—28页附表，略有删节，年龄按实足年龄更正，以求前后一致。

张謇在试场上虽然连遭挫折，但却正是在这些年与南派清流迅速结合起来，从而获取了另一处进取的机缘，并且终于使自己进一步卷入政治派系斗争的漩涡。当然，个人与政治派系的结合，往往都有一个相互试探、观察、理解、认可的过程。张謇与南派清流的初期接触，一直可以追溯到十九世纪七十年代末年，而最重要的结果则是他开始得到翁同龢等知名度甚高的若干大人物的赏识。

翁同龢（1830—1904），江苏常熟人，字声甫，号叔平，出身显宦世家。咸丰六年以一甲第一人翰林。光绪元年受命在毓庆宫授读，并曾任刑、工、户部尚书，加太子少保衔，协办大学士，两度任军机大臣，是载湉“眷倚尤重”的帝师枢臣。他与李鸿藻都是清流前辈。中法战争以后，以李为首的北派清流（北方人居多）渐趋没落，翁同龢、潘祖荫等联袂而起，极力结纳一些长于政治评论的士大夫，形成所谓后清流。由于其中以江浙、福建籍人士居多，所以又被称作南派清流。他们是统治阶级当中不甚当权的一部分，对于日益加深的外来侵略具有某种程度抵抗的意愿。由于中央和地方的政权主要掌握在那拉氏和淮系手中，所以他们把希望寄托在年轻好学的光绪皇帝身上，幻想在某一天政权会转移到载湉手中，逐步实现他们革新内政、抵御外侮的抱负。

南派清流开始对张謇注意并加以扶植，是在七十年代末。由于翁同龢的家乡常熟与通州隔江相望，所以他很早就把张謇作为乡里的后起之秀加以奖掖。这可以从张謇多年以后写的《奉呈常熟尚书》[1] 一诗得到证明，诗中所谓“十年辽海军”系指在庆军客幕期间，翁同龢致吴长庆函常附笔问候张謇。光绪五年夏天，张謇得到主试官吏部侍郎夏同善的赏识，被录取为科试第一名。夏同善是浙江仁和人，曾与翁同龢一起在毓庆宫教小皇帝读书，是南派清流头面人物之一[2]。同善死于光绪六年，继任者是浙江瑞安人黄体芳。黄以“忠鲠敢言”知名，与其子绍箕、侄绍第都是翰林出身的清流健将。他对张謇也是奖掖备至。当时张謇连举人的头衔都没有，南派清流之所以如此垂青，除了重视他的品格与才识以外，恐怕还有加强联络吴长庆的用意。因为清流无非是具有官僚身份的书生，他们手头无兵无勇，所以极力拉拢、支持吴长庆和张树声，而这又提供了张謇与南派清流结合的历史机缘。

光绪十一年春夏之交，张謇到京师参加顺天乡试，又结识了黄绍箕、

---

① 诗云：“攀隮犹及公，州县忝乡里。十年辽海军，辛苦狎泥滓。公与幕府笺，闻讯辄书尾。知公大雅人，等闲不足拟。忧患能知己，恂栗斯有斐。”此诗收于《张季子九录·诗录》。

② 张謇：《诰故吏部侍郎仁和夏公墓志铭》，《张季子九录·文录》第13卷，中华书局，1931年，第12页。

沈曾植、盛昱[1]、丁立钧等，这些人都是翁、潘门下的清流名士。张謇乡试高中，更使清流们感到欣慰。据张謇以后回忆："九月十一日，听录，中第二。潘、翁二师期许甚至。翁尚书先见予优贡试卷，试前知余寓距其宅不远，访余于庙（张謇寓于关帝庙——引者）。余一答谢。潘师命为《乡试录》前序，翁师命为后序。"[2] 此后，张謇与翁、潘正式形成师生关系，与清流的结合更进了一层。清流很重视自己的"正途"（进士）出身和翰林清望；所以他们也很希望这个后起之秀尽快走完科举的漫长路程，及早正式参加自己的行列。光绪十二年以后，他们利用手头有限的主试录取权力，曾经四次暗中摸索，希望帮助张謇取中进士，但都未能如愿[3]。这自然又使清流们多少感到有些沮丧。

二、社会活动

但是张謇毕竟是一个有抱负的爱国士大夫，他不同于一般单纯醉心于功名利禄的庸俗士人。重视农事经营的家庭教养，经世致用的传统继承，冒籍风波和试场蹉跌的刺激折磨，尤其是十年游幕生涯的实际锻炼，使张謇成为一个务实、进取、事业心很强的人才。他的不断应试，与其说是为了追逐功名，倒不如说是谋求成就一番事业的手段。他的局限是囿于传统成见，把动机看得比效果更重，而手段则必须服从个人的操守。他谢绝吴长庆的代为捐纳，又坚辞张树声的专折特保，用意都在于保持"学而优则仕"的纯正。虽然他曾为张詧捐官，那是因为这位老兄早年失学，根本没有应付科举考试的本领，而且为之捐官也是为了便于与自己协同做事。张

---

① 张謇与盛昱的关系处于师友之间，因为盛昱是国子监"考到"的主试官，他把张謇取为第一名。张謇曾为盛起草《条陈朝鲜事宜疏》，两人交谊颇厚。盛昱严劾枢臣的奏折曾促使恭亲王奕䜣下台，并且连累北派清流衰落，但他并没有从清流中分化出来。那拉氏利用他的直言清议打击了自己视为威胁的政治对手，并且在军机处换上更为亲信的班底，这并非盛昱上奏折时始料所及。张之洞读《盛伯熙（昱）集》诗云："不知有意还无意，遗稿曾无奏一篇"，指此折之所以未收入文集系有追悔不及之意。参见《苌楚斋四笔》。

②《啬翁自订年谱》卷上，日记亦有类似记述。

③ 此事并非秘密。光绪十六年潘祖荫死后，吴汝纶致张謇函云："伯寅尚书薨位。尚书于足下有国士之知，无锡孙君以误得售（指误孙为张，错取），尚书深以为恨，拒而不见。此事中外传诵。然则足下虽不售而得名者也，尚书之知愈可感矣。"翁同龢常请同考官注意发现张謇试卷，亦未成功。

謇把自己离开庆军回到家乡称作“归隐”，那无非是一种解嘲式的自我慰藉，以此在心理上弥补考场失意带来的某种空虚。在此期间他的许多诗文确实颇有田园风味，但这多半出于传统的格调和表象的模拟，他的情趣素质缺乏真正的闲适与恬淡。他的“归隐”是积极的，是在军营和试场以外的另一个天地里施展才能，期望为故乡多少办成几桩事业。

当然，必须看到，张謇也具备了在家乡办事的身份和条件，因为他的家庭经济与社会地位都有明显变化，他已经跨进地主阶级中间绅士这个群体的门槛。从光绪十一年到光绪二十年，张謇“经营乡里”主要是办了以下几件事：

首先是办理通海花布减捐。

通州、海门一带盛产棉花，手工棉纺织业与棉布商业也相当发展，据说在光绪元年土布年销量已达二百多万匹。可是，封建官府的苛捐杂税严重地阻抑着当地工商业的正常发展。江宁藩司所属厘捐卡，设在江北各地的共有 187 处，而通、海两地即有 57 处，约占三分之一。甲午中日战争以前，两地平均每年解缴国库厘捐总额约为二十万千钱，如果再加上官吏层层勒索中饱，商民实际负担更重。例如通州的石港、双甸两局，名义上每年所收厘捐不到千串，但实际开支却多达三千串[①]。无怪乎张謇在当时日记中慨叹：“闻厘捐扰民，为之发指。”[②]

张謇由于家庭经商的原因，与通海地区的商人关系比较密切，因此对厘捐的危害也比较敏感。早在光绪九年，张謇已与通州最大的恒记布庄老板沈燮均（敬夫）合作，联络各处花布商人，请求政府减少厘金征收数额。频繁的减捐活动虽然未能取得实际成效，但却使张謇对厘捐的危害认识得更为深切。他曾向学使黄体芳陈诉：“国家中兴以来，二十有余年，一切取给于厘捐，天下骚然，厘金遂为冗官、秕士、游民之窟。论者至谓舍厘捐不可以国，謇谓欲固国必去厘捐。”[③] 从要求减捐进而要求废除厘金，并且把国家利益与商人利益联系起来，甚至把废除厘金提高到巩固国基的高

① 张謇：《通海议办认捐本末要略》，《张季子九录·实业录》第 1 卷，中华书局，1931 年，第 2 页。

②《张謇日记》甲申十月二十日。

③ 张謇：《致黄学使函》，《张季子九录·文录》第 11 卷，中华书局，1931 年，第 5 页。

度来认识，这说明张謇的思想在一定程度上已经突破重本抑末的陈旧格局。

其次是提倡改良和发展蚕桑事业。

通海地区农家本无养蚕习惯。光绪十二年春，张謇协助父亲集资购买湖州桑苗，到处劝乡人赊购，并且分送《蚕桑辑要》。次年春，他又亲自带领家人育蚕，并陆续向乡人分送柏秧、槐秧和油桐子。不久，他约同一批人请求海门厅同知广为劝谕兴办蚕桑，但却没有料到民间反应竟是非常冷淡。求助于官府既然无效，于是他们又转向“议仿西法，集资为公司，市桑秧，听民诣领。记其数若居处，不取值，三年后叶可供蚕，计树本加息二分责偿”①。这个办法本来可行，但却由于缺乏资金而未能实现，结果仅仅是买来几千棵桑苗散卖给乡人种植而已。

经过四五年苦心提倡，通海地区蚕桑事业仍然毫无起色。症结何在？原来这个地区手工缫丝业极不发达，农家新茧上市时只有少数丝绵店用重秤压价收买很少一部分，形成“丝不成市”的冷落局面。如果运到上海、苏州贩卖，沿途又要受到厘卡重重盘剥，十有八九都以蚀本结束。这些不利因素，自然要妨碍农家养蚕种桑的兴味。

张謇察觉这又是厘捐造成的恶果，便在光绪十八年邀集一批人，吁请两江总督免除丝捐十年以兴蚕利。经过很多波折，总算勉强达到目的。随后，他又劝说州县官就地招商开行收茧。到光绪二十二年为止，通海地区先后设立三个茧行。生丝本来是当时出口货物之大宗，通海一带蚕茧业经免捐设行、放价争收，迅速趋于发展。两年之间，通海一带增植桑树不下百万株，泰兴、如皋、靖江等地也接踵而起，形成一股小小的兴办蚕桑热潮。

“百年已决为农计，四海常参种树书。”② 事情仿佛已经成功，但转瞬之间就被顽固官员彻底破坏，张謇再次面临严酷的现实。

正在蚕业大兴之际，新任江苏厘捐总局总办穆克登布见利眼红，立即背信推翻丝捐成案，严厉督饬丝商补交历年已经免除的丝捐。丝商怨愤交

---

① 张謇：《海通蚕桑兴衰事略复汪稂卿》，《张季子九录·实业录》第1卷，中华书局，1931年，第12页。

② 张謇：《因勖减舍人索诸果木于冯果卿同年》，《张季子九录·诗录》第3卷，中华书局，1931年，第6页。

加，甚至想缴帖闭行以示抗议。光绪二十三年，海门同知唯恐蚕农由于失去生计而愤起反抗，恳劝丝商按去年价格的十分之三收购上市蚕茧，才算勉强渡过难关。可是，丝商的损失又转嫁到蚕农身上，严重损害了农家养蚕的积极性。这年，湖州人到通海一带贩卖桑秧，竟很少有人问津，结果连老本都赔光了。

提倡蚕桑的失败使张謇受到很深刺激，事后他悻悻然向朋友大发牢骚："夫今日官之贼民，不足奇也；所奇者，不知民为谁何之民，而官以为贼民乃可效忠。"对官府的不满溢于言表，但根本立场仍是忠君爱国。所以，他在骂官之余又转而责备商民："民之疾官，不足奇也；所奇者，知官所为非朝廷之为，而弃塞生计，宁为荼毒以同尽。"他劝商民不要把官吏的贪暴记在皇帝的账上，千万不要反对朝廷，应该把希望寄托于将来好官日增"布满天下"①。

张謇的经营乡里，除上述经济活动以外，还有其他方面的一些内容。

光绪十年，他曾参与筹办当地的滨海渔团，执笔草拟《渔团章程》，准备反抗法国海军的侵犯。

同时，他提议平粜放赈和建立社仓，预防饥民无食引起社会骚动。又与沈燮均为海门商定增设拔贡，并向学院请求增加海门生员名额。这是他有感于自己应试的艰难，为本地一般地主、商民子第争取扩大一点进入士人群体的机会。

在海门恢复溥善堂，也花费了张謇不少精力。溥善堂是一种专门收容无主野尸的慈善机构，最初还是林则徐在江苏巡抚任内令各地创设。年岁既久，溥善堂逐渐废弛。衙门吏役常常利用野尸向附近居民敲诈勒索，受害者主要是不当权的中小地主和商人。张謇在这一活动中得到当地典商、木商、花布商、烟商、纸商、洋药商的支持，这为他以后创办大生纱厂提供了某些社会基础。

张謇在晚年曾把自己一生的主要事业概括为"地方自治"，而且把它分作实业、教育、慈善三大部类。可以看得出来，在上述"经营乡里"活

---

① 张謇：《海通蚕桑兴衰事略复汪穙卿书》，《张季子九录·实业录》第1卷，中华书局，1931年，第13页。

动中，已经萌现出这三大部类的端绪。

三、教书与著述

不过，“经营乡里”并非张謇在甲午前十年生活的全部内容。我们不要忘记，张謇毕竟还是一个比较清寒的落第士人，在此期间他没有固定的职业，没有固定的工作，也没有固定的处所，除了几度进京应试以外，还得到处为全家的衣食奔波。

光绪十一年春，他曾一度寄食于江宁知府孙云锦处，帮助做点校阅府试考卷之类杂事。十三年，孙云锦调任开封知府，再次邀请张謇随同赴任，主要是协助治河救灾。八月中旬，黄河在郑州东石桥决口，堤破三十余丈，很快就扩大到二百余丈。黄河洪水夺道汴、颍、汝、涡下灌，横溢四五十里，无数灾民四散逃跑。河工人员李祁贪污卑劣，民愤已久，被人剖腹投于河中。张謇奉命乘舟经中牟二三堡察看水势，发现残堤所存防水材料大多已被洗劫一空，灾民以柳枝遮蔽栖息堤上，人畜死亡无算。黄河自古经常泛滥为灾，到清代中叶以后，由于河工腐败年久失修，决口后果更为严重。张謇目睹这些悲惨景象，心情十分激动，回来向孙云锦报告灾情时不禁泪下如雨。九月，应河南巡抚倪文蔚之请，代为拟订治河方案《疏塞大纲》。张謇做任何事都极为认真，并且具有经过深思熟虑而后提出的独立见解。他博考宋、明历史，查阅治河旧著，勘察实际水势，力主乘全河夺流恢复古代黄河故道，北洋大臣派来的外国技术人员的建议也与此大略相同。奉旨前来勘河的大臣李鸿藻等为这个大胆的设想所震惊，他们没有加以采纳。张謇于是退而求其次，建议“以切滩取直法治河南险工之河”，即就地形水势引直河道以便疏导，并主张采用疏浚机器施工，但主事者囿于陈旧河工传统，亦未加以采纳。张謇痛感“河患终无衰止之日”，于十一月中旬离开河南，冒大风雪乘船回家度岁。

此后张謇转而热心于教书与著述。光绪十四年春应聘主持江苏赣榆选青书院并兼修县志，曾“求宋、明、清名志读之，殆十之六七”。同年亦曾应太仓知州邀请，商谈修志体例。十七年参与修东台县志。十九年又由盛昱推荐，应崇明知县聘请，主持瀛洲书院。

在张謇一生当中，甲午战前这十年是他侧重于致力学术著作的时期。先后写成《释书谱》(1884)、《说文或从体例错出》(1886)、《蜀先主论》(1887)、《赣榆县志序》、《赣榆释》(1888)，《不毂不仅诸侯说》、《督抚提镇即古诸侯说》(1889)、《周易音训句读》(1891)、《移建象山书院记》等。当然，由于张謇主张经世致用而且志趣始终集注于实际事务，所以除县志和《周易音训句读》外，其他都很难说是系统学术研究。不过通过上述学术活动的若干特点，可以看出张謇的思想正在发生微妙的变化，尽管在甲午战前这种变化还是很有限度的。

首先是重视编修地方志。除参与纂辑赣榆、东台两部县志外，还曾“辑志例，欲成《志通》一书”，很想在方志学方面有成体系的建树。他讥刺一些旧志内容陈旧，“独斤斤于匹夫匹妇未彰之行，务广搜采以发幽凡，可谓知二五而不知一十”。强调应该着重探讨“疆域之沿革”、“民生之利病”、“人物之去取”等有益于当代的重大问题。在体例方面，主张把食货、学校放在军政、官师、人物各部之前，已经表现出对于实业、教育两大问题的特别重视。在修志方法方面，除需要查考旧有文献以外，还注意实地调查访问。“用所疑惘，质于其父老、大夫、搢绅、先生，事无纤巨，咨叩数反。”同时，又要求叙事的真实和图表的精确[①]。这些都表现出张謇严谨务实的作风和以后事业的趋向。通过修志活动，他积累了许多有关各地风土人情的社会知识。

其次是在一定程度上反对学术上的党同伐异。他批评科举取士只限于一家之言：“四子书用朱子集注，县为功令。士务制艺，中学使者春秋试官之程格，影附朱子而已。”指责统治阶级顽固势力蓄意扬朱而抑陆，“据朱子一时各有所当之言，乘慈湖杨氏涉近禅理之隙，集矢象山，哄为大诟”。他不仅为陆九渊辩诬，而且主张让知识分子各就其性之所近，自行选择“从学之涂，不限一辙”[②]。当然，他只允许在儒学范围之内消除门户之见，但这种学术见解与清朝政府的文化专制主义之间已有某些歧异，预

---

① 张謇：《光绪赣榆县志序》，《张季子九录·文录》第5卷，中华书局，1931年，第4页。

② 张謇：《移建象山书院记》，《张季子九录·文录》第1卷，中华书局，1931年，第7页。

示着张謇在新的历史机缘下转向兴办近代教育事业的可能性。

但是，当时张謇毕竟还没有产生迫切而明确的社会变革要求。他虽然很想从历史书籍中发掘一些可以经世致用的道理，但却很难突破正统儒学的藩篱。在那样动乱的年代里，西方近代思潮已经不断冲击着中国传统文化，从饱含变化哲理的《周易》中间本来不难找到推动社会革新的思想武器。可是，张謇和当时已经出现的维新思想家有所区别，他的《周易》研究限于单纯音韵训诂，没有得出任何可以启发人们思考变革的结论。他在晚年经常自称一生得力于《易》，可是对于这部典籍的理解却是保守的，有些甚至不免流于庸俗。他始终认为“守正处中”是《易》的中心思想①，实际上就是期望人们尽可能遵从和维护现有的社会秩序。

综上所述可以看出，甲午战争前十年间，张謇基本上结束了单一的游幕生活，开始了更为广泛的社会活动，产生了改良农业、采用机器②和筹设公司的愿望，并且还作过某些初步尝试，这些都是值得注意的进步趋向。但是，他生长在闭塞落后的江北农村和封建性浓厚的富农——地主兼商人家庭，长期接受旧式教育并且流连于科举制艺，因此身上承袭的封建传统文化负担太重。他确实是在努力前行，而且是扎扎实实的一步一个脚印；但毋可讳言，速度较慢，只能说是附着在时代潮流的边沿。直到甲午战争爆发，张謇依然是一个具有强烈爱国心和某些开明倾向的封建士大夫，他的政治思想还没有突破忠君爱国的格局。张謇虽然是文士，但却保留了某些农民性格，讲究实际，不尚空言，他只相信那些他自己亲眼看到并且能够理解的东西。他的信念决不停留于语言文字，他更重视实践，他的人生追求便是不知疲倦地把自己的信念逐步变成现实的事业。与同时代的多数资产阶级改良派不同，他必须在亲自创办近代企业以后，通过发展民族资本主义的具体实践，然后才逐步产生较为系统的资产阶级改良思想。

---

① 张孝若编：《家书》，《南通张季直先生传记》，中华书局，1930年，第511页。

② 光绪十三年他曾建议豫抚倪文蔚，请利用“机船”、“平地开河器”、“浮水器”、“火车”、“火船”等新式工具来治理黄河。张謇：《论河工三致倪中丞函》，《张季子九录·政闻录》第10卷，中华书局，1931年，第4页。

从社会群体结构的角度来考察，张謇的地位在纵向与横向两方面都发生了变化。在纵向方面，他受到南派清流的援引，在士人群体中登上一个更高的梯级，一个已经接近统治阶级上层的梯级。他尽管仍然没有官职，缺乏金钱，但是他的声望已经高于他的实际社会地位。他不再是那个朴实、倔强而又不通世故的农家读书子弟。他已经具有乡绅的地位，并且运用自己的学识、阅历和干才谋求家乡经济、文化的发展。在横向方面，通过“经营乡里”的各项活动，他增强了与商人群体之间的联系，这主要是通海地区的一批中小商人。他早已走出通海士人群体的狭隘天地，长期周旋于军人与地方中下级官员之间。现在他又接触另一个群体，并且逐渐与他们有了共同的语言，甚至共同从事利益相通的活动，这更扩大了张謇生活与思想的范围。如果说，在士人群体内部梯级的上升，为张謇此后登上政治舞台提供了基础；那么与商人群体的横向联系，则为他在甲午战后的企业活动准备了某些经验与支持力量。

整个中国正在面临着一次更为严重的外来冲击，一次更为深刻的变化，而张謇则将在新的历史条件下作为一个更加引人瞩目的形象出现。

第三节　夺魁幕后

一、状元及第

甲午中日战争使世界和中国的局势发生了重大的变化。一方面是外国资本主义相继吞并或侵占邻近中国的越南、缅甸、锡金、朝鲜，并且深入中国云南、广西、西藏等边疆，使民族危机迅速趋于空前严重。另一方面则是中国人民以反对外国教会为表现形式的反侵略斗争迅速进入新的高涨，而农村反抗封建压榨的斗争也正在日益加强，全国各地似乎都埋藏着爆炸性的因素。

比较敏感的爱国士大夫们不能不感到极大的忧虑。外国侵略者诚然可怕，但是拿起武器的亿万愤怒下层群众似乎更为可怕。已经到了非变不可的时候，然而怎么变，他们的意见并不一致，甚至可以说是很不一致。

有些人走在前面，他们不满足于“同光新政”（洋务运动的旧称）已有的成绩，要求实行资产阶级性质的政治改良，敦促设立议院之类机构，希望逐步实行政权结构的近代化。有些人稍许落后，还停留在二三十年以前早期维新思想的水平，只限于要求让民间多兴办一些工矿企业以及改良农业生产技术；至于政治方面，撤换一批卖国的和贪暴的官员也就差不多了。还有些人更为落后，始终怀念清朝的鼎盛时代，偏执地要求整饬封建的伦常纲纪，仿佛这就是足以战胜一切内忧外患的神奇武器……

尽管这些救亡主张之间存在着不少歧异，然而他们中间的很多人确实都把希望寄托在年轻的光绪皇帝身上。老一辈最高统治者已经无可救药了，好像在他们的后继者身上还存在着一线生机。

早在光绪十五年，光绪皇帝在“大婚”以后实行有名无实的“亲政”，已经引起这些士大夫们的很多幻想。其中最显赫的人物之一翁同龢，立即以师傅身份进呈冯桂芬的《校邠庐抗议》，诱导皇帝学习“西方富强之术”，并且更加关心这个特殊学生的成长。有一次，皇帝居然敢于自作主张，“通饬各省藩臬专折奏事”，表现出急于了解下情的愿望。师傅高兴极了，连忙赞美说：“盖出诸圣心，近日读圣训，有所得也。”[①] 仿佛载湉果真会成为康熙二世或乾隆再生似的。

当然，他们知道单靠“圣心睿智”是不行的，更重要的是让载湉真正掌握政权。因为，慈禧太后仍然是绝对的权威，而李鸿章与淮系则是朝廷以外最大的地方实力派。至于清流，尽管善于营造舆论，而且其中有些人声望颇高，但是他们最大的弱点是缺乏实力，特别是没有任何一支可以作为凭借的武装。换句话说，就是他们除笔墨口舌而外别无其他武器。他们自视甚高，抱负颇大，但实际上不过是慈禧玩弄政治力学的天平上一个砝码。慈禧常常利用清流们的言论（即所谓“清议”）牵制或打击她有所疑忌的某个洋务集团（特别是其中实力最强的派系），然而她只允许清流们在维护中央集权（特别是维护她自己的绝对权威）的前提下发挥舆论力量。如果清流越过这个范围，或者表现出与她的某个政治上的假想对手（如中法战争前后的奕䜣）过于接近，那就会立刻感受到她的雷霆万钧的威势与打击。

---

① 《翁文恭公日记》（涵芬楼影印本）己丑十月二十日。

久经宦海沉浮的清流上层人物，自然不会不明白自己的实际处境。他们不甘心拘守于砝码的地位，渴望有朝一日能够占据天平的支点。他们不乏耐心，谨慎地等待和寻找可以削弱慈禧和她所倚重的淮系集团势力的时机。甲午战争为他们提供了这样的时机。李鸿章为保全本集团的实力，从战争一开始就对后起的日本侵略者表现出妥协求和的软弱态度，这不能不引起人民的愤怒和舆论的抨击。以翁同龢为首的清流派，乘机围绕着载湉集结起来，形成并无任何组织形式的帝党，重振旗鼓向后党和淮系集团发起猛烈抨击，企望借此扩大自己的声势以至控制中央政权。在某种意义上，清廷内部主战、主和之争，可以说就是帝、后两党之争。

张謇正是在这样的态势下进入北京，参加会试，中了状元，并且很快就卷入了帝后党争的内层。

当然，历史现象总是充满了偶然性，充满着稍纵即逝的种种机缘。甲午这一年正好碰上“慈禧太后六十万寿，举行恩科会试”。彭年已七十六岁，急于亲眼看见儿子金榜题名光宗耀祖，几乎是恳求张謇再往应试：“儿试诚苦，但儿年未老，我老而不耄，可更试一回。”① 张謇不敢违背父命，但已怯于上场，因此迟迟启程。二月二十三日到北京，连考试用具都是“杂借自友人，榜发之前，不听录”，可见心绪之懒散。但不料礼部会试竟然取中第六十名贡士，三月礼部复试又取中一等第十名，这就取得了参加殿试的资格。

四月二十二日殿试。张謇的崇拜者曾编织了种种神话的花环来渲染他的状元及第，实际上在关键时刻还得靠清流领袖们的扶掖。殿试阅卷大臣共八人，即张之万、麟书、李鸿藻、翁同龢、薛允升、唐景崧、汪鸣銮、志锐。殿试策问共四道题，包括河渠、经籍、选举、盐铁，张謇不敢“自道其心所明，自见面目”，统统按朱子学说应对。翁同龢这次志在必得，命令收卷官（“收掌”）坐候张謇交卷，然后直接送到自己手里。匆匆评阅之后，立即得出“文气甚老，字亦雅，非常手也”的结论。二十三日清晨他

---

①《啬翁自订年谱》卷上。先是光绪十八年张謇会试落榜，回家已向彭年表示决绝：“试事愿四十为断。”所以此次彭年恳其再试。事见《中宪府君哀启》，《张季子九录·文录》。

找李鸿藻等商议，结果除张之万外其他阅卷大臣都赞成把他选中的卷子定为前十名之第一。二十四日，阅卷大臣捧前十名试卷进入乾清宫西暖阁，由麟书按事先议定的名次拆除弥封，并逐一奏陈姓名，第一名果然就是张謇。翁同龢特别介绍说："张謇江南名士，且孝子也。"皇帝甚为高兴[①]。清流派一无兵二无钱，他们只能采取这样迂缓的办法，利用自己主持科举取士的有限权力来增强本集团的声势。

张謇与其他新进士这天五更便伫立在乾清门外等候宣召，喜悦、兴奋而又夹杂着焦急。宫内显得异样的静寂，时间也似乎流逝得特别缓慢，但终于看见八位阅卷大臣出现在丹墀之上，并且传来了拖长腔调的宣呼——张謇以一甲一名引见。状元及第，这是科举士人最高的荣誉，张謇经过二十六个春秋的坎坷曲折，终于在已逾不惑之年达到了自己的目标。张謇的心情是复杂的，一股迟暮之感陡然袭来。他在当天的日记中写道："栖门海鸟，本无钟鼓之心；伏枥辕驹，久倦风尘之想。一旦予以非分，事类无端矣。"[②] 次日，光绪皇帝御太和殿传胪，"百官雍雍，礼乐毕备"，仪式更为隆重。张謇被授以翰林院修撰，他终于获得官员身份。然而他的事业心已经逐步形成，其志趣已不在于功名利禄。特别是彭年在九月病逝，他有感于"一第之名，何补百年之恨；慰亲之望，何如侍亲之终"[③]。从此，他对做官更趋淡泊。

二、帝后党争

但是张謇对待人生的态度则始终是积极的，爱国之情也始终是炽烈的。甲午战争爆发前后，他在京师一度成为政治上极为活跃的人物。在帝党中间，张謇由于官阶的限制，还没有具备直接向皇帝呈奏的资格，只能通过翁同龢转达自己的主张。但是因为他有与日本侵略者直接抗衡的政治经验，而且十多年来一直以日本为敌手研究军事和外交的对策，所以在帝党中间成为重要的决策人物之一。这一点，甚至连有些依附过淮系的文人

① 参见《翁文恭公日记》(涵芬楼影印本)甲午四月二十日至二十五日。

②《张謇日记》甲午四月二十二日至二十五日。

③《啬翁自订年谱》卷上。

也看得很清楚，他们事后攻击说："甲午以前，孝钦显皇后（慈禧）与德宗景皇帝（光绪）意见甚深。德宗景皇帝因于孝钦显皇后尊严之下，久思出人头地。迨至甲午与日本构怨，德宗景皇帝意欲跃武国外，凭临母后，轻视日本，颇欲灭此而后朝食。时常熟（翁同龢）秉政，误入殿撰（张謇）之言，亦谓日本不足平，迎合上意，极力主战。"① 甲午战争爆发以后，慈禧为了缓和舆论的愤激，在主战、主和两派之间寻求平衡，先后起用翁同龢、李鸿藻等人值军机，而翁在孙毓汶病免后便位居汉人军机大臣之首，这就更加显示出张謇作为帝党决策人的重要性。

从这年六月到九月，翁、张之间书信往还极为频繁，通信内容主要是讨论中日战争对策问题②。归纳起来，要点如下：

一、六月底以前，主要是建议加强战备，起用湘系宿将和刘永福等爱国将领，极力推动清政府对日宣战。

二、七月一日清政府正式对日宣战以后，主要是建议拨"庆典"款项电购铁甲兵舰，派舰船进援叶志超军，加强渤海防务，预防日军偷袭京、津等。

三、八月以后，随着战事的节节失败，统治集团内部争吵更趋激烈，翁、张等积极策划推倒淮系头子李鸿章，要求起用奕䜣以谋进一步抑制后党势力。

翁、张之间这些密议决不是孤立的，它是整个帝党活动的一个组成部分。关于这一点，另一帝党健将文廷式事后曾经作过回忆："总署（指总理衙门）事极秘密，余则得闻于一二同志，独先独确，因每事必疏争之，又多言于众，使共争之，尝集议具稿。"③ 所谓"言于众"、"共争"、"集议"，无非是指帝党分子的幕后活动。甲午战争前十年间，张謇结识的友好日益增多，仅日记和年谱有记载的，除郑孝胥（苏勘）结交在前以外，已有黄绍箕（仲弢）、王仁堪（可庄）、王仁东（旭庄）、梁鼎芬（节庵）、沈曾植（子培）、沈曾桐（子封）、盛昱（伯熙）、濮子潼（子潛）、王颂蔚（芾卿）、张云官（伯记）、丁立钧（恒斋）、钱贻元（新甫）、杨锐（叔

① 刘声木：《苌楚斋随笔·四笔》，1929年，铅印本。
② 张謇历次上翁同龢书，见陆史一抄件。翁致张函，则见《翁松禅致张啬庵手书》（影印本）。
③ 文廷式：《闻尘偶记》，《近代史资料》1981年第1期。

峤)、屠寄（敬山)、汤寿潜（蛰先)、文廷式（芸阁）等。其中不少人都曾参与甲午战争期间的帝党活动，只要把张謇的历次上书与其他帝党分子的奏折（如志锐、安维峻、丁立钧等）的主战奏折稍加对照，就不难看出他们之间的相互配合关系。

帝党在甲午战争期间的主要攻击目标是李鸿章。

早在六月底，张謇已经一再建议严惩李鸿章。七月中旬以后，随着战局的严重恶化，翁同龢与张謇、沈曾植、沈曾桐、丁立钧、黄绍箕、文廷式等频频密议。终于经由珍妃胞兄志锐出面，奏劾李鸿章衰病昏庸，请求简派重臣“至津誓师，就便密看李鸿章衰病情形，如果属实，则万不可靠此人”①。两天以后，长麟、高燮曾等再次抨击并要求撤换淮系北洋海军提督丁汝昌。这些活动在张謇日记中都有简略记载，如七月三十日：“闻有褫海军丁（汝昌）说，此天下之公论也，大快!”八月一日：“闻津（指李鸿章——引者）护丁尤力，真无朝廷矣，朝真无力哉!”

八月中旬以后，黄海之战遭到挫折，日本侵略军的凶焰很快就蔓延到中国东北边境。与此形成鲜明对照的是，宫廷中仍然歌舞升平，为那拉氏六十寿辰的“庆典”而挥金如土。八月十五中秋，慈禧在慈宁宫举行“加徽号礼”，群臣毕集，酒宴听戏，行礼如仪。第二天又在太和殿举行更为隆重的“庆贺礼”，铺张浪费达到顶点，仅寿膳房的“开发”（小费）每人竟有十八两之多，其余可想而知。愤怒抗议的舆论与日俱增，多少具有一些爱国心的官僚士大夫也感到不能容忍，人们把憎恶的感情一股脑倾泼在李鸿章身上。八月十八日枢臣会议，经过李鸿藻等力争，终于发出会拟上谕，给李鸿章以“拔去三眼花翎，褫去黄马褂”的处分②。这是帝党及主战派凭借社会舆论对后党及主和派一次小小的打击，也是慈禧为缓和民愤而勉强吞下的一口苦药，但仍然说不上谁胜谁负。

帝党的下一步棋，是要求重新起用闲置十年的恭亲王奕䜣，以此作为倒李的重要伏笔。早在八月二十一日，翁同龢在病中写信给张謇即已认为：

---

① 北平故宫博物院：《清光绪朝中日交涉史料》，1932 年，铅印本。

② 北平故宫博物院：《清光绪朝中日交涉史料》，1932 年，铅印本。

"将不易，帅不易，何论其他?"[1] 第二天，翁奉旨"力疾入朝"商量有关对日战事问题。退朝后，张謇、文廷式、丁立钧等以"省翁师疾"为名前来探听消息。紧接着就是帝党骨干们的奔走串连，酝酿联名奏请起用奕䜣[2]。八月二十九日，翰林院集议于全浙会馆，由文廷式起草请求重新谕令奕䜣秉政的奏折，列名者达五十七人之多。这显然是出诸翁同龢的授意，与光绪内外配合的一个部署[3]。

九月一日，在各方面压力下，慈禧不得不勉强同意起用奕䜣在内廷行走，管理各国事务衙门并添派总理海军事务。光绪并于当天召见奕䜣，慈禧与这位亲王谈话达一个半小时，对时局颇多计议。奕䜣的任命曾使外界"人心为之一舒"，但知情者对政局并不乐观。就在同一天，文廷式以侍读学士兼日讲起居官身份入见光绪。皇帝忧虑而且疲劳，"且谕北洋（李鸿章）有意误事，北洋之肉其不足食也"[4]。误事不足为怪，怪在误事而敢于"有意"，这表明李鸿章不仅有实力而且有后台。一向偏袒李鸿章的吴汝纶当时即曾函告友人："朝中不信李相，颇有意摧折之，幸太后尚倚重耳。然军事棘手，君臣之间亦在危疑。"[5] 用"危疑"二字来形容载湉与李鸿章之间的关系，说明宫廷内部矛盾的复杂而又微妙。

起用奕䜣不过三天，丁立钧便领衔并联合翰林院三十五人上《请罪李鸿章公折》，张謇则单独上《推原祸始防患未来请去北洋折》，两折都是经由翰林院掌院学士代奏。张謇对李鸿章的旧仇新恨在这件流传甚广的奏折中发泄无遗。他从"先事、临事、事外、事中"四个方面，指责李鸿章不仅一贯主和卖国，而且还一贯败坏和局。他愤怒地谴责："试问以四朝之元老，筹三省之海防，统胜兵精卒五十营，设机厂、学堂六七处，历时二

---

① 《翁松禅致张啬庵手书》（影印本）。

② 《张謇日记》甲午八月二十八日："闻政府之昏聩把持如故也，与意园（盛昱）诸人会于山西馆。"

③ 叶昌炽《缘督庐日记》亦称："（李盛铎）来约联名递封事，请起用恭邸。因昨日南、上两斋（指南书房、上书房——引者）先入告，伯葵（陆宝忠）前辈召对，圣意欲得外廷诸臣协力言之也。"

④ 《张謇日记》甲午九月一日。

⑤ 吴汝纶、吴闿生编：《桐城吴先生全书》尺牍卷一，1904 年，家刻线装本。

十年之久，用财数千万之多，一旦有事但能漫为大言……曾无一端立于可战之地，以善可和之局，稍有人理，能无痛心？”他还借此机会公开指控李鸿章在十年以前对吴长庆的各种打击，说吴“遂因与李鸿章积忤之故，愤恚致死”。最后请求“另简重臣，以战求和”[①]，这可以认为是他与翁同龢筹议已久的八字方针。

帝党和主战派对李鸿章的猛烈抨击，揭露了统治集团内部投降主义路线的丑恶面目，并且强烈要求继续抵抗日本的武装侵略，这至少是在某种程度上反映了民间渴望反抗外侮和维护主权的高涨情绪。当然，在派系斗争激化之时，意气往往多于冷静的分析，加以他们不敢把抨击的矛头直接指向慈禧，所以很难要求他们对李鸿章作出更为全面而又切合实际的估量。因此，连张謇的好友袁昶也不能不说：“韩事之不可为，不自今日始。中外所倚仗以了事者，西平（指李鸿章——引者）而外，无人能任。……平日之文衎武嬰，盘乐怠傲，误国者多矣。临变则责之西平一人，西平能尽任其咎哉？”[②] 清流是一帮子文人，帝党本身毕竟缺乏实力，他们虽然发动一场言词激昂的倒李斗争，但内心深处也感到实在没有办法取而代之。清廷对日宣战不过一个多月，张謇已经察觉“其实中国何尝有必战之布置耶”[③]！他知道翁同龢处境困难，而且性格弱点是“刚断不足”，并非可以代替李鸿章主持对日战事全局的适宜人物。他曾主张对李鸿章“鞭策而用之”，倒李就是一种“鞭策”，目的是削弱李的声势，降低李的地位，而终究还要有控制地使用他。这就是帝党分子难以言说的内心衷曲。

同时，帝党人士期望甚殷的奕䜣，也已经成为苟延残喘的老朽。文廷式事后曾以失望的笔调追述奕䜣起用后的无所作为：“恭邸复用之后，惟设督办军务处，授宋庆帮办军务，余无所建白。恭邸至冬间乃值军机，年又老，又叠经废置，且一时将相多非所习，遂因循焉。上始向之殷，久之

---

① 张謇：《请罪李鸿章公折》，此折已收入《张季子九录·政闻录》第1卷，中华书局，1931年，第10页。

② 《袁忠节公遗墨》，甲午七月二十三日致袁敬孙函。

③ 《张謇日记》甲午八月二十九日。

乃竟不足恃，天下之望亦愈孤。”[①] 他们自然不可能理解，奕䜣不过是皇室中一个已经失势的洋务派首脑，其对外态度与李鸿章并无多大差别。即令奕䜣不是那么衰老，也不可能把对日战争引导到坚决抵抗的道路上去。

其实，就连帝党本身也不是民族利益真正可靠的维护者。他们不敢也不能依靠广大人民群众的斗争力量，因而也就始终难以看到反侵略斗争的胜利前景。他们提出“以战求和”的口号，正表现出缺乏抵抗到底的坚定性。随着整个战局的严重恶化，他们很快就走上幻想借助英、德以抗日本的歧途。九月五日，张謇与沈曾植、黄绍箕、丁立钧“申议联络英、德”，第二天即正式“定联络英、德之议”。两天以后，志锐首先奏请“联英伐倭”。九月七日，更由文廷式领衔并联合翰林院三十八人同上《奏请密联英德以御倭人折》，建议拿出二千万两经费，敦请英、德出兵帮助中国反击日本。其理由是：“且与其议和而用为赔费，何如战胜而出以犒师。”[②] 此类建议当然充满不现实的幻想，但却能够说明：帝后两党之间、主战与主和两派之间的斗争，在不同程度上都交织着英、俄、德、日之间在中国的争夺。

在文廷式等人的奏折中，有句话很值得注意，那就是：“英、德使臣皆已微示其意，湖广督臣亦经密与商谋。”因为，一个多月以后，张之洞果然用同样的语言劝说李鸿章：“鄙意与其失地、赔费，求和于倭，不如设法乞援于英、俄，饵以商务利益。似可探询英、俄所欲，如尚在情理，即可许之，英、俄当可为我用。”[③] 而其真实意图则专注于联英。当张之洞奉调署理两江总督以后，他就通过芜湖海关道袁昶与英国领事福格林之间的联系，积极筹划借用英、美兵力“保护”长江腹地[④]。这几乎可以看作以后义和团时期所谓“东南互保”的发端。张之洞是出身于“清流”并且仍然与“清流”保持密切联系的非淮系地方大员，他的政见与活动往往能与“清流”们达成默契。

---

① 文廷式：《闻尘偶记》，《近代史资料》1981年第1期。

② 北平故宫博物院：《清光绪朝中日交涉史料》，1932年，铅印本。

③《张文襄公全集》，电牍，北平文华斋，1928年，线装本。

④《于湖文录》甲午十一月十九日，“禀南洋商宪”。

"联英伐倭"的方案，至少在客观上适应了英国侵华政策的需要。英国既不愿日本在中国，特别是在它的既得利益比较集中的长江流域攫取过多权益，又害怕战事延长会把清政府推向沙俄的怀抱，同时还担心长期战争会使它的对华贸易遭到较大损害。所以便开始改变它在八月以前支持日本的态度，而在九年初开始试探各国联合"调停"的可能性。所谓"调停"，实质上就是要求中国立即投降以换取日军停止进攻。这与帝党所企盼的"联英伐倭"已经不是一码事。

由于列强的各怀鬼胎，连英国的联合"调停"也未能实现，而后党及主和派却乘此公开加强了求降活动。那拉氏的心腹、军机大臣孙毓汶和徐用仪，一方面向赫德要求英国出面调停，一方面又嗾使翰林院中一些人上书奕䜣，要求"忍辱求和"。在此期间，帝党活动频繁，继续鼓吹拒和速战，然而再也拿不出什么比较切实可行的办法。九月十三日晚，张謇连夜访问翁同龢，"危言耸论，声泪交下"。第二天，显然是出于翁的授意，张謇与丁立钧、黄绍箕、沈曾植等商议。十六日，张謇再次向翁同龢上书，报告集议结果。但就在这紧要关头，张謇突然接到父亲病亡的消息，只得循例离职回籍守制，于十九日匆匆离开政争纷纭的北京。翁同龢在送别信上说："此别未知何日相见……日来心思甚劣。"① 这种消沉情绪的自然流露，说明他们已经无从阻止投降主义逆流。

此后战事节节败北，帝党无所作为，只有坐视那拉氏、李鸿章放手求降。次年三月二十六日，《马关条约》正式签订，中国更加沦入半殖民地的痛苦深渊。帝党对条约的反应非常强烈，文廷式、丁立钧、黄绍箕、余联沅、易顺鼎等继续在北京上书抗议。远在南方的张謇也在日记中录上"和约十款"的主要内容，并且特地注明："几罄中国之膏血，国体之得失无论矣。"张謇悲愤的心情是深沉的，他在祭奠父亲的时候自我谴责说："徒为口舌之争，不能死敌，不能锄奸，负父之命而窃君禄，罪尤无可逭也。"②

---

① 《翁松禅致张啬庵手书》（影印本）。

② 张謇：《告父文》，《张季子九录·文录》第16卷，中华书局，1931年，第9页。

第二章　言商仍向儒

第一节　状元办厂

一、转变的契机

张謇从天津乘海轮南下，于光绪二十年九月二十七日经由上海抵家，“入门伏地恸绝，寝苫丧次”。此后即忙于丧礼杂务，并且欠下六千多元债务。由于“意绪荒忽”，三个多月时间连日记也不想写了。

但是，通海地区处于江海交接要冲，狼山镇即在其间，所以历来都是江防重地。由于面临日本海军随时可能侵入长江的威胁，张謇很快又振作起来，参加了兴办团练保卫乡里的一些活动。

光绪二十一年正月卅日，闲居在家的张謇突然收到通州知州的来函，说是张之洞（时已移署两江总督兼署江宁将军）已经奏请任命他总办通海团练。而在此五天以前，他已经为海门厅同知起草了防务章程，准备妥善安排即将前来驻防的仲字六营。从正月到闰五月，在五个多月时间里，他为江防工作付出了大量精力。

由于腐朽透顶的淮军、湘军都抵挡不住日本侵略军的长驱直入，有些封建统治者根据过去镇压太平天国的经验，又将挽救危局的希望寄托于地方官绅兴办团练。当时东北某些地方团练在辽阳、岫岩、海城、新民、盖平等地抗击日军颇有成效，这更引起一些主战派官员的兴趣。他们幻想又将出现一批比当年湘、淮军更为得力的地方武装，可以外御强敌并使“中兴”局面重新出现。但张謇却从接手总办团练之始就没有这样盲目乐观。他具有一定实际的政治、军事斗争经验，对外国侵略者的实力也有较具体的感受，所以认为：“团练之不易措手也，筹之审矣。言者动以湘乡（曾国藩）见责，不知寇非粤逆，时非咸丰，地非长沙，人非曾侯，共事非塔、罗、杨、彭（塔齐布、罗泽南、杨载福、彭玉麟——引者），谬相假借，不知其傎也。"① 他深知已经巩固了自己最高统治地位的慈禧太后，最担心的是内轻外重趋势的继续发展，她不再愿意容忍任何新的强大地方武装集团出现。时过境迁还想重温旧梦，这就是所谓"傎"（癫狂）。

不过张謇办理任何事情都表现出严谨细密的风格，他还是认真负责地亲自起草了《海防团防营制》、《民团续议》，提出一系列具体的主张和办法。可以看得出来，这些方案大体上都是以湘军营制和他本人在"壬午之役"中的经验作为依据。他还写了一首《通海劝防歌》，大意是揭露日本侵略者的残暴罪行，激发人们保卫乡里的热情，鼓舞练勇的信心。由于是对民众宣传，所以文字比较通俗易懂。以其中一段为例："沿江沿海有沙滩，滩多洪曲碍轮船。日便分兵犯我境，大炮小船不能运。若论内地尽是沟，天然地营不要谋。撤桥断坝设穽陷，各就各圩容易办。道路原是本地熟，层层深入他不敢。"② 这种以主待客、以逸待劳的积极防御主张，是比较现实可行的。同时，他鉴于过去办团练借筹款苛扰乡民的积弊，自己率先以二十四箱书籍，"付典肆抵质银千元"，补助通海团练费用，而不采用募捐的办法③。

但是，通海团防已经没有机会受到实战的检验了，因为不久就签订了《马关条约》，中日战争宣告结束。闰五月十四日，张謇正式收到张之洞的撤防公牍，随即陆续遣散各营练丁，半个月以后全部结束了团防事务。

《马关条约》的签订使张謇深受刺激。他曾对两江总督张之洞等会奏请求推迟换约时间寄予希望，也曾诵读"台民布告天下之文"而为之愤激，但一切都阻止不了屈辱的和局。在得知《马关条约》已经签订的那天晚上，张謇在日记上一条一条地记下"和约十款"的主要内容，并且注明："几罄中国之膏血，国体之得失无论矣。"④ 甚至在将近三十年以后，

---

①《张謇日记》乙未正月三十日。

② 张謇：《通海劝防歌》，《张季子九录·自治录》第1卷，中华书局，1931年，第6页。

③《啬翁自订年谱》卷下。

④《张誉日记》乙未四月初六。

他在《啬翁自订年谱》上还抄录了《马关条约》全部内容的提要，可见对此事重视到何等程度。

当时主战、主和两派的斗争已经突破了帝后党争的狭隘圈子，广大农民、手工业者、产业工人、资产阶级的改良派和革命派，以至包括帝党在内的爱国官绅，各种社会力量汇合成为反对卖国和约及割让台湾的斗争洪流。其中最为振奋人心的当然是台湾人民的英勇抗战，还有康有为领导十八省进京应试的举人向皇帝上书，恳切要求“拒和、迁都、变法”。张謇的友好和其他一些帝党分子，如文廷式、丁立钧、黄绍箕、余联沅、易顺鼎等，仍然继续在北京上书言事，向后党和李鸿章集团进行口诛笔伐。不过他们那些典雅而又略带迂执的愤怒言词，已经被维新派更为高亢激越的变法救亡呼声淹没了。张謇由于守制在籍，没能直接投入这场声势浩大的抗议投降卖国的愤怒风暴，然而他在思想感情上仍然与之相通，并且正在思考探索新的救国之道。

还应该看到，张謇举办团练的活动虽然未能取得实际抗敌效果，但却从两方面为他以后新的事业发展提供了便利条件。

第一，从此以后，他与张之洞建立了密切的关系。张之洞本来就是从清流队伍中走出来的，甚至在成为洋务派头面人物以后也仍然与清流藕断丝连。早在十年以前，他已经对渐露头角的张謇产生兴趣，颇想使之成为自己的入幕之宾。张謇当时虽然没有接受邀请，但对张之洞的礼贤下士还是感激的，这又不同于他对李鸿章延聘的坚辞。张之洞移督两江期间，成为张謇总办团防的顶头上司，而且彼此在联英抗日、兴办实业方面又有不少共同语言，因而很快就接近起来。由于张謇是新科状元，在士大夫群中声望渐隆，而且又正好守制在籍，所以张之洞乘机殷勤延揽。张謇为了今后个人事业的发展，也很自然地加强了与张之洞的联系。

第二，张謇由于先后几代住在海门常乐镇，在通州算是“客籍”，而且家庭社会地位低下，自己又常年在外，所以在家乡一直没有多大影响。中了举人以后，虽然从事过一些公益事业，但规模和成效都比较有限。现在既有状元身份，又是奉旨总办团防，并且和两江总督也有些来往，这样就大大提高了声望，俨然成为通海地区的头号绅士。在光绪二十一年，他除了举办团练以外，还为花、布商人议办“认捐”（即自行包捐以避免吏役层层苛扰），经营义庄、社仓，修筑石路石桥，筹划通、海、泰、如四地合习乐舞（古代礼乐），为书院筹措经费等等。这些活动都从多方面扩大了他的社交圈，联系了多种社会力量，把自己的影响辐射到更多的社会层面。

张謇“实业救国”的思想正是在此时形成的。他在这年夏天为张之洞起草的《条陈立国自强疏》，比较系统地阐明了自己的救亡主张①。

这件疏稿首先分析了《马关条约》的严重危害性，接着提出加强国防、广开新学、提倡商务、讲求工艺等等建议，而其中最值得注意的则是他非常强调发展近代实业和近代教育。

《马关条约》规定准许外商在中国内地设厂，这使张謇感到极大的忧虑。他沉痛地指出：“向来洋商不准于内地开机器厂，制造土货，设立行栈，此小民一线生机，历年总署及各省疆臣所力争勿予者。今通商新约一旦尽撤藩篱，喧宾夺主，西洋各国，援例尽沾。……（日人）今更以我剥肤之痛，益彼富强之资；逐渐吞噬，计日可待。”外国经济侵略的重心逐渐由商品输出转为资本输出，中国维新救亡思潮也从鼓吹“商战”逐渐转为强调“工战”与“学战”，这些情况在疏稿中都有所反映。张謇建议，为了在工商业方面谋求对应之道，必须尽速讲求商务、工艺，采取保护政策，各省设立商务局、工政局，提倡招商设局、设立公司，抵制洋货倾销等等。严重的民族危机的刺激和中外资本主义的影响，促使这个具有某些开明倾向的爱国士大夫，把自己人生的道路逐渐转移到资本主义的方向。

经过甲午战争的失败，洋务派一贯标榜的“自强”、“求富”暴露了内在的严重弱点，官办、官督商办、官商合办等等企业形式也日益失去吸引力，甚至成为人们猛烈抨击的对象。民间资本在外来侵略的刺激下，更为迫切地要求独立发展。清朝政府由于财政枯竭，无力包揽过多的企业创

---

①《啬翁自订年谱》乙未六月“诣南皮（张之洞）论下不可无学，学不可无会，若何实地进行”。七月“南皮留谈商务归，有筹辟海门滨海荒滩之议”，均与此疏有关。疏稿收于张謇：《条陈立国自强疏》，《张季子九录·政闻录》第1卷，中华书局，1931年，第12—23页。

建，再加上民众对屈辱求和的愤怒抗议，都迫使它不得不在经济政策上作一定程度的让步，借以缓和国内的社会危机。鼓励商办企业的主张，只是在这样特定的历史条件下才逐步占了上风。张謇与通海地区花、布商人，在减捐活动中有十年左右的合作关系，因而其政论比较真切地转达了民间资本的呼声。

张謇借鉴日本资本主义发展的历史经验，强调应该采取“商办官助”的保护民族工商业政策。他批评清政府“但有征商之政，而无护商之法”。建议各省设商务局，“令就各项商务悉举董事，随时会议，专取便商利民之举，酌其轻重，而官为疏通之。勿使倾轧坏业，勿使诈伪败名。凡能集巨资多股设一大公司者，奏请官吏奖之”。

其次，在工业与商业的关系方面，他没有笼统地主张发展实业，而是把工业提高到首要地位。“世人皆言外洋以商务立国，此皮毛之论也。不知外洋富民强国之本实在于工。讲格致，通化学，用机器，精制造，化粗为精，化少为多，化贱为贵，而后商贾有懋迁之资，有倍徙之利。”这本来是有识之士在中法战争以前就已经讲过的道理，但张謇毕竟经过亲身体验才奉之为圭臬，是真诚地要努力使之成为现实，而且其抵制外来经济侵略的主观愿望也是极为强烈的。

为了发展民族工商业，张謇认识到学习西方近代科学知识的紧迫性。他主张：“应请各省广设学堂，自各国语言文字，以及种植、制造、商务、水师、陆军、开矿、修路、律例各项专门名家之学，博延外洋各师教习。三年小成，乃择其才识较优者，遣令出洋肄业。”并且强调，不仅要“培之于先”，更要注意“用之于后”，充分发挥这些新式人才的作用。从沉溺古代典籍、八股制艺，到迫切要求学习西方农业、工矿等等科技知识，这是甲午战后张謇思想的一个巨大进步。

张謇非常重视教育的作用，认为“夫立国由于人才，人才出于立学，此古今中外不易之理”。实业需要人才，人才出于学校。但兴办学校需要经费，这又不得不仰仗于实业，所以张謇认为自己的救国宏谟还得从实业入手。正如他以后所回忆的那样：“自前清甲午中国师徒败衄，乙未马关订约，国威丧削，有识蒙诟，乃知普及教育之不可已。普及有本，本在师范，乃知师范之设之不可以已。设师范之资，其数非细，他国师范，义由国家或地方建设而扶助之。当是时，科举未停，民智未启，国家有文告而已，不暇谋也。地方各保存固有公款之用而已，不肯顾也。推原理端，乃不得不营实业。然謇一介穷儒，空弩蹶张，于何取济？南通固有名产棉最旺之区也，会有议兴纺厂于通而谋及者，乃身任焉。”①

张謇就是这样走上状元办厂的道路。

二、艰难的起步

张謇的大事业首先从创办纱厂开始，这并非出于偶然的选择。

甲午中日战后，帝国主义对中国的经济侵略更为疯狂。在像潮水般涌入中国的外国商品中，洋纱所占比重最大。从光绪二十年到二十四年，洋纱平均每年从华北四口输入 315 278 担，从长江中上游七口输入 211 935 担，分别占华北、华中两大市场的 93.7%和 86.4%②。棉纺织业是关系国民生计最为重要的工业部门之一，也是当时外国资本主义侵略危害最为严重的工业部门之一，民族资本主义自然首先要在这个部门奋起同强邻竞争。张謇以后在大生纱厂的《厂约》中，已把这个道理讲得很透彻：“通州之设纱厂，为通州民生计，亦即为中国利源计。通产之棉，力韧丝长，冠绝亚洲，为日厂之所必需。花往纱来，日盛一日，捐我之产以资人，人即用资于我之货售我，无异沥血肥虎，而祖肉以继之。利之不保，我民日贫，国于何赖?”③

民族资本与外国资本在纺织工业方面的竞争，首先发端于上海。据光绪二十一年上海口海关报告：“按马关所订之和约，华洋各商，俱可任便购运，兴作各项工艺。本埠已建有纺织、缫丝等厂，将来中国所产纱布诸货，势必与印度来者相争衡。其新创之丝厂，前幅已经论及，而所设之纺织等厂，官商合股者，先有五家。此五厂计共有十二万锭子、八百五十张

① 张謇：《南通师范学校十年度支略序》，《张季子九录·教育录》第 3 卷，中华书局，1931 年，第 15 页。

② 严中平：《中国棉纺织史稿》，科学出版社，1955 年，第 145 页。

③ 张謇：《厂约》，《张季子九录·实业录》第 1 卷，中华书局，1931 年，第 5 页。

机。每年能出纱九万包，每包重四百磅；布能出二十五万匹，每匹重十四磅，长四十码。”[①] 这股兴办纱厂的热风，很快就吹拂到盛产棉花而土布业向有基础的通州。

通州位于长江口北岸，东北滨海，南面临江。除南郊的狼山、剑山、军山、马鞍山、黄泥山为孤岛状残丘外，其余均为江海冲积平原。天气温和，属亚热带湿润季风气候，年平均温度15℃左右，七月最热平均气温为28℃左右。年平均降水量为1 046.3毫米，集中在夏秋两季[②]。这里的土壤、温度、雨量、霜期都很宜于植棉，本地棉花不仅产量较高，而且色地洁白并富于弹性，很早即以“沙花”著称，盛销于东南沿海地区。这里的手工棉纺织业也很发达，最初主要是织一种专门供包装货物、裱糊油篓、制作船帆之用的“稀布”、“小布”，中法战争前后，根据市场需要，逐步改织可供制作衣被之用的“通州大布”（又称“大尺布”，长度宽度俱有增加）。这种大布仍然主要由农家利用本地棉花自行纺织，产品平挺厚重，保暖耐磨，为一般劳动人民所欢迎，尤其畅销于历时已久的东北传统市场。随着销售量的迅速增加，专营收购运销业务的布庄也纷纷兴起，并且形成一定的市场分工。有所谓县庄，专销里下河各县；京庄，专营南京远销；关庄，则从事远销山海关以外。张謇和这些花、布商人早就建立了比较密切的联系，所以在兴办纱厂时颇得地利人和之便[③]。

张之洞很早也注意到通州的棉花。他于督粤期间曾在光绪十四年筹划在广东创设织布纺纱官局，其所拟议的原料来源即已列入通州棉花[④]。次年年底，张之洞调任湖广总督，以后就改在武昌陆续设立湖北织布、纺纱等官局。他原来的计划较大，打算建立南北两个纺织厂，但因资金异常短绌，只有北厂正式开工，此即湖北纺纱官局。至于南厂（或称南纱局）所已订购的机器，只有搁置在上海杨树浦码头，任凭风吹雨打，根本无人过问。甲午战后，张之洞为了解决财政困难再次倡导发展近代工业。他不仅

---

① 《关册》，“上海口”，1895年，中文本，第32页。

② 以上参考《南通市投资指南》关于南通概貌的介绍。

③ 参见林举百：《近代南通土布史》，南京大学学报编辑部，1984年。

④ 《张文襄公全集》第17卷，“奏稿”，北平文华斋，1928年，线装本。

直接促使张謇投身实业，而且还为他提供了现存的机器设备。这不能不说是一种历史机缘。

光绪二十一年年底，总理衙门奏请谕令各省设立商务局，其具体方案与张之洞《条陈立国自强疏》的有关建议相近。他们标榜："维护华商，渐收权利。"原则是："官为设局，一切仍听商办，以联其情。"办法是："由各商公举一股实稳练素有声望之绅商，派充局董。""将该省物产行情，综其损益，逐细讲求。……如能实有见地，确有把握，准其径禀督抚，为之提倡。""再由各府州县，于水陆通衢，设立通商公所，各举分董，以联指臂。"① 这些美好的语言虽然多半停留于纸面，但比起甲午战前清政府对民间企业的冷漠态度，总算有了一点顺应潮流的进步。

首先奉命设立商务局并且着手筹办纱厂的，正是署理两江总督兼南洋大臣的张之洞。光绪二十二年正月五日，张之洞奏派张謇和苏州在籍前国子监祭酒陆润庠、镇江在籍前礼科给事中丁立瀛，分别在通州、苏州、镇江设立商务局。丁立瀛在镇江无所作为，可是长江南北两位"文章魁首"则各有表现，同时在苏州和通州设立了苏纶纱厂和大生纱厂。这就是喧哗一时的所谓"状元办厂"的故事②。

"状元办厂"是令人惊异的，但却决不是偶然的，它也是半殖民地半封建社会在特定历史时期的产物。当时，民间资本非常幼弱而又渴望发展，根据历来的惨痛经验，他们非常害怕与官僚在企业内部建立"共事"关系，甚至把日常与官府交涉也视为畏途。因此，他们迫切希望有一种社会力量可以出来充当他们与官府之间的桥梁，为他们向官府争取必要的保护与支持，同时又帮助他们避免官吏的苛派与骚扰。他们认为理想的方案应当是："商管银钱账项买卖，绅管学习机器教训学徒，官主保护而不侵利权。即有事涉衙门，有绅承当，不累商民，无所疑惧。"③ 张謇以及其他一些大大小小类似的开明士绅于是应运而起，一方面为清政府募集了一批

---

① 《陕西集股创用机器织布说》，《皇朝政典类纂》第127卷，"市易"。

② 陆润庠（1841—1915），江苏元和（今吴县）人，字凤石，同治年间状元。曾任山东学政，迁国子监祭酒。以母疾归苏州，总办苏州商务。除苏纶纱厂以外，他还创办了苏经丝厂。

③ 《陕西集股创用机器织布说》，《皇朝政典类纂》第127卷，"市易"。

民间资本，一方面为民间资本向政府争取某些企业经营管理方面的自主权利。他们的积极活动，有利于早期民族近代工商业的发展。

张謇对于奉命办厂，并非完全没有思想准备，但也并非完全没有经过相当激烈的思想斗争。以后他曾回忆当年接受办厂任务时的内心活动说："余自审寒士，初未敢应。既念书生为世轻久矣，病在空言，在负气，故世轻书生，书生亦轻世。今求国之强，当先教育，先养成能办适当教育之人才，而秉政者既暗蔽不足与谋，拥资者又乖隔不能与合。然固不能与政府隔，不能不与拥资者谋，纳约自牖，责在我辈，屈己下人之谓何？踟躇累日，应焉。"① 作为一向居于"四民之首"而且以清高自命的封建士大夫，忽然转而投身于长期被视为末业的商人队伍，这自然需要对传统观念作突破性的冲击。但是，张謇开始这种转变时的社会环境毕竟已经不同于十九世纪六十年代以前，"商战"、"求富"的口号喧腾已久，由官而商和由商而官都大有人在。士人群体的特点之一，就是在行动之前必须为自己寻求某种道义上的依据。对于张謇来说，他"以皭然自待之身，溷秽浊不伦之俗"，固然是一种情操上的牺牲，但却又可以从两方面求得精神上的安慰。一曰"求国之强"，他是以爱国志士姿态兴办实业的。二曰"言商仍向儒"，兴实业是为了筹措办学经费，由士林出发，经过商贾又回归士林，这当然是理直气壮的。

当然，士人群体也并非不食人间烟火的神仙集团，他们也有个人利害的考虑。在十九世纪末年，经商虽然依旧不免受到传统观念的轻视，但既然具有"奉旨总理"的堂皇冠冕，身价也就自然随之提高。同时，由于洋纱还没有充塞中国广大市场，华商纱厂早期所得利润确实比较优厚。据张謇自己估计，每年每股一百两，可得"余利"廿二两，利润率高达22%。这当然也是具有吸引力的。

还应该看到，统治集团内部斗争的激烈和帝党遭到新的挫折，引起张謇宦海险恶的警觉，更促使他较快地下定从事实业的决心。关于这一点，在他的日记中多少留下一点痕迹。光绪二十二年四月八日："闻李鸿章使

---

①《啬翁自订年谱》丙申三月。

俄时请见慈宁（慈禧），折列五十七人请禁勿用，第一即文道希（廷式），李出京而杨崇伊抨弹道希之疏入矣。杨，李戚也。又闻慈宁为毅庙（同治）立端王之孙溥伦为子。瞻望北辰，心忧如捣。告者曰：五十七人中，子名殊不后（以下原有‘笑应之’三字，经墨笔涂抹——引者）。”九日：“归与太夷（郑孝胥）纵谈周昌、贾谊、萧望之事，以论常熟。”这些消息显然是在南京与两江总督刘坤一（已返任）洽商办厂事宜时听到的，决非一般的道听途说。同时，从当年汪大燮致汪康年、汪彭年函中亦可得到印证：“正月十三停毓庆宫（指谕令翁同龢等师傅停止入值书房——引者）。十四，杨崇伊为合肥（李鸿章）访查台馆弹劾东事（指甲午战争期间清流对李鸿章的抨击——引者），开一清单，凡三十余人。……十八，杨即以弹芸阁（文廷式）章就正于合肥。合肥将行有言：‘我归，看他们尚做得成官否？’至津又告人云：‘劾我诸人，皆不安矣！’”[①] 此函除所述黑名单开列人数不同以外，其他情况与张謇所得消息大体相近而又较为真切。

杨崇伊是李鸿章的姻亲，历任翰林院编修、广西道监察御史，善于趋奉慈禧的意旨，因此为清流所不齿。文廷式则是翁门高足，又是光绪极为亲信的外臣，被劾的重要罪状之一据说是与光绪身边得力的内监寇万才结为兄弟。结果寇万才被处以死刑，文廷式则被驱逐出京，革职永不叙用[②]。这件事的党争性质极为明显，而且对当事人的处分又极为严厉。慈禧与李鸿章在甲午战争期间备受帝党和清议的责难，现在他们自觉地位已经重新稳固，可以狠狠回击这些并无实权的对手了。张謇闻讯后之所以要与沈瑜庆、郑孝胥等“纵谈周昌、贾谊、萧望之事”[③]，因为这三位古人均曾任皇室师傅或者是太子合法地位的维护者，实际上是为翁同龢的艰难处境担忧。同时，张謇本人也感受到某种政治压力，因为他当时号称“翁门六子”之

① 《汪穰卿先生师友手札》。汪大燮当时任职北京，消息自然比张謇要灵通一些。

② 据《翁文恭公日记》（涵芬楼影印本）丙申二月。

③ 周昌曾随汉高祖入关破秦，后任御史大夫，封汾阴侯，耿直敢言。刘邦欲废太子，昌谏阻甚力。贾谊则为权贵排斥，被汉文帝疏远，出为长沙王、梁怀王太傅。萧望之字长倩，西汉元帝时曾任师傅，颇受倚重，后因得罪权宦，被迫自尽。

一，在帝党中声名仅次于文廷式等少数人，而且风传他的名字也列入李、杨作为打击对象的“清单”。他不能不考虑到后党复仇的火焰是否会烧到自己头上，乐得借在籍守制为名离开帝后党争遥远一些，因此更加集中精力为创办纱厂奔忙。办厂对于张謇来说，既可以避免介入宫廷斗争的嫌疑，又可以争取非淮系洋务派大员张之洞和湘系刘坤一等督抚的支持庇护，这就是所谓“自立于不败之地”。

张謇的办厂活动实际上从光绪二十一年冬天就已经开始了。

经过两个多月的“招商”活动，他邀集了海门人沈燮均（本地花布商）、陈维镛（本地花布商）、通州人刘桂馨（本地花布商）、福建人郭勋（上海洋行买办）、浙江人樊芬（上海绅商、捐班知府衔）、广东人潘华茂（上海洋行买办）六人协商认办。这就是最初的所谓“通、沪六董”[①]。他们在反复磋商以后，于当年十二月八日到南京向张之洞禀报，筹划在通州城北唐家闸一带水陆近便之处建厂，取名大生。厂名的寓意是：“通商惠工，江海之大；长财饬力，土地所生。”大生纱厂最初确定是商办，预计招股六十万两，先办纱机二万锭。股票仿照西法，以一百两为一股，共计六千股。议定潘华茂、郭勋负责总管银钱，在上海招集四十万两，在通海招集二十万两。如通海招不足数，“仍由上海集补足数”。随后他们又回到通州，由通州知州汪树棠、海门厅同知王宾监订合同，按前述方案申请两江督院奏咨立案。

三位“通董”相当积极，他们反映出本地花布商人对创办纱厂持欢迎态度，也体现出张謇过去十多年与他们之间的良好合作关系。于是很快就选中并购买了通杨运河和长江之间的唐家闸陶朱坝作为厂址。这一带多为乱坟荒地，产权大部属于一家顾姓地主。地价一部分付给现款，一部分发给股票，顾姓地主因此成为最早的大生股东之一。但是潘、郭两位沪董却迟疑观望。厂址选定以后，“旋规划垫基、浚港、筑岸、建造行栈及监工

① 当时企业创办之负责经手人员均称董事，与以后严格意义的董事并非一回事。

住宿之房，已用二万余，而潘、郭股不应，机亦不定。屡致询问，则言通股有若干，沪股即有若干，沪股四十万立时可有，又言通股需交沪管理”[①]。这种财大气粗的腔调，反映出上海买办商人对资力薄弱的通海商人的轻视与不够信任，唯恐事业失败会给自己带来很大损失。次年七月，张謇在上海召集董事会议，樊芬、陈维镛知难而退，辞去董事职务。以后由张謇推荐增补本地的木商高清（立卿）及典当商蒋锡绅（书箴），仍然合成“六董”之数。张謇的眼光从上海转向通海，显然希望以本地绅商作为集资的主要依托。但“通董”财力毕竟有限，加以“通州本地风气未开，见闻固陋，入股者仅畸零少数。上海各厂因连年花贵折阅，华厂股分给息六厘者止一家，洋厂或息止三厘。坐是凡迭次劝成之股，一经采听他厂情形，即相率缩首而去。甚者以鄂厂之商本无着，苏厂之股息难收为例，一闻劝入厂股，掩耳不欲闻”[②]。纯粹商办的方案已化为泡影，张謇不得不回过头来再向封建官府寻求援助。

正巧，原先湖北南纱局向地亚士洋行购买的“官机”40 800枚纱锭，堆放在杨树浦江边已经整整三年无人过问。已经回任的两江总督刘坤一急于脱手，命令上海商务局道台桂嵩庆贱价出卖。这年秋冬之间，“上海纱市败坏，华盛、大纯、福晋或欲停办，或欲出卖”[③]，谁还有财力和兴趣来购买这四万锭锈烂“官机”？桂嵩庆苦于无人承购，张謇则苦于想买而又无钱，于是两者一拍即合。光绪二十二年十月，双方达成协议，把“官机”折价五十万两作为大生纱厂的股金；另招商股五十万两，合共一百万两。这样，大生纱厂的创办方案便从官招商办改为官商合办。

所谓“官招商办”，实质上就是商办，因为资金来自商人，而企业的经营管理也可以独立自主。改为官商合办以后，资金一半来自官府，企业的所有权和经营管理权都可能受到封建官府的严密控制和经常干预，这不能不引起一般民间商人的疑虑。他们非常害怕“官股”专权垄断和营私舞弊，纷纷反对官商合办方案，甚至表示要“退出事外”。因此，五十万两

---

① 《通州兴办实业之历史》上册，大生纱厂。

② 《通州兴办实业之历史》上册，大生纱厂。

③ 《通州兴办实业之历史》上册，大生纱厂。

商股根本无法募集，“凡以纱厂集股告人者，非微笑不答，则掩耳而走”。这就说明商人已对官府缺乏起码的信任感。

张謇曾于光绪二十三年二月下旬会同“通董”蒋锡绅、沈燮均、高清、刘桂馨前往上海，与“沪董”潘华茂、郭茂芝筹划，想在三个月内集资二十万两开始兴办，但结果仍然毫无着落。张謇深感难以为继，只有于三月到武昌向这批“官机”的最初订购者张之洞求援。湖北的新政在当时算是较有成效的省份之一，武昌的一些文教、经济事业颇使张謇为之倾服。他参观著名的两湖书院，印象是“规模宏厂，天下无对”。又考察铁厂、枪炮厂，感想是“于此见西人艺学之精，南皮要是可人”①。这些都促使张謇更加坚定了兴办实业的信念。

张之洞帮助张謇找到一条新的出路。这年七月，在得到刘坤一同意后，确定将折价五十万两的“官机”对半平分，由盛宣怀②与张謇“合领分办”，即在通、沪分办两厂，这也就是所谓“绅领商办”。从张之洞和刘坤一来说，这无非是空头人情。但大生纱厂却可以因此减少筹集股金二十五万两，还得到盛宣怀“许助筹新股活本”的允诺。同时，改为“绅领商办”以后，绅士扮演“通官商之邮”的角色，“官股”虽然仍占资金总额的一半，但却不再可能占据直接支配企业的地位，只不过是到期领取“官利”而已。这是“绅领商办”与官商合办不同之处，也是这个新方案比较容易被当时一般商人接受的主要原因。“绅领商办”和“官招商办”也有所不同，前者包括由“官机折价”而成的大量“官股”，后者却没有或很少“官股”，两者虽然都属于商办性质，但是与官府关系的密切程度还是有所差异。自然，这仅仅是就大生纱厂本身的情况而言，并非所有的“绅领商办”和“官招商办”企业都是一模一样。

“绅领商办”作为“官商合办”与“官招商办”之间的中介形态，虽然为当时当地的一般商人所乐于接受，但实际能够筹集到手的资金仍然极为有限。这时，潘华茂和郭勋也辞去董事责任，集资重担全落在张謇身上。光绪二十三年十二月开始建造厂基，经常雇用职员、工役五六百人，

---

① 《张謇日记》丁酉三月。

② 盛宣怀当时已从张之洞处接办汉阳铁厂和大冶铁矿。

加上材料、运输等各项费用，开支很大。张謇手头六万多两现金很快就花得一干二净，曾经分别向桂嵩庆、盛宣怀、刘坤一、张之洞等再次求援，但这些官员把四万锭破烂“官机”推卸出去以后便撒手不管了。桂嵩庆原先答应“助集五六万”只是一句空话，盛宣怀的诺言也毫无兑现的诚意。张謇曾经拉着桂嵩庆到两江总督衙门对质，但刘坤一也没有认真督责桂嵩庆履行前约。纱厂经费窘迫到极点，连张謇到上海集资的旅费都是靠卖字筹措的。

光绪二十四年，“造厂运机，造工匠房，修闸砌岸楗坝，筑路造桥，一切工程，先后并举，岁终粗毕”①。其间，张謇还曾一度循例到北京翰林院销假，幸亏有沈燮均等得力助手艰辛维持，建厂工程才没有中途夭折。及至“官机”运到，又使张謇叫苦不迭。原来这批机器“自二十一年运湖北，折江宁，回上海，苫栈于浦滩者三载。上雨旁风，板腐厢裂，机件断烂者十之三四。官既无款购补，商本又绌，先后由商续渐添配凑补。故六阅月之久，机车不能全开，垫款已七万有奇”②。好不容易挣扎到冬天，厂屋即将建成，机器装置过半，并且已经开始收购棉花，眼看就可以开工出纱了，但又为资金短绌所苦。因为连日常开支都无法应付，怎么谈得上正式开工。张謇像到处化缘的和尚似的，求刘坤一，求张之洞，求盛宣怀，求江苏、安徽、江西各地的官员，但是应者仍然寥寥，到手的钱还不够几天收购棉花的价款。张謇走投无路，一度曾想求助于外国资本，甚至多次以辞职向刘坤一表示抗议，威胁说：“设皆不行，止有请派他人接办；又不行，则请招洋股。日本已有内地制造土货之约，本不系乎通商口岸与否，但必须南洋（指南洋通商大臣）明白允许。设不允，又不筹款，则径写折历诉前事，请南洋代奏。事至今日，谦逊无益，止有宁我逼人，毋人逼我之法。”③ 张謇已成困兽犹斗之势，言语间倔犟之态可掬。办纱厂本来

① 张謇：《承办通州纱厂节略》，《张季子九录·实业录》第1卷，中华书局，1931年，第17页。

② 张謇：《承办通州纱厂节略》，《张季子九录·实业录》第1卷，中华书局，1931年，第17页。

③《张謇致沈敬夫函札》（稿本）。

是为了抵制日本侵略，可是还没有开工就已经准备向对手退让，可见民族近代工业的处境是多么艰难。

不过，张謇当时办厂的意志依然是坚定的。根据他的日记的有限记录，从光绪二十四年十一月十二日到二十五日，他在十四天之内给刘坤一发五封信，给张之洞、盛宣怀发三件函电，简直是费尽唇舌才逼出少量地方公款以救燃眉之急。但是这又触犯了通州地方官吏的利益，他们处处加以留难。譬如，通州知州汪树棠故意派遣“签役四出”，把协助募集股金丑化成强征苛捐杂税的模样，引起当地人民很大的不满与疑虑。张謇为之啼笑皆非，连忙恳求知州停止这种帮倒忙的“劝募”。刘坤一命汪树棠提拨若干地方公款，他又偏偏要指定挪用津贴本地秀才、举人应乡、会试的“宾兴”、“公车”两项费用的积存。这两笔款项总共只有一万元，根本解救不了大生的危急，可是却立即引起当地三百多名秀才的公愤，联名递呈公禀反对，甚至准备在明伦堂召开大会抗议。据事后多方了解，这又是汪树棠捣鬼①。筹款既然没有着落，“厂终不成之谣复四起”，大生的前途仍然是吉凶未卜。

但张謇、沈燮均等终于在危难中坚持将机器全部装置完毕，这已是光绪二十五年三月。二十九日先行祭礼，然后试机，引擎开动后一切运转正常。但当时的流言蜚语仍然很多，先是有人说：“厂囱虽高，何时出烟？”试机后又有人说：“引擎虽动，何时出纱？”张謇毫不动摇，他已辞去商务局总理职务，并曾过江到苏州参观苏纶纱厂，决心以事实来回答旧势力的挑战。四月十四日，大生纱厂正式开车，并且邀请许多客人前来参观，这才堵住所谓“决不（能）出纱之口”。

张謇为了出纱以取信于社会，是冒了很大风险的。开车以前，他把已经购进的价值八万两的棉花运到上海出卖，以所得价款应付各项紧急开支。开车以后，又须不断购进棉花，而用花越多，资金越难周转。张謇再次求助于官僚、绅商，又是毫无结果。请求另派殷富绅商接办，也未能得

① 大生纱厂建成后，张謇授意绘《厂儆图》四幅，讽刺妨碍建厂诸人。其中一幅题曰《水草藏毒》，“水”指汪树棠，“草”指汪之幕僚黄某。

到刘坤一的许可。张謇亦曾与上海商界巨子严信厚等接洽，打算将纱厂出租三年，但因对方所提条件极苛而未能达成协议。张謇“留沪两月，百计俱穷。函电告于股东者七次，无一答，仍以卖字给旅费。苦语相慰者，眉孙（何嗣焜）、太夷（郑孝胥）二人而已”①。张謇无可奈何，每天晚间只有和一二好友在大马路泥城桥一带徘徊。上海已经相当繁华，晚间仍然是游人如织，车水马龙。但张謇哪有心思观赏夜上海的景色，他只是在闪烁的路灯光下苦苦思索，“仰天俯地，一筹莫展”。后来还是经过沈燮均来信劝说，他才回到通州，并且议定作背水一战。但办法依旧是：“尽花纺纱，卖纱收花，更续自转。至不能有花纺纱，则停车而闭厂，以还股东。”② 气氛之悲凉，已如准备一去不复返的壮士。

不过，从这年夏秋之间的棉纱行市来看，对于大生纱厂的发展还是比较有利的。原来华洋机纱已经在通海地区畅销，光绪二十一年通、海两地日销十二支纱达二十箱，二十三年增加到八十箱。传统土纱在市场上受到明显的排挤，越来越多的织户改用机纱织布。二十五年夏季以后，纱价一直看涨，十二支纱趸销卖到 65 两，零售卖到 67 两。到了八月下旬，大生纱厂卖纱所得价款日益增多，原料得以供应不缺。从光绪二十一年到二十五年，五年之间历经几次大的风险，大生纱厂总算初步站稳了脚跟。张謇内心的欢悦，是一个经过艰苦奋斗而取得初战胜利的开拓者的欢悦。底下有一段关于他向刘坤一报告好消息的生动记载：

> 谒新宁（刘坤一），相见大欢，拱手称谢。对曰：“纱好地也，气转天也，人无与焉。”新宁曰：“是皆先生之功。”曰：“办事皆董事与各执事，謇无功。”曰：“不居功，苦则吃矣。”曰：“苦是自己要吃的，亦无所怨。”曰：“但能成，折本亦无妨。”曰：“不成则已，成则无折本之理。”③

---

① 《啬翁自订年谱》卷下。
② 《通州兴办实业之历史》上册，大生纱厂。
③ 《张謇日记》己亥八月二十日，《啬翁自订年谱》所载与此相同。

这是一段妙趣横生的对话，刘坤一的空言褒奖，张謇的负气顶撞[①]，历历如在眼前。时来运转，张謇不再是到处碰壁的云游方僧，他也能直起腰杆讲几句硬话了。

三、大生和它的厂主

大生纱厂的创办成功，原因当然是多方面的，但最主要的还是由于当时机纱已经在通海地区市场基本上排挤了土纱[②]。这一带久已发达的手工织布业对机纱的需要量很大，而洋纱还未能控制当地市场。到光绪二十三年，机纱日销八十大包，年销值约二百万元。大生纱厂不像上海那些华商纱厂，它暂时还可以避开外国纱厂的直接竞争和排挤，并且能够充分利用本地廉价的原料、劳动力以及传统市场，来为自己谋求比较优厚的利润。

据粗略估计，到二十世纪初年，通州、崇明、海门三地每年上市棉花约四十万包，而大生纱厂每年用棉不过十万包，原料供应可以保证绰绰有余。本地棉花有的品种质量超过外来的一级印棉（纤维长达一寸以上），加以由于节省了长途运费，价钱也比较便宜，有利于大生纱厂降低成本。

此外，通海一带棉纺织业素称发达，大生纱厂从当地农村中招收工匠，不仅可以大大压低工资水平，而且其中很多人还具备一定技术条件。十九世纪末年，这一带的农民和手工业者在封建势力的残酷压榨和中外机纱的逐渐排挤下，更加陷于贫困破产的窘境。大生纱厂乘机招收大批衣食无着的女工和童工，工资一般每天只有一角多钱，有些甚至低到五六分钱。大生纱厂的平均工资要比上海纱厂的平均工资低10％到20％[③]。大生纱厂正是利用当地农民把纺纱织布看成家庭副业的习惯，以及把妇女儿童的收入看成家庭经济辅助性收入的传统心理，极力压低工人工资以与外地

① 张謇在办厂过程中与刘坤一争执甚多，如《张謇日记》戊戌十一月二十二日："新宁委厂不顾，来讯甚无理。"他之所以辞去商务局总理，与此亦有关系。

② 从八十年代开始，农家先用机纱作为经纱，因其线条长，出布多，而且易织，市价亦高，因此为机户所乐于采用。甲午战争以后，中外机纱销量剧增，大、中各牌高档大尺布全用机纱，土纱生产日益减少。参见林举百《近代南通土布史》第二章第二节。

③ 汪敬虞编：《中国近代工业史资料》第二辑（下），科学出版社，1957年，第1230页。

机纱竞争。为了把问题说得更清楚一些，下面再作一番具体对比。

据大生一厂档案资料，1899 年本厂工资情况如下：

清花车间	当车工	日工资	0.25 元	
清花车间	小　工	日工资	0.22 元	
粗纱车间	当车女工	日工资	0.15 元	
细纱车间	当车女工	日工资	0.20 元	
摇纱车间	女　工	（包工）	每车 $10^{\underline{5}}$	12 文
		（包工）	每车 $12^{\underline{5}}$	（日）8 文 （夜）9 文
		（包工）	每车 $14^{\underline{5}}$	
		（包工）	每车 $16^{\underline{5}}$	
打包车间	当车工	（包工）	日每包	5 文
		（包工）	夜每包	6 文

另据《支那经济全书》，1905 年前后上海纱厂工资情况如下：

16 支以上细纱车间女工	日工资	上等 0.30 至 0.40 元
		下等 0.15 至 0.18 元
整理车间女工	日工资	上等 0.28 至 0.30 元
		下等 0.10 至 0.15 元
打包、选棉、混棉男工	日工资	上等 0.35 至 0.40 元
		下等 0.10 至 0.25 元

张謇正是利用这样一些特殊条件，使大生纱厂开工不久便大发利市。据大生纱厂考工账房光绪二十五年八月致上海账房的信件透露："此月纱未纺出，已被卖空，定去 560 箱。"[①] 如果不是在原料、劳动力和市场等方面有自己的优势，先天极其不足的大生纱厂是很难长期存在和发展的。

在这里，需要介绍一个微妙的现象，即大生纱厂的诞生及其发展，是适应了农村家庭手工纺织业对于机纱日益增长的需要。当地农民之所以接受机纱，最初并非是作为廉价的消费品，而是作为价廉质优的原料。在较长一段时间，大生纱厂简直可以说是与农村家庭手工纺织业共存共荣。大

---

① 转引自《大生资本集团史》（初稿）。

生纱厂早期所需要的两大市场——商品市场与劳动力市场，基本上是农村家庭手工业提供的。外国资本主义侵入以后，商品经济的发展和自然经济的瓦解，并非立即表现为农民家庭手工业的完全破坏，而首先是表现为纺与织的分离。这种纺与织的分离既为大生纱厂提供了必要的机纱销售市场，同时又为它提供从家庭手工业经济中游离出来的劳动力。既然说是游离，就不完全等于破产。大生纱厂的工人多数并非像到处飞翔的鸟儿那样完备形态的自由劳动力，他们仍然与农村家庭保持密切联系，他们的工资收入甚至暂时还是小农个体经济的补充。这既说明鸦片战争后中国自然经济的分解并非在所有地区都那么急剧，也说明农村个体经济具有顽强的生命力乃至有较多的适应性。正如一位青年学者所说的那样："在资本帝国主义侵略下，近代中国起了变化，但是新生事物还远远不能取代旧事物。旧事物太强，新事物太弱，新事物不能不在旧东西的包容中变形，这就是大生这个近代资本主义企业的市场前提。"①

除了上述这些特殊条件以外，张謇等人的主观努力和经营管理的比较得法，对大生纱厂创办的成功起了极其重要的促进作用。在纱厂整个筹建过程中，张謇表现出很大的决心与毅力，他不仅作出许多重要的决策，而且充分显示了与官府绅商相周旋的才干与韧性。从某种意义上来说，他已经具备若干中国早期资本家必须具备的气质。作为张謇助手的沈燮均，是建厂和经营管理的具体负责人，他不仅任劳任怨，而且具有与张謇同等的决心。在集股最困难的时候，他毅然决定："尽以其自有之花布运沪抵款，以济厂之穷。可自关门（指停歇自己经营的花布庄——引者），不可令厂（指大生）停秤（指收花）。"② 这对张謇当然是极大的支持。大生纱厂早期主事的"四董"，除沈燮均外还有高清、蒋书箴、徐翔林，分别主管银钱、进出货、厂工、杂务等项。他们（还包括大生上海账房林兰荪）都是当地

① 林刚：《试论大生纱厂的市场基础》，《历史研究》1985年第4期。这是作者在研究生论文基础上改写的，我参加了论文的答辩，从他的研究成果中得到一些启发。譬如，他明确提出："大生的市场不是一个在小农经济普遍破产的基础上，由工资和利润形成的新型市场，而是本质上由个体小农经济的需求决定的市场。"这当然是指在一定时间内的特殊情况，但却很值得进一步加以探索。

② 《大生资本集团史》（初稿）。

的花布商或典当商，一般具有比较丰富的经营管理经验。虽然是旧式小型商业或金融业的管理经验，但对早期的大生纱厂却可作为借鉴，他们毕竟与那些寄生于官办或官督商办的腐败官僚大不相同。再则他们的自身利益与企业利益密切相关，又有各自的专长和性格特点，因而能够逐渐形成一个小小的相互配合和讲求效益的管理群体。

大生纱厂的负责人并不满足于自己的旧式经验，他们从一开始就很注意汲取其他新式纱厂（包括同时起步的苏纶纱厂）的优良经验，而首先就是努力搜集和研究其他纱厂的章程。他自己拟订的《厂约》①，是中国早期民族近代企业留下的一篇重要文献。《厂约》阐明了“实业救国”的办厂宗旨，并且规定总理（张謇）的职责是：“通官商之情，规便益之利，去妨碍之弊，酌定章程，举错董事，稽察进退，考核功过，等差赏罚。”其下分设进货出货、厂工（工程技术）、银钱账目、杂务四个部门，各有董事（高级职员，相当于经理）、执事（一般职员）管理其事。进货出货由于涉及通沪两地，事重而繁，所以除正董在通州外，另设驻沪帮董一人。《厂约》对各部门董、执事的职责也做了明确规定，并且要求进货出货董、执事住在行栈，厂工董、执事住在工厂执事（办公）楼，银钱账目董、执事住在总办事处。《厂约》对于董、执事的成绩考核和奖惩制度亦有具体叙述，同时还记载了当时的工资标准②。对于利润分配，《厂约》也有具体方案：“每年余利，除提保险公积外，分十三股，以十股归股东，三股作在事人花红。三股中两股归绅董，一股归各执事。绅董之两股，作十成分派，绅得一成半，杂务帮董得一成半，行厂银钱董各得二成，余一成提供善举。各执事之一股，亦作十成分派，行厂各得三成半，银钱所得二，杂务得一，由总账（房）年终汇齐各功过单，核分三等酬给。”根据《厂约》的规定，每天下午两点钟，各董要集中到总办事处，“考论花纱工料出入利弊得失，酌定因革损益，由总账房撮记大略，编为厂要日记，以备存核”。总的来说，管理比较得法，制度比较健全，考核奖惩比较严格，这

① 张謇：《厂约》，《张季子九录·实业录》第1卷，中华书局，1931年，第7页。

② “经理公费每月一百五十元，各正董薪水每月一百元，银钱账目董每月八十元，杂务帮董每月五十元，各执事至多者四十元，至少者四元，试用三元，学徒之长两元，历一年者一元。”

是大生之所以创办成功的主观要素。

这个“绅领商办”的大生纱厂到底是什么性质的企业？张謇在企业中究竟处于什么地位？需要在下面作进一步探讨。

大生纱厂不仅区别于官办工业，而且也区别于官督商办和官商合办企业，重要的一点即它不存在官商双方在企业内部的“共事”关系，因此官府不能直接干预它的经营管理。同时，它和一般纯粹商办的企业也有所不同。因为大生纱厂既然号称“绅领商办”，作为最高当权者（总理）的张謇，严格说起来最初还不算名符其实的资本家，而是“介官商之间，兼官商之任，通官商之邮”的过渡性人物——开明士绅。他开头入股只有二千两，基本上是象征性的，他的最大“资本”还是状元这块金字招牌，以及他与刘坤一、张之洞地方督抚的亲密关系。他的初期身份具有明显的两重性。作为商务局总理，他分明是官府的代表。可是作为大生纱厂的厂主，他在实际上却更多地也是更自觉地代表着商股的利益。

由于“官机”折价入股，大生纱厂早期的资金当中，官股要占一半以上，看来很像是官府控制的官商合办企业。可是，官股在大生纱厂里面并没有实际掌权的代理人。张謇虽然有商务局总理身份，但在大生正式开工前夕已经辞职。他虽然在外面经常向官府求援，但在企业内部则始终依靠民间商人经营管理。因此，官股除到期领取“官利”和分红外，在企业内部别无其他特权，这就使大生纱厂从一开始便具有明显的商办企业独立经营的性质。而且，大生纱厂主要是靠企业内部积累来实现资本主义性质的扩大再生产，并没有靠超经济的强行掠取或主要靠官府权势来求得本身的发展，这更确定了企业的私人资本主义性质。

当然，大生纱厂早期确实与封建主义联系甚多，或者说具有浓厚的封建性，这至少可以从三个方面来考察。

第一，大生纱厂是由奉旨总理通海一带商务的张謇一手创办而且大权独揽的。他在企业内部的主宰地位，不是由投资数额而是由封建社会身份所决定的。他正是利用这种身份，在资金、设备、专利、减税等方面，不断向张之洞、刘坤一等封疆大吏寻求支持和帮助。也正是由于这个缘故，大生纱厂初期根本没有董事会，一切由总理独断独行。

第二，大生纱厂最初的资金多数来自封建官绅。在实收资金 445 100 两中，“官机”折价作为官股 250 000 两，占资金总额的 56.17%；而在所谓“商股”的 195 100 两中，封建性地方公款为 40 900 两；在可以查明股东身份的真正商股 109 700 两中，官僚及其部属投资 69 400 两，占 59.16%，商号（大多为封建性的钱典业）投资 25 400 两，占 23.5%，另外还有地主以土地作价投资 3 300 两。资本结构具有的封建性，决定了利润分配也带有若干封建性。当时在厂内掌握实权的绅董投资总共只有 4 100 两，仅占实收资金总额的 1%，可是却分得全部利润的 16%。同时，股金每年“官利”利息高达八厘以上，无论开工与否及盈亏如何，到期必须如数付给，实际上带有某种程度高利贷性质。这些都表明，企业内部的早期分配还没有完全按利润率办事。加以张謇对利润可以自行支配，有时甚至提取大批资金举办与企业并无直接关系的非生产事业（如教育、慈善等），这除了是取决于封建等级特权以外，很难用其他理由来解释。

第三，大生纱厂对工人除实行资本主义剥削以外，还要实行带有封建性的压迫。工人的劳动日一般在十二小时以上，有时竟多达十六小时甚至十八小时。厂方为了加强统治，从一开始就拟定了厂规和章程二百多条，实行罚工、搜身、游厂、体刑等蛮横处分办法。并雇用一批外地来的武装巡丁，手执竹板和毛瑟枪，公然以暴力威慑工人。

不过，对于早期大生纱厂的封建性，也需要历史地给以理解，并且不能估计得过分严重。即以承领官机而言，这与其说是封建官府的蓄意插手并控制大生纱厂，倒不如说是地方督抚急于卸包袱。张之洞原先曾经把这堆破烂机器拨归苏州商务局招商合办，可是“商情观望，领办乏人，机器仍庋沪栈。应还机价，迭又届期，镑价日昂，息款暗蚀，加之栈租、保险，以及华洋员匠随机照管、守候、装配等费，阅时已多，需款更巨”①。据说前后五年已经花费将近 830 000 两，而且由于风吹雨打，机器陷入泥土二三尺，锈烂部分堆积如山。假若没有张謇出面认领，这批机器还要继续锈烂下去。承领以后，废置已久的封建官府的公物便转化成为资本主义

---

①《刘忠诚公遗集》第 32 卷，“奏疏”，1909 年，木刻线装本。

企业的资产，已经发生根本性质的变化。至于大生纱厂一些股东的封建官员身份，也应该给以历史的理解。在当时的社会环境里，能够把官僚、地主纯粹消费性的封建财产，吸收、集中、转化成为资本主义近代工业资本，这就是符合时代潮流的进步。无论是在中国还是在外国，最初的资产阶级并不是从天上掉下来的，它总是产生于旧的社会和旧的阶级，因此在童稚时期臀部难免带有封建的"胎记"。这种"胎记"既可以表现为欧洲的贵族徽号，也可以表现为中国式的翎顶辉煌，是一种带有共性的现象，并非出于偶然。

和比较浓厚的封建性相比较，大生纱厂初期与外国资本的关系则比较疏远。它的创办人，自潘华茂、郭勋两个上海洋行买办退出以后，都是清一色的封建绅商，加以通海地区比较偏僻落后，所以还没有与外国资本建立直接的密切的内在联系。不过，与其他民族近代企业一样，大生纱厂从一开始在设备、技术方面就不得不仰仗外国。它的纺纱机器全部是英国直林登厂制造，而且是由瑞记地亚士洋行经办。以后所有工厂机件的添制，也都是由洋工程师汤姆司和洋匠忒纳指定瑞记、怡和、地亚士等洋行承办。技术力量则更难以自立，正如张謇以后所回忆的那样："缘欧人之设厂于上海始。欧人之始设厂，辄募我十数不识字之工人供其指挥。久之，此十数工人者，不能明其所以然，而粗知其所受指挥之当然。由是我之继营纺织厂者，即募是十数工人者为耳目，而为之监视其工作者，都不习于机械之学，强半从是十数工人而窃其绪余。工人曰左，左，曰右，右。或否之焉，而工人乃瞠目不知所对……则又不得不延欧人以司其命。夫如是则安足以望自树立之一日哉!"[①] 这确实也是大生纱厂的自画像，它在工程技术上就曾一度必须听汤姆司的指挥。不过，张謇是非常注意"望自树立"的，在以后的岁月里，他不仅自己动手培养技术人才，而且还想在南通建立一个足以自立的工业以至经济、教育体系，这又与某些只知追求利润而浑浑噩噩过日子的资本家大不相同。

---

① 张謇：《南通纺织专门学校旨趣书》，《张季子九录·教育录》第 4 卷，中华书局，1931 年，第 2 页。

总之，经过五年多的艰辛创业，一座新型纱厂终于矗立在经济落后的长江北岸，它的诞生将引起通海地区在经济、文化方面的一系列变化。同时，它的诞生也标志着张謇开始从传统的士人群体转向一个中国前所未有的新的社会群体——资产阶级。人们可以看到，张謇在士人群体中的梯级攀登诚然历尽艰辛，但那毕竟是在旧的社会框架内的升迁。这是一条千百年来千百万人走过的老路，不仅有一整套陈旧的规章程式可以遵循，而且还可以得到许多为皇帝觅才访贤的前辈显赫人士的识拔援引。现在张謇正在从一个旧的群体走向一个新的群体，他不仅为了脱离旧传统的“脐带”而拼命挣扎，并且还得为争取新群体的认同而殚精竭虑。中国第一代企业家的道路是艰险而又崎岖的，他们大都来自旧的营垒，走的是一条前人（就国内而言）没有走过的道路，路上充满着荆棘和陷阱，而且时时刻刻都面临着被外国资本吞噬的危险，要有很大的勇气、毅力和机智才能不断前进。这就是张謇在《厂约》中所说的：“南皮督部既奏以下走经理其事，不自量度，冒昧肩承。中更人情久乖，益以商市之变，千磨百折，忍侮蒙讥，首尾五载，幸未终溃。是以下走才力智计之所能，盖大府矜谅于上，有司玉成于下，而二三同志君子贤人勖勷而提挈之力多也。”

中国民间流传着一个古老的神话：龙女为了爱慕俊美的青年来到人间，又为了与这个青年白头偕老而宁愿把龙体变成凡人。但这种从龙到人的蜕变过程是很艰辛的，她必须忍受千刀万剐似的“脱鳞”痛苦的熬煎，只有当鳞片脱尽之时她才能最后诀别龙宫并进入凡人的群落。可以认为，大生纱厂创办之日，就是张謇开始“脱鳞”之年。

第二节　两个世纪之间

一、办理“认捐”

在甲午战争以后的几年中，张謇除忙于创办大生纱厂以外，还从事其他一些维护和促进民族工商业发展的社会活动，并且在实践中逐步提出一些比较明确的进步主张。

由于出身小商人家庭，张謇一向对厘金的危害感受比较深切。在正式兴办实业以后，他更加渴望扫除这一障碍。根据十年以前办理减捐失败的教训，他对主管厘捐的税务官员已经完全失望，主张应该由花布商自行组织起来“认捐”(即包捐)，借以抵制官府的贪污勒索。

光绪二十一年，署理两江总督张之洞奉清政府谕令，把通海一带各种名目的厘捐一律改为产地统捐，名义上说是为了改革腐败的税政，但在贪官污吏的把持下，统捐反而超过旧日厘捐总额的六成，当地商民为之愤怒哗然。正好这年夏天张之洞邀请张謇多次讨论商务问题，并且询问统捐的利弊，张謇乘机倡议会同通海地方官员和商人议行“认捐”。

根据张謇日记，可以知道，他在这年八月曾替御史熙麟代作“争户部减官俸加厘捐议”。十月又曾“以捐事与虞山（翁同龢）电讯”。翁同龢是主管全国财政的大员，又是自己的恩师，张謇当然要求助于他。电稿的内容已无从知悉，但在一年以后张謇曾函询丁立钧：“去年謇写《通州认捐本末》一册，其时从者固未出都门，必已见之，不知为虞山言之否?”[①] 可以推想，张謇必定是向翁同龢提出过比较全面的“认捐”方案，并且还委托在京友好协同向翁进言。

正是在光绪二十一年十一月以后，张謇开始正式办理认捐，其主要活动首先就是去说服张之洞。他在十二月二日的日记上曾有记载：“诣南皮（张之洞）辞行，为‘认捐’事辩论二十日，万目睽睽，至是有绪。”这说明在背后支持张謇活动的，乃是“万目睽睽”的以花纱布为主的各个行业的商人，而张之洞在社会舆论影响下倾向于接受关于“认捐”的建议。

他们议定“认捐”的办法是：“援苏州之丝、木、绸缎、皮货、桐油、顾绣、药材，常熟之棉纱，无锡之冶铁‘认捐’之例，由通海花布、百货各业自相结保，互行考察，分认厘捐，具分结于地方官，具总结于督部。”[②] 至于“认捐”总额，则是按照各厘捐局解库清数，把税源最旺之年

① 张謇:《致丁恒斋函》,《张季子九录·文录》第11卷，中华书局，1931年，第12页。

② 张謇:《通海议办认捐本末要略》,《张季子九录·实业录》第1卷，中华书局，1931年，第1页。

和最衰之年实收总额平均折算，合计为26万千文。这个办法不仅取消了统捐的六成浮收，而且还根绝了税吏贪污勒索的机会，所以很快就遭到各级官吏的反对和破坏。其中最大的阻力，则来自江宁藩司和厘捐总局。

从张謇的主观愿望来说，他提出认捐方案，不仅是维护商人切身利益，其中也包括他即将创办的大生纱厂的切身利益；而且也确实是为清朝政府着想，企望使国库因此真正增加一些收入。他诚心实意地解释说，"通海商民所出厘捐之数，上用四而中饱六，包认则取中饱以归诸上"，而且尽撤厘卡又可以节省大批行政经费，两相合计每年将可增加税收8万千文。如果江宁藩司所属二十三个厘捐局一律改由各业商人自行包认，则"国家无须克剥小民而坐增二三十万之款矣"。张謇自己认为是处处为"国家"着想，可是"国家"的官员却极为害怕张謇的计划得到实现，特别是害怕通海的成例会推广到江苏其他州县，从而更为严重地堵截他们的财源。

藩司和厘捐总局阻挠认捐的主要办法有三：(1) 明明知道花布市场的旺季在下半年，偏要拒绝上四下六（即上半年交四成，下半年交六成）的合理分期交纳办法，坚持要按月摊交，使商人难以长期赔垫税款。(2) 故意命令通州和海门厅地方官吏各具"如短包赔"的甘结，使他们知难而退，不敢再替商人转陈"认捐"建议，使商人失去本地某些官员的援助。(3) 明明知道通海地区向不铸钱，偏偏规定"认捐"要全部上交制钱，使商人难以完成认捐任务，这可以说是釜底抽薪之计。这些破坏的伎俩狡猾而又狠毒，很快就吓退了曾经一度赞助张謇办理认捐的通海地方官员。结果使"半年中官绅商民奔走、告诉、议论、考索之劳概付诸流水"，"而商民之困乃倍甚于未经议改'认捐'之前"①。

张謇原来的决心很大，正如他以后回忆的那样："为通海花布商议办认捐事，至繁复而纠葛，口舌辩难，文牍疏解，几于十反。岁终（指光绪二十一年年底——引者），计负债已七千余元，而所以谋竟先志者，尚未

---

① 张謇：《通海议办认捐本末要略》，《张季子九录·实业录》第1卷，中华书局，1931年，第1页。

终。先志者，父事也；负债者，子事也。父有事，而子不能竟，安用子为？家祭陈告，必以二年成之。”[①] 在古老的宗法关系帷幕下，隐藏着资本主义利润的魅力。也正因为如此，张謇对破坏“认捐”的江宁藩司和厘捐总局特别痛恨，大骂他们“刁难”、“可恶”、“荒谬无人理”、“贪昏专狠”，是“醉生梦死之人，甘为误国病民之举”。同时，他也迁怒于“不自咎其迟回不决之误”的张之洞，认为“通海一时‘包捐’（认捐）之不成，其根仍在南皮”[②]。

张謇对税政不满的增强，反映了民族资本主义与封建主义的矛盾正在深化。光绪二十四年九月八日，张謇正式接任江苏商务局总理，还不到半个月他就召开各业商董大会，“所陈商务大略不一，而以厘捐为大病者则人人一辞”[③]。在此后漫长的岁月里，张謇一直强烈谴责厘金的危害，并且从未停止要求废除此项弊政的努力。但是厘金已占清政府全部财政收入十分之一，从光绪二十年到二十八年，每年上缴国库总额在一千四百余万两至一千六百余万两之间[④]，当政者怎肯轻易丢掉这棵“摇钱树”。因此，张謇的革新追求，便必然要从实业、教育逐步扩大到政治方面。

二、维新变法

从光绪二十一年到二十三年，张謇在家乡守制整整三年。在此期间，他主要忙于创办纱厂，“精神智虑费于事外者十七，尽于事中者十三”[⑤]。但是这不等于说，他已经忘情于国内政局的变化。作为帝党骨干，他不能不关心帝后党争的发展趋势；而作为正在向企业家转化的开明士绅，他又不能不注意蓬勃兴起的戊戌维新运动。

《马关条约》订立以后，后党和淮系受到全国舆论谴责，威信有所削

---

① 《啬翁自订年谱》卷下。

② 张謇：《通海议办认捐本末要略》，《张季子九录·实业录》第 1 卷，中华书局，1931 年，第 2 页。

③ 《张謇日记》戊戌九月二十二日。

④ 罗玉东：《中国厘金史》下册，上海商务印书馆，1936 年，第 409 页。

⑤ 张謇：《致丁恒斋函》，《张季子九录·文录》第 11 卷，中华书局，1931 年，第 12 页。

弱。帝党、维新志士和一部分非淮系洋务派官僚乘机活跃起来，他们都标榜救亡图存，都想利用局势变化谋求增加或获得政治权势，因而三者便形成一个短暂的结合。张謇作为帝党在东南地区的代表人物之一，尽管他以守制在籍和兴办实业作为韬晦之策，但与上述三种力量都有不同程度的联系，因而也就无可避免地再次卷入统治阶级内部的斗争。

张謇与张之洞、刘坤一的关系在甲午战后日趋密切。张、刘聘请张謇主持江宁文正书院，委任以商务局总理要职，并且在大生纱厂创办过程中给以不少支持。张謇最初对张之洞印象并不甚佳，曾讽刺他有五气，即“少爷气、美人气、秀才气、大贾气、婢姬气……是反君子，为其费而不惠，怨而不劳，贪而不欲，骄而不泰，猛而不威”[①]。总之，就是集骄气、娇气、迂气、官气、小气于一身，毛病可谓不少。可是，他感到张之洞在中法、中日两次民族战争中都属于主战派，比“一门将相，坐拥大藩，以寇贻君父”[②] 的李鸿章总要高明一些。同时，由于张之洞在湖北努力兴办近代工矿企业，又特别重视钢铁工业和纺织工业，这更使他产生浓厚的兴趣。光绪二十三年到武昌参观以后，张謇觉得张之洞确实有一种开拓的气魄，而且书院和铁厂都很有成绩。因此，他终于把张之洞列为“能知言，可与言”的有所作为的封疆大吏。

张謇之所以向张之洞、刘坤一靠拢，决不仅仅限于在兴办实业方面寻求援助，而是在政治方面也有一定的用意。张謇早曾为帝党的势孤力弱发过感慨：“会日人肇衅，图我东藩，大臣或瞠目不能措方略，或漫为大言轻敌，或蹩项束手以听命于恣睢昏瞀之疆臣。皇帝内怡颜色，奉皇太后外张挞伐，廑将士之暴露，抑情劳思，孑立于上。一二台阁骨鲠敢言之士，极陈利害，申天下之公论，而未有当也。”[③] 帝党最大的苦闷就是缺少实力的依托，他们自然要对雄踞长江中下游的张、刘二督寄予期望。

---

① 张謇：《复彦升问某公旨趣书》，《张季子九录·文录》第11卷，中华书局，1931年，第11页。

② 张謇：《恽太夫人八十寿序》，《张季子九录·文录》第10卷，中华书局，1931年，第4页。

③ 张謇：《恽太夫人八十寿序》，《张季子九录·文录》第10卷，中华书局，1931年，第4页。

这时，北京的帝党正在逐步与维新派合作，渴望通过争夺中央政权以谋求救亡图强。张謇与张之洞、刘坤一的联络，至少在客观上起了遥相呼应的作用。

帝党在甲午战后曾经一度联络维新派，这不能单纯看作利用，还应该看到这两种力量在思想上存在着一定程度的共鸣。前面已经说过，早在光绪十五年载湉开始所谓“亲政”时，翁同龢曾经进呈《校邠庐抗议》，并且在日记上夸奖年轻的皇帝说：“（光绪）看《抗议》，昨言此书最切时宜……今日上挑六篇，装订一册，题签交看，足征留意讲求，可喜。”[①] 甲午战败以后，翁同龢“憾于割台，有变法之心”[②]，又先后进呈陈炽的《庸书》、汤寿潜的《危言》等书[③]。由此可见，在维新变法运动中，帝党与康、梁确实有若干共同语言。

维新派早就注意到张謇与翁同龢的亲密关系，梁启超在光绪二十年已通过张謇向翁同龢进言，主要是建议翁同龢打电报劝说李鸿章转向主战。随后，他曾把这件事告诉自己的朋友：“前仆已面托通州君（张謇），若相见时，可再托之。但得常熟允致电（边注：待此间自行电去），其电语或由本人自定，或仆处代拟亦可耳。”[④] 由此可见，帝党和维新派首先是在主战这一点上获得相互结合的政治基础。

甲午战争失败以后，帝党和维新派又一起猛烈抨击后党和李鸿章集团的卖国求和；而帝党在严重民族危机刺激下倾向于支持变法救亡，更引起维新派的极大重视。光绪二十一年闰五月二十八日，梁启超曾函告友人：“本欲于月之初间出都，惟日来此间颇有新政，上每言及国耻，辄顿足流涕，常熟亦日言变法，故欲在此一观其举措。”稍后，他又向此人表示：“顷因此间颇有新政，一二同志又有所整顿，苦被相留，是以迟迟。”[⑤] 可见，作为维新派最活跃的骨干，梁启超对帝党已经寄予很大希望。

---

① 《翁文恭公日记》（涵芬楼影印本）己丑十二月初四日。

② 《清史稿》第 442 卷，“翁同龢传”。

③ 《翁文恭公日记》（涵芬楼影印本）乙未二月、三月。

④ 《与穗卿足下书》，《梁任公先生年谱长编》。

⑤ 《梁谱》，乙未年，两函都署明“与穗卿足下书”，穗卿即夏曾佑。

光绪二十一年夏秋之间，维新派在反割台、反投降的激昂声浪中展开紧张的政治活动。他们在北京创办《中外纪闻》[①]，每日分送千份，在官僚士大夫当中迅速扩大了影响。正是在这个时候，一度畏祸“乞假南归”的帝党健将文廷式忽然重回北京，并且很快就与丁立钧、陈炽等帮助康有为成立强学会，以谋“合大群”、“开知识”、“开风气”，推动政府变法救亡。强学会的成立，标志着帝党与维新派正式联合的开始。帝党要利用维新派的筹谋献策和舆论影响，维新派则把帝党看作可以帮助自己挤进中央政权的桥梁。帝党参加北京强学会的，有李鸿藻、翁同龢、孙家鼐所谓三大前辈，也有文廷式、沈曾植、沈曾桐、丁立钧等张謇的知交好友。

张謇在这年八月已经与沈曾植、丁立钧、康有为等有过书信往还[②]。十月十日深夜，张謇收到一封电报，电文是：“初十日下午九点钟宁局电。张状元：现与仲弢（黄绍箕）、长素（康有为）诸君子在沪开强学会，讲中国自强之学，南皮主之（请注意主字——引者），刊布公启必欲得大名共办此事，以雪国耻，望速复。鼎芬。蒸。”[③] 梁鼎芬是张之洞的亲信幕僚，也是张謇的友人之一。他的电报显示了张之洞在创办上海强学分会过程中的主动性。张謇不仅赞成自强雪耻，而且以后还把张之洞奏请谕令他创办纱厂也看作属于强学会的活动范围，说什么“此殆南皮于强学会求实地进行之法”[④]。可见他们不仅把强学会当作爱国救亡社团，而且还曾一度把它视为各项政治、经济革新工作的推动力量。正是出于这样的认识，张謇欣然同意列名发起，并且标榜：“中国士大夫之昌言集会自此始。”

上海强学分会的成员，除了康有为、黄遵宪、张之洞、梁鼎芬、张謇外，还有黄体芳、黄绍箕、黄绍第、蒯光典、汪康年、屠仁守、陈三立、沈瑜庆、志钧等。看起来，大部分是张謇的好友和帝党分子，其他则是维

---

① 据汤志钧新作《戊戌变法史》考订，《中外纪闻》原名《万国公报》，后因避免与广学会之《万国公报》混同，遂改名为《中外纪闻》。

②《张謇日记》乙未八月。

③《张謇日记》乙未十月十日眉批。梁鼎芬、黄绍箕等此时正陪同康有为由宁至沪筹建强学会，后来张之洞又延请汪康年来主持会务，汪亦曾在张之幕府多年。

④《啬翁自订年谱》丙申三月。按铅印本“强学会”缺一强字，现据原稿影印本补正。

新派和某些洋务派官僚及其部属，这些人可以说都是士人群体演变出的三个流派。他们的政治见解并不一致，张之洞的部属则力谋控制这个团体，但在短暂的时间里却联合起来，一起喊着变法图强的口号，并且展开相当广泛的活动。

强学会情况的复杂，还表现为一些外国传教士和外交官员的介入。当时，由于俄、德、法三国“干涉还辽”，慈禧和李鸿章集团倾向于亲俄，幻想借助北方强大的邻国来巩固和加强自己的地位。作为对立的方面，帝党、维新派则有向英、美寻求支持的意向。张之洞、刘坤一统辖的长江中下游，属于英、美殖民主义者的势力范围，也是维新派社会基础比较广泛的地区，他们在此期间也加强了与英、美以至日本的联络。在当时的历史条件下，所谓国际关系，说到底就是实力的较量、分合与利害的权衡、趋避，因此今日为友、明日为敌或昨日为敌、今日为友等微妙变化的出现，是完全可以理解的。

早在光绪二十一年正月，英国传教士李提摩太即已到江宁见过张之洞，劝他“在中国实行新政”。到了八月下旬，他又与康有为有所接触[①]。不久，他在北京求见翁同龢，建议说：“政有四大端：曰教民，曰养民，曰安民，曰新民。教之术，以五常之德，推行于万国；养则与万国通其利，斯利大；安者弭兵；新者变法也。”在帝国主义不断发起武装侵略的年代里，劝说作为殖民主义奴役对象的中国“弭兵”，等于是要被压迫民族放弃自卫的权力。对外开放固然是必要的，但由于关税主权已经丧失以及其他种种不平等条约的束缚，“与万国通其利”无非是美化和掩饰了外国资本主义的经济侵略。“斯利大”要看主要有利于谁，李提摩太是有意讳言对中国“斯害大”的另一方面。至于变法，倒确实投合了帝党和维新派的心理，但其主旨则在于敦促任用“西人”，以推行他所拟订的使中国“印度化”的“新政策”。李提摩太在长期的传教生涯中磨炼出能言善辩的口才，这次会见给翁同龢留下极为深刻的印象。翁对李的评语是：“豪杰也，

① 李提摩太：《留华四十五年记》，中国史学会主编：《戊戌变法》第3册，神州国光社，1953年，第234页。

说客也。”敬佩但又有某些保留，资深官僚的政治阅历对人对事还是有一定判断力的。在同一天，翁同龢还接待了英国铁路公司的威德里，陪同前来的仍然是李提摩太。这显然是出于李提摩太的安排，因为正是他主张“变法以兴铁路为第一义”①。

五天以后，李提摩太和英国公使欧格讷又先后到总理衙门求见奕䜣、翁同龢、李鸿藻等。欧格讷在离职回国之前力促“变法”，而且语气颇为峭刻：“且王（奕䜣）果善病，精力不逮，则宜选忠廉有才略之大臣，专图新政，期于必成，何必事事推诿，一无所就乎？吾英商贸易于中者，皆愿中国富强无危险。吾英之不来华者，借贸易以活者，亦愿中国富强无危险。”他俨然以中国鲠直的诤友面孔出现，说是“此吾临别遗言，譬如遗折，言尽于此”。第二天陛辞时，欧格讷又提醒奕䜣、翁同龢“毋忘昨言”。后来，翁同龢亲至英国使馆送行，欧格讷再次建议“变法须参用西人”，并且批评他“办事胆小”②。显然是希望翁同龢拿出更大的魄力来争夺权势，尽力推行英国所需要的“革新”。翁同龢对于“任用西人”虽然仍持保留态度，但却因此更加增添了对英国的亲近感，并且也加强了参与变法的决心。

光绪二十二年以后，张謇除为创办纱厂奔走于通、沪之间之外，大部分时间都在江宁文正书院从事教学和管理工作。江宁是两江总督兼南洋大臣的衙门所在地，因此更便于结纳各种中外政治势力。但在表面上，他经常和郑孝胥、沈瑜庆、缪荃荪、徐乃昌等友好名士在一起游晏唱和，并且还结识了正在金陵撰写《仁学》的“世家子弟中桀傲者”③ 谭嗣同。与在通、沪一带集资过程中的烦苦气恼相比较，张謇在江宁的书院生活显得分外风雅而又闲适。

但是，石头城的湖光山色毕竟掩盖不住急剧掀起的政海暗潮。早在光绪二十一年十月，清廷已经以“离间两宫”罪名，把“翁门六子”之首吏部右侍郎汪鸣銮和户部右侍郎长麟革职永不叙用。这是甲午战争结束以后后党对帝党的第一次打击。接着，李鸿章的亲戚杨崇伊又以“植党营私”

① 《翁文恭公日记》（涵芬楼影印本）乙未九月九日。

② 《翁文恭公日记》（涵芬楼影印本）乙未九月十四至十六日。

③ 《翁文恭公日记》（涵芬楼影印本）乙未四月二十三日接见谭后翁之评语。

等罪名奏请查封了强学会。次年正月，李鸿章奏准带同李经方前往祝贺俄皇加冕礼，另一方面则是清廷谕令撤去满汉书房，意在断绝翁同龢与光绪单独见面的机会（后经力争才算保住汉书房）。后党自觉已得到沙俄支持，因此日益加强对帝党和维新派的打击，而主要打手还是淮系首脑的亲信杨崇伊。二月，杨崇伊在李鸿章授意下又奏劾文廷式"遇事生风，常于松筠庵广集同类，互相标榜，议论时政"。文廷式因此被革职并驱逐回籍。这一系列坏消息传到江宁、通州以后，张謇表面上装作坦然"笑应之"，但内心是颇为不满于后党所作所为的。这年四月中旬，他借《夏丙亭墓铭》一文发泄怨愤说："知丙亭之卒已二十一年。其间若皇太后庆典，天下官吏士民输财效忠，借张景物之盛，若岛夷鸱张至于覆军杀将，增币割地，萃从古极诟大僇于一旦之奇，皆丙亭所不及见，则未尝不以丙亭之前卒为知几。"[①] 夏丙亭是张謇在庆军幕府中的友人，死去已二十多年，而且也没有什么突出事迹，墓志铭的作者偏偏要大发一通触及时事的议论，当然是有针对性的。

当时，尽管有反动势力的阻挠与破坏，维新运动仍在向前发展，帝党也还没有承认自己的失败。在维新志士们的倡导下，传播新学鼓吹救亡的报纸、学会在各地纷纷创立，上海、天津、湖南、两广成为维新运动最为发达的地区。上海强学分会虽然已经废弛，但是维新派以它为基础又创办了《时务报》，并由梁启超任撰述。梁启超的生花妙笔和新颖议论使得这家报纸声名大著，很快就发行到万余份，这在当时已经是一个了不起的数字。连张謇也介入了维新派的宣传活动，他虽然与谭嗣同一起谢辞了《时务报》的"董理"虚衔，却很关心维护此报在社会上的影响。光绪二十三年秋，由于《时务报》的主持者汪康年秉承张之洞意旨，极力压制梁启超晓畅明快的民权议论，《时务报》已经有活力逐渐下降的趋势。张謇立即写信劝告汪康年："（《时务报》）议论渐弱，不逮初时之精彩，宜设法振起而扩张之。如人人言宜申民权，而海内名人自南皮以下尚言须保君权，以

---

① 张謇：《江浦夏君丙亭墓志铭》，《张季子九录·文录》第13卷，中华书局，1931年，第20页。

为此为下不信此义。走以为所恶于君权者，官毒害之也，欲保君权，须先去官毒。官毒不籍，君权不横，而二事实不相关。可以此意透发一篇，请质之卓如（梁启超）以为何如?”① 尽管张謇与维新派的民权思想还有一定距离，但是他对清朝政府专横腐败的不满，对张之洞等洋务派督抚保守固执的批评，态度却是比较明确的。

面对后党咄咄逼人的攻势，帝党和维新派并没有退却，反而加速了变法图强的步伐。

光绪二十三年冬天，内外事变迭起。德国借口所谓“钜野教案”，以武力强占胶州湾，其他帝国主义纷纷效尤，于是出现强行划分在华“势力范围”的瓜分狂潮。同时，在新的严重民族危机刺激下，中国人民的反侵略斗争首先在沿海各省和长江流域迅速发展起来，特别是鲁、豫、皖三省交界地区的义和拳、大刀会的英勇反抗，已经逐渐使清朝政府失去控制的能力。这就是维新派的君子们所感受的威胁：“乱机遍伏，即无强敌之逼，揭竿斩木，已可忧危。”② 他们以极为凄怆的声音打动了光绪和帝党的心：“恐自尔之后，皇上与诸臣，虽欲苟安旦夕，歌舞湖山而不得矣；且恐皇上与诸臣，求为长安布衣而不可得矣。”

在瓜分狂潮和维新运动同时高涨的紧要时刻，光绪与翁同龢毅然提出变法救亡的决策。

就在这年十二月二十四日，也正是民间家家户户忙于祭灶神过小年的时候，光绪怀着焦虑的心情召见枢臣，“颇诘问时事所宜先，并以变法为急。恭邸默然。臣（翁同龢自称——引者）颇有敷对，谓从内政根本起，诸臣亦默然也”③。一次御前会议竟成为冷冷清清的师生对话。奕䜣不表态，因为他久已处在嫌疑之地，衰暮之年更加胆小怕事④。其他王大臣的缄默不语，或则慑于慈禧的淫威，或则本来就反对变祖宗之成法。光绪与

① 《汪穰卿先生师友手札》。

② 康有为上清帝第五书。

③ 《翁文恭公日记》（涵芬楼影印本）。

④ 奕䜣与慈禧争权并屡遭折辱，王闿运《祺祥故事》已有记载。贾熟村《慈禧何以要杀胜保》一文也有所论析。

老师的主张如同曲高和寡的阳春白雪，他们在宫廷之内陷于孤立，于是只有诉诸社会舆论，在一定程度上也可以说是诉诸民意的仲裁，宫廷内部的纷争因此被引向紫禁城外。而维新派，就是他们在宫墙外面的主要奥援。

翁同龢当时的态度是比较坚定的。光绪二十四年的大年初三，距离冷落的御前会议不过一个星期，翁同龢亲自听取康有为关于变法的详细陈议。第二天，翁把康的意见转告光绪。皇帝命康有为条陈所见，并进呈所著《日本变政考》、《俄大彼得变政考》。与此同时，维新派在社会上加强了宣传鼓动，学会和报纸成为政治运动新的工具，一时形成相当引人注目的很大声势。

张謇正是在这样重要的时刻，动身前往北京销假。

前面已经说过，张謇从青年时代开始就非常慎于个人的出处进退。光绪二十三年三月十日，他还写信给沈曾植，说明不能入京复职的原因："愿为小民尽稍有知见之心，不愿厕贵人受不值计校之气；愿成一分一毫有用之事，不愿居八命九命可耻之官，此謇之素志也。比常读《日知录》、《明夷待访录》，矢愿益坚，植气弥峻。"甚至公开宣称："謇天与野性，本无官情。"断然表示如果因此违背朝廷规章制度，即令是遭受处分也心甘情愿[①]。但是不到一年的时间，他毕竟还是进京复职了。是他的宦情重新萌发了吗？似乎不能这样认识。因为张謇的主要志趣确实是想做一番事业，而不是功名利禄的追求。几年以后，他曾有《逢官便劝休四首》，其第一首是："逢官便劝休，言下一刀断；若还须转语，溺鬼不上岸。"[②] 说明张謇在仕途上始终是淡泊的，其出处是有自己既定原则的。那么，张謇在戊戌之春北上销假总应该有一些其他的内在驱使力，这决不会仅仅是由于京师古城春色的吸引。

应该认为，张謇的北上与帝党支持维新变法有密切关系。

张謇于闰三月四日启程，先到上海与文廷式、何嗣焜、郑孝胥等友人

---

① 张謇：《致沈子培函》，《张季子九录·文录》第 11 卷，中华书局，1931 年，第 13 页。此信还提出另外两个不能进京复职的理由，一是家庭负债"已逾万数"，需要"卖文鬻力"以清偿债息；一是大生纱厂处于可成可败之际，不能舍之而去。

② 张謇：《逢官便劝休四首》，《张季子九录·诗录》第 4 卷，中华书局，1931 年，第 13 页。

有所筹议。七日，他应文、何、郑之约，在《盛世危言》的作者郑观应家中会晤了日本驻沪领事小田切万寿之助，同时参加会见的有二十人之多，已经是个招待会的规模了。这个日本说客花言巧语地宣传："日人以甲午之役，有毫毛之利，启唇齿之寒，悔而图救，亟连中英。又以为政府（指清廷——引者）不足鞭策，为联络中国士大夫，振兴亚细亚协会之举。盖彻土未雨之思，同舟遇风之愳也。独中朝大官昏昏然徒事婞婀耳。"三天以后，张謇在文廷式举办的酒宴上，听说"日廷又遣其大臣来沪图兴协会"①。这个大臣可能指的就是伊藤博文，伊藤以后果然于七月来华"与中国政府共筹东亚安全之策"，伊藤还未动身即已透露消息，显然是小田切万寿之助放的试探性气球。

张謇北上途中遇见日本侵略分子，这决不是巧合。甲午战后，日本侵华野心更为高涨，但却面临着沙俄的强力抵制。因此，联络英、美并且骗取中国的信任，便成为日本与沙俄争夺在华权益的主要策略。早在这年年初，日本驻华公使矢野文雄抓住清廷苦于无法应付列强霸占港湾的心理状态，伪善地向翁同龢"力言偿款展缓，电政府，必尽力。纵谈国政，则以变法、择人、翻书为要领"②。这就说明小田切万寿之助在上海的言论与行动，都是按照他们既定的方针逐步前进的。振兴亚细亚协会（简称兴亚会）的前身，是日本内务卿大久保利通在明治十年创办的半官方团体振亚会。明治十三年兴亚会正式成立，并且同时设立中国语学校，专门培养到中国进行侵略活动的人员，小田切万寿之助就是这批学员中最为活跃的一个。兴亚会以后改称亚细亚协会，并且在明治三十二年合并于另一个与日本参谋本部关系密切的东亚同文会③。正是这样一些日本侵略分子，于戊戌变法前夕在长江中下游一些城市展开频繁的活动，很多帝党和维新派人士都受过他们的拉拢和欺骗。

小田切万寿之助声言专门以中国士大夫为联络对象，这既说明外国侵

---

①《张謇日记》戊戌闰三月。此事郑观应亦有记载，小田切万寿之助还说："中国亟宜仿日本变法自强，勿念宿嫌。"见《盛世危言》后编第2卷。

②《翁文恭公日记》（涵芬楼影印本）戊戌正月。

③ 东亚同文会编：《对华回忆录》，商务印书馆，1959年，第465—470页。

略者颇为了解士人群体在中国社会中的重要作用，同时也说明士人群体已经逐渐从传统的封闭的藩篱中暴露出来。他们不再能在停滞的宗法社会里踱方步，而必须面对光怪陆离的外在世界迅速作出自己的抉择。但是，张謇对小田切万寿之助的拉拢并没有马上给以积极反应，因为他对日本侵略者一向怀有强烈反感。“日人言则甘矣，须观其后。”① 他还有所保留，需要再观察一段时间，而这点警惕性对于中国士大夫来说毕竟是值得珍惜的。他在上海逗留不久，也没有参与以后亚细亚协会的活动，便匆匆乘船北上。

闰三月十六日，张謇到达北京，两天以后即正式向翰林院销假。

这时，百日维新已是呼之欲出，帝后党争和新旧势力的斗争都日趋激化。正是在张謇到达北京的前几天，安徽藩司于荫霖已经奏劾翁同龢“误国无状”，这等于说是罪大恶极。张謇一听到此事即大骂于荫霖只会攻击翁同龢，“而皖灾不报也”。而就在他抵京这一天，守旧派又向在湖南推行新政著有成效的陈宝箴、江标、徐仁铸等地方官员发起猛烈攻击。并且在破坏保国会以后，继而奏请查禁保川、保滇、保浙等会，然后再次奏劾翁同龢“朋谋纳贿”。

帝党和维新派并没有因为守旧势力的阻挠而停止前进的脚步。四月军机处领班王大臣奕䜣病死，他们更抓紧这一时机推行变法。首先是由御史杨深秀、学士徐致靖上疏请定国是。四月二十三日光绪即正式诏定国是，宣布变法。两天以后，他又亲自召见康有为，谕令康在总理衙门章京行走，参赞行政，专折奏事。著名的“百日维新”于是揭幕。

在此前后，张謇也曾一度参与变法的有关活动，并且向翁同龢提出某些具体的革新建议，比较重要的有《农工商标本急策》、《代拟请留各省股款振兴农工商务折》，请求停办间架税及宁属米粮捐，以及为即将成立的京师大学堂代拟办法等。可以看得出来，由于张謇正在为大生纱厂艰苦创业，所以他的思路集中于发展工商、改革税政等方面。间架税是按铺面大小额外征收的商业税，停办此税以减轻商民负担的建议得到翁同龢的重视。

---

①《张謇日记》戊戌闰三月七日。

张謇曾在四月初一的日记上提及此事："见虞山师（翁），知户部亦因言官纠劾，请停间架税。因请电传各督抚，缓则民间必有受州县书差之害者。师立命舆至户部曰：'改过不恡，不可以需贼事也。'"至于所谓"请留各省股款"，就是要求停止在各省勒派昭信股票（股款），目的也在于减轻商民负担，禁止吏役苛扰。

张謇这些温和的经济革新主张，与康有为、梁启超的全面变法主张相比较，自然要相差一大截，但是却最投合翁同龢的心意，因为他很害怕过于急速的改革步伐会引起后党和守旧势力更为强烈的反对。四月十八日，翁同龢在日记上写道："看张季直各种说帖，大旨办江北花布事，欲办认捐及减税两端，又欲立农务会，又海门因积谷滋事[①]，欲重惩阻挠者，此君的是霸才。"四月二十日，也就是百日维新的前三天，翁同龢又"约张季直小饮，直谈至暮"，并且再次称赞张謇"毕竟奇才"[②]。师生两人谈话的内容，现在已找不到具体记载，但从翁同龢给张謇的一封信上多少可以发现一点线索。信上说："雄论钦服，法剏必变。有可变者，有竭天下贤智之力而不能变者矣。"[③] 至少有两个要点是清晰的：(1)他们赞成变法；(2)但是他们的赞成是有限度的，所谓"不能变者"可能指封建的道统和纲常。张謇虽然一只脚已经跨进企业家群体，躯干和另一只脚却仍然处于士人群体。他虽然正在艰辛的"脱鳞"过程之中，但还没有进入新型知识分子行列，因此他的步伐稳健有余而势头不足，同时革新的视野也不够开阔。

百日维新在中国近代化过程中是一次振聋发聩的壮举，然而从一开始它就是一场实力悬殊的较量，仿佛是轻量级拳击选手与重量级的对手抗衡。新派对旧派的挑战，帝党对后党的挑战，乃至在某种意义上皇帝对太后的挑战，在当时的条件下都需要有一定的胆识和勇气。但是对手毕竟太强，而他们自己又太弱。特别是在强学会、保国会相继被破坏以后，张之洞等洋务派官僚已经明显地"离异"并转向于对立方面，这更使维新运动失掉一切实力支持。君子从来都是与"小人"相对立而言的，他们又不可

① 指闰三月海门常乐乡民毁社仓仓董许聘三之家。

②《翁文恭公日记》（涵芬楼影印本）戊戌四月十八、二十日。

③《翁松禅致张啬庵手书》（影印本）。

能从劳动民众那里汲取新的力量泉源，因而在变法开始之际就有人为战斗的前途担忧。例如，康有为的弟弟有溥即曾函告友人：“伯兄（康有为）规模太广，志气太锐，包揽太多，同志太孤，举行太大。当此排者、忌者、挤者、谤者盈衢塞巷，而上又无权，安能有成？弟私窃深忧之。……伯兄非不知之，惟常熟（翁同龢）告以上眷至笃，万不可行，伯兄遂以感激知遇，不忍言去。但大变法，一面为新国之基，一面令民人念圣主，以为后图。弟且夕力言，新旧水火，大权在后，决无成功，何必冒祸？伯兄亦非不深知，以为死（原缺一生字——引者）由命，非所能避。”[①] 这封信是戊戌变法当事人留下的一件重要文献，它比较客观而又生动地刻画了当时的政局形势和维新派的心理状态。维新志士并非一群急功好利的鲁莽家，他们并非没有设想过变法也可能失败。但他们认识的基点在于：即令变法失败，也可以为国家的更新开辟道路，同时又可以提高光绪的威信，期望他在“慈禧以后”或许能够大展宏图。可以说，维新志士在一定程度上是抱着知其不可为而为之的精神来从事变法事业的。

翁、张的稳健有余，除思想中保守性较多以外，也与他们对宫廷斗争的内情知之更为详尽有关。在正式宣布变法的前一天，张謇曾经亲眼看过翁同龢“所拟变法谕旨”。四月二十五日，也就是《明定国是谕》的后两天和光绪召见康有为的当天，张謇与翁同龢又有一次长谈。按照翁的说法是“谈至暮，盖无所不谈矣”[②]。按照张謇的说法则是与“虞山（翁）谈至苦”[③]。长谈而且达到“至苦”的地步，可见谈话内容相当广泛。当然，“至苦”也可以理解为疲惫或身体不适，因为张謇第二天就病了。不过从谈话前后的背景来判断，所谓“至苦”主要还是指变法的障碍重重而他们的处境困难。

但是，他们怎么也没有想到，两天以后（四月二十七日）后党即以闪

---

① 康有溥：《致易一书》，《戊戌六君子选集》。康有溥（1867—1898），字广仁，有为幼弟。光绪二十三年在澳门主持《知新报》，鼓吹维新，后又在上海经营大同译书局。二十四年百日维新期间，有溥在北京助有为起草变法奏稿。政变后被逮捕杀害。

②《翁文恭公日记》（涵芬楼影印本）戊戌四月二十五日。

③《张謇日记》戊戌四月廿五日。

电般的手段谕令翁同龢开缺回籍，直接打击了帝党的首领和变法的枢纽，这时百日维新开始才只有四天。帝党和维新派在这次突然而又沉重的打击面前显得惊惶失措。张謇在当天的日记上写道："见虞山开缺回籍之旨，补授文武一品及满汉侍郎均具折谢皇太后之旨，亲选王公贝勒游历之旨，所系甚重，忧心京京，朝局至是将大变，外患亦将日亟矣。"由于张謇对宫廷斗争的内情知之较多，所以他对政局变化所作的判断也比较准确。慈禧在放逐翁同龢的同时，把二品以上文武大员的任命权控制在自己手里，并且让死党荣禄署理直隶总督，绝对控制京、津地区的近卫军。经过如此周密的部署，他们就可以随便在什么时候用什么方法一举击败帝党和维新派短暂的联盟。

变法的前途更为艰险。四月二十八日，翁同龢赶到宫门向光绪叩头作最后的诀别。"上回顾无言，臣亦黯然如梦。"① 所谓"回顾无言"，并非真无言，而是不能言，不敢言。光绪从孩提时代开始就处在慈禧的绝对控制之下，他既敬重这个女人，更害怕这个女人。命运使他意外地继承堂兄的皇位，成为九五之尊的天子；但命运又使他只能充当一个女人的影子，太后根本不许他有自己的意志与决断。在这样的环境中形成了皇帝性格上的弱点，他怕雷电，害怕华北平原那种滚滚而来的轰轰雷声，害怕如同利剑一般穿过阴暗宫室的闪电。但他更害怕并非自己生母的太后。他四岁就离开自己的亲生父母，进入这冷漠而又阴森森的皇宫，殿堂太大而他又太小，空虚之感随着年龄渐长而与日俱增。太监和宫女似乎都是监视者，他只有在一个人面前可以毫无掩饰地表露自己的感情，那就是在毓庆宫教他读书的翁同龢。打雷时他可以扑进老师的怀抱，他可以捋老师的胡须，摸老师的乳头，从老师那里得到介乎父母之间的温情。然后他渐渐长大，他必须把自己的言行纳入纲常名教，像木偶似的把感情收缩在内心深处，君臣之间的隔阂使师生的关系逐渐疏远起来。但他毕竟可以从老师那里学到很多东西，特别是了解宫墙以外的世界，了解国势的贫弱与维新图强的刻不容缓。他与翁同龢之间又出现一种新的关系，那是一种微妙的不可言说

① 《翁文恭公日记》（涵芬楼影印本）戊戌四月二十八日。

的共同的事业感。他毕竟只有二十七岁，多少还有一些年轻人的热情，他决心向日本明治天皇和俄国彼得大帝学习，改变某些祖宗成法以谋国势的强盛，而翁同龢则是他身边最忠诚的决策人物。二十三年的师生情谊，在某种程度上已经稍许超越了封建礼制规定的范围，他们不是一般的君臣关系，而是有着共同政治抱负的知己，因此便引起慈禧极大地猜疑与忌刻。然而这一切都结束了，随着师傅的南行他们将永远离别。

四月二十八日这一天，北京“城南士大夫人心惶惶”①。城南，自嘉道年间成立宣南诗社以来，历来是南方籍京官、士人宴饮雅集之处，光绪一朝的清流、文士仍然习惯于在这里寄寓与集议。城南士大夫群的情绪变化，在某种程度上可以看作晚清政局的晴雨表。他们为翁同龢担忧，为变法的前途担忧，也为皇帝的命运担忧。二十九日，张謇奉旨到乾清宫引见“瞻仰圣颜，神采凋索，退出宫门，潸焉欲泣”②。他唯恐翁同龢将遭杀身灭族的大祸，因此于三十日“引朱子答廖子晦语劝公（翁同龢）速行”③。就是用宁武子“邦有道则智，邦无道则愚”的故事④，来讽说老师趁早退出政争漩涡并南下避祸。当天，他还向翁赠诗一首：“兰陵旧望汉廷尊，保傅艰危海内论。潜绝孤怀成众谤，去将微罪报殊恩。青山居士初裁服，白发中书未有园。烟水江南好相见，七年前约故应温。”⑤ 所谓“七年前约”，就是说要偕隐江南，张謇对变法已不再寄予希望，他也准备离开政局险恶的北京。

五月十三日，余栋臣在四川大足再次起义，中英威海卫租界专条也恰好在同一天签订，在帝党分子心目中，内乱和瓜分的奇祸仿佛即将纷至沓来。就在这一天，翁同龢启程离开北京，张謇与其他门生故旧赶到马家堡京津铁路车站送别⑥。据说“送者数百人，车马阗咽，有痛哭流涕者”⑦。

---

①《张謇日记》戊戌四月二十八日。

②《张謇日记》戊戌四月二十九日。

③《张謇日记》戊戌四月三十日。

④ 朱子语见《朱文公文集》第45卷。

⑤《张謇日记》戊戌四月三十日。

⑥ 翁、张日记，戊戌五月十三日。

⑦ 唐文治：《茹经堂文集》，民国年间木刻本。

临别之际，有个湖南青年文士对翁同龢挥泪说：“吾为天下，非为公也。”悲怆的送别，未尝不可看作对于后党的抗议，但这种行动毕竟是消极的，是缺乏奋战到底的英雄气概的退却。

翁同龢被罢黜以后，多数帝党分子都变得比较消沉，变法主要是由维新派勉力坚持推行。一系列革新政治、经济、文化的诏谕，像雪片一样飞扬，在社会中上层多少也引起一些反响。但是在维新派的内心深处，悲观情绪也在逐渐增长。梁启超在五月十六日，也就是翁同龢离京南下三天以后，写信告诉友人说：“大率有上开新折者则无不应，盖上下之电力、热力皆以相摩而成也。常熟去国，最为大关键，此间极知其故，然不能形诸笔墨，俟见时详之。南海不能大用，菊生（张元济）无下文，仆之久不察者，率由此而生也。仆已于前日举行察看之典，未知下文如何耳。初时极欲大办，今如此局面，无望矣。”[①] 可见，维新派也把翁同龢的去职看作变法事业的严重挫折，并且因此削弱了自己的斗志。

新旧党争日趋激烈。特别是在五月二十日，光绪以阻挠维新派上书的罪名，一举罢免守旧而又骄横的礼部六堂官以后，这种斗争更有可能随时发展成为一场政变。对于光绪的还击行动，尽管一些顽固派官员为之哗然，慈禧表面却不动声色，她正在暗中部署并且寻找杀戮新派人物的时机。在这种形势下，帝党、维新派和某些投机官僚之间的暂时联合迅速趋于分化。

张之洞敌视民权思想，早在三个月以前已经写成《劝学篇》，大讲什么“辨上下，定民志，斥民权之乱政也”；“讲西学，必先通中学，乃不忘其祖也”[②]。他首鼠两端，一方面向慈禧表示忠诚不二，一方面又讲些“西艺非要，西政为要”之类时髦话，以迎合皇帝和应付潮流。他极力想把维新运动控制在自己许可的范围内，及至发现维新派的变法趋势将冲击他所维护的“中学为体”原则，他就转而加以阻挠破坏。刘坤一则在“明定国是”以后公然抗拒各项维新诏令，虽经皇帝一再申斥，他也不改

---

① 《梁任公先生年谱长编》。

② 张之洞：《劝学篇·自序》。

变这种固执态度。张、刘的转向使帝党与维新派显得更加势孤力弱。

许多帝党分子都悄然退却了。正如张謇所描述的那样："拂衣去国亦堪哀，辛苦男儿草莽来。直分儒冠称沟壑，何知人海战风雷。嵚崎似我归犹得，禄养怜君气益摧。闽县已亡丁沈散，更谁相煦脱嫌猜。"[①] 他们已经不再谋求变法的进展，而只考虑如何洗刷嫌疑以苟全性命。张謇的心情是复杂的，既有怨愤，又有恐惧。皇权对于士人群体历来是一种绝对权威，也是一种不可亵渎的神圣，它具有生杀予夺的威势，更容不得半点怠慢与失敬。五月二十四日，也就是送走翁同龢的八天以后，早上下了一场暴雨，张謇当即感而赋诗一首："未测天性情，朝来乍雨晴。稍当袪尘土，一笑看风霆。"[②] 其触及时事的色彩是很明显的。天威既然如此可畏而又不可预测，看来暂时只有走为上策。还有少数依附过帝党的人表现得极为恶劣，看到风势不对便转而出卖同道以取信于后党。如御史李盛铎曾列名发起保国会，旋即畏祸私下请求除名，然后托报馆公布全部会员名单，并反诬保国会以求自全。张謇曾讥讽说："此君智谲而有胆略，不久必柄然用，然亦惧其太速也。"[③] 另一个帝党元老孙家鼐，很早便表现出极大的动摇，翁同龢的放逐更使他惶惧不安，而维新派的躁进争权与自作主张又使他感到日益不满。他于五月二十九日上《奏译书局编纂各书请候钦定颁发并请严禁悖书疏》，用意即在洗刷自己并抑制维新运动。因为当时正是梁启超主持译书局，所谓"悖书"即指康有为的《孔子改制考》。孙家鼐攻击这种变法学说"蛊惑民志，是导天下于乱矣"[④]。以后他更费尽心机排斥康有为，实际上已经成为变法的反对者。

张謇目睹这些翻手为云、覆手为雨的怪现象，终于决心尽快离开北京。

翰林院本来是个闲散机构，当过翰林院庶吉士、编修的林则徐早就说过："都中本无官事，翰林尤可终年不赴衙门。"[⑤] 所以，张謇虽然早就销

---

① 《留别仲弢》，《张謇日记》戊戌五月二十三日，闽县指王可庄，丁、沈指丁立钧、沈曾植，均系张謇友好。

② 《乍雨》，《张謇日记》戊戌五月二十四日。

③ 《张謇日记》戊戌四月三十日。

④ 于宝轩：《皇朝蓄艾文编》，上海官书局，1903 年，铅印本，第 72 页。

⑤ 林则徐：《致郭远堂书》，道光十三年六月二十三日。

了假，并且循例得到“引见”，但是由于“公牍辗转”，迟到六月二日才先后到翰林院和吏部听旨正式复职。可是，第二天他就以“通州纱厂系奏办，经手未完”为借口，再度向翰林院请假，同时也辞谢了孙家鼐打算奏派他充当大学堂教习的挽留盛意。当天下午便离开北京前往塘沽等船，晚上在日记上写道：“卯初即行。读书卅年（十六岁入学为附学生员），在官半日，身世如此，可笑人也。”[①] 他一回到通州，便重新忙于创建纱厂的复杂事务，基本上结束了与戊戌变法这一段历史因缘。

维新派提出的变法纲领反映了新兴资产阶级的意愿与要求，可是正在向资产阶级转化的张謇却未能完全同意并给以坚决支持，这是什么缘故呢？底下需要对张謇当时的思想状况和政治见解作若干具体分析。

当时张謇所最关心的仍然是民族资本主义的独立发展，而且对农、工、商之间的密切关系，认识较之以前又有所进展。他在《请兴农会奏》[②]一文中指出：“窃自中日事定以来，识时务者无不以练兵通商为急务。朝廷于中外臣工条陈事件，凡关系二事尤可采择者，无不举而行之。究之两年以来，实力奉行者几人？成效可睹者几事？臣窃上溯三代，旁考四洲，凡有国家者，立国之本不在兵也，立本之本不在商也，在乎工与农，而农为尤要。盖农不生则工无所作，工不作则商无所鬻，相因之势，理有固然。”张謇这种认识，并不是退回到“重本抑末”的传统观念，而是通过纱厂的原料需要，对农业的重要性有了新的理解。同时，他把农业生产与商品经济紧密联系起来，认为“天下之大本在农，今日之先务在商，不商则农无输产之功”[③]。并且极力提倡组织农会，讲究农学，改进农业生产科学技术，以及集资成立公司以机器开垦荒地[④]。张謇还主张成立商务局，

① 《张謇日记》戊戌六月三日。《啬翁自订年谱》此处尚有“自十六岁应小试以来，计在场屋中度日凡一百六十八日，殆当一新法律四、五等有期徒刑”等语，但已自行勾去。见原稿影印本，正式出版者则无此数语。

② 张謇：《张季子九录·实业录》第1卷，中华书局，1931年，第6页。系年误为光绪二十三年丁酉，实应为二十四年戊戌，此处据日记订正。

③ 张謇：《商会议》，《张季子九录·实业录》第1卷，中华书局，1931年，第4页。系年误作光绪二十二年丙申，实应为二十四年戊戌，此处据日记订正。

④ 张謇：《农会议》，《张季子九录·实业录》第1卷，中华书局，1931年，第4页。系年误作光绪二十二年丙申，实应为二十四年戊戌，此处据日记订正。

并扣留昭信股票已收款项，补助支持商民发展有关兴利的工商企业；设立劝工会，还参加巴黎博览会，积极推广制造新式机器。他已经形成一个全面发展民族资本主义的方案，并且主张变法应该以发展农、工、商为中心和主体。他强调说："民生得丧之林，即吏治修坠之镜。日言变法，而不于吏治民生是务，未见其有益也。"[①]

商办官助是他一贯主张的发展民族资本主义的基本途径。他相信："听民自便，官为持护，则无论开矿也，兴垦也，机器制造也，凡与商务为表里，无一而不兴也。"[②] 同时，他主张"仿德国、日本章程"，由地方政府协助筹集资金，"补商力初办之不足，助商力已办之不继"。但是，从多年与官府频繁的交往中，他得出一条痛苦的经验，即一般官吏成事不足而败事有余。因此，他只有把发展近代工商企业的希望，主要寄托在开明绅士和普通商人身上，特别是寄托在像他自己这样热心兴办实业的上层绅士身上。

他在这个时期提倡兴办的农会、商会、工会，有其特定的含义，与今天通常的理解不同。所谓农会实际上就是农学会，主要是一种推动农业改良的科研与实验机构，当然也可以筹集资金从事更大范围的推广工作。所谓商会与工会，也是调查研究与推动工商业发展的机构，与现代意义的商会、工会有所不同。其职责是经常调查工商情况，"各列为表，度其所宜兴、宜革、宜变之故，斟酌其如何兴、如何革、如何变之法"。这些农会、商会、工会都是以绅士为主体的民间团体，官府应该给以保护奖助，而不能加以"侵扰"。他还主张从上而下，在全国设立农、商、工三个系统的总分会，这个建议在一定程度上反映了幼年时期的企业主渴望把自己组织成为新兴阶级力量。

张謇对于兴办农、商、工会的次序也有所论析，认为"农会兴而后工会可得而言，工会每省得一二处足矣。其为农工之去路，则在商会，事宜先筹，犹治水之从下流始也"[③]。这既反映了当时近代工业在整个国民经济

---

① 张謇：《商会议》，《张季子九录·实业录》第1卷，中华书局，1931年，第4页。
② 张謇：《商会议》，《张季子九录·实业录》第1卷，中华书局，1931年，第4页。
③ 张謇：《商会议》，《张季子九录·实业录》第1卷，中华书局，1931年，第4页。

中所占比重极微，但同时也反映了民族近代工业的先驱者从创业之始就对市场极端关心。张謇对水利素有研究而且还有一定的实践经验。过去，他理解河工疏导对于治理黄、淮的重要性，现在他又理解市场流通对于发展工业的重要性。"犹治水之从下流始也"，这句话说明他已开始进入企业家的角色。

张謇在税政方面也要对民族工商业持保护和奖掖的方针。除要求废止间架税和米粮捐以外，还提出全面减税主张，他建议："凡属土法创办及机器制造之货，初办五年，止征半捐半税。若系改造土货，就地收买零销，估值不满万者，免捐免税；过万者，按应税应捐之数，止征七成。"凡是农会在荒滩闲地"兴办树艺畜牧制造诸事，以为乡民倡导……一概宽免捐税十年"①。

发展近代企业需要技术力量，张謇对于兴办新式学堂的兴趣也愈来愈高。他所拟订的大学堂办法，主要内容有：(1)分内外院，内院收已仕学员，外院收未仕学员；(2)分初、中、上三等；(3)设植物、动物苑；(4)按不同专业分类设堂；(5)聘请日本教习等等。同时，他抨击经义课程日趋空泛，明确主张："然则罢科举而兴学校，置经义而事士、农、工、商、兵各专科之学，为中国今日计，圣人复起，无以易之。"② 张謇在制艺故纸堆中整整生活了三十年，并且正是通过科举获得当时士人的最高荣誉，由他自己现身说法来彻底否定科举，自然有更大的说服力。

以上所介绍的张謇有关经济、文化革新的主张，与维新派变法方案有关部分基本相近，因此他才有可能一度同情变法并与维新派合作。但是，张謇从"实业救国"思想出发，过于强调民生的主体地位，而忽视经济、文化改革必须以政治改革为前提，这又使他逐渐疏远以至离开维新派。当时，维新派宣传资产阶级民权思想和国家学说已经有十年左右历史，他们的变法方案当中极其重要的一条，就是要求君主专制改造成为君主立宪。在百日维新期间，维新派的主张已经相当温和，可是张謇和其他一些帝党

---

① 张謇：《农工商标本急策》，《张季子九录·实业录》第1卷，中华书局，1931年，第5页。

② 张謇：《经义征学序》，《张季子九录·文录》第5卷，中华书局，1931年，第12页。

分子却认为他们过于急进。张謇主张："行百里而阻于五十，何如日行二三十里之不至于阻而犹可达也。"[①] 所以他力图把变法限制在经济、文化有限范围之内，以求减少守旧势力的反对。

至于如何实行变法，张謇等人与维新派亦有分歧。

维新派（特别是其左翼），比较急于实现自己的全盘变法主张，因此在与守旧派斗争最激烈的时候，便不惜铤而走险诉诸宫廷政变。张謇等则害怕政局的较大动荡，特别是害怕光绪将会成为政变的牺牲品，因此愈来愈不满于维新派行动的"鲁莽"。张謇晚年曾追忆说："在京闻康有为与梁启超诸人图变政，曾一再劝勿轻举，亦不知用何法变也。至是张甚，事固必不成，祸之所届，亦不可测。康本科进士也，先是未举，以监生至京，必遍谒当道，见辄久谈，或频诣见。余尝规讽之，不听。此次通籍，寓上斜街，名所居为万木草堂。往晤，见其仆从伺应，若老大京官排场，且宾客杂遝，心讶其不必然。又微讽之，不能必其听也。"[②] 对于比康、梁激进的谭嗣同，张謇甚至在他被杀以后还加以严厉批评："谭好奇论，居恒常愿剪发易服，效日本之师泰西；不知波兰、印度未尝不剪发，而无补于亡也。又常韧杂种、保种之说，谬妄已甚。"[③] 这些批评固然体现了张謇务实、持重、干练的个性特点，但更多的还是反映了多数帝党分子的封建性比维新派浓厚，他们每迈进一步都需要用更多的时间和花费更大的气力。

三、政变前后

但是，张謇和其他一些帝党分子离开北京以后，对变法的进展情况仍然非常关心。其中自然不无个人利害方面的考虑，但更为重要的都是由于这将牵涉他们所拥戴的光绪皇帝的安危荣辱。

六月六日，翁同龢回到常熟还不到一个月，就传来御史文悌由于参劾

---

① 张謇：《变法平议》，《张季子九录·政闻录》第2卷，中华书局，1931年，第1页。

②《啬翁自订年谱》卷下，戊戌六月。

③《张謇日记》戊戌八月十五日。

康有为、杨深秀等而被革职的消息，上谕中用了“受人唆使，结党攻击”等尖锐字眼。翁同龢很不以为然，他在当天的日记上写道：“恐开朋党门户。”① 这个久经宦海浮沉的老人毕竟阅历丰富，他预感到新旧党争必将激化，而即将出现的党锢之祸的受害者必将是他们自己。六月十八日，他又在日记上记道：“《申报》云：康有为奉旨至上海办官报。”② 显然是把此事看作后党在文悌革职后的反击，已经表现出对变法前途极为担忧。

但北京的政局似乎乌云密布，变幻莫测，有时云缝里透露出一线阳光，也会引起南方帝党分子新的幻想。七月十九日，礼部尚书怀塔布、许应骙等六个守旧堂官，以阻挠主事王照条陈事务罪被革职。第二天清廷又赏谭嗣同、杨锐、刘光第、林旭四品卿衔，在军机章京上行走，参预新政事宜。对于帝党和维新派来说，这又似乎增添了一点兴奋剂。八月二日，张謇在日记上写道：“知太夷（郑孝胥）召对后赏道员，甚喜。”仿佛变法处境又有某种转机。甚至到八月七日，也就是慈禧发动政变的第二天，翁同龢由于还没有得到北京的消息，在日记上写道：“自明发改为电报后，络绎纷纭，新政焕然，目不暇接。”③ 多少带有一些振奋的心情。可是，两天以后他就得到慈禧重新“训政”的消息，立即感到大祸已经临头。自称：“身在江湖，心依魏阙，益战栗罔知所措也。”④

从八月七日到八月二十五日，张謇日记几乎没有一天不记载有关政变的消息。通过这些简单的记述，我们不难发现他所最关心的还是皇帝的命运。例如，八月七日：“闻太后临朝之旨。”八月九日：“闻各国船集天津，诘译署，问上病状。”八月十日：“闻袁世凯护北洋，是儿反侧，能作贼，将祸天下，奈何？”十一日：“连日京电不通，有非常变故之谣。”十二日：“闻初十日皇上有疾召医之电。”十五日：得六君子被刑讯，对六人评论多不满，唯深惜杨深秀。十六日：“闻查拿文廷式之电谕，康事与芸阁无涉，何以及之？”十七日：“闻续催医生之电谕。”二十一日：“闻荣禄有密电

---

①《翁文恭公日记》（涵芬楼影印本）戊戌六月。

②《翁文恭公日记》（涵芬楼影印本）戊戌六月。

③《翁文恭公日记》（涵芬楼影印本）戊戌八月。

④《翁文恭公日记》（涵芬楼影印本）戊戌八月。

事，大可虢。新宁（刘坤一）持正论云。”当时盛传慈禧不仅把载湉囚禁起来，而且还打算以治病为借口把他毒死或加以废黜。荣禄是慈禧最为亲信的死党，当时正掌握北洋军权，并且已进入军机处，帝党特别害怕他会帮助慈禧对光绪下毒手。南方的帝党分子无兵无勇，只有把保护皇帝的希望寄托在列强的“问疾”和东南督抚的“正论”之上。

慈禧和一些顽固分子确实想把光绪从龙座上拉下来。就在政变的当天，他们散布皇帝已经死亡的谣言，以后又盛传皇帝病重的消息，借以作为掩盖他们阴谋废黜的烟幕。到八月下旬，形势更显得紧急，引起帝党分子的更大焦虑。八月二十三日，翁同龢在日记上写道：“恽莘耘（恽祖祁）将赴鄂，为余留一日，因晤谈，得近日京师情形之详。鼠辈谋逆，陷我圣明，并贻无穷之祸，真堪痛苦。心悸头眩，几至投地。”这里所说的“鼠辈”，表面上似乎指的是康、梁，但翁同龢的内心独白并非不可理解。另一帝党头面人物盛昱，虽然早已因病开缺多年，但也非常关心光绪的安危，甚至病情因此日益沉重。事后有人追忆说：“变法议起，佥人乘之，乐祸幸灾，几酿大变。君以懿亲（盛昱为宗室——引者），盱衡当世，内外臣僚无可依仗，群小离间，阴阳捭阖，不测举动即在目睫。时事日亟，病亦日深。”[①] 这表面上好像也是在谴责维新派，但骨子里却是微讽慈禧的阴狠毒辣。

后党企图暗害光绪的阴谋，不仅引起帝党和维新派的不满，而且也受到一般开明士绅和资产阶级的反对。他们唯恐杀害皇帝将会引起更大的政局动荡，甚至还可能促使正在酝酿着的革命风暴更快地到来。沙俄以外的帝国主义列强（主要是英国），也不愿坐视后党采取更激烈的手段，一则担心沙俄在中国的侵略势力将会因此更加膨胀，再则担心各派之间的流血斗争可能破坏市场稳定，从而妨碍其对华商品倾销与资本输出的进一步增长。正是在这样复杂而又微妙的形势下，南方帝党分子才敢在几种矛盾的夹缝中悄悄站出来，极力营救他们所认为的国家的最后希望——光绪。

① 盛昱：《意园文略》第2卷，缪荃荪作序，1910年，木刻线装本。

他们和南方的上层绅商合作，包围了湘系的首脑刘坤一，不仅在舆论上施加压力，而且还直接对他做了许多说服和协助决策的工作。八月二十四日张謇曾在日记上写道："恳新宁上《太后训政保护圣躬疏》。"而根据他的《啬翁自订年谱》的记述，这一疏稿正是张謇自己为刘坤一起草的，"大意请曲赦康、梁，示宫廷之本无疑贰"。张謇的政治态度比翁同龢多少要明确一些，这是因为两人处境不大相同的缘故。当时，张謇的好友蒯光典正在南京，而且颇受刘坤一的器重和信赖。他一得到"行将废立"的信息，连忙劝刘坤一说："公国家重臣，义不容默。"[①] 刘坤一对慈禧过于宠信淮系本来就有所不满，因而在东南各界人士的推动下，终于呈奏了影响较大的《太后训政保护圣躬疏》，并且在社会上产生了连锁反应。一时"力争者踵起"，在绅商群中居然形成具有相当声势的营救蒙难皇帝的运动。后党感受到沉重的压力，特别是害怕英国等帝国主义列强的强力干涉，只得暂时搁置了废黜或暗害光绪的罪恶计划。

张謇虽然一向不满于刘坤一的暮气沉沉，但对他这次比较果断的行动却大为称赞。二十多年以后，张謇在《啬翁自订年谱》上为此大书特书："刘于疏尾自加二语，曰：'伏愿皇太后、皇上慈孝相孚，以慰天下臣民尊亲共戴之忱。'乃知沈文肃（沈葆桢）昔论刘为好幕才，掌奏语到恰好，盖信。"刘坤一所加的这句话既符合封建礼制，又显得软中有硬，而他的实力地位更加重了发言的分量，这自然要赢得帝党的钦佩。

刘坤一在上疏以前，曾打算邀请湖广总督张之洞联署。张謇在两者之间似乎起了穿针引线的作用。八月二十三日，在湖北担任宜昌督销职务的恽祖祁，应张謇邀请先到常熟看望蛰居乡间的翁同龢，整整盘桓了一天，详尽地介绍了后党发动政变和皇帝危在旦夕的情况，翁、恽之间不会不谈到营救光绪问题[②]。两天以后，也就是张謇为刘坤一起草《保护圣躬疏》奏稿的第二天，恽祖祁到达通州，带来更多对于帝党来说颇为不幸的消

---

① 蒯光典：《金粟斋遗集》，程一夔所作行状，1929年，木刻本。

②《翁文恭公日记》（涵芬楼影印本）戊戌八月二十三日。又据《张謇日记》，张在八月二十日曾催恽速来。张謇这时正是恽的部属，他们与张之洞的关系都比较密切。从翁、张两人的日记来看，恽祖祁此行的政治性是很明显的。

息。两人商谈了整整一天，临别时张謇还托恽祖祁带交张之洞一封专函。专函现已无存，但很有可能劝说张之洞与刘坤一联名上奏以保护皇帝。

可是，一贯标榜君臣大义的张之洞却仍然见风使舵，他宁肯挖空心思周旋于帝后之间，也决不愿在掌握实权的慈禧心目中留下任何恶劣印象，因此始终未能与刘坤一一起公开表态。帝党对此自然极为不满，所以张謇在《啬翁自订年谱》中记述刘坤一所加疏语之后，特别注明:“此南皮所不能言。”[1] 不过，当时张謇为创建大生纱厂还不得不有所求于张之洞，并且对他在湖北兴办工矿企业和新式学堂也颇为倾服，所以两人并没有因为上疏一事产生很大的隔阂。同时，《劝学篇》所发挥的那些“折中新旧”的论调，也还能适应张謇这类封建性还比较浓厚的准资产阶级的认识水平。多年以后，他在《啬翁自订年谱》中又曾特别提到:“闻南皮上《劝学篇》，意持新旧之平，而何启讦其骑墙，徐桐咎其助新，人尽危矣。”字里行间流露出对于张之洞处境的某些同情。

张謇对于政变以后帝党和维新派的命运也非常关心，所以这段期间他的日记上连续记录了许多与此有关的消息。例如：“闻严拿康有为，有为逃入英船之电。”“闻复六卿（指已革礼部守旧派六堂官复职——引者），拿治徐致靖、杨深秀、杨锐、林旭、谭嗣同、刘光第、康广仁之电。”“有徐、杨六人已罹刑戮之讯，访之果确，惟徐永远监禁。……林旭喜新竖子，杨故乙酉同年，平时修饬，见赏于南皮督部，不知何以并罹斯劫?”“闻张荫恒遣戍新疆。”“闻李泌园（李端棻）尚书遣戍新疆，闻芸阁（文廷式）无下落。”“闻陈右民（陈宝箴）中丞及伯严（陈三立）吏部革职，江建䂓（江标）、熊秉三（熊希龄）革职。”“闻芸阁被刑于南昌（此讯不确——引者）。”“虞山（翁同龢）重被革职永不叙用之命，英、日人亦讶之。”“知文道希（文芸阁）在日本。”各种各样的恶劣消息联翩而至，张謇内心自然不免惶惶不安。

戊戌变法失败以后，许多帝党分子害怕受到牵累，故意表白自己对维

---

[1]《啬翁自订年谱》原稿影印本此处是“大都南皮所不敢言”，语气显得较重一些，但正式出版时已改得比较含蓄。

新派极度不满。其实他们当中的一些人，并非完全反对维新变法，不过是反对变法的步骤过于急速。他们也并非反对整个维新派，不过是对康有为这样的领导人有所不满，特别是对谭嗣同等左翼分子訾议较多。至于像杨深秀这类温和人物，他们始终是引为同调的，并且还因为他们的被杀、被逐、被囚产生兔死狐悲之感。盛昱的诗作《杜鹃行（哀杨生也）》，显然反映了他们这种比较隐蔽的心情。“杜鹃啼血声不止，白衣少年佐天子。翻云覆雨骤雷霆，竟与逆人同日死。死竟无名世尚疑，朝衣食卒就刑时。似闻唐代永贞际，刘柳诸人有狱词。”[①] 盛昱是帝党中比较守旧的人物，所以才把谭嗣同等骂作“逆人”，至于张謇等一般帝党分子则没有用这样的语气。譬如杨深秀等就刑一事，张謇在《啬翁自订年谱》原稿影印本中最初写作“致杨深秀……于法”，但最后改定为“杨深秀等被逮戮”[②]。这就比较含蓄地表露了他的同情之所在。

光绪病死以后，张謇在《德宗景皇帝挽词》中也追述过戊戌变法这一段历史：“善下溪成谷，更张瑟改弦。庸知元祐政，翻覆秪蹄筌。”[③] 当年他赞美什么？反对什么？从这首诗里似乎可以看得更清楚一些。他没有讳言变法与政变都属于新旧党争性质，也没有讳言自己的同情是在光绪和新党这一边。与维新派不同的地方，是他希望两方面都心平气和一点，尽可能不要采取激烈的手段。

“嗟呼！晚清朝政之乱，表病在新旧，本病在后帝，始于宫廷一二人离异之心，成于朝列大小臣向背之口。因异生误，因误生猜，因猜生嫌，因嫌生恶，因恶生仇，因仇生杀。恶而仇，故有戊戌之变；仇而杀，故有庚子之变。戊戌仇帝仇小臣，卒仇清议；庚子杀大臣，杀外人，卒杀无辜之民。”[④] 这大概可以看作张謇对于十九世纪最后几年晚清政局的总结，尽管他对历史发展线索的理解未必精当，但毕竟比较显露地表述了自己当年的政治倾向。

---

① 盛昱：《郁华阁遗集》第3卷，1907年，写刊本。

②《啬翁自订年谱》原稿影印本，戊戌八月。铅印本脱一“逮”字。

③ 张謇：《德宗景皇帝挽词》，《张季子九录·诗录》第9卷，中华书局，1931年，第9页。

④ 张謇：《四川忠县秦太公墓表》，《张季子九录·文录》第15卷，中华书局，1931年，第19页。

戊戌变法以帝党和维新派的一败涂地而告终结。他们在甲午战后短短两三年内所取得某些进展与成就，在后党和顽固势力的刀光剑影中迅速化为过眼云烟。帝党在政变以后顿时陷于涣散，他们不可能从变法的流产中汲取积极的经验教训，不管是逃亡国外，抑或是苟安国内，仿佛他们的主要任务只限于咀嚼失败的悲苦，丝毫也不敢诉诸稍许暴烈的行动。张謇在企业活动中虽然表现出可贵的进取精神，但在政治上也逐渐趋于消极回避状态。在敦促刘坤一上疏“保护圣躬”以后，他于十月中旬在日记中写下寥寥数字：“闻上疾有瘳。”寓意是已经知悉光绪的地位和生命暂时得到保全。此后，他对时局的议论越来越少，而仅有的一点议论也只限于消极的冷嘲，缺乏任何真率的抗议。

下面，我们可以从张謇日记两处有关记载考察他这种消极政治态度。

十月二十一日：“与伯茀谈。伯茀曰：‘康、梁盖我政府尊奉而保护之也。’甚当。”张謇还在此处加上眉批：“斥之为康教，罪之为党魁，皆尊奉之辞。”伯茀即寿富，是前辈清流宝廷的儿子。他在甲午战后倾向变法，曾与康有为在北京组织知耻学会，变法期间奉派前往日本考察学校章程，回国时恰好碰上政变，受到后党和守旧派的多方面攻击。他当时的心境与张謇相似，谈话中表面上好像是鄙薄康、梁，实际上却是发泄了对于慈禧高压政策（如杀戮、徒刑、流放、缉捕等）的不满。“甚当”一语，表明张、寿二人对事变具有相同的理解。

十一月九日：“舟中遇子培，谈彻夜。闻人言，虞山之复被谴，许应骙、刚毅为之。”子培即沈曾植，在帝党中亦属比较持重者。他们对变法失败最感痛心的是两件事，一是皇帝成为囚犯，一是老师成为罪臣，因而对许应骙、刚毅这些顽固至极的官员非常痛恨。可是，他们除私下发发牢骚以外，也不敢作任何公开反对的表示；因为他们的好友蒯光典，正是“以忤刚毅而败”①。

此后，直到光绪二十五年秋季以前，大生纱厂的创建工作几乎垂成而败，张謇不得不全力忙于到处筹款应急，因此在日记上更少议论时政。

---

①《清史列传》第239卷。

变法失败后的第二年春天，又是江南草长、杂花生树的美好季节，张謇忙里偷闲泛舟江上，专程到常熟探访翁同龢。师生二人“长谈抵夜”。第二天又同游虞山，遍览兴福寺、联珠洞、三峰、清凉寺等名胜古迹，直到薄暮才兴尽而归。晚饭后，两人又长谈到深夜。谈话的内容究竟如何？他们的日记都没有多少具体记载。按照翁同龢的说法，好像主要是谈书法，此外张謇还向他推荐了一个风水师[①]。张謇记得更为含蓄：“远望狼山在江云灭没中，徘徊久之。”[②] 还有记游诗作《呈松禅老人》：“楼台无地相公归，借住三峰接翠微。济胜客输腰脚健，忧时僧识鬓毛非。尚湖鱼鸟堪寻侣，大泽龙蛇未息机。正可斋心观物变，蒲团饱吃北山薇。”[③] 人们只能从“忧时”、“吃薇”等话语中来寻味翁、张当时的心境。

五月十七日，张謇得到另一位清流前辈黄体芳病故的消息。黄体芳早已由于受到后党的排挤而“告病乞退”，晚年极为抑郁愤懑，但对甲午战争前后帝党活动仍然暗中给以支持。所以，张謇在当天日记上发出感慨：“老成益凋谢已。”几天以后，他替人撰写哀悼黄体芳的挽联，其下联是：“际国步阽危已甚，瞻天恋阙，二千里外此孤臣。”此联也未尝不可以看作对翁同龢艰难处境的同情。

不久，由于后党对光绪仍然恨之入骨，他们不顾帝国主义瓜分阴谋正加紧进行，继续策划废立这个已经完全无权无势的年轻皇帝。因此，到光绪二十五年下半年，宫廷内部的形势再次紧张起来。不过，现在帝党和他们忠诚拥戴的皇帝一样，都处于更为困窘的被动局面。

六月二十一日，翁同龢在日记上写道：“昨见报纸传太医方，辗转不寐。”根据大半年以来的经验，帝党深知每传出一次“帝病”的消息，就意味着后党又一次加紧策划废立阴谋，因此他们也就又一次激动起来。可是，翁同龢只能眼睁睁地注视着事态的发展，却不敢有任何不满和反对的表示。

当然，并非任何同情光绪境遇的人都已经噤若寒蝉，即使是在后党

---

① 《翁文恭公日记》（涵芬楼影印本）己亥二月八日、九日。

② 《张謇日记》己亥二月八日、九日。

③ 张謇：《呈松禅老人》，《张季子九录·诗录》第3卷，中华书局，1931年，第16页。

完全控制的北京城内，也还听得见愤怒抗议的声音。九月间，少数常熟籍的京官，如翰林院编修沈鹏等人，筹划上奏《告讦三凶疏》，强烈要求处死慈禧最为亲信的荣禄、刚毅、李莲英三人。事未成而疏文已被泄露，外间盛传此事实由远在常熟的翁同龢所指使[①]。翁同龢听到这个风声后，感到非常震恐，但又不敢作任何辩解。他只能以曲笔在十月十二日的日记上写道："报馆往往纪余事，昨又称余广收古镜，皆风影无踪事，可憎可骇也。"在封建统治阶级当中，越是接近宫廷核心内幕的人，越是懂得天威莫测一词的含意。在朝时经常有伴君如伴虎之感，被贬谪后又宁可被世人遗忘，因为任何一件小事都可能引起来自宫廷的猜忌，甚至招致杀身灭族大祸。所以，报纸仅仅是说他喜爱古董，竟也使他感到"可憎可骇"。

翁同龢曾设法阻止沈鹏等人的抗议活动，但似无任何效果。这在十一月四日的日记上倒有所记载："闻沈颂棠（沈鹏）归抵上海，此次入京又欲上封事，狂疾深矣。"张謇当时正在通州，他大概还不了解老师内心的惶急，所以在十一月七日派专使送"食物八种"给翁同龢，并且函邀同游通州名胜狼山。翁同龢立即回信辞谢说："紫琅（狼山）之约，殆成虚愿；无事尚腾口语，矧扁舟出游耶？乍寒，千万珍重。"[②] 显然，翁同龢害怕后党怀疑他与张謇将有什么密谋，所以连过江郊游之约也不敢履践了。

可是，沈鹏"狂疾"已深。他不仅不识时务，而且还要和这位胆小如鼠的松禅老人拉扯师生关系。十一月九日翁同龢日记对此事曾有记载："沈鹏日前到山（虞山）投刺，闻往三峰；所欲递之折竟入《申报》，可怪可憎！"两天以后，沈鹏又来求见，翁同龢辞以疾，简直把他看得如同瘟神一样可怕。尽管翁同龢这样逃避政治斗争，可是慈禧的上方宝剑仍然不断在他头上挥舞。十一月二十二日他在日记上写道："《新闻报》记：'十八日谕旨，严拿康、梁二逆，并及康逆为翁同龢极荐，有其才百倍于臣之语。'伏读悚惕。窃念康逆进身之日，已微臣去国之后，且屡陈此人居心叵测，

① 详见祁龙威《戊戌政变后帝党在东南的活动》一文。

②《翁松禅致张啬庵手书》（影印本）。

臣不敢与往来。……而转因此获罪，惟有自艾而已。”此后，他又连续数日多方设法阻止沈鹏上书和申辩，并且又气又急地埋怨：“其人不足惜，而欲累及师门，亦奇矣哉!”① 这位曾为清流众望所归的帝党领袖，在国难君危之际却把保全首级看得高于一切，无怪乎他在政治上的影响已经接近于零。

到这年年底，后党的废立阴谋终于公开化。翁同龢十二月二十九日日记称：“航船已停，各报俱止，乃今知本月二十三日有旨：‘恭亲王、三贝勒、大学士、枢廷、戈什、两斋、内府、六曹之长，均于次日召对。’孤臣伏处，不知朝廷措置何事也?”说是不知，其实并非一无所知，他无非是以隐晦的笔法表述自己对于光绪命运的担忧。而在此前两三天，张謇的日记也有类似的记载：“闻今上有立端王子溥儁为子承穆庙后嗣统之诏，岁晏运穷，大祸将至，可畏也哉!”“见《申报》、《新闻报》、《中外日报》，昨说果确，并有明正元旦内禅，改元普庆之说（亦有保庆之说）。海内人心，益惶惶已。”张謇的记述和态度都要比翁同龢明确得多，但对光绪的危难也感到无能为力。

不过，光绪由于一度锐意变法，已经赢得东南地区以至海外华侨中一般资本家和开明官绅的好感。这些人大多与维新派一样，幻想光绪将在慈禧死后掌握实权并重新推行变法。所以，当废立的消息传到上海以后，“维时绅商士庶，纷然哄动，皆谓名为立嗣，实则废立。……皆有奋不顾身，与君共存亡之态。二十五日赴电局请列名电求总署代奏者，多至千余人。且闻各国多已电调兵舰，将挟公义以清君侧。沪局总办经元善太守，见群情迫切，外衅纷乘，遂率同绅商，允为电恳”②。这就是轰动一时的经元善领衔电阻废立事件，在电报上列名的有 1 231 人之多。其他“内地外洋官绅士商”，也有很多签名电争的，因而一时形成相当的声势，初步打破政变以后一年多时间的沉闷局面。

英国为了维护自己在华的侵略利益，不愿中国政局由于废立光绪而产

---

①《翁文恭公日记》（涵芬楼影印本）己亥十一月二十五、二十六日。

②《知新报》光绪二十六年正月十五日。

生动荡不安，所以对东南绅商营救皇帝运动给以某些支持。李提摩太事后曾回忆说："由帝国各处来的各种抗议中，上海的学者、绅士、商人们来的一个电报，恳求慈禧不要允许皇帝退位，并言及设若皇帝死亡的话，可能引起外国方面的干涉。起草这个电报的是经元善，他是上海电报局长及上海第一女子学校校长。三天以后，经元善夫人，在一位电报局书记的陪伴下，来到我的住处，请求我帮助她的丈夫，因为逮捕他的命令已从北京来到。我劝他去日本或澳门，并给他一封介绍香港朋友们的信。因为女学校立即被封闭，这位校长在离开（应为前往——编者）澳门前，给我一份中文文件，载明学校校产，是由我的名字登记，以防止政府的没收。"① 李提摩太虽然只是一个传教士，但在清廷朝野已有很大影响，他对经元善的支持自然使营救光绪运动受到某些鼓舞。

一向持重的刘坤一，害怕废立将会在长江下游引起新的骚动，甚至可能遭到列强武装干涉。在东南绅商运动的影响下，他再一次明确地表示了保护光绪的态度。据当时报纸透露："某大员入谒刘制军，言建储京电。刘制军愤甚，继以痛哭，言当即日入京，面见太后陈奏。……又上海传闻各国公使有密电至沪，饬兵轮北上，故现在驻沪各国兵轮，皆于二十六日鼓轮北驶。又上海得南京确音，言刘岘帅（刘坤一）拟即日来沪。"② 在各方面敦促下，刘坤一终于发出《奏国事乞退疏》，其中传诵一时的名句为："君臣之分已定，中外之口宜防。"以比上次疏文为强硬的语气劝阻废立阴谋。前一句话自然是利用纲常名教的传统武器，后一句话则体现了东南绅商和列强在华势力的影响。在十九世纪与二十世纪互相交接的年代里，晚清政局逐渐出现了微妙的变化，从刘坤一的疏文及其影响中可以看出"内轻外重"和中央政权威信下降的趋势正在发展。

慈禧看见各方面纷纷强烈抗议，知道废立时机仍未成熟，因此只把溥儁立为大阿哥，准备将来在适当的时候再把光绪拉下皇位。

光绪的地位再一次得到保全，但是帝党仍然不免为他的命运担心。光

---

① 李提摩太：《留华四十五年笔记》，中国史学会主编：《戊戌变法》第3册，神州国光社，1953年，第567—568页。

② 《知新报》光绪二十六年正月十五日。

绪二十六年正月初八，新年刚过几天，张謇就听说有“皇上三十万寿特开庆榜之诏”。这一则消息竟又使他产生许多疑虑：“庚子例有正科，今以国庆加为万寿乎？为内禅乎？不可得而知，要为多故兆。”[①] 所谓“内禅”，当然是指光绪逊位。张謇与翁同龢都没有参加经元善领衔的抗议事件，后者甚至还为此极力洗刷自己，唯恐受到牵累[②]。

不过，张謇对于刘坤一再次毅然出面充当光绪的保护人，则是非常感激。二月十三日，他到南京送刘坤一入朝觐见，并赠诗一首：“戊己堂堂两奏传（戊戌八月廿七日，公奏有‘伏乞皇太后、皇上慈孝相孚，以慰天下臣民尊亲共戴之忱’语；己亥十二月，公奏有‘以君臣之礼来，以进退之义止’语，海内传诵），勋名况自中兴年。主恩新赐黄银美，士论终归赤舄贤。岂有夔皋容老退，应无牛李到公前。锋车江上来还日，尧日辉辉定满天。”[③] 在刘坤一正式动身北上的第二天，张謇又写了一首咏雪诗，借物抒怀说：“汉儒春秋有家法，盛阴剥阳谁之为。吾君好仁协青帝，志登民物春台熙。以闲养病亦大孝，眷佑定荷皇天慈。……腊月有诏建储贰，正旦复诏开秋闱。吾君景福无不宜，书春大雪臣哉思。”[④] “盛阴剥阳”虽然是公开表露怨愤之词，但主要还是寄希望于刘坤一的北上，别无其他可以解救“吾君”之道。

张謇自身也未尝没有受到宫廷斗争牵累的可能。就在送刘坤一进京的那一天，张之洞的儿子君立告诉张謇，听说徐相（徐桐）疵南皮《劝学篇》尽康说。张謇不胜感慨：“南皮此书本旨专持新旧之平，论者诮为骑墙，犹为近似（何沃生启有《劝学篇》书后，专讦此意）。若责为全是康说，直并此书只字未见者矣。搜索株连，至今未已；手滑之后，何所不至。读书识字之子皆自危矣，祸至正无日哉！”[⑤] 张謇不满于张之洞这次又

① 《张謇日记》庚子正月八日。《啬翁自订年谱》卷下。

② 《翁文恭公日记》（涵芬楼影印本）庚子正月初三日。

③ 《张謇日记》庚子二月十三日。《张季子九录·诗录》所收《奉送新宁督部入朝》一首即此诗，但“士论”改作“时论”。

④ 《张謇日记》与《张季子九录·诗录》均收此诗，但异动颇大，此处据张謇：《咏雪》，《张季子九录·诗录》第3卷，中华书局，1931年，第17页。

⑤ 《张謇日记》庚子二月十三日。

未能出面为光绪仗义执言，所以说是“诮为骑墙，犹为近似”。但是他自己也主张“持新旧之平”，因此对张之洞同时受新旧两党攻击的尴尬处境又有所同情。可以看出，张謇这时的畏祸心理已经超过怨愤心理，他多少有些担心后党“手滑之后”的“何所不至”。

这年春天，尽管瓜分之祸迫在眉睫，后党仍然没有放松对于维新派和帝党的迫害。先是在正月十五日，清政府已经再次下令悬赏十万两捉拿康有为与梁启超，并且严惩购阅维新派报刊的人们。三月七日，湖北又盛传清廷要“罗织党人”。张謇的老朋友何嗣焜、周家禄等赶忙写信告警，并且劝他迅速逃避。张謇分析当时的形势，断定后党对于一般帝党分子暂时还不至于下毒手，同时又感到自己一贯比较温和持重，“与康、梁是群非党，康、梁计划举动，无一毫相干者。内省不疚，何忧何惧，谢之”[1]。“是群非党”确实是张謇与康、梁之间关系的真切表述，他们都是封建士人群体中正在向资产阶级转化的那一部分开明人士，但帝党与维新派毕竟又是两个不同的政治派别。张謇表面似乎非常坦然，但内心仍不免有忧危之感。只不过自恃有刘坤一等地方实力派的庇护，而且又舍不得刚刚创办起来的大生纱厂，所以才没有逃避外地。

“罗织党人”的传言确有其事。当义和团运动进入高潮，刚毅等顽固分子就乘机陷害联元、袁昶、许景澄等，同时还想把散处外地的帝党分子一网打尽。二十多年以后，张謇回忆此事仍然满怀怨愤：“刚毅当光绪之季两宫失欢时，以翁、汪（汪鸣銮）为帝党，力主仇外，联结端、荣（载漪、荣禄），假势匪团，骈诛徐、联、袁、许诸人。后又造为翁门六子之谣，冀以尽除异己。六子以侍郎（指汪鸣銮，亦为翁之门生——引者）为首，中有志锐、文廷式、某、某、余最后。诬余虽不在京而隐为敌，且与梁启超有关也。自京而鄂而苏，谣颇盛，会联军入，刚毅辈伏法而熄。”[2]其实，所谓“翁门六子”并不能看作毫无根据的谣言，因为确实有很多蛛丝马迹容易使人有此联想。即以翁同龢罢官回乡以后与外界的联系而言，

---

①《啬翁自订年谱》卷下。

②《啬翁自订年谱》卷下。

汪鸣銮与他的书信往还最多，而且每次通信虽在他的日记里提到，却从未透露任何通信的内容。据说翁、汪来往信札中隐语极多，可见对后党迫害的恐惧之深。

“当时缇骑动四海，逐臣窜伏鬼神骇。”作为身历其境的当事人，张謇对于在封建专制淫威下的“逐臣”们胆战心惊的精神状态，自然理解得分外深切，描述得也历历如绘。

四、“东南互保”

历史终于进入十九、二十两个世纪交接的年代。在一九〇〇年，义和团的反帝风暴标志着旧世纪的终结，而以孙中山为首的兴中会起义和留学生运动则揭开了新世纪的帷幕。

民族矛盾的上升，广大劳苦群众斗争的高涨，引起整个中国社会的大动荡，也引起阶级关系的新调度。各派政治力量都显得十分活跃，或者为了保全自己，或者为了扩展权势；而新的社会群体也正在大喊大叫登上政治舞台，尽管反应迟钝的观众最初还投以蔑视的眼光。

张謇等帝党分子和东南上层绅商，在这个方生未死的年代里，也多少恢复了若干政治活力，并且在所谓“东南互保”中有自己的表演。

到光绪二十六年五月间，义和团的狂飙巨澜迅速伸展到清朝心脏地区京、津、保一带。统治者惊惶失措，“剿抚两难”，陷入人民群众反侵略熊熊火焰的包围之中。帝国主义列强害怕义和团运动的发展可能摧毁他们在中国的殖民主义统治，因而暂时协调了彼此之间的激烈争夺，匆匆忙忙组织强盗联军，从大沽登陆，经由天津进犯北京。

在这样的形势下，统治阶级内部在对外政策上重新产生比较深刻的分歧。历史仿佛来了一个一百八十度的旋转，皇帝与太后，帝党与后党，与甲午战争时期的主战、主和两派之争相比较，现在位置都颠倒过来。光绪与帝党内外有见识的大臣，都主张采取冷静和慎重的决策，反对不负责任和毫无准备的贸然“宣战”。但是，他们的意见被粗暴否定，袁昶等甚至被残酷处死。顽固派亲王大臣利用义和团以发泄自己的仇外情绪，并打击、排斥一切进步事物。慈禧面对顽固派和义和团已经控制京师并且渗入大内的严峻现实，深知“剿之则即刻祸起肘腋”，同时也不满于列强一再阻挠废立光绪，因此便想冒险把这场巨大火灾转移到帝国主义身上。她虽然对外“宣战”，但既无切实有效的作战部署，又无任何必胜的信念。她首先是只求保全自己，其次是借助外国军队来扑灭这场“可怕的火灾”，再就是利用这一时机进一步清除帝党残余势力，直至最后废黜光绪。

东南各省的洋务派督抚与慈禧和顽固派控制的朝廷之间，在对外政策上公开表现出自己的分歧，而且是清朝开国两百多年以来最深刻、最严重的分歧。这些督抚的买办化程度较深，而且又处在帝国主义直接控制的“势力范围”之中，同时还自恃手头有一支可以镇压群众的武装力量，因此极端反对后党和顽固派这种危险的政治闹剧，并且对于本地区的反侵略斗争始终采取严厉镇压的强硬措施。

东南一带的帝党分子和绅商上层人物，这时的政治态度基本上与本地区的洋务派督抚相近。戊戌变法失败以后，很多著名的帝党骨干，如沈曾植、黄绍箕、沈瑜庆、陈三立等，纷纷投奔托庇于张之洞、刘坤一等地方实力派。他们在营救光绪运动中，曾经得到刘坤一的有力支持。现在他们又希望通过东南督抚与列强达成妥协，一方面防止后党乘混乱之机杀害他们的神圣皇上，一方面借以维持东南地区统治秩序的稳定和他们身家性命的安全。

由于大生纱厂已经建成，同时又正在筹划创办垦牧公司及其他企业，张謇特别重视东南地区市场的稳定与安全，因而也把希望寄托于洋务派督抚与帝国主义列强之间的谅解与合作。

五月十二日，张謇听说义和团已经进入津、京一带，并且正在英勇抵抗悍然在大沽口登陆的侵略联军。他立刻来到大生纱厂，“戒敬夫（沈燮均）相北方‘匪警’缓急为操纵”。五月中旬，义和团与清军继续抗击在大沽登陆的侵略联军，并且在北京围攻外国教堂，局势混乱愈发不可收拾。五月二十一日，张謇在日记上写道：“闻张、刘（张之洞、刘坤一）合电请剿‘团匪’。‘匪’大恣肆，黄巾、白波再见矣。”现在，他最担心的已经不再是帝国主义的侵略，而是拿起武器的下层群众的反抗斗争了。

他认为全国范围的大动乱已经无可避免，只能凭借列强和东南督抚的强大实力来“保卫东南”。

张謇参与“东南互保”的活动，可以大致分为三个步骤：第一步是筹划招抚以徐宝山为首的大股盐枭；第二步是推动刘坤一等订立《东南保护约款》；第三步是谋求“退敌迎銮”并让光绪当政。

徐宝山绰号徐老虎，是长江下游著名的盐枭首领，一向被江苏绅商看成心腹大患。他在这年年初已经接受自立军领导人唐才常的联络，随即以“两江两湖大元帅徐”的名义发出布告，假借光绪密诏公然号召：“两江两湖豪杰之士，速速遵诏行事，约于本月秋间，听候本帅军令，即率本部人马，会师江淮，取道北上，以清君侧，而奠国基。”[1] 维新派左翼颇想利用北方政局混乱的时机发动武装勤王，因而企望利用这支现成的私盐贩子的武装力量。张謇等帝党分子对勤王未尝不感兴趣，可是却唯恐盐枭、会党等下层群众的武装行动可能在东南地区造成混乱，甚至还可能触发列强大规模的武装干涉。因此，他决定采取釜底抽薪的对策，极力劝说刘坤一招抚徐宝山。

五月二十二日，张謇向刘坤一“陈招抚徐老虎策”，以后又为刘设计招抚的具体办法。张謇认为盐枭仿佛是乱柴，徐宝山则是“约柴之绳”，“引绳太紧，绳将不堪，太松且枝梧”。必须有得力的将领驾驭，才能使之就范。刘坤一很快就接受了他的建议，招抚改编徐宝山所部。盐枭与会党的情况近似，成员十分复杂，各色各样的游民占很大比重，有一定的反抗性，但也有相当大的破坏性，有些则纯粹是劫掠性的盗匪。他们没有什么明确的政治思想，因而容易被统治者收买利用，徐宝山此后即成为清政府的统治工具。

张謇把招抚徐宝山看作与帝国主义达成“互保”协议的前提。正如他给刘坤一的信所述：“抚徐之说，荷赐施行，内患苟弭，可专意外应矣。”所谓“外应”，就是策划“东南互保”。

五月二十九日，张謇日记写道：“蔼苍来，议保卫东南事，属理卿致

---

① 中国史学会主编：《中国近代史资料丛刊·辛亥革命（三）》，上海人民出版社，1957年，第402—404页。

此意。”蔼苍（或作爱苍）即沈瑜庆，时任正阳关淮盐督销，正代表刘坤一在上海参与“东南互保”筹划。据张之洞的亲信幕僚赵凤昌回忆，他与盛宣怀、何嗣焜等人商议以后，即分别电请“东南各省一律合订中外互保之约”，并特别邀请沈瑜庆到南京劝说刘坤一及早拍板①。理卿即施炳燮，是刘坤一的亲信幕僚，沈瑜庆和张謇正是通过他对刘坤一施加影响。事后，张謇曾对施炳燮大加赞扬：“光绪庚子拳匪之乱，东南互保议创于江南，两湖应焉。……施君佐刘幕久，是役佐余为刘决策，尤有功，亦为两湖总督张公所重。”② 可见他们对时局的政治见解完全一致。

关于劝说刘坤一的具体情况，《啬翁自订年谱》叙述得很生动。张謇先与何嗣焜、沈瑜庆、汤寿潜、陈三立、施炳燮密议，然后亲自去劝说刘坤一联合张之洞“保卫东南”。这是一次公开违抗清廷“宣战”谕旨的大胆行动，所以刘坤一幕府中有人力持异议。“刘犹豫，复引余（张謇自称——引者）问：‘两宫将幸西北，西北与东南孰重?’余曰：‘无西北不足以存东南，为其名不足以存也；无东南不足以存西北，为其实不足以存也。’刘蹶然曰：‘吾决矣。’告其客曰：‘头是刘姓物。’即定议电鄂约张(张之洞)。”东南是当时中国经济、文化最为发达的地区，是清政府财源粮饷命脉之所在。“保护东南”表面上似乎违抗了清廷“宣战”谕旨，但是却从根本上维护了清廷的继续存在。封建疆吏在采取重大政治行动之前必须进行道德范畴的论证，尽管在实质上充满了利害得失的考虑，但他们力求通过恪守表面上的君臣名分以获取心灵上的安慰。所以，“无西北不足以存东南，无东南不足以存西北”，这番议论便使刘坤一下定了决心。

第二天，经由上海道余联沅出面，并有两湖代表陶森甲、两江代表沈瑜庆以及盛宣怀等人参加，与各国驻沪领事协商议定《东南保护约款》。其主要内容是:(1)“上海租界归各国公同保护，长江及苏杭内地均归各督抚保护，两不相扰，以保全中外商民人命产业为主。”(2)“长江及苏杭内地

---

① 中国史学会主编：《中国近代史资料丛刊·义和团（三）》，神州国光社，1951 年，第 357—358 页。

② 张謇：《施监督挽词有序》，《张季子九录·诗录》第 6 卷，中华书局，1931 年，第 14 页。

各国商民、教士产业，均归南洋大臣刘、两湖督宪张允认切实保护……现已出示禁止谣言，严拿匪徒。”(3)“(上海制造局) 军火专为防剿长江内地土匪、保护中外商民之用，设有督抚提用，各国无庸猜疑”等。而说到底，就是由洋务派督抚与列强“合作”，在维护半殖民地半封建统治秩序的前提下求得东南地区的暂时安宁。

尽管张謇强调自己倡议和推动的作用，但“东南互保”的主要发动者与决策者却是英国领事和张之洞、刘坤一本人，而穿针引线的人物则是盛宣怀。

早在五月二十二日，也就是慈禧召开御前会议决定对外宣战的前夕，张之洞即已电告刘坤一，说自己曾告知英国驻汉领事：“长江以内上下游，有我与刘岘帅（刘坤一）两人，当力任保护之责，必可无事。……我与刘帅皆极愿与英联络等语。英领首肯，已允转告英政府。”① 与此同时，上海的英国侵略分子则公开叫嚷，要求英国政府“采取措施来明确主张英国在扬子江的宗主权”。甚至进而建议：“第一步是弹压西太后和她的谋臣，支持各省都督”，“扶持他们反对北京”，争取“将首都迁到南京”②。这些野心勃勃的言论，说明英国正在策划一个加强侵略中国与分裂东南地区的大阴谋。通过兴中会怂恿李鸿章在两广独立，通过自立军怂恿张之洞在两湖独立，同时又通过盛宣怀等促使刘坤一等实现更大范围的“东南互保”。这些都是英帝国主义策划分裂中国的总体阴谋的几个侧面。

刘坤一与张之洞一样，为了保持自己的实力地位，同时也为了保全清朝政府，不惜进一步向英国侵略势力靠拢。他曾向江海关税务司安格联表示：“愿意在长江一带维护和平，并且迫切需要英国方面的支持。……如果其他国家侵犯长江一带，他愿意听英国的指挥。”“不管太后的意图如何，他决心照自己的方针行事。……如果太后现在有谕旨给我（刘坤一自称——引者），谁敢说这不是俄国政府的指示呢。”③ 由此可见，张之洞、

① 中国史学会主编：《中国近代史资料丛刊·义和团（三）》，神州国光社，1951年，第325—326页。

② 伯尔考维茨：《中国通与英国外交部》，江载华、陈衍译，商务印书馆，1959年，第323—325页。

③ 中国史学会主编：《中国近代经济史资料丛刊·中国海关与义和团运动》，中华书局，1983年，第74—75页。

刘坤一早已与英帝国主义就“东南互保”问题达成默契，张謇等人的劝说活动只不过起了一定的促进与支持作用；而他们的活动之所以能够产生影响，又是由于在客观上适合英国侵略者的口味，尽管他们在主观上并不缺乏忧国忧民之心。

《东南保护约款》订立以后，张謇等人觉得东南地区的局势已可得到稳定，于是又筹划所谓“迎銮南下”，就是打算把光绪营救出来，在南京成立新政府，然后逐步实行他们期望已久的各项温和改革。

就在订立《东南保护约款》的同一天（五月三十日），张謇即已与陈三立商议“易西而南事”。当时风传慈禧即将挟持光绪逃往西安，而他们的知交郑孝胥正好被委任主持湖北营务处并奉诏北上，所以他们打算乘机把光绪迎接到南京。在此后几天中，张謇先后在南京、上海与汤寿潜、恽祖祁、何嗣焜、沈瑜庆等频频商谈，并且劝刘坤一、张之洞公推李鸿章率兵北上勤王，一则保全光绪，再则加强镇压义和团并向帝国主义列强求和。

张謇等人“迎銮南下”的具体方案现在已无可查考，但从以后《中外日报》发表的某些文章中还可以发现若干蛛丝马迹。例如，其中有篇文章主张：在“东南互保”的基础上，以上海或南京作为中心，“合诸省为一联邦”；然后“公发大兵，会前所遣诸军，声明大罪，以讨国贼（指载漪、刚毅诸人——引者）；扫除直境，以待外人；力护两宫，以御内变”。另一篇文章则劝说列强协助“坚请复辟（指光绪重新亲政——引者），而又归重于真有复辟之权；务使帝党复用，新政再行”[①]。这些言论都在不同程度上反映了东南地区帝党分子和上层绅商的主观意愿，不过由于他们自身缺乏军政实力，张之洞、李鸿章等督抚又加以反对或犹豫观望，所以“迎銮南下”和“易西而南”的方案都未能实现。

七月间，北京失陷。慈禧仓惶带着光绪逃往太原，以后又继续逃往西安。这个心狠手辣的老妪，临行还没有忘记处死光绪最心爱的珍妃。珍妃不仅是光绪最亲密的伴侣，也是光绪志同道合的知己。自从翁同龢被逐南

---

① 中国史学会主编：《中国近代史资料丛刊·义和团（四）》，神州国光出版社，1951 年，第 185—192 页。

归以后，珍妃便是他唯一可以寻求慰藉的亲人，他们共同捱过了将近两年的艰危时光。光绪已经更加习惯于克制自己的感情，他只能将满腔哀怨与思念埋藏在心底，默默地带着几乎是冷漠的表情随着他的残酷的母后远行。北方的局势更加混乱，宫廷处在颠沛流离的旅程之中，南方的帝党分子增添了对于皇帝安危的担心。于是，张謇等人又把“迎銮南下”方案改为“退敌迎銮”①。

所谓“退敌迎銮”，根据他们自己的解释，包括“退敌、剿匪、请两宫回銮议约”三件大事。具体办法则是：首先请求侵略联军退出北京，尽早接回慈禧和光绪，然后再“徐议除匪定约事”。他们认为，问题的关键在于“罢斥端、刚（载漪、刚毅）以谢天下”，也就是说必须以改组中央政府为前提。如果朝廷继续把持在后党与顽固派手中，那么“回銮、除匪、议约”都将一事无成。八月，张謇向刘坤一详尽地陈述了以上这些意见，并且得到刘坤一的完全赞同。

由于慈禧这时已经向帝国主义屈服，统治阶级内部对外政策的分歧迅速趋于弥合，载漪、刚毅等顽固亲王大臣被处以极刑，但更大的屈辱与损害则全部落在广大人民身上。北京城内的外国军队虽然没有全部撤除，但“除匪”与“和约”毕竟一直在积极进行。同时，因为当年洋纱进口明显减少，又给大生纱厂放宽了生路。闰八月九日，张謇高兴地在日记上写下八个大字：“厂事复转，销路大畅。”据统计，该厂当年获纯利达十一万八千余元之多。这就使先天不足、危机交迫的大生纱厂增添了生命的活力。张謇因此更加热衷于“保卫东南”，同时也更为迫切地希望中外反动势力全面达成协议，以便早日结束“战乱”，以谋求企业的进一步发展。

此后，张謇除一度参与劝阻订立中俄东三省条约以外，不再从事频繁的政治活动，转而以主要精力投入通海垦牧公司的创办工作。至于“迎銮南下”等方案，由于时过境迁已无实现可能，也无实行必要，早被撇开在一边了。

---

① 刘厚生《张謇传记》第97页有类似记载，他回忆“退敌迎銮”之说系倡议于陈三立。“迎銮之意，即拟将那拉氏与光绪迎到汉口或南京，作为行都，然后再设法强迫那拉氏交出政权也。”录此备考。

第三节　实业与教育

一、《变法平议》

虽然，“和约”迟到光绪二十七年七月二十五日才正式签订，“回銮”则拖延到十一月二十九日，而且即使在“回銮”以后，光绪丝毫也没有改变其准囚徒的悲惨地位。但是，由于清政府为了取悦列强并欺骗人民，大肆宣传将要推行“新政”，这又引起东南地区一部分帝党和维新派分子新的幻想。

早在光绪二十六年十二月十日，流亡在西安的朝廷即已发出诏谕，宣布即将变法：“世有万古不易之常经，无一成不变之治法。穷变通久，见于《大易》；损益可知，著于《论语》。……大抵法积则敝，法敝则更，要归于强国利民而已。”刚刚镇压过维新变法运动的慈禧及其党羽，现在却模仿他们政敌的腔调，装出一派发愤图强、更张改弦的姿态。不过，张謇等人则颇受鼓舞，他们分别围绕在刘坤一和张之洞的周围，真诚而又辛勤地为“新政”筹谋划策。

十二月二十三日，距离清廷发布变法诏谕不过十三天，刘坤一即电邀张謇、何嗣焜等前往南京商谈“要政”。张謇等绅商上层人物，渴望在慈禧的宽容与东南督抚的支持下实现某些温和的革新，以谋求国家的富强和自身政治、经济利益的扩展。他们在光绪二十七年正月下旬以前进行紧张的准备，何嗣焜甚至在起草建议书过程中因操劳过度中风而死[①]。张謇继续与汤寿潜、沈曾植、郑孝胥等反复磋商。正月二十五日以后，张謇等陆续到达南京，与刘坤一有所商谈以后，从二月四日开始花了半个月的时间写成《变法平议》，比较全面地阐述了自己的政治主张。

《变法平议》从国家艰危形势出发，首先论证了变法的必要性与紧迫

① 《张謇日记》光绪二十七年正月十二日记此事甚详：“（何）初九日诺盛宗丞之说，条记所欲言者，待子培、蛰先与余来斟酌损益之。遂于初十日据案，用半寸许簿，且书且止。至十一日午饭后复书，忽投笔后仰。隔屋人闻小帽落地声……家人集视，手足已冰。”

性，指出："法久则弊，弊则变亦变，不变亦变。"作者认为，戊戌变法的失败，并非变法本身的失败，而是由于时机没有成熟和维新派"操之过急"。张謇为变法辩护说："惟世变棘，而朝夕环伺之强邻，其所以驯致富强者，转有合于我二千年以前之政治。有志之士，乐道其善，或稍稍为激论。值朝局水火，更相推盈，波谲云诡，万怪惶惑。而喜言新法者，又不善自为地，逞快喉舌，于是形势相逼，睚眦寻仇，毒流大区而危及宗社。推而论之，亦于变法何预也。"

根据既往变法失败的教训，作者特别强调"欲速则不达"的道理，主张宁可持重缓慢一些，千万不可再蹈"躁进"覆辙。他们不再敢于指望通过光绪复辟的办法来推行新政，而是幻想在承认慈禧绝对权威的前提下，以恳求与说服来谋取有利于资产阶级政治、经济发展的改革。

作者把变法的具体内容区分为三大端：一是"必先更新而后旧可涤者"；二是"必先除旧而后新可行者"；三是"新旧相参为用者"。也许可以用今天的语言来表述：第一种是先立后破，第二种是先破后立，第三种则是新旧融合。张謇最重视的还是第三种，主张"上破满汉之界，下释新旧之争"，并把这种折中调和路线看作"变法之命脉"。

《变法平议》根据封建政权的结构，把四十二条变革事宜分为吏、户、礼、兵、刑、工六大部类，而后又汇总区分为进行步骤的三个阶段。

第一阶段："请设议政院，各府、州、县城设中学堂，先设测绘、师范、警察，各省设局编小学堂、中学堂课本书，译各史及各学科书，户部及各省布政使、各府、州、县行豫计表。"

第二阶段："分职、省官、定俸，各府、州、县实行测绘、警察，订税目，增法律章程，罢厘金，停捐纳，变科举，行决算法。"

第三阶段："令各府、州、县分设各乡小学堂，兴农、工、商业，抽练营兵，减官府仪卫。……"

《变法平议》并没有提出比维新派更为新颖的东西，它只不过是在戊戌变法失败两年多以后的旧调重弹。它所拟定的整个进行步骤比较迂缓，这当然是为了尽量减少守旧派的阻力[1]。《变法平议》建议在第一阶段设立的“议政院”，与西方资产阶级的议院也不是一回事。“议政院”系由京外四五大臣，自辟议员组成。其功能是：“采辑古今中外政治法之切于济变者，厘定章程，分别付行法、司法之官次第举行，随时斟酌损益。”这好像是有些三权分立的意味，但不仅议员并非来自民选，而且还强调议政院“不必专事督促，复蹈操切之辙”。可见它所厘定的“章程”并未要求必须实行，而且对“行法、司法之官”也没有什么约束力。因此，议政院实际上仍然是一个无权的咨询机构，并不是真正的立法机关。

《变法平议》中提到的府、县议会，作用比议政院稍为大一些。“其议事草案由知事令交付其所议之事会决之，其府、县事以地方税支办者，豫算之额数、征收之方法全决之；可否视同议者多寡，可数多者，数同则决于长。”乍看起来，这倒有点近似西方国家的地方议会，但《变法平议》所拟定的各府、州、县每个议会的议员，连议长加在一起也只有五个人，而且选举权与被选举权仅限于“有家资或有品望者”，实际上只是有利于少数绅商上层人物插手地方政治。

但是，《变法平议》毕竟是张謇思想前进的一个路标，他终于公开地站在“新党”一边，并且尖锐地抨击了“旧党”的顽固保守：“夫使中国得终古闭关，赤县神州，不见外人之足迹，则高曾矩矱，世世相安，元明之法，何必不度长于三代。”他主观上是想顺应时代潮流的。

出乎张謇意料以外，这样温和的《变法平议》，不仅没有被慈禧控制的朝廷所接受，而且也没有被与他关系密切的东南督抚所采纳。《变法平议》写成后的第三天，刘坤一邀张謇面谈，只提到州、县以下官吏的职责及有关学堂等事项，在财政问题上也仅仅表示赞同革新盐法，并无任何比较长远、全面的变法考虑。张謇“意绪为之顿索”，不久即函告汪康年：

---

① 《变法平议》也曾受到某些帝党分子的批评，即认为没有提到归政光绪这一根本问题。为此，张謇曾复函吴彦复（吴长庆子），其中有所说明：“且方太重，则制方者先不下笔；药太苦，则吃药者愈不开口。……请上亲政为第一义，三尺童子知之矣，然上方在群顽固之手中，如足下诸公之所为，能使反掌而脱之乎？抑尚许天下人多其途以效策乎？五洲变法之速，无逾日本，彼变法之人，皆有行政、立法之权也，然尚二十年而小成，三十年而大效。”

“新政殆无大指望，欲合三数同志从学堂下手，以海滨为基础，我侪所能为者止于此。”①

二、宏图初展

张謇的政治热情转瞬即逝，他只有重新“遯迹江海”，仍然埋头于发展实业、教育。从光绪二十七年到二十九年，他的大部分精力除了用以巩固和发展大生纱厂以外，主要是投入通海垦牧公司和通州师范学校的创建工作。

通海垦牧公司的创办，标志着张謇企业活动跨进一个新的阶段，即从工业扩展到农业。

从光绪二十二年到二十七年秋天，是创办通海垦牧公司的酝酿时期。先是在甲午战争期间张謇奉命办理通海团练时，即已注意到这黄海之滨地跨两县的“高天大海间之一片荒滩”。光绪二十三年，他在《请兴农会奏》中即具体建议成立公司，开垦江苏滨海沿江的闲地荒滩。二十四年春，他先后为刘坤一、翁同龢起草《开垦海门荒滩奏略》和《农工商标本急策》，再度建议“召佃开垦，成集公司，用机器耕种”海门荒滩。这些建议单纯从改良与发展农业的需要着眼，并且由于戊戌变法流产而未能付诸实现。到二十六年秋天，由于洋纱进口减少，大生纱厂产销两旺，促使张謇迫切需要采用企业方式来解决原料基地问题。对于他的事业来说，垦牧将为之增添新的经济内容。以后他曾回忆说：“然棉以输出多而亦贵，计各国未有纺织而自营植棉者，非上策，乃拟营垦牧公司。”② 在此后将近一年期间，他积极从事勘测地界、起草章程、筹集股金。到二十七年七月为止，集股已达十四万元，张謇于是立即部署开工。

光绪二十七年十月二十二日，张謇等人恭恭敬敬祭过海神以后，通海垦牧公司的基建工程正式开始。这一工程花了将近十年时间，直至宣统二年才初步告一段落。在此期间，通海垦牧公司面临两大难题，起初是地权

---

①《汪穰卿先生师友手札》。

②《啬翁自订年谱》庚子闰八月。

纠纷，稍后是风潮为灾。

张謇以平均每亩一钱八分九厘的低廉地价所领得的123 279亩土地，看来好像是无人过问的荒滩，实际上原有的产权关系却十分错综复杂。其中一部分是原属淮南盐场供蓄草煎盐用的“荡地”，另一部分是原属苏松、狼山两镇的“兵田”，这是需要与封建官府交涉的两处纠葛。此外，垦牧公司还要与民间的“坍户”、“酬户”、“批户”等①原业主或土地实际占有者发生各种性质不同的争执。情况正如张謇以后所说的那样：“官又有为民买含糊之地，营又有苏、狼纠葛之地，民有违章占买灶业之地，灶有照案未分补给之地，甚至民业错介于兵田之内，海民报地与通界之中，几无一寸无主，亦无一丝不纷。”② 应该说明一点，这里所提到的“民”，主要是与世代煎盐服役的灶户相区别，他们没有封建劳役的身份束缚，其中有些人就是地主或其他类型的封建势力，并非都是劳苦农民。

在这些介乎官民之间的多种多样纠纷当中，最主要的还是盐与垦之间的矛盾。淮南盐场一向采用蓄草煎盐的落后生产方法，成本极高，流弊亦多，给这一地区人民带来许多额外的痛苦。但是，由于盐税是清政府收入极其重要的项目之一③，也是各级盐政官吏贪污纳贿的渊薮；所以他们一方面极力维持封建垄断性的岸商制度，划定极不合理的盐区，强迫当地人民只能食用这种价昂质劣的海盐；另一方面又始终严禁开垦沿海草荡，进一步从地权角度来维护这种腐朽透顶的封建盐政。因此，张謇一开始从事

---

① “坍户”系原业主田地坍入水中而仍旧纳粮者（所谓“缴赔坍粮”），名义上说是遇涨滩即予以补还，实际上往往是长期无地赔粮，或占地少而缴粮多。

“酬户”分“善举公用”、“胥吏之食于沙务者”、“曾为坍户械斗出力者”三种，大多是强分荡地草利的封建把头，人们慑于威势，而不得不“酬”以土地。

“批户”系购买原业主土地而仍向其缴纳少量地租，仍由原业主向政府纳粮，实际上近似于“冒名顶替”，这样的业户在垦区为数甚多。（以上这些地权关系，是南通博物馆穆烜同志帮助我查询弄清楚的。）

② 张謇：《垦牧公司第一次股东会演说公司成立之历史》，《张季子九录·实业录》第4卷，中华书局，1931年，第31页。

③ 两淮盐税道光以前岁纳五百余万两，庚子以后增至一千万两以上。张謇：《卫国恤民化枭弭盗均宜变盐法议》，《张季子九录·政闻录》第17卷，中华书局，1931年，第1—7页。

垦牧经营，便使自己处于与传统盐政相对立的地位。当地盐运司等寄生于传统盐政的守旧势力，为了维护自己的既得利益和固有领地，也自然要想方设法阻挠破坏。张謇的对策则是利用光绪二十七年秋间颁发的鼓励垦荒的空头谕旨，以此作为法理依据再次向两江总督刘坤一寻求支持，并且通过当地的大地主李审之与张云梯等出面疏通活动，“考诸图卷，征诸实事，迭经官厅勘丈”，整整花了八年时间，才分别逐个地把这些土地的产权清理收买完毕。

盐与垦之间的矛盾，表面上看起来似乎是工业与农业的矛盾，因为制盐需要碱地、海水灌注与蓄草供煎，农垦则需要淡土、筑堤防潮和除草植棉。但是，这实质上却主要是新旧地主阶级之间对于土地的争夺，同时其中也包含若干新起的地主分子变相地掠夺贫苦农民土地的成分。不过，更应该强调的是，通海垦牧公司兴办的宗旨，是要把濒于荒废的海滩改造成为近代棉纺织业的原料基地，而且张謇还想乘此进一步革新极端落后腐败的盐法，因此它的初期活动便具有明显的积极意义。如果把对立着的盐、垦两方等量齐观，那显然是不恰当的；如果把地权纠纷单纯看作垦牧公司与农民阶级之间的矛盾，那更不符合历史实际。

狂风巨潮的灾害，是垦牧公司创办时期面临的另一方面严重困难。垦区的农民和民工在筑堤工程中经历了极大的困苦与艰险，不少人甚至为此丧失了生命。

张謇曾经追述过创建工程最初三年的艰难境况：“开办之始，无地可栖。……进筑各堤，则随堤址所在之荡，搭盖草房。率数人一屋，湫隘嚣杂，寒暑皆苦[①]。饮食之水，晨夕之蔬，必取给于五六里或十余里外。建设工作，运入一物，陆行无路也，必自为路；舟行无河也，必自为河。……至光绪二十八年、三十一年之风潮，江君（江导岷）与龚君伯厚、李君伯韫等诸人，皆昼夜守护危堤，出入于狂风急雨之中，与骇浪惊涛相搏。即工头、土夫，无一退者，卒至堤陷乃归。而所得之俸，视通之

① 垦荒移民以芦苇搭盖的窝棚，当地称为“滚地龙”，因为它低矮得几乎只能匍匐进出。现今垦区仍有少数遗存，但移民则已迁入砖瓦新居。

地，公司裁半；视他处，公司裁三四之一耳。”[①] 以较通州与其他地区低得多的工资收入，却能这样刻苦耐劳、舍身忘死地工作，这说明垦荒事业在当时确实有很大的吸引力，因此才能在辽阔的海涂荒滩上展开一场人与自然的壮烈搏斗。海门虽然与通州互相连结，但当地居民讲话和崇明一样，却属于吴语系统，很多本来就是从地少人多的江南迁来，现在又移入垦区向大海索取土地，表现出不畏艰险和勇于开拓的精神。张謇自幼生活在海门，在他的身上同样也有当地文化风格的影响[②]。当然，垦区民工所受剥削之残酷和生活境遇之困苦，却又远远超过张謇自己的记述。

光绪三十一年夏天，已经陆续修成七条长堤和一部分河渠，而且开垦了第一堤西圩的七千多亩土地。可是八月间突然来了一场连续五昼夜的大风暴，浪潮足足有一丈多高，刚刚建成的各堤都被冲毁，牧场羊群几乎完全失散，真可以说是全军覆没。至于民工所遭到的损害，自然更为严重。

这场狂风巨潮把公司股东们继续投资的勇气也冲掉了，他们不再愿意承担十二万多两的修复费用。张謇的态度则异常坚定，他要求把“忧患”当作“鞭策之教师”，继续筹划补救的办法。不久，他终于征得刘坤一的同意，向江宁藩库等单位筹集一批款项，购运棉衣、粮食到垦区实行“工赈”。饥贫而又勤劳的通海农民再一次奋勇与自然灾害斗争，光绪三十二年春又有三千多人“荷畚锸而至”，在暴雨继续为患的恶劣条件下，陆续修复了已经毁掉的各条干堤。

这样又奋斗了两年，堤防修复工程基本上结束，一、二、五堤和牧场堤所属区域均已招佃开垦，承佃者合共一千三百多户，丁口六千五百余人。到了宣统二年，经过整整十年的艰苦创业，“堤成者十之九五，地垦

---

① 张謇：《垦牧公司第一次股东会演说公司成立之历史》，《张季子九录·实业录》第 4 卷，中华书局，1931 年，第 31 页。

② 刘厚生曾回忆张謇当年的谈话：“我虽是通州籍贯，实际上，我生长在海门地方。童年时代，过的全是海门农家的生活。通州与海门，虽然接壤，但人民性质，迥然不同。通州人安土重迁，很少往别处营生，他们除种田以外，大都以纺纱织布为业，通州的大布，行销于东三省，即是通州人衣食之源；而海门人则不然。我自创办大生纱厂之后，常到上海，我开始知道，上海拉洋车及推小车的人，百分之九十是海门或崇明人。我曾调查他们生活，都很困苦，他们所以到上海谋生的原因，即是无田可种，迫而出此也。”

者十之三有奇”，并且建立了“自治公所”、初等小学、中心河闸等等。总算是“各堤之内，栖人有屋，待客有堂，储物有仓，种蔬有圃，佃有庐社，商有廛市，行有涂梁，若一小世界矣”①。与十年前“凫雁成群，飞鸣于侧，獐兔纵横，决起于前，终日不见一人，夏夜则见照蟚蜞之火，若繁星而已”的荒凉情况相比较，通海垦牧公司终于向世人显示了自己的成绩。

在滨海一片荒野上出现了一个六七千人的小社会，张謇内心的欣慰自不待言。可是这个小社会不能与世隔绝，它是从旧中国这个大社会派生出来，并且又必然依附于自己的母体。因此，张謇笔下田园画卷式的“小世界”并不是人间乐园，其中同样也存在着压迫、剥削、欺诈、勒索与许多农民辛酸的血泪。

通海垦牧公司的情况相当复杂。从表面上来看，它确实是以资本主义企业形式出现；但如果深入考察其活动内容，则又充满许多封建性的因素。

通海垦牧公司的集股章程启事，由张謇、汤寿潜、李审之、郑孝胥、罗振玉等共同署名。最早的股东除这几个人以外，还有张詧、刘聚卿、刘厚生、蒋雅初、刘澂如、周湘舲、陆淑霞、刘一山等，都是官僚、地主和封建性的富商。此外苏松、狼山两镇兵营报案的滩地有二万三千九百余亩，兵营自身缺乏资金围筑，即以报案缴价银两作为五十二股加入公司股份。他们大多已是大生纱厂的股东，现在把剥削工人所得的利润转向土地投资，对垦区农民实行残酷的剥削。表面上安居乐业的垦牧乡，依然是地主兼资本家压榨劳动人民的利薮。

根据光绪二十七年刊布的《通海垦牧公司集股章程启》，“佃价每亩顶首钱二千，租至轻者，以每四亩包麦、豆、杂粮三石，计值至轻钱五千”。“顶首”或称“订守”，就是押租，规定每亩二千文，显然低于当地一般

---

① 张謇：《垦牧乡志》，《张季子九录·实业录》第8卷，中华书局，1931年，第7—15页。刘厚生在宣统元年曾随张謇视察垦牧公司，他的印象是：“通州与海门的地形，是位于黄海与长江之间的一个半岛。而垦牧公司的沙田，则位于半岛的尖端。”“远远地望去，好像是一个围棋盘铺在此广场上。”“我再走进棉田，详细视察，得知每一长方形之外，都有小小的沟渠，四面环绕，而沟渠之外，又有宽至三四尺之道路。……此外，每一大区，则设立小学校一所。”

“顶首”价款。“包三石”也是这一带对实物地租的习惯名称，即每千步(合四亩稍强）岁纳麦一石、黄豆一石及玉米之类杂粮一石，垦区租额则与一般地区相差无几。光绪三十二年正式确定的《通海垦牧公司招佃章程》，又把“顶首”提高到每亩六元，把地租改为“收租每四亩小熟收小银圆六角，大熟除收沟草一石外，棉、豆、杂粮，均视收成丰歉，公司得四，佃人得六”。除“顶首银”仍低于崇明永昌、永隆、永丰等沙地外，地租数额依然与当地一般租田相近。此外，承佃公司土地时，还要交纳“写礼钱”即手续费一元六角。

公司除少量“岸台”（堤面）土地系雇工自行经营以外，绝大部分耕地都是出租给贫苦农民。每年租额采取“议租”方式确定，通常是在阴历八月初白露节前后，由公司派人到田间视察作物生长情况，估计收成丰歉并规定收租数额。如果在“议租”以后遇到自然灾害，实际收成远远低于估计数量，“议定”租额也不能相应有所减轻，顶多打个九折便算是莫大恩典。根据新中国成立后南通有些同志的实地调查，在公司早期的佃户当中，赤贫农户约占十之七八。这些农民在承佃时无力交纳“顶首”及“写礼钱”，只得央求公司人员代为筹措，并且另行订立承种契约。到交租时，除付给公司农田收获之四成外，还得向代为筹措费用的公司人员偿付三成或四成。这样，佃户名义上虽应得六成，而实际上辛苦一年所得却只有两三成。同时，《招佃章程》还规定：“十年后，如有股东指地卜宅或兼自种，在所佃人，应领回顶首，将田交还，不得妨碍股东应享之权利。”佃户辛辛苦苦开垦的荒地，到头来竟连承佃的权利都得不到保障。

除了地租以外还有高利贷剥削。《垦牧乡志》所说的“设质典，应佃户非时之急”，就是利用每年青黄不接佃户借贷无门的时机，通过典当方式进行剥削。“质典”对农民放债，押限短而利息重，抵押物品顶多只按原值三折估价，到期无力赎取即成“绝卖”。

层层叠叠的前资本主义性质的压榨，极大地加重了垦区农民的苦难。而为了用政治统治来维护经济压榨，公司又在垦区设立独立的“自治公所”。它就是垦牧乡的乡政府，并且还拥有一支武装力量，以维持当地治安。早在光绪二十八年春天，公司即在垦区“规筑枪药房”，并且设法弄到“枪九十二支，药一千二百磅”。以后更正式设立保安中队，不久又改编为保安警察。这支武装的功能有两个方面，一是防范海盗的侵扰，二是加强对于当地农民的统治；无可讳言，后一方面是经常的和主要的。垦区还设有拘留所，随时可以把违抗公司章程的农民关押起来，这样就使垦牧乡乡政权的形态更为完备。

垦牧公司除了采取强制手段以外，也未尝不想用较温和的方法来调动农民生产的积极性。它在光绪三十二年曾订立《奖励各佃章程》，包括言语奖励、饮食奖励、花红奖励、银牌奖励、留像（摄影）奖励等等，颇想用这些惠而不费的方法笼络与激励佃农。但是，由于所受压榨的深重与生活极端困苦，佃户们对于这些奖励非常冷漠。张謇不免有些失望，他在宣统元年春间重新“申订事例”，并且公开承认：“劝农奖章行已三年矣，其受奖者无所感，未受奖者无所愧。无感无愧，安事乎奖？又安用所劝？……自今年始，应责成各堤经理督率任杂务者专司课佃之事。其大要有六：曰教、曰察、曰劝、曰奖、曰戒、曰罚。”实际上以后还是以采取戒、罚等强制手段为主，公司有审判权和处分权，有时则干脆把农民送交官府惩办。一些超经济的奴役与迫害，加深了垦区的阶级矛盾，因而经常激起农民的愤怒与反抗。

但是，尽管通海垦牧公司内部的生产关系基本上是封建租佃制，却不应把它看作完全承袭了封建土地所有制的落后生产方式，从大生资本集团的总体来看它还是从属于资本主义体系的。

首先，通海垦牧公司对于大生纱厂而言处于从属地位。垦牧公司早期的股东大多就是大生纱厂的股东。大生纱厂对垦牧公司的投资名义上虽只二万两，但实际垦荒工程的庞大开支主要靠大生纱厂的接济与通融。检阅大生纱厂的历届账略即可发现，从光绪二十七年到宣统二年，十年之中垦牧公司向大生挪用的款项共达一百余万两之多。很难设想，如果没有大生纱厂作为靠山，垦牧公司能够完成规模如此宏大的基建工程。所以，未尝不可把垦牧公司看成大生纱厂的派生企业或子公司。正因为如此，垦牧公司才反过来又为大生纱厂提供大批价廉值优的原料——棉花，从而促进了大生纱厂的继续发展。这种作用自然是一般封建大地主所不曾具备的。

其次，按照张謇的原意，最初确实是想效仿西方的“大农法”，即兴办新式的资本主义机耕大农场。以后由于资金短绌和股东贪图近利，垦牧公司终于实行租佃制和分散耕种，这是张謇限于现实条件而不得不作出的妥协让步，但他始终没有最后放弃实行“大农法”的追求。此外，垦牧公司的开办资金，佃户押租和垦熟地历年地租收入的很大一部分，确实是用于“河、堤、闸、路”等大规模围垦工程。据粗略统计，十年之中共兴修大堤12 739丈，石堤260丈，里堤21 384丈，格堤8 624丈，干渠21 752丈，支渠8 002丈，外河4 572丈。这些投资都具有扩大再生产意义，与一般封建大地主把地租收入主要用于非生产性消费或贮存有明显的区别。

垦牧公司在创办初期，为了招徕农民承租并企图调动他们的生产积极性，曾经相对地减轻过某些封建剥削，例如押租较之当地有所降低，而且可以分期缴纳，删除“写礼钱”以外的其他杂费①，佃户参加围垦工程另外发给工资等。这些措施对于海门一带无地少地的贫苦农民具有一定吸引力。他们卖掉自己原有的一点业田，前来向公司承佃。最初不过耕种十亩、八亩，还不大有信心。但是荒地地力很足，水利条件又比较好，经过佃种者辛苦经营，产量不断提高。原来的承佃者很多愿意扩大耕种面积，闻风而来的新承佃者也与日俱增②。到宣统元年，垦区佃家增加到五千户，耕地面积扩展到30 413亩（数字不全）③。当年棉花总产量“较去年增至一千二百余石。……南洋开劝业会，公司以试垦美棉、通棉各种棉产之成绩陈列会场，得优等奖牌”④。可见，垦牧公司早期在调节生产关系和发展生产力方面，确曾取得一些成效。

可是，由于封建压榨愈来愈重，经营管理的弊端也愈来愈多，垦区的

① 张謇：《通海垦牧公司招佃章程》，《张季子九录·实业录》第2卷，中华书局，1931年，第1—9页。

② 根据曾在通海垦牧公司工作过的汪育三、邱云章等老人回忆。

③《通海垦牧公司开办十年之历史》，南通翰墨林印书局，1910年，第三章，垦种一览表。

④《通海垦牧公司开办十年之历史》，南通翰墨林印书局，1910年，第二章。

阶级矛盾日益尖锐。稍后，股东们又要求按股分地，垦牧公司在某种程度上已经近似江苏一带“租栈”式的集体收租的代理机构，这就很难取得新的进展了。至于那些在通海垦牧公司获得大利以后闻风而起的一些盐垦公司，则大多流于强取豪夺的土地兼并及投机，封建压榨的深重有些竟超过一般农村，因此更不能与前期的通海垦牧公司相提并论。

由于通海垦牧公司所开荒地原来大部分属于淮南盐场，又触发了张謇改革盐法并向盐业投资的冲动。

清末盐政上承千百年积弊，腐败达到极点，而淮南盐场又是其中最恶劣的典型之一。所谓淮南盐场，产地在江苏东部沿海，而强制性的销售范围则包括淮河以南的赣、鄂、湘、皖四省。这个盐产区始终采用蓄草煎盐的落后方法，成本比邻近的淮北盐场的晒盐高十五倍。同时，由于盐务官吏、“垣商”（专卖盐商）、巡丁、“忙工”（为“垣商”收盐、发盐之人）串通营私舞弊，压榨灶户、煎丁，淮南盐场的生产已经颓败衰退。而这些盐蠹、盐霸却把食盐产销的封建垄断制度（所谓“引地食岸之法”）视为自己的财源命脉，决不允许任何人对之作任何更变。

张謇在《变法平议》中即已尖锐地抨击过这种陈旧盐法，并且从实际出发，提出“设厂煎盐而后就厂征税”的改革方案。具体说来，就是由商人设立公司，改善基本建设工程，建厂设锅，雇工煎制，按日付酬，并且就地在盐场买卖和征税，食盐出厂后任凭商民自由贩运。光绪二十九年秋间，张謇、罗振玉等正式接办吕四旺长发盐场，另行建立同仁泰盐业公司。几年之间，他们尽行遣散世代相承的“忙工”，改用按日计酬的雇工，革除巡丁，修整盐场，就近贮草，浚塘疏港，实行一系列整顿。同时还试用“板晒”等方法，对生产技术也作了试验性的改良。

可是，这些年的天气却不利于制盐，加以刚刚接办缺乏经验，同仁泰盐业公司并未取得预期的成效。当然，最大的障碍还是来自传统势力，盐运司及其党羽对改革处处加以留难和打击。张謇曾在历数盐运司的各种阻扼以后，愤怒地指责说：“吕四盐业公司复有一语告运司曰：若所为，乃专制官毒害人民之手段也。公司资本十余万，穷运司之能力，破坏此十余万止矣。至吕四场破坏，各场引为前车，从此无人肯牺牲其资财，以事整顿，可以预决。沧胥以铺，各场受之矣，及汝偕亡，运司为运商为厘课计之否乎？”[①] 张謇改革盐法的最初尝试，就是这样迅速地陷于失败。

传统的顽固势力是根深蒂固的，但张謇的坚毅性格并未因改革盐法失败而动摇，他对于革新的兴味正浓而且表现在许多方面。由于吕四一带盐民大多兼营渔业，他又产生了兴办公司改良渔业的强烈愿望。也是在光绪二十九年夏秋之间，他开始筹划集资组织吕四渔业公司。随后又向政府建议：请求在公司附近设立水产、商船两个学校，各省渔轮每年集会一次以考察成绩。为了争取政府的直接支持，他推荐好友郑孝胥为渔政总理，计划在吴淞设立公所，并把渔业公司附设在公所之内。甚至还雄心勃勃地提出“合南北洋大图之”的建议，企望能够组织雄厚力量在海上与外国作渔业方面的抗衡。然而，也是由于自身财力不足和得不到清政府的支持，改革渔业的计划半途而废。

从光绪二十七年到光绪三十三年，张謇先后总共正式创立了十九个企业单位，除上述通海垦牧公司、同仁泰盐业公司以外，还有广生油厂、大兴面厂、阜生蚕桑公司、翰墨林印书局、资生铁厂、资生冶厂、颐生罐诘（头）公司、颐生酿造公司、大达内河小轮公司、通州（天生港）大达轮步公司、外江三轮公司、泽生水利公司、大隆皂厂、懋生房地产公司、染织考工所、大中通运公行、船闸公司等。这些企业大多是以大生纱厂为轴心，直接或间接为大生纱厂服务，或者凭借大生纱厂以获取利润。例如，通海垦牧公司是大生纱厂的原料基地；广生油厂利用大生纱厂轧花棉籽制油自用；大隆皂厂又利用广生油厂的“下脚”来制造皂烛；大兴（后改复新）面厂利用大生纱厂的剩余动力磨粉，供纱厂工人食用和浆纱；资生铁厂最初是专为大生纱厂修配机件而设；泽生水利公司、大中通运公行、大达轮步公司、外江三轮公司、船闸公司主要是为大生纱厂解决运输问题；染织考工所实际上就是大生纱厂向纺、织、染全能发展的研究所和实验室；懋生房地产公司则是买地造屋，为大生等厂职工提供宿舍并收取房租[②]。资产阶级为了

---

① 张謇：《盐业整顿改良被扼记》，《张季子九录·实业录》第3卷，中华书局，1931年，第9页。

② 参见《通州兴办实业之历史》上册，大生纱厂。

追求利润，确实比较周密地考虑了经济效益问题。同时，这也说明大生纱厂的兴建，如何促进了整个通海地区经济的革新与发展。

当然，上述这种无所不包式的企业经营，毕竟还是资本主义童稚时期的特征，而且在短短五六年里分散资金投入这么多企业，也超过了大生纱厂的合理负荷。因此，大生纱厂许多股东（特别是某些大股东）对此深感不满，在他们的要求下，大生纱厂于光绪三十三年夏天召开了第一届股东会，会上正式决议把上述十九个企业单位合并，另行组成通海实业总公司，借以与大生纱厂划清资金往来关系。然而，通海实业总公司的总理仍由张謇担任，而大生纱厂的股东和董事也就是通海实业总公司的股东和董事。这个实业公司除了统一掌管上述十九个企业单位与大生纱厂往来的财务以外，没有其他具体的管理机构与经营业务，所以张謇仍然能凭借自己的威信并按照自己的意志决定方针大计。

通海实业总公司所属各企业单位的营业状况盈亏不一。光绪三十四年，大隆电厂、颐生罐诘（头）公司、大兴面厂由于亏蚀不堪被迫停歇。不久，通海垦牧公司与同仁泰盐业公司又划出通海实业总公司范围，所以它直接管辖的企业单位只剩下十四个。不过在光绪三十四年以后，张謇又陆续投资创办银行、航运、堆栈等十几个企业单位。总括说来，到辛亥革命前夜，张謇已经组成了一个以纱厂为中心的具有相当规模的大生资本集团，而且不断向前扩展。

宣统三年以前，张謇在外地参加投资创办的企业单位也为数不少，如上海大生轮船公司、镇江大照电灯厂、镇江开成笔铅厂、吴淞江浙渔业公司、海州海赣垦牧公司、海州赣丰饼油公司、徐州耀徐玻璃厂、景德镇江西瓷业公司、苏省铁路公司等等，活动范围相当广泛。无怪乎当年海关报告惊叹说："推张殿撰之意，凡由外洋运来各种货物，均应由中国自行创办。"[①] 这种兴办实业的狂热，不能单纯以利润追逐来解释，它也体现了一个爱国者渴望祖国早日臻于富强的真挚心愿。

不过张謇之所以能够在一段时间里如此广泛地向各个部门积极投资，那主要还是由于大生纱厂营业状况良好并且获得相当优厚的利润。

---

① 《关册》，"镇江口"，1905 年，中文本，第 48 页。

日俄战争爆发以后，日本棉纱一度在中国市场上减销，大生纱厂产品的销路因此更加畅旺，利润也更加丰盈。它在光绪三十年所发的余利，“按股二分二厘，合之官息（八厘），已及三分”。第二年，大生纱厂的纯利增加到七十五万余两，竟占当时资本总额一半以上。就在光绪三十年，张謇等人已经着手筹备在崇明设立大生纱厂的分厂（二厂），从这年夏天到三十一年春天，八个月内实收股金 609 500 两。这与大生纱厂筹建时的艰难情况相比真有天壤之别，当然是由于大生已在江苏一带绅商中享有较高声誉有关，但更重要的却是因为当时机纱畅销与利润丰厚。光绪三十三年三月，大生二厂建成，工程进展比较迅速，26 000 锭纱机全部开动。到宣统三年为止，大生一、二两厂纯利累积共达三百七十余万两，资本总额也增加到将近两百万两①。这就是张謇在此十年间广泛兴办各种企业和事业的实力基础。

张謇已经决定性地进入了资产阶级这个新兴的社会群体，他的思想、言论与行动与资本主义经济的联系日益密切。但是，他并没有因此断绝与原先隶属的士人群体的千丝万缕联系，在很多场合，他作为绅士的自我意识甚至还要大于作为资本家的自我意识。新的群体怀着敬意和热情接纳并认可了张謇，这不仅是由于他办企业确有成绩，而且还由于他在士人群体中登上较高的梯级，可以为资产阶级充当“通官商之邮”的媒介。张謇在这个新的群体内部，除大生纱厂创办初期曾经受过某些上海买办商人的冷遇以外，一直还没有面临竞争或排挤的严峻形势。这除了由于通海地区是他的独家市场，外地厂家势力暂时还难以插足之外；更重要是由于民族资本主义的幼弱，还没有发展到自己内部激烈竞争的地步。用张謇自己的话来说，就是：“我国实业尚在胚胎，未可遽言幼稚也。”② 与此成为对照的是，张謇在向资产阶级转化的过程中，他所遭遇的种种阻挠、刁难以至破坏，主要还是来自原来他所长期从属的旧营垒。这个营垒不能坐视自己的分化瓦解，它必然要用政治、经济、文化以至风俗习惯等各种手段来维系

---

① 根据《大生资本集团史》（初稿）所提供的数字统计。

② 张謇：《意大利万国博览会纪略、调查欧西实业纪要序》，《张季子九录·文录》第 6 卷，中华书局，1931 年，第 7 页。

自己的队伍，稳住自己的阵脚。这就是一种巨大的传统惰力，张謇步履的艰难迂缓写其说是主要由于财力不足，倒不如说是由于他因袭的传统包袱太重。他度过了“脱鳞”最为艰难痛苦的岁月，但是直到临终也未能完成“脱鳞”这个曲折而又缓慢的过程。古老的传统像梦魇似的紧紧追随着他，一直到他最后离开人世。

三、兴办学校

尽管张謇自我标榜“言商仍向儒”，但他毕竟已经厕身于一个新的社会群体，新的环境必然要对他的观念形态产生深刻的影响。士人群体的传统思想是为宗法制度服务的，其价值观是重道义而轻功利，纲常名分远远高于经济效益。经过外来文化的冲击，这种传统观念开始动摇，但是仍然根深蒂固，具有广泛的社会基础。张謇的思想在甲午战争以后的一个重要变化，就是经常运用资产阶级功利主义的价值观来考察、分析和判断国内外形势，并且以此为依据形成自己对于国策的各项建议。

时代已经进入二十世纪，帝国主义经济侵略的空前严峻形势，引起张謇极大的焦虑和无止无休的深思。

从宣统元年到宣统三年，外国商品仅棉布一项进口总值即达 116 532 345 元，棉纱进口总额亦达 1 320 197 公担，棉花进口 72 571 公担；钢铁进口 2 264 257公担，机器及工具进口总值 12 565 352 元[①]。大生纱厂虽然产销两旺，但也不能不感受到势如潮水一般涌入的外国商品的威胁。张謇以后回忆说：“宣统二年，南洋劝业会开幕，謇既与各行省到会诸君子发起联合研究会，乃裒光绪一朝之海关贸易册，参考其大略。如寐始觉，如割始痛；如行深山，临悬崖，榛莽四出，披而始识无路；如汛雾海，见一岛屿，若隐若见，而始得所趋。则以我国实业当从至柔至刚之两物质，为应共同发挥之事。”[②] 所谓“至柔至刚”，也就是张謇以后所说的“至白至黑”，指的是棉花和钢铁。他从贸易册中隐隐约约地看到一个充满着生存

① 严中平等编：《中国近代经济史统计资料选辑》，科学出版社，1955 年，第 74—75 页。

② 张謇：《海关进出口货价比较表序》，《张季子九录·实业录》第 4 卷，中华书局，1931 年，第 29 页。

竞争的经济世界，也察觉纺织和钢铁两大工业系统在国民经济当中占据特别重要的地位。这是张謇思想一个新的进展，创办大生纱厂之始他还只认识到从棉纺织业着手奋起直追，现在则以“棉铁主义”（或称“棉铁政策”）为号召，企望建立一个包括轻工业和重工业的独立民族近代经济体系，以求祖国摆脱贫困落后与被奴役的悲惨命运。

但是，张謇并没有把实现“棉铁主义”之类富强之策的希望完全寄托于清朝政府。经过戊戌、辛丑两次革新尝试的失败，张謇对朝廷和东南各省督抚都颇感失望，因此转而专心致力于经营通海地区，通过“地方自治”来实现自己的革新方案。他在通海垦牧公司第一届股东会上讲得很清楚：“言乎地方自治，则以股东会议决提存之公产，举办公司界内次第应办之教育、慈善……凡鄙人之为是不惮烦者，欲使所营有利，副各股东营业之心，而即借各股东资本之力，以成鄙人建设一新新世界雏形之志，以雪中国地方不能自治之耻。”[①] 张謇所要求建立的“新新世界”，自然不同于太平天国那种带有宗教色彩的农业社会主义类型的“新天新地新世界”，也不是康有为那种过分沉溺于理想的“大同世界”，而是切切实实在中国国土上建设资本主义的实业与教育以及其他各种社会事业。张謇是个务实主义者，他既与空想无缘，更痛恶以大言欺世。他的志趣在于脚踏实地做有益于社会的实事，同时期望经过通海地区“地方自治”的示范，推动其他地区纷起效仿，使他所追求的“新新世界”从雏形推广到全国。

建设“新新世界”，自然需要知识，需要技术，需要各种各样专业人才。因此，在发展实业的同时，张謇又开始努力兴办新式学堂，而首先致力于师范教育。

早在光绪二十一年，张謇为张之洞起草《条陈立国自强疏》，即已要求“广开学堂”。二十三年，他进一步主张全面学习西方“政治、律例、公法、格致、植物、农、商、医、化、重、电、光、汽之学”。戊戌维新期间，他赞成废科举、兴学校，并草拟大学堂办法。变法失败以后，他在南京文正书院设立“西学堂”，专教汉文、英文、翻译、算学，作为创办

① 张謇：《垦牧公司第一次股东会演说公司成立之历史》，《张季子九录·实业录》第4卷，中华书局，1931年，第32页。

新式学堂的试验。随着企业活动的频繁和需要技术人才的日益迫切，此后他更强调要努力学习西方的“颛家之业”。

光绪二十七年，通过起草《变法平议》，张謇极力劝说刘坤一兴办新式学校，稍后又为刘拟订初、高等两级小学和中学的课程。二十八年二月下旬，张謇应刘坤一电邀，到南京与罗振玉为刘拟定《学制奏略》和“兴学次第”。建议首先兴办师范学校，一年后各州县分别设立高等、寻常小学校，三年后各府立中等学校，五年后各省设高等专科学校，京师设大学校。刘坤一周围的守旧官员如藩司吴重熹、巡道徐树钧、盐道胡延等等对此“异议蜂起”，他们攻讦说：“中国他事不如人，何至读书亦不如人。此张季直过信罗叔韫（罗振玉），罗叔韫过信东人（日本人）之过也。”① 刘坤一此时暮气更重，没有率先兴办师范学校的决心。张謇大失所望，与罗振玉等人商量一番之后，便回到通州自行创办师范学校。

张謇在通州选定荒废了的千佛寺作为校址，七月上旬开工建校，经过七个月的修建、筹备，于二十九年四月一日正式举行开学典礼。

通州师范学校属于中级师范学校性质（当时称为寻常师范），主要是培养小学教师。不过老师和学生的程度都比较高，最初聘请的一批教员有著名学者王国维等以及日籍教师共十余人，学生则是原来的“贡、监、廪、增、附五项生员”。当时废除科举已是大势所趋，所以许多读书人纷纷转入新式学堂。报考通州师范学校的科举士人很踊跃，甚至张謇不得不宣布“学生遵旨不取举人”。学校的课程设置有：教授管理法、修身、历史、地理、算术、文法、理化、测绘、体操等，大体上可以满足在高、初两级小学教授各门课程的需要。稍后，通州师范分为本科（四年）、速成(两年)、讲习（一年）各科，并且附设实验小学，规模更趋完备。以后，又陆续创办测绘、蚕桑、农、工等科，还建立了工科教室、农学教室、农场、博物苑、测候所等。这些设施已经超过了一般中级师范学校的范围，显然是想往大专学校发展。在同一时期，还兴办了通州女子师范学校，这在当时也是开风气的新事。

张謇非常重视师范教育。他了解到欧美对一个国家的评价，“以其国

---

①《张謇日记》壬寅二月二十九日。

学校多寡为强弱文野之别。其多者校以七八万计，生徒以七八百万计，校师以十数万计，师必出于师范”。所以，他在通州师范学校开学典礼上发表演说，指出：“欲雪其耻（指国耻——引者）而不讲求学问则无资，欲求学问而不求普及国民之教育则无与，欲教育普及国民而不求师则无导，故立学校须从小学始，尤须先从师范始。”① 当这个学校还在筹建之际，他即已自豪地宣称：“夫中国之有师范学校，自光绪二十八年始，民间之自立师范学校自通州始。”② 在此期间，他还撰写《中国师范学校平议》、《通州师范学校议》、《师范章程改订例言》等文，呼吁提高教师和师范教育的社会政治地位并“优予俸给”，以鼓励人们学习与兴办师范教育。其具体建议是：“凡大学、高等、中等学师范本科生毕业，准作贡生、举人、进士，给凭后试教各高等、中等及小学四年，比较成绩（以教成学生分数多少为最优、次优之分）。进士教高等学，最优者除国子监丞，次优者除博士。举人教中学，最优者除博士，次优者除学正。贡生教小学，最优者除学正，次优者除助教。其廪、增准作贡生教小学者，最优除府教授，次优除州学正。监、附准作贡生教小学，最优者除县教谕，次优者除县训导。积资累绩，可递升至祭酒而上为管学大臣。若是则虽除官以后，终身于教育一事，而仍得与他科进取之人，同享人间之福利矣。”关于教师薪俸标准，张謇参照德、日、英、法、俄、美工资制度，并根据当时中国的财力，主张：“寻常小学校约每月二十或三十元，高等小学校约每月三十或四十元，中等学校约每月四十或五十元，其专科教师约每月七十或八十至一百元。”③ 此外，他还主张采取“擢优”、“励恒”、“彰廉”等奖励办法。张謇这些建议虽然没有被政府采纳，但作为强调师范教育和重视教师作用，则显然是开风气之先。

张謇对师范教育的极端重视，是由于他渴望提高整个民族的文化素质，以加快国家近代化的进程。“世变亟矣，不民胡国？不智胡民？不学

---

① 张謇：《师范学校·开校演说》，《张季子九录·教育录》第1卷，中华书局，1931年，第17页。

② 张謇：《通州师范学校议》，《张季子九录·教育录》第1卷，中华书局，1931年，第12页。

③ 张謇：《通州师范学校议》，《张季子九录·教育录》第1卷，中华书局，1931年，第9—10页。

胡智？不师胡学？"[1] 张謇的思路是很清晰的，即把国民教育当作近代立国的根本大计。而近代国民所必须具备的"智"，并非仅仅是文化知识，还有思想品质与身体素质等方面的要求。他在《师范章程改订例言》中明确主张："国家思想、实业知识、武备精神三种，为教育之大纲，而我邦之缺憾。师范造端教育，责任匪轻，故尤兢兢于国民教育、奖励实业及师范体操以兵式为主之定章。"这种见解和当时进步报刊上所宣传的"军国民教育"，在思想上是相通的，也是切中时弊的。

为了通州师范学校的创办，张謇既要为师范教育鼓吹呼号，又要为建校工程规划操劳，还要与形形色色的反对新学者作无休止的争辩，加以同时还要更为紧张地从事垦牧公司的筹建工作，真可以说得上心力交瘁，疲惫不堪。人们可以发现，在光绪二十八年十二月中旬的张謇日记上，出现了"腰酸欬血"四个字。但是，具有与兴办实业同样饱满的热情，张謇不顾病痛仍然努力兴办教育，有时就住在校内照管修建工程。在开学前一天晚上，他还和庶务一处一处敲牢学生宿舍门上挂名牌的钉子，甚至亲自布置厨房和厕所。这时，他已经五十岁了，何况还具有状元和翰林的身份。

张謇除在通州师范学校附设实验小学以外，光绪三十年又设立"通州五属学务处"[2]，作为统筹推广新式教育的办事机构，并且陆续在各地兴办一批中学和小学。

张謇提出作为教育大纲三项之一的"实业知识"，包括技术教育与职业教育，而且对此也非常重视。他在师范学校附设测绘、蚕桑、农、工等科，在通州中学附设国文专修科（培养办事书记），就是为发展中等和高等的技术、职业教育作准备。此外他还陆续创办了吴淞商船学校、铁路学校等。光绪三十一年，他向两江总督上《请设工科大学公呈》，建议在上海制造局附近创建工科大学。"即以已成之中国公学，为高等工学豫备，次第经营，四五年后即可希望成效之发生，有完全之工学。更三数年，各

---

① 张謇：《通州师范学校始建记》，《张季子九录·教育录》第1卷，中华书局，1931年，第14页。

② "通州五属"当时包括通州、泰兴、如皋、静海乡、海门厅。计划在五年之内，通州单独承办师范学校、艺徒学校、育婴堂、公共博物苑及蚕桑、染织传习所各一所。"五属"共同筹建高等小学一所，初等小学四十七所。

省热心从事工业之处，得有相处为理之人，不至如今日实业之擿埴冥行，瞎骑盲进。”[①] 次年，为筹划南洋大学，他又向两江总督端方建议：“江宁宜就制造局左近设工科，特设法科。苏州宜就昆山、新阳有荒地处所设农科。就上海设医科。至安徽、江西，亦宜各设一文科，或更量设法、理高等一、二科，以备三、四年后升入大学。”[②]

张謇对高等教育是重视的，如为工科大学、南洋大学筹划设计等，并且还协助创办了复旦学院。但是，张謇是个脚踏实地的实业家，办任何事情都强调首先打好基础，然后再有步骤有条理地求得发展和提高。他认为“大学之豫备在分科高等，高等之豫备在中学”。庚子以后，朝廷标榜“新政”，“仓皇兴学即以大学为发端”，徒然流为笑柄。从当时的历史条件来说，他已经重视总体设计和数据预测的需要。办大学要考虑需要与可能，确定规模与招生人数，而这就涉及生源和高等、中学的提前准备。发展小学也应考虑毕业后继续升学的出路，普通中学和技术、职业学校又要有相应的发展；而这在经费的需求与来源方面又必须作事先的估计与筹划。

下面摘引张謇在光绪三十二年给劝学所、教育会一封信中的若干段落，可以看出他思路的细密和工作的踏实。

“下走前在自治公所议本州教育两年未有进步，其本在教育未能普及，镇乡小学太少，无以供高等小学之取材。由是而上，影响遂及于师范、中学。故议州境方一万里，合有初等小学四百所。此按每所之地纵横二十五方里而言，计距校最远之学童为二里半。每日上学、散学，行走十里，兼亦以是令学童练习勤劳也。而昨自崇明久隆镇至垦牧公司，是日小雨，乡僻道路，泥泞非常。念如十岁以内之学童，必不能胜此十里之行走，势有不便，则事必难通。拟改为每十六方里设一初等小学，是为纵横四方里；以州境计，需六百所。

“六百所中，以五百所作为单级，用三年级，每校八十人；分三年计，每年二十七人。以一百所为合级，用四年级；每校多寡通计约一百二十

---

① 张謇：《请设工科大学公呈》，《张季子九录·教育录》第2卷，中华书局，1931年，第15页。

② 张謇：《策画南洋大学致端江督函》，《张季子九录·教育录》第2卷，中华书局，1931年，第24页。

人，分四年计，每年三十人。三四年后，每年可得初等小学毕业儿童一万六千五百人。……以一万六千五百人之一成人高等小学计，亦有一千六百五十人，须有高等小学校十所乃能容之。今师范附属者不计，自第一高等小学及金沙外，尚须增设八所，乃为适当之配置。

"综以上之初等单级小学五百所，每所建筑（草屋芦障纸窗五间）至省以三百元计，需银十五万元。合级小学一百所，每所（瓦屋单墙芦障纸窗七间）至省以八百元，需银八万元。高等小学十所，每所建筑（具体项目从略——引者）及校具需银六千元，计需银六万元。总计需银二十九万元，而女子高等小学不与焉。"①

张謇当时的主要精力虽然是用于创办师范和中小学校，但已开始注意盲哑等残疾人教育。光绪三十三年，他向署江苏按察使建议，希望他学习美国的斯坦福，中国的叶澄衷、杨斯盛，捐家资十分之二三，兴办盲哑学堂②。但是此事并未得到任何支持，因为"中国今日不盲不哑之人民，尚未能受同等之教育，何论盲哑"？然而张謇对此始终未能忘怀，直到民国元年他还为此呼吁："知师范学校之重要而建设者，殆及于中国行省之十五六矣；则非残废之儿童，不患教师之无人。惟盲哑之儿童，贫则乞食，富则逸居，除英、美、德教士于中国所设之二三盲哑学校外，求之中国，绝无其所。"③ 他根据西方人口调查提供的数据分析，估计中国至少有八十万盲哑人。"盲哑累累，教育无人"，是一个严重的社会问题。因此应该设立盲哑师范传习所，培养有慈爱和忍耐心的合格盲哑教师。

当然，张謇毕竟是一个过渡时代的过渡型的人物，他的教育思想和教育实践必然带有新旧交替初期的局限。他极力主张在学校中传授西方近代科学知识和某些资产阶级社会政治学说，但仍然未能完全摒弃旧的传统伦理教育。他主张学校教育应持"干涉主义"，反对"放任主义"，对学生实

---

① 张謇：《论通州乡镇初等小学事寄劝学所教育会函》，《张季子九录·教育录》第2卷，中华书局，1931年，第18页。

② 张謇：《致署江苏朱按察使劝兴盲哑学堂函》，《张季子九录·教育录》第2卷，中华书局，1931年，第26页。

③ 张謇：《筹设盲哑师范传习所之意旨》，《张季子九录·教育录》第3卷，中华书局，1931年，第14页。

行过多的约束。对于当时许多新学之士正在宣传的自由、平等学说，他更是难于理解和接受。他告诫学生说："若如浮嚣之士所喜谈者，推之一家之中，父母、兄弟、夫妇、子女，人人如所说之自由、平等，能一日相安乎？能自安乎？愿诸生一己则思尽秩序之义为自由，对大众则思能普及教育为平等，毋沿口口相传之谬说。"[①]

在当时的社会环境里，他的教育思想和实践也不可避免地带有阶级的烙印。他为自己和亲友的子女设立扶海垞家塾，另外有一套课程设置和教学计划，并且聘请日本女教习"教授体操、算术、音乐、图画，兼习幼稚游戏之事；延本国教习教授修身、国文之事"[②]。他的儿子稍为长大以后，又专门请沈友卿"为之授《论》、《孟》之大义，《诗》、《书》之大凡，《春秋》之大事，俾知世自有所以为世，国自有所以为国，而人自有所以为人"[③]。然后再直接送到大学和国外学习。尽管张謇自认为这是对学制改革的一种探索，也包括对于国学在教育中作用的重视，但多少带有若干华族教育的意味，主要还是为了培养能够接替自己的新一代企业和事业的经营管理者。至于一般小学和工人艺徒学校等等，则无非是培养大批具有粗浅文化知识和初步技术训练的工钱劳动者。正如张謇自己对普及教育所作的解释："国何为而须教育？教育者，期人民知有国而已。……使人人任纳税、当兵之责，多数无怨望而已。"

尽管有上述这些局限，张謇的教育思想与办学实践，毕竟在中国近代教育史上占有重要地位，它是对于旧的传统教育勇敢的突破。任何新的事业，起步总是特别艰难的。人们不会忘记，他是在"谤而沮者，不一其人，不胜其愤"的情况下，以惊人的毅力与过人的精力为通海地区的近代教育奠基的。他在教育方面的革新与成就，连同他在棉纺与垦牧方面的巨大劳绩，使他在东南以至在全国都赢得了辉煌的声望。

甲午战争以后，特别是戊戌变法失败以后，他几乎是以全部的精力投

---

① 张謇：《师范学校年假演说》，《张季子九录·教育录》第1卷，中华书局，1931年，第18页。

② 张謇：《扶海垞家塾章程》，《张季子九录·教育录》第2卷，中华书局，1931年，第5页。

③ 张謇：《通州张氏家塾经史国文补习科答问序》，《张季子九录·教育录》第3卷，中华书局，1931年，第10页。

入实业与教育，企望以实业与教育的丰硕成果挽救自己的国家。他曾经有意逃避政治，不想也不敢触犯传统的政治体制。但是，这种传统体制是守旧势力的最后凭藉，而且时时妨碍他筹建新式实业、教育的努力，他在实践中不能不承认实业与教育的发展必须以政治革新为前提。他主张持新旧之平，在两派之间寻求平衡与合力，但这简直像骆驼穿过针眼一样困难。新的社会力量欢迎他，把他引为同调；而经常与他为难的，倒是他原来曾经从属而现在仍然保持密切联系的旧营垒。不触动旧体制是不可能的，除非他能够舍弃自己所献身的实业与教育，连同自己国家与民族的前途。

政治终于再次敲他的门，也许又可以说是他敲政治的门。历史暂时对他还比较宽厚，新的社会群体热情而充满尊敬地接纳了这位状元公，而旧营垒又不完全把他当作新派人物，或者至少是把他当作新派中较易联络的对手。时代潮流把他推上政治舞台，不管他自己愿意还是不愿意，意识到还是没有意识到，在新的政治格局中他还得继续扮演类似“通官商之邮”的重要角色。

第三章　更张瑟改弦

第一节　倡导立宪

一、《东游日记》

正当张謇在通海地区大办实业、教育的时候，国内政治形势发生了迅速而又剧烈的变化。

二十世纪从一开始就给中国带来《辛丑条约》，这个条约不仅彻底暴露了清朝政府的腐朽无能，而且也使整个中华民族都蒙受了奇耻大辱。帝国主义虽然暂时缓解了武装侵略，然而经济、文化侵略的有增无已，给中国人民造成更为深重的灾难。国内阶级矛盾空前激化，人们已经采用“干柴烈火”这样的字眼，形容革命高潮即将到来的新形势。

中国又出现了一个新的社会群体，这就是资产阶级、小资产阶级知识分子队伍，或者可以简化称之为近代知识分子群。他们的新知识、新思想一部分来自留学外国，但多数则系求学于国内新式学堂，也有纯粹是由于阅览进步书报的无师自通者。他们的思想变化反映了并且反作用于当时中国社会环境的变化。他们大多曾经循着戊戌维新的道路前进，但是又毫不犹豫地超越自己的先驱。他们不仅具有新的时代精神，而且具有新的知识结构。他们与前辈相比，视野更为开阔，思想更为活跃，政治更为敏感。他们预测新的世纪，分析时代潮流，传播西方近代自然科学与社会政治学说，批判旧学和封建道德，并且在政治学、史学、文学、哲学、法学、经济学等领域尝试革新或革命。他们的舆论工作是革命高潮到来的前奏，而有些人则是吹着时代的号角走在革命潮流的最前列。

然而革命者最初总是少数，大都是新式知识分子，而他们为数不多的听众却又偏偏存在于陈旧的会党之中。在一段时间里，由维新派转变而成的保皇派仍然具有较大的影响，他们赞成经济、文化以至政治的革新，然而却反对采取暴烈行动的革命。他们的政治目标是君主立宪而不是民主共和，这是由于他们不仅不敢造皇帝的反，而且依然寄希望于慈禧死后光绪的复辟。他们在海外积极活动，赢得了许多华侨资本家的支持，同时也在国内各省上层绅商中赢得了同情者与应和者。所谓上层绅商是指那些已经、正在和愿意向资产阶级转化的绅士（包括少数官僚）和大商人，他们人数不多然而活动能量很大，能够影响资产阶级多数人的依违向背，以至影响国内的整个政局。

清政府从本质上来说确实是反对任何革新，但它毕竟不能不承受客观环境的影响与制约。《辛丑条约》签订和处死一批顽固王大臣以后，它的守旧态度至少是有所收敛。它的地位的虚弱，不仅是由于帝国主义的打击，而且还由于“外重内轻”的趋势仍在继续发展。“东南互保”已经显示出地方势力的离心倾向，有可能在南方出现取代清廷的新的政治中心。立宪派与赞同立宪的上层绅商用革命来威吓它，它必须在立宪与革命两者之间作出选择。它并不赞同立宪，因为立宪意味着对于君主绝对权威的否定，作为天之骄子的皇帝还得承认有一个比他的意志更高的东西——宪法。但是两害相权取其轻，它宁可接受立宪而决不能容许革命，因为立宪毕竟还承认它的继续存在并保持皇室的尊荣（尽管是徒有其表），而革命则意味着它的彻底覆灭。

当然，清政府口头承诺是一回事，是否真正实现立宪又是一回事。不过，刚刚被戊戌政变的屠戮吓破了胆的立宪派和上层绅商，已经基本上满足于清廷的虚伪立宪姿态，迅速发动一场要求立宪的社会运动。

“生平万事居人后。”[①] 我们传记的主人公步伐总是比较缓慢，甚至在立宪运动中他也没有走在最前面。他相信眼睛甚于相信耳朵，习惯于凭借

① 张謇：《怡儿生志喜》，《张季子九录・诗录》第3卷，中华书局，1931年，第14页。张謇四十一岁中进士，四十五岁才得一子，名怡祖，字孝若。“生平万事居人后，开岁初春举一雄”，是自嘲而又自慰的话。

事实而不是凭借哲理来思考，在没有思考清楚以前决不采取行动，而一经采取行动就决心进行到底。他步履虽迟，但每一脚都踏在实处。他并不喜爱冲刺在最前面，然而却有足够的后劲，往往是后来居上。办实业如此，办教育如此，从事立宪活动亦复如此。

张謇公开赞成君主立宪并且正式投入立宪运动，是在光绪二十九年亲自到日本考察以后。

张謇虽然一贯痛愤日本军国主义的对华侵略，可是对于它在明治维新以后努力学习西方迅速臻于富强则颇为倾服。《变法平议》中许多主张都是取法于日本，在兴办实业与教育的过程中，也常常借助于日本的技术、经验以至师资。在奇耻大辱的《辛丑条约》的强烈刺激下，一些比较开明的官绅先后到日本参观，希望学习它的富强之道。据《缪荃荪行述》称："及和议成（指订立《辛丑条约》——引者），朝廷锐意变法，张文襄集东南名流，会于武昌节署，以资讨论，府君（缪荃荪）应召往。……亲赴日本考察学务。"还有吴汝纶，也是在此期间赴日考察学务的。张謇当时也很想"东游考察"，但因为已经卷入帝后党争，而且有的帝党分子又曾流亡日本（如文廷式），他为了避免嫌疑才未成行[1]。光绪二十八年秋，吴汝纶访日归国，张謇特地到上海请教，并且阅读了吴汝纶写的《东游丛录》，更增强了亲自到日本访问的愿望。

正好在二十九年正月，日本驻江宁领事天野通过徐乃昌，函邀张謇参观日本第五次国内劝业博览会，同时邀请的还有其他一些东南名流。张謇自觉现在地位已较稳固，尚能得到清廷的信任与重视，便欣然应邀前往。

张謇于四月二十七日晨七时乘日本邮船会社博爱丸东行，同行者有章亮元、章孚、金永安、徐有临。除章亮元已就读于东京成城学校外，其他三人都是初次前往日本留学，金、徐则是张謇作为技术人才带去学习工业。还有不期而遇的两位友人，一路倒不寂寞。

博爱丸离开中国大陆愈来愈远，海水开始略带黄色，东行愈远愈转绿

---

① 张謇：《东游日记》，《张季子九录·专录》第4卷，中华书局，1931年，第1页。文中对此事说得很含蓄："甲午后乃有以实业与教育迭相为用之思，经画纺厂，又五年而后著效。此时即拟东游考察，会世多故，谗言高张，惧不胜其描画而止。"

色，到深海处水显黑色，浪亦渐大。第二天午后经五岛，岛上林木秀茂，梯田麦黄。晚七时即到达长崎，这是个景色如画的港口，但由于天已昏暗，“但见入口处岛屿参错，海色映空，树影森森可辨而已”。二十九日验关上岸，这是张謇第一次踏上日本国土。

张謇是个事事留心、时时思考的爱国者。他顾不上欣赏海上壮丽景色，也无心在异国猎奇探幽，一路上经常琢磨的是日本何以能够一跃成为东亚头等强国。

还未上船，他就在想，为什么日本要把轮船叫作“汽船”，把公司叫作“会社”？答案是：“日人采用欧美法，皆自定主名，名必用字之本义。……盖融欧法、日俗，而括之以华之雅言，名必从主人，亦作事不苟之一矣。”

一踏上长崎码头，他就去访问町村小学校（私立鹤鸣女子学校），详细了解这所小学的教学、校舍、教员、学生、经费情况。船离长崎时，他浏览沿海风光，又有所领悟：“日人治国若治圃，又若点缀盆供，寸石点苔，皆有布置。老子言治大国若烹小鲜，日人知烹小鲜之精意矣。”

五月二日参观设在大阪的博览会，看见“参考馆”中陈列各国物品，中国只有江、鄂、湘、齐、蜀、闽六省参加，而湖北的陈列品又是汉瓦当、唐经幢。张謇不禁又发生感慨：“劝业以开来，而此以彰往，若移置中国博物院，差不倍耳。”他对比了日本各府县郡产品的准备充分和精益求精，指出：“中国六省，彼此不相侔，若六国然，杂然而来，贸然而陈列，地又不足以敷衍。以余乡而言，通州、海门墨核鸡脚之棉，吕四真梁之盐，皆足与五洲名产争衡，皆不与焉。”

在各地访问过程中，有些事情也使张謇深受刺激。

一是在东京鞠町重晤日本前驻朝公使竹添嘉纳。尽管竹添父女热情款待，张謇却想到二十年前在朝鲜与日方相周旋的情景，不禁感慨万端。“岁月骎骎已二十年，彼时余方三十。马山水原，行军之旌旗；南坛汉城，驻节之幕府；闭目凝视，犹若见之。而国势反复，殆如麻姑三见东海为桑田矣，可胜慨哉！”

一是在北海道札幌见到山东日照农民许士泰。许于光绪元年移居札幌郡丘珠村，由于开垦成绩卓著，先后受兴农产会会长总裁赏以银杯及白桃绶名誉章，事迹且奏报天皇。许士泰虽已勤劳致富，但仍然是“状朴拙，口呐呐”，保持乡农本色。张謇感慨地说：“世不必读书治政治家言方为人才，凡能平地赤立而发名成业者，真人才也。莫为之前，虽美弗彰。……夫置一许士泰于烟台苦工之间，何异恒河沙数中之一沙。有人焉，簸之扬之，而许世泰见矣。今中国人中若许士泰者何限？十百千万倍于许士泰者亦何限？其视政府，若九天九渊之隔绝，当其一詈而一嘲，十百千万倍于许士泰者也。抑闻闽粤之人，佣工经商于南洋诸岛间者，以数十百万计，问闽粤有司有可稽之籍否？一许士泰，又宁足论其幸不幸哉！”

但是，最使张謇感到愤慨的却是载振一行在访日期间的一系列表现。载振是军机大臣庆亲王奕劻的儿子，时为商部尚书，以贪污腐化而声名狼藉。

五月一日张謇到达神户时，正好碰上载振、那桐回国。张謇在日记上如实地记下当时的情景：“西京伎小岸、藤叶、富子、胜子四人送贝子（载振）至神户，神户华商宴之，复大集声伎，日报言之。复言：贝子、侍郎（那桐）在名古屋、西京（奈良）广购美术品而不甚购书。询之各华商，贝子匆匆，亦无暇究商务。然则华商户首龙旗飐飐，商殊不负国。”应该说明，这段记载在《东游日记》正式付印时已被删掉，这当然是由于害怕得罪当权的清朝王公贵族。

五月初十日，张謇在东京参观造币局，书记以来宾录请题名。张謇翻开一看，只见前二页已写下五行字。张謇又如实地记下这五行墨迹：“第一行某月、日；第二行大清国某某事来；第三行贝子戴振，戴字误；第四行尚书衔户部侍郎云云那桐，书字脱而旁注；第五行随员二十二人。”事有凑巧，张謇接着翻开大阪城内水源局的来宾录上载振一行的题名，发现“前二行同，三行仍书贝子戴振，尚书衔脱书字未补”。尚书两次写错了自己的名字，侍郎两次写不全自己的官衔，清廷居然派这样的贵族大臣出国考察。应该说明的是，这段记载在《东游日记》正式出版时也被删掉了。

五月十二日，张謇等再次参观博览会，在通运（交通）馆看到制作精密的台湾模型。令人惊诧的是：“乃并我福建诸海口绘入，其志以黄色，亦与台湾同。”这件事曾引起东京中国留学生愤怒抗议，但载振等却毫无反应。所以，张謇在日记上附带写下一笔:“振贝子、那侍郎或未之见耶?”

张謇没有用语言，而是用自己的行动来抨击这些贵族和高级官员有损国格的丑行。他把每天的考察日程都排得满满的，并且作了详细的记录，许多地方都是结合中国实际加以比较、分析，然后提出自己的见解。直到归国前一天，他还抓紧访问了盐业研究所，参观盐田并了解美国制盐法，以及日本改良制作的重底釜。尽管已是利润丰厚的大生纱厂首脑，张謇临行却没有为自己买什么奢侈品，而是专门到博览会为幼稚园购“恩物”(礼物)，并“拟购大犁、中犁、小犁及耙土、播种、割麦、脱粒、薙草、翻草器各一具；工具中拟购织布、缫丝、织绸、织席、绹绳、吸水、精米、造烛器各一具”。此外，他还为通州师范学校聘请了几位日本教员，为幼稚园聘请了有专门训练、经验丰富的保姆（教养员)。

张謇访日之行收获很大，对他此后的思想认识和政治态度都有深刻影响。从四月二十七日启程东行到六月初六日回到上海，往还整整七十天(这一年有闰五月)。在此期间，除着重参观博览会以外，还认真考察了各地的教育与实业。由他自己确定的参观程序是：“先幼稚园，次寻常、高等小学，次中学，次高等，徐及工厂。”张謇的参观不仅有准备，有目的，有计划，而且还非常讲究实际。日方接待者嘉纳治五郎询问张謇“东来调查宗旨”，张謇回答说：“学校形式不请观大者，请观小者；教科书不请观新者，请观旧者；学风不请询都城者，请询市町村者；经验不请询已完全时者，请询未完全时者；经济不请询政府及地方官优给补助者，请询地方人民拮据自立者。”张謇这番话很容易被误解为保守和缺乏宏大的气魄，实际上这却是一贯讲究实效的优良作风的体现。他决不好高骛远，也不追求浮华新奇。他事事都从国内的实际情况出发，在学习外国先进事物时总要首先考虑自身的财力、物力和接受、消化能力。譬如学校，他着重考察的是师范与中小学、幼稚园，因为普及国民教育乃是中国的当务之急。制盐宁愿学习日本简易的改良工具，而不引进更为先进的美国生产方法，因为后者距离中国现有的经济基础太远。

张謇在日本考察的态度也比较客观：既努力学习新事物，但又决不迷信外国，一切都经过实地调查，然后再作出自己的判断。有一次，他在大阪旅舍倾听两个中国留学生谈论十年来的中日关系。甲生认为日本轻视中国，强暴者处处凌侮华人，用柔术者则想控制中国教育之权，“以中国为殖民地”。日本也是向欧美学习，在日本学习不如直接到欧美学习。乙生说：中国普及教育未兴，难以“一蹴而几欧美”，“不若就其犹近我者而借径焉”。日本的轻侮是由于中国的落后，只有坚忍自奋学其长处，努力发展实业、教育，才能赢得外国的尊重。张謇并没有急于评判两者的高下，而是从两方面都作了认真的反复的思考。

张謇在考察过程中并不认为日本一切都好。他是一个已有管理经验的实业家和教育家，不同于那些高谈阔论而又愚昧无知的官僚。他以严格得近乎挑剔的眼光审视一切，详尽地了解日本那些先进的可以借鉴的经验，同时也不轻易忽略某些缺点和存在的问题。譬如，他住在东京清净轩，就发现“旅馆门外临江户城濠，濠水不流，色黑而臭，为一都流恶之所，甚不宜于卫生”。张謇感慨说：“此为文明之累。”在东京，经过多方调查，发现曾在中国向他推销过凿井图纸并打算为大生纱厂凿井的所谓日本工程师竟是一个骗子，而且还牵涉日本驻沪领事。张謇又不禁感慨系之：“嗟乎！日人谋教育三十年，春间教科书狱发，牵连校长、教谕等近百人。今察其工商业中私德之腐溃又如此，以是见教育真实普及之难。”张謇还发现日本也有不及中国之处。从上野乘汽车到青森，“途中所见农业颇有不良者，桑率荆种，间有为地桑之鲁种，叶亦小而薄，麦则穗短而色黯，在田者犹多。询之给仕（服务员）云：七月半后，乃可刈尽，此时亟于莳稻无暇也。此已不及中国矣”。还有日本制盐质量也不理想，“宫城之盐，其第一等与余东同，不逮吕四也”。

张謇富有民族自尊心，同时也具有客观和开明的态度。尽管他在日本看到许多不足之处，但并没有渲染这些缺点，更没有因此否定向日本学习的必要性。七十天内一共参观了三十五处教育机构和三十个农、工、商单位，而且是每看必问，每问必记，每记必思。张謇把访日心得概括地总结为：“就所知者，评其次第，则教育第一，工第二，兵第三，农第四，商最下，此皆合政、学、业程度言之。政者君相之事，学者士大夫之事，业者农工商之事。政虚而业实，政因而业果，学兼虚实为用，而通因果为权。士大夫生于民间，而不远于君相，然则消息其间，非士大夫之责而谁责哉？孔子言：以不教民战，是为弃之。夫不教之民，宁止不可用为兵而已，为农、为工、为商，殆无一可者。然则图存救亡，舍教育无由。而非广兴实业，何所取资以为挹注，是尤士大夫所当兢兢者矣。”依然是“实业救国”，依然是“教育救国”，只不过把教育摆在更为突出的地位，并且更加强调“生于民间而不远于君相”的士大夫（绅士）的桥梁作用。当然，这里所说的“士大夫”已经不是保守顽固的科举文士，而是锐意发展近代实业、教育的开明士绅。上述意见并没有超过张謇在国内已经提出的各项主张，但这是在另一个国家、另一个社会经过实地考察、比较、分析、验证而后重申的见解，因而便显得更为明确和坚定。

张謇把自己考察的范围限制于教育与实业。当然，两个多月的时间即使对于考察教育、实业也并不宽裕，何况他的考察又是那样认真与过细。所以他临行还为未能正式考察日本发达的医学而感到遗憾，尽管他在东京曾观看过医学校的人体解剖，甚至还曾连续几天到医院“修治病齿”。政治也不属于此行考察范围，但在考察实业与教育时却常常碰见政治，这就是他在总结中所提到的，无论是实业还是教育，都应包括政、学、业三个方面，而“政者君相之事”——首先就是政府的政策。他参观博览会农林馆，看见北海道开垦图便想到日中两国政策的区别：对于北海道开垦，“国家以全力图之，何施不可？宁若我垦牧公司之初建也，有排抑之人，有玩弄之人，有疑谤之人，有抵拒挠乱之人，消弭捍圉，艰苦尤甚。是则伊达邦成、黑田清隆（北海道开垦之创始人）之福命为不可及矣”。参观玻璃厂，他非常羡慕“日本凡工业制造品运往各国，出口时海关率不征税，转运则以铁道就工厂，又不给则补助之，国家劝工之勤如是。……与世界竞争文明，不进则退，更无中立，日人知之矣”。他把这种奖励补助（包括资金支持）工商业的政策叫作“以予为取”，认为中国政府应该效仿。参观大阪府立师范学校，他又发表感想：“凡事入手有次第，未有不奏成绩者。其命脉在政府有知识，能定去向；士大夫能担任赞成，故上下同心，以有今日。不似一室之中，胡越异怀，一日之中，朝暮异趣者，徒误国民有为之时日也。”在函馆港，他劝华侨商人合力创办汽船公司自运中日贸易货物，侨商畏缩迟疑，回答说：“先恐华官不许，即许亦不保护。日本邮船会社开创至于今，国家补助未绝也。”张謇深受刺激，在日记上写道：“嗟乎，畏虎者谈虎而色变，孰使吾海外辛苦之民变色至于此。又念余遵朝旨兴扬通内河小轮，犹有阻抑者，彼商人之寒心何怪焉。”到北海道实地考察后，他了解到土地只开垦十分之一，渔、农、林、矿年产值已达四千万元，国家法令规定垦牧二十年以内免予征税，今只征轻微郡町村税，而且还是用于地方警察、学校、卫生。张謇颇受刺激，在日记上写道：“合我二十二行省计之，如北海道者何止百倍，人民之可募可移者何止千倍，使尽如此经营，于富强乎何有？抉其病根，则有权位而昏惰者当之矣。”

张謇是个现实主义者，如此众多的事实不能不使他考虑到“抉其病根”，即改良政府。因为政府假若“昏惰”如故，则什么奖助实业、倡导教育都只能流为空谈。至于如何“抉其病根”，张謇在日记中虽未作正面而具体的回答，但其意向大体上还是比较清晰的。他所强调的有两方面的内容，一是健全立法，二是政党政治。例如，他在东京参观造币局时曾有一段议论：“东西各国办事人，并非别一种血肉，特造止法度，大段（体）公平画一，立法、行法、司法人，同在法度之内，虽事有小弊，不足害法。是说也，尝与沈子培、郑苏堪相发明之。”此外，当他看见报导伊藤博文代替桂太郎担任内阁首相的号外以后，曾作纪事诗一首以抒发感怀。“鸟兽亦有群，朋党性情事。与盗掩耳钟，宁各表其帜。日风多任侠，党多自明治。道同旅进退，明白不曾秘。揭来舆论哤，纷纭在国计。增税与募债，并策强邻备。”仅仅两个多月的参观，自然不可能洞悉议会政治的弊端，因此他对日本的政治情况难免有过于理想化之处。但是，他趋向于实行君主立宪，毕竟是赴日考察后的一大进步。

张謇在日本诗作甚多，其中还有两首也颇耐人寻味。

一首是参观《马关条约》签订之处春帆楼后所作：“是谁亟续贵和篇，遗恨长留乙未年。第一游人须记取，春帆楼上马关前。”

另一首是参观札幌惊羡于北海道开垦二十年业绩，题曰《一人》：“一人有一心，一家有一主。东家暴富贵，西家旧门户。东家负债广田园，西家倾家寿歌舞。一家嗃嗃一嘻嘻，一龙而鱼一鼠虎。空中但见白日俄，海水掀天作风雨。”

张謇回国以后，把自己在日本访问期间的日记编辑付印，题为《东游日记》。此书于八月二十二日印成，张謇分送给友好与各方面人士，目的是推动实业、教育的发展，并且宣传自己的政治见解。当时，访日归来的名流们发表日记、笔记、游记、丛谈，已经蔚成风气，但是张謇作为实业家与教育家去考察日本的实业与教育，他的见闻观感当然有自己的特色，与一般附庸风雅的趋时之作有很大的区别。

二、投身立宪

日本之行促使张謇积极投入立宪运动。“鸟兽亦有群，朋党性情事。”张謇终于认识到，仅仅依靠宫廷斗争，仅仅依靠一个无权而又幻想有所作为的皇帝，仅仅依靠某些比较开明的大臣、督抚，都是无济于事的。为了避免革命爆发并促使清政府确实有所革新，必须在组织商会、农会①、教育会的基础上，进一步组织政治团体以至新式政党，在全国鼓吹与推进立宪运动。

君主立宪主义作为一种社会思潮在中国出现，决不是孤立的现象，它在亚洲其他殖民地、半殖民地国家中也有自己的社会土壤。如一九〇四年越南潘佩珠创立的维新会，鼓吹走日本明治维新道路。还有伊朗的君主立宪运动，土耳其新奥斯曼党人的立宪运动，都属于这种性质。至于印度的国大党运动，菲律宾的“宣传运动”，印尼一九〇八年在雅加达成立的至善社，虽然与前述运动略有区别，但也都属于资产阶级改良运动这个总范畴。其所以如此，一是这些国家的民族资本主义发展不足，决定了本国资产阶级的软弱性格，其上层人物往往倾向于与封建地主阶级妥协；一是日

① 张謇等组织的农会，亦称农学会，是以新派绅士为主体的推动农业改良的研究性和普及推广团体。

俄战争的影响，日本的战胜使人误以为就是君主立宪主义的胜利。中国的情况也是如此，正如以后有人所追述的那样："自甲午以至戊戌，变法之论虽盛，然尚未有昌言立宪者。政变以后，革新之机，遏绝于上而萌发于下。有志之士，翻译欧美及日本之政治书籍，研究其宪法者渐众。甲辰，日俄战争起，论者以此为立宪、专制二政体之战争。日胜俄败，俄国人民群起而为立宪之要求，土、波诸国又闻风而起，吾国之立宪论，乃亦勃发于此时。且当此之时，国民之中，主张激烈之革命论者，日益蔓延。清政府欲利用立宪说，以消弭其患，其君主立宪制之本意，尤以此为多。"① 张謇在访日归来以后的言论，与这股潮流完全是一致的。

光绪二十九年十二月二十八日，张謇从《中外日报》得知日俄战争已经爆发，而且日本已获两次小胜。除夕之夜，张謇心潮起伏，在日记上写道："日本全国略与两江总督辖地相等，若南洋（指南洋大臣管理地区——引者）则倍之矣。一则致力实业、教育三十年而兴，遂抗大国而拒强国。一则昏若处瓮，瑟缩若被縶。非必生人知觉之异也，一行专制，一行宪法，立政之宗旨不同耳。而无人能举以为圣主告也，可痛可恨！"第二天，即三十年元旦，他又在日记上自我督责："晨东南风，昙；午后西北风，晴明。此占验家岁丰人寿之祥也。而海氛方恶，国势方危，区区一隅之地，一人之身所应尽之义务，曾未一一著有效果，而齿则又增矣。可愧！可愧！"

张謇等待着向"圣主"进言的时机，而这样的时机很快就到来了。

不过一个多月，清政府驻各国使臣孙宝琦、胡惟德、张德彝、梁诚等联名电请变更政体，国内的一些督抚也谋求有所呼应，立宪运动已成山雨欲来之势。同时，清政府对于力量逐渐增长的资产阶级上层人物加强了拉拢，于三月初一颁发上谕："张謇着赏加三品衔，作为头等顾问官，钦此。"这既重新激发了张謇对清廷的幻想，也增强了他向清廷进言立宪的勇气。尽管这年他为翁同龢写的挽联再次提到"党锢"问题，但已不再为

① 伧父：《立宪运动之进行》，《东方杂志》第9卷第7号。

帝后党争可能带来的迫害担忧①。

张謇一向不愿做官，即使在受到清廷重视以后也依然未改初衷②。可是这次却毫不推辞就接受了任命，他在三月初五日日记上写道："江海之臣，宦情久绝，忽被恩命，甚愧而逾。顾官为新制，又系实业，于经营实业界中，或者小有裨益，是则王命之孚为可感矣。"张謇年过半百，久经沧桑，志趣未改，倔犟如故，但毕竟深悉世情，待人处事也变得略为圆通一些。在清末实业界，头面人物均有官衔，绅商对朝廷和地方官府自称"职商"，职者即指官职，尽管多系虚而不实。商部顾问官而又冠以头等，自然抬高了张謇的社会地位，也增强了他发言的分量，岂但于经营实业界中"小有裨益"，即使对于推进立宪运动也大有好处。因此，张謇对于主持商部工作的载振，态度也有微妙的变化。他不仅为婉辞主持全国商会及丝茶公司的聘请给载振写了谢启，而且在第二年春天还为人改定《寿振贝子诗》三十韵，并亲自为载振写寿屏、贺函③。这自然不属于私人有所干求，而是为实业和立宪谋求各方面的助力，至少是尽量减少一些阻力。

当时，两江总督刘坤一已经病逝④，先由张之洞署理两江总督，后由魏光焘接任。魏属湘系老人，年已六十七，给张謇的印象是"言论之间，

① 这年五月十六日张謇曾往常熟探视翁同龢，时翁已病重。张謇十七日日记称："诣南泾塘见松禅于病榻，颇惓惓于旧恩，大臣固应尔，抑西人所谓特性也。"二十六日日记："赴得翁宅：二十一日子正，松禅师易箦。遗命以自挽联属书，又令草遗疏。松云：'朝闻道夕死可矣，今而后吾知免夫。'下语微婉，而令謇书，附事尤切。"二十七日："写瓶师自挽联，并自写挽瓶师联：'公其如命何？可以为朱大兴，并弗能比李文正。世不足论矣！岂真有党锢传，或者期之野获编。'"

② 光绪三十二年致江督端方函，曾回忆说："往时蒯观察（蒯光典）为言，大学与政界相近，必先有大学，乃得有多数政界之人，其意以大学为科举时代举人、进士之阶梯而已。鄙意所谓政界之人者官也，所谓大学者，养成可以为官之国民，不必尽为官也。无国民之知识而为官，今天下之官若是其多矣，其有益于国否？与其得多数无意识之官，不如得少数有意识之民。此则方圆之见各殊，不能苟于求同者也。"《东游日记》五月十五日亦有讥刺之词："华士大夫则方官而有商略，方商而有官式。"又《张謇日记》光绪二十九年十二月八日，曾记载他对汤寿潜的谈话："天下将沦，唯实业、教育有可救亡图存之理。舍实业官不为，设至陆沉之日，而相怨吾辈当日不一措手，则事已无及。"

③《张謇日记》光绪三十年三月十七日，三十一年二月二十日、二十一日、二十二日。

④《张謇日记》光绪二十八年九月六日："闻新宁薨逝之电，得一挽联云：'吕端大事不糊涂，东南半壁，五年之间，太保幸在。诸葛一生唯谨慎，咸同两朝，众贤而后，新宁有光。'"

亦老于世故”。其实，与魏同岁的张之洞也逐渐减退了先前的活力，张謇曾多次谒见都碰上此老高卧未起而败兴归来。但是张謇为了推动立宪，仍然不得不求助于都是六十七岁的这两位江、鄂总督，正等于他也不得不违心联络载振之流一样。光绪三十年三月，张之洞入京觐见后回鄂途经南京，与魏光焘共同邀请张謇共商立宪事宜。张謇欣然前往，三月二十二日到江宁住在商务局，第二天就拜访张、魏二督，议定由张謇与蒯光典代为起草请求实行立宪的奏稿。张謇在南京停留半个月，直到四月七日才去上海。在此期间，他参考其他督抚立宪奏稿，与蒯光典反复商讨起草，并将奏稿送请各方有关人士传阅“磨勘”。到上海后，他继续与汤寿潜、赵凤昌（张之洞前幕僚）等反复修改，又不断寄请魏光焘与其他外地人士征求意见，前后总共十易其稿，可见态度之极端谨慎。他对张、魏二督及此稿并不完全满意，曾与偏远的云贵督抚丁振铎、林绍年请求变法的电奏相比较，认为丁、林“敢言之气，当为本朝第一”；张之洞有关立宪的议论虽尚明晰，但“其气甚怯”[①]。

张謇还借用翁同龢的遗言批评张之洞。在张謇未刊函稿中有两封给赵凤昌的信，主要是评论翁同龢、张之洞晚年的政治态度，在两者的对比中寓以褒贬。

其一是：

《义解》（指《宪法义解》——引者）印成否？应早成矣。直如有何消息，祈一询叔蕴（罗振玉）、杏城（杨士琦），断不可虚。下十七、八日与松禅老人（翁同龢）谈两次，颇及宪法。老人极赞，亦以非此不可救亡也。原动力需加火以热之，有何妙策见示。

松雪道人

烟波钓徒 五月廿九日

其二是：

印成书否？顷得密函，振得丹书，告其堂上，亦深以为然，但言须稍

① 《张謇日记》光绪三十年三月二十八日：“抱冰（张之洞）来，复谈立宪，其论亦明，其气甚怯。”

从容。此时正在译宪法，择与时势合而易行者，闻将进之。又北洋友人讯（此讯亦由京转），言南皮（张之洞）创为有限宪法之说，民间有义务无权利，讥其毒民，后必不昌，岂真有此说耶？公有所闻否？此老发端既不勇，而以大学章程例之，恐学术杀人之事不免。公与之有休戚之谊，不可不尽言。昔人言以嗜欲杀身，以货财杀子孙，以学术杀天下后世之人，君子不可有此罪孽。此事消息不恶，印书必望速成速布速进，并望以百本即见寄。常熟遗疏中即有此语，是病榻所谈，此老毕竟有心。公秘之。
松雪翁

江东步兵 六月一日

所谓“原动力”显然指的是清廷，“加火以热之”则指舆论的推动以及进呈《宪法义解》等书。“振”指载振，“丹”指许鼎霖（丹揆），“堂上”指奕劻。张謇一方面极力联络清廷核心人物，一方面以“学术杀人”之语抨击张之洞，可见他参与立宪运动的积极性仍然很高。除了继续为张、魏修改奏稿以外，还组织编译刊印了《宪法义解》、《日本宪法》、《日本议会史》（第一期，全部共十二期）等书，分送各方面重要人士，甚至还托人秘密送入宫内十二本。这时，全国范围的立宪运动已经逐步展开了。

根据张謇参与起草的奏稿以及为《宪法义解》、《日本议会史》等书所写的序文，可以看出他们有关君主立宪的基本见解。

首先，他们认为，非从根本上改变政体不足以挽救国家的危亡。“朝廷变法自强，屡下明诏，凡百新政，未尝不渐次设施。然政体不变，则虽枝枝节节而为之，终属补苴之一端，无当安危之大计。”张謇是个善于审时度势的人，现在的态度要比撰写《变法平议》时鲜明得多。他不再非议康梁的“躁进”，反而批评那些认为立宪尚非其时的守旧势力：“论者辄言非其时，非其时；有志之士，愤世之杰，或亦同声而和之。不知各国立宪之始，将皆时至而乘之乎？抑人为之而时合之也？……嗟乎！施政之秩序有缓急，国民之智力无强弱，事不难于发端，亦贵有以先之耳。”（《日本议会史序》）他决心走向立宪运动的前列，而且也确实成为立宪运动的先导者。

其次，他们认为，在各国宪法中间，与中国国情相近而又最宜于学习的是日本宪法。他们特别强调“日本以帝国为政策，统于一尊”，即立宪后仍然保持“万世一系”的天皇制。并且极力向清廷推荐伊藤博文编写的《宪法义解》，为之誉扬说：“尊主庇民，巩固国势，成规具在，似可采择。”所谓“庇民”，自然很有限度；关键在于“尊主”，即“统于一尊”。这是给清朝皇室吃定心丸，希望他们能够接受君主立宪方案。

第三，他们还进一步安慰清廷，极力保证立宪以后君权不会削弱。理由是：“万几决于公论”是历朝相传的“圣训”，立宪无非是发扬光大这种“圣训”。“宪法所谓公论，不过变咨询之少数为多数，且仍决之于上，是君权转因之尊。”这就是说“公论”的范围虽然有所扩大，但最后裁决的权力仍然掌握在皇帝手中。而且，只要“变咨询之少数为多数”，就可以增强多数国民的责任心，不但“理财、练兵、兴学其事易举”，就是繁重的外债、赔款也不难逐步偿清。张謇正在向西方早期资产阶级学习以纳税换取选票的传统经验，但却把选举、罢免、立法等民主权利降低成为咨询性的“公论”，这自然表明中国资产阶级的上层人物比他们的欧美前辈更为软弱。

第四，他们对立宪步骤作了初步规划：（1）宣誓立宪，通告天下，“定为大清宪法帝国”。（2）派亲信而又有声望的王大臣出国考察宪政。（3）按照日本早期宪法章程办理立宪事宜。他们认为第一步特别重要，因为“内忧外患”已经严重到极点，只有充分表明立宪决心，才能使“外而眈眈环伺之列强，内而狡焉思逞之匪党，皆当改易视听，革命洗心”①。只要朝廷明确表态，就可以外御凌侮、内防革命，这未免夸大了统治者个人的作用。但是，从张謇等立宪派的角度来说，为了促使腐朽落后的清廷在立宪道路上向前迈出第一步，需要从多方面加以劝说、开导、鼓励，毕竟也是可以理解的。

在此期间，除张之洞、魏光焘外，张謇还积极联络其他各省督抚，希望他们采取一致行动，共同敦促清廷实行君主立宪。其中特别值得提出

① 以上引文，除已注明者外，均录自《张謇、赵凤昌、汤寿潜改定立宪奏稿》。此稿收于《近代史料信札》（即通常所谓《赵凤昌藏札》），但《张季子九录》未收，亦不见于《张文襄公全集》，可能未被张之洞采用奏陈。

的，是张謇与袁世凯绝交二十年以后的正式复交[①]。

辛丑以后，由于李鸿章的病逝，袁世凯已经继任直隶总督兼北洋大臣，并且先后与掌握军机处实权的荣禄、奕劻等深相结纳，成为在晚清政局中举足轻重的关键性人物。所以，富有政治经验的张之洞再三劝告张謇，需要首先与袁世凯商议定妥，然后才能正式着手推动清廷立宪。同时，周家禄、汤寿潜等也作如此建议。张謇由于与袁隔绝已久，而且素知袁既有权势欲又颇多心机，所以起初态度相当谨慎。光绪三十年四月十二日，他首先通过袁的亲信杨士琦，了解袁最近的政治见解。直到五月十三日，他才正式给袁世凯写信，促其奏请立宪。

袁世凯由于地位不同，既是封疆大吏，又没有弄清慈禧真实意向，所以态度更为持重。尽管张謇劝他做中国的伊藤博文，他却含糊地回答："尚须待之以时。"张謇继续争取袁世凯的支持，于光绪三十一年八月间，托吴彦复（吴长庆之长子）北上向袁面陈一切，并给袁写了一封信。此信除劝袁不要继续上疏禁止抵制美货以外[②]，主要还是敦促袁带头奏请立宪。他向袁再次进言："日处高而危，宜准公理以求众辅。以百人辅，不若千；千人辅，不若万；万人不若亿与兆。自非有所见，不为公进此一言也。且公但执牛耳一呼，各省殆无不响应者。安上全下，不朽盛业，公独无意乎？及时不图，他日他人，构此伟业，公不自惜乎？"张謇对袁世凯的个性颇为了解，不仅晓之以义理，而且喻之以利害。袁世凯只要看见利之所在，是决不会甘心"万事居人后"的，张謇的进言在一定程度上正是利用了袁世凯的政治野心。

由于立宪运动已在全国范围蓬勃发展，清廷又有利用立宪以安抚国民

---

① 光绪十年冬张謇致袁子久（世凯之叔）函，曾说："慰廷办事非不勇，治事非不勤，而时时杂以世故客气之习，故举动辄不胜有识之求。"语气已较绝交信缓和得多。甲午战争爆发后，袁世凯亦曾在北京访谒张謇，主要是谈朝鲜及中日关系问题。此后两人私交仍恶，戊戌政变后张更憎袁。

② 当时抵制美货运动还为曾铸（张謇友好）等上层绅商所能够控制，因此张謇称之为"文明竞争"，认为可收"赞助政府之效"。他希望袁能给以配合，可以自行主张严禁抵制美货，但在实际上却不要干预各省的抵制美货运动，以求"两面相夹，正合飞箝捭阖之用"。但是，以后运动渐趋激烈，帝国主义加强压力，曾铸等退出运动，张謇即不再认为这个运动可以"销敌强权，渐回国势"，并且极力疏通解除抵制了。

的意向，所以袁世凯的态度转为明确。他也回信恭维张謇说："各国立宪之初，必有英绝领袖者作为学说，倡导国民。公夙学高，才义无多让。鄙人不敏，愿为前驱。"[①] 袁世凯也极力奏请立宪。清廷在各个方面促进下，终于在光绪三十二年七月十三日下诏预备立宪。为此，张謇又给袁世凯写了一封信："自七月十三日朝廷宣布立宪之诏，流闻海内外，公之功烈，昭然如揭日月而行。而十三日以前，与十三日以后，公之苦心毅力，如水之归壑，万折而必东，下走心独喻之。亿万年宗社之福，四百兆人民之命，系公是赖。小小波折，乃事理所应有。以公忠贞不贰之心，因应无方之智，知必有屈信尽利者。伟哉！足以伯仲大久保矣。吴武壮（吴长庆）有知，必为凌云一笑。而南坛、汉城之间，下走昔日之窥公，固不足尽公之量也。"最后提到的"南坛、汉城"之往事，实际上就是为《与朱曼君及叔兄致袁慰亭函》那封绝交信致以歉意，表示愿意尽弃前嫌，重续旧好。

时过境迁，二十年过去了，张、袁二人的地位和识见都变化甚多，他们是在新的条件下和新的基础上寻求范围更为广阔的合作。

二十年前，张謇不过是庆军的一个幕僚，依然隶属于传统的士人群体。"謇，直言也。"他的个性如同他的名字，而用传记主人公的习惯语言来说应是"名从主人"，即他的名字体现了他的刚直憨朴的性格。他恪守圣贤的教诲，以纲常伦理作为知人论世的标准，而且自己也身体力行。他诚然是一个爱国者，但封建道德规范仿佛是一个狭小的容器，把他的报国之心局限在较低的层次上。他不仅忠于国主，而且忠于幕主，这就是所谓名分与风义。他赞赏袁世凯办事的干练敏捷，却不满于袁的浮躁与热忠利禄，特别是愤慨于袁对衰病中的吴长庆的冷淡与背离，当然也包括袁对同僚师友的轻慢与倨傲。他与袁世凯的绝交，不是出于政见分歧，不是出于工作冲突，更不是出于个人恩怨，主要是出于道德观念的差异，当然多少也夹杂一些性格冲突与意气用事。

二十年后的张謇，已是历经世变、倾动东南、影响全国的名流。他从

① 张一麐：《拟复张季直殿撰》，《心太平室集》。作者时在袁世凯幕中，深得袁之信任。

传统儒学中的经世致用流派出发，经过清流、帝党的困惑生涯，终于发展成为笃信“实业救国”、“教育救国”的近代大事业家。他的国家观念与道德观念已经发生变化，对民族前途和国家近代化的关心实际上已经超过对君主个人的忠诚。在他内心的价值天平上，动机与效果、道义与功利的比重发生了微妙的变化。他逐渐离开那个宁可让嫂子淹死也不援之以手，或者是迫使女儿上吊以换取旌节牌坊的迂腐营垒。他已经开始树立在世界范围“竞争文明”的近代观念，希望国家尽快摆脱贫困落后以求有所自立于强国之林。与这个大目标相比较，青年时代的意气用事便越发显得幼稚可笑。何况他已明于世故，不再是那样十分拘执与古板；既然可以联络素昧生平的载振，为什么不可以与毕竟有过共事之雅的袁世凯复交。办大事业需要众多人才，也需要众多助力，他既然要倡导全国范围的立宪运动，便必然要向各个方面寻求广泛的支持。

袁世凯也不再是二十多年以前那个少不更事的纨绔子弟。他凭着自己脑筋与手腕的灵活，当然也包括军事、政治、外交方面的才能与经验，顺利地经历了戊戌、庚子两次惊涛骇浪，不仅没有成为派系斗争的牺牲品，反而充分利用派系斗争，左右逢源，得心应手，终于成为手头掌握一支具有相当战斗力的新式军队，位居疆臣之首并已赢得中外瞩目的显赫人物。他与张謇是同一时代而又不同类型的两种人物。张謇具有强烈的事业心，袁世凯具有无可遏止的权势欲。张謇仅仅是“明于世故”，谋求有所因应而有所不为，并不玩弄手腕。袁世凯则是“精于世故”，为了达到个人目的可以不择手段，而且很善于表演虚伪姿态。张謇给袁世凯的信虽然不无溢美之词，但基本上是开诚布公的。因为刘坤一已死，张之洞老迈，他不能不在后起的督抚中（如袁世凯、端方等）寻求新的依托。袁世凯则无非是把联络张謇作为他政治棋盘上的一着备用的棋，因为张謇号称东南人望而且在舆论上颇有影响力，在必要的时候他需要张謇的合作。但是袁世凯重视利益甚于情谊，重视实力甚于声誉。他可以充分利用每一个人，但决不轻易相信任何一个人，包括他的核心部属乃至他的子女。

张謇正在与这样一个政治人物恢复交往。当然，鉴于他既往的所作所为，张謇在内心深处也未尝不有所保留。下面是张謇日记中两处较长的议论：

光绪三十一年四月十一日："杨兄弟七人（指杨士琦等——引者），一死于粤海，一官山西平阳知府，一署东抚，一总办招商轮船，一崇明知县，一行为清江铜元局总办，一内热而风，皆因公路（袁世凯）显。平阳守为甲午同年，稍能自异。可怜光彩生门户，杨氏故事也，今其炙手可热似之。刘永庆字延年，公路戚也。公路势力益扩，骎骎只手揽东南北半壁矣。"

同年十一月二十九日日记附有《立宪近况记略》："立宪之机，动于铁、徐（铁良、徐世昌）之入政府，端之入朝，振贝子又助之，陈于两宫。慈圣大悟，乃有五大臣考察政治之命。既盛宣怀于召见时首倡异议，袁世凯亦依违持两可。会八月廿六日车站炸弹事发，慈圣大震，而小人得乘势以摇之。然五大臣之命不可遂收，故反复延宕至三月之久。徐入政府，袁所荐也，闻于此事不甚附袁。既又留徐、绍而易以尚其亨、李盛铎，佐泽公西行。李颇有自命为宪政党之意，亦时时示异于袁，盖善占气候人也。然又贰于端，殊自表儤。观其戊戌之已事，性质、手段略同于袁，而地位不同，所已成就者亦遂小异。留学生归国事（指留日学生反对取缔规则罢课回国——引者），李颇采余说，而又忌余之亲端，乃略解之。要之，宪政之果行与否，非我所敢知，而为中国计，则稍有人心者不可一日忘，此事将于明年秋冬之季卜之。"

然而张謇别无其他选择，亡国危险仍然存在，革命高潮即将到来，推行立宪必须依托各地督抚的实力，而这就必然要把联络袁世凯视为活动的重点。文艺需要激情，政治则需要心计。联络袁世凯，对于张謇来说，主要是受立宪运动的驱使，与翁、张交谊的诚笃深厚不可相提并论。但是，由于地位与作用均已显著增强，袁、张之间的联络与分合，对于清末民初政局的影响，却又是翁、张交谊所不可比拟的。

三、预备立宪公会

光绪三十二年是资产阶级革命派走向广泛发动武装起义的一年，也是立宪运动在全国范围走向空前高涨的一年。

以孙中山为首的资产阶级革命派，虽然早在光绪二十年即已成立兴中会，并于次年在广州作最初的武装起义的尝试。但在国内影响较小，许多新派人物寄希望于康、梁的维新变法，却不知孙中山宣传并实践的革命为何物，有些人甚至以为孙中山是个桀骜不驯的江洋大盗。戊戌变法失败以后，一向主张自上而下改良的维新君子们也成为海外流亡之徒。尽管康有为倡立了保皇会，但梁启超、欧榘甲等年轻的门徒则曾倾向并宣传过共和与革命，在自立军起义过程中两派也曾经有过合作关系。但是由于康有为"不忘今上"，始终坚持顽固的保皇立场，加以梁启超到处宣传"名为保皇，实则革命"，蒙骗并夺取了大多数兴中会的群众，此后两派即逐渐势如水火。孙中山首先起来批判保皇党人为虎作伥，同盟会成立以后又以《民报》为主要阵地，从理论到现实与保皇派展开系统的论战，有力地推动了民族民主革命思潮的传播。并且在光绪三十二年萍浏澧起义以后，在两广和云南边境发动武装起义。

张謇与康、梁的情况不同，他既没有与革命派合作的经验，也没有与革命派有过直接交锋。起初，他对革命派了解甚少，以为无非是幼稚青年惑于自由平等之说，或是由于种族之见太深。他对自由平等学说持保留态度，因此主张对青年学生实行"干涉主义"。但他更多地是以从事教育的长者姿态出现，侧重于对学生的开导和劝说。甚至当同盟会成立后，大批留日学生为反对日本政府取缔规则而纷纷归国之际，他虽认为学生过于"浮嚣"，但却与赵凤昌等积极筹划接待与安置。当时，由于两任驻日公使蔡钧、杨枢夸大事态，盛传回国留学生多为革命党，形势颇为紧张。张謇却不以为然，经过向留日学生调查，他在日记上写道："知杨使所传革命事不尽确，盖一二浮动少年激于鄂督之奏疏、政府之意向，持论过激，而孙党乘而煽之，亦数十人而已。而杨使畏葸，乃故张而大之也。"① 他担心矛盾激化，反对扩大事态。

但矛盾毕竟迅速激化，张謇终于直接感受到革命党人的挑战——最初是吴樾在北京车站暗杀出洋考察政治五大臣的炸弹声。当天深夜，《时报》

---

①《张謇日记》光绪三十一年十一月二十日。

主持者狄葆贤前来向张謇报告："五大臣临发都门，炸药忽发，泽公、绍商丞微伤，送行者毙二人，伤数十人。"张謇认为："此必反对立宪人所为也，如此则立宪尤不可缓。"他当即起草给端方的电稿，并请"奏布明诏，以消异志"[①]。吴樾的壮烈牺牲，不知推动多少爱国青年投身革命；但是在炸弹爆裂、血肉横飞之际，他却万万没有想到自己的行动在客观上也促使立宪派加快了步伐。

虽然延宕达三个月之久，但由于已发之王命不可收，五大臣经过略作人员调整，终于出洋考察政治，这在海内外立宪派看来就是一次胜利。梁启超为他们捉刀代笔，起草考察报告，重新与国内某些王公大臣建立了联系。张謇对此也极为重视。当出洋大臣回到上海时，张謇专程前来与载泽、端方、戴鸿慈等商谈，并发起商、学两界公宴端、戴，与随行的各省提学使也曾多次会晤，加强了彼此的联系。同时，他还为端、戴起草了《为立宪致各省督抚电》，以扩大此次考察的影响。

四大臣（李盛铎因出使比利时未归）回到北京后，立即向慈禧多次奏请立宪。他们反复申说，只要仿行日本宪法就可以得到三大好处：(1)"君权永固"；(2)"外患渐轻"；(3)"内乱可弭"。其实这都是梁启超、张謇等早已说过的老话，只不过载泽、端方等是满族亲贵大臣，他们的进言比较容易得到慈禧的信任。为此，慈禧特地召开一次御前会议，于七月十三日正式颁布诏谕，宣称，"大权统于朝廷，庶政公诸舆论"，预备仿行立宪，等几年以后察看"民智"程度，再行决定正式立宪的时机云云。

预备立宪的"国是"总算确定下来了。尽管清政府拖延和欺骗的手法受到革命派的谴责和揭露，可是国内外立宪派却大为捧场，纷纷在各地"开大会，举祝典"，表示热烈庆贺。这就是张謇给袁世凯信中所说的，"自七月十三日朝廷宣布立宪之诏流闻海内外"云云。但洞悉朝廷内情的袁世凯却并不乐观，他给张謇的回信连称"惶愧，惶愧！方今事变之亟，任事之难，如运百斛舟于惊风骇浪之中，而欲其诞登彼岸，行百里者半

---

①《张謇日记》光绪三十一年八月二十六日。

九十，岂不信然”。事实也正是这样，即使在七月十三日诏谕预备立宪以后，统治阶级中的顽固势力仍然持怀疑与反对态度。他们一怕削弱君权，二怕丧失满族亲贵特权，三怕政体改革势将引起更大的动荡不安。如果深入观察，即可发现清廷宣布立宪主要是迫于形势，缺乏必要的主观能动性。

就是在赞成预备立宪（不管认识程度及是否有诚意）的王公大臣中，也还存在满汉地主阶级之间的矛盾，而这又往往表现为中央与地方的矛盾。当然，满人亲贵之间、汉人大臣之间也存在着不同派系的矛盾，并且相互交织在一起。统治阶级内部各派之间对于权势的争夺总是无止无休的，因此他们的内部矛盾也就从来都是不可克服的。

不过，从当时的实际情况来看，统治阶级间中央与地方的矛盾是主要的。这是由于，正如本书前面已说过的，清朝皇室和亲贵集团所最为担心的“内轻外重”趋向继续向前发展。对于最高统治者来说，“内轻外重”的威胁并不下于革命。因为甚至还在革命爆发之前，地方实力派的崛起就有可能夺取中央统治者权力的大部以至全部。清廷是以少数民族统治全国，对此自然更为敏感。

清沿明制，入关以后实行的依然是秦汉以来的中央集权制。但道光以后，中央政权的权威即不断遭到削弱，鸦片战争冲击于前，太平天国震撼于后，湘、淮军的相继兴起，即已表明政治重心逐渐下移。洋务运动的兴起更使地方实力派大为受益，他们除了掌握集团武装和地方政权以外，又掌握一批工矿企业以至交通、金融机构，从而把自己的势力迅速扩大到一省或数省之外。对于这种趋势及其严重后果，察觉较早而又论析较深的是曾经参与镇压太平天国的赵烈文。同治六年他的日记上有一段记述：“六月二十日初鼓后，涤帅（曾国藩）来畅谈，言得京中来人所说云：‘都门气象甚恶，明火执仗之案时出，而市肆乞丐成群，甚至妇女亦裸身无袴，民穷财尽，恐有异变，奈何?’余曰：‘天下治安统一久矣，势必驯至分剖，然主德素重，风气未开，若非抽心一烂，则土崩瓦解之势不成。以烈度之，异日之祸，必根本颠扑，而后方州无主，人自为政，殆不出五十年矣。’师蹙额良久，曰：‘然则当南迁乎？’余曰：‘恐遂陆沉，未必能效晋、宋也。’师曰：‘本朝主德正，或不至此？’余曰：‘主德正矣，而食报已不为不厚。国初创业太易，诛戮太重，所以有天下者太巧。天道难知，善恶不相掩，后君之德泽，未足恃也。’”[①] 从曾、赵此次谈话之日起，到清王朝的“抽心一烂、土崩瓦解”，其间不过四十四年；到袁世凯称帝失败后的“方州无主、人自为政”，即失去重心、军阀混战，其间也不过四十九年。这也许是一种巧合，但人们不能不承认其中确实包含着一种合理的直觉。只要排除赵烈文谈话中“天道”、“善恶”那些封建迷信的神秘色彩，便不难发现他的政治预言是以历史的和现实的经验为依据的。他所说的“统一”、“分剖”、“风气”、“瓦解”、“颠扑”、“无主”、“陆沉”等等，都是从统治者、人民、形势三方面作综合考察，然后形成一种类似政治力学的判断。所谓“主德”即皇室的权威，从封建政治体制角度来考察，中央集权专制的巩固依赖于皇室权威及其遍及全国的官僚、军队网络的稳定。而“主德”——皇室权威，其本身就是稳定这个网络的政治重心，它的分量越重，便越易于调节统治阶级内部各种矛盾，共同对人民实行有效的统治，以求维持各种政治力量之间的平衡。如果它的分量越来越轻，便会减弱以至失去政治重心作用，中央集权专制的统治网络就会因此缺乏自我调节能力，终至失掉平衡、稳定以至分崩离析。到了近代，“风气”（即人民政治觉悟或参与意识）又成为直接影响政治局势的一个重要因素，因为民权思想的传入与滋长，以及近代工矿企业和教育事业的发展，是对中央集权专制及维护它的封建宗法思想的新的挑战。“风气”的开化，将在政治天平上皇权的另一方增加砝码，使中央集权专制的相对平衡更易于受到破坏。赵烈文把“主德素重”与“风气未开”联系在一起，说明他多少具有一些近代眼光。特别是在朝野上下都陶醉于所谓“剿平粤匪”、“同治中兴”之际，赵烈文对清王朝的前途怀有这样深沉的政治忧虑，确实表现出他的敏锐与远见。

赵烈文与曾国藩没有直接谈到“内轻外重”即重心下移问题，因为这

---

① 刘厚生《张謇传记》最先引用赵烈文与曾国藩这次对话，此书第158—165页有较详尽的分析可供参考。

是封建时代皇室最为忌讳的事情，历代许多权势倾动一时的将军和大臣，就是因为触犯了这种忌讳而惨遭杀身灭族之祸。自镇压太平天国以后，曾国藩位高思危，为消除皇室的疑忌花费了不少心力，自然要尽量避免议论这样敏感的政治问题，何况他又是一个极端拘泥于君臣大义的道学家。但是谈话毕竟含蓄地接触到这个问题，因为这已是无可讳言的现实趋势。曾国藩所说的“然则当南迁乎?”便蕴含着对这种趋势的理解。鸦片战争以后，特别是六十年代以后，东南地区经济、文化的发展远远超过西北，地方实力派的依托主要亦在东南。如果皇室“南迁”，则必然要被东南督抚所控制，成为虚有其表的傀儡。但是，赵烈文从国内外形势进行判断，根本否定了偏安一隅的可能，说是“恐遂陆沉”即完全垮台。这自然使曾国藩感到极为恐惧，所谓“吾日夜望死”，大概并非故作姿态。

清朝皇室对于这种趋势自然更为惶恐，他们无时无刻不在设法阻遏这种趋势的发展，直至最后“抽心一烂”、“土崩瓦解”。

慈禧是一个非常精明而又善于玩弄权术的宫廷贵妇。她曾与恭亲王奕䜣结成同盟，依靠列强的支持，通过辛酉政变扫除肃顺等政敌，取得了最高统治权力——垂帘听政。并且又利用汉族地方实力派湘、淮等系军队，镇压了太平天国、捻军和其他各族人民起义，重新恢复中央皇室的权威，恢复了政治局势的平衡。她长期生活在宫廷之内，心胸狭窄而又工于心计。她缺少近代政治眼光，更谈不上什么治国安民的雄图大略。她考虑的只是如何维护自己历经艰险所赢得的绝对权威，然后才是爱新觉罗皇室世系的延续。她利用奕䜣，但又唯恐这位亲王“功高震主”，不断地打击、折辱、罢斥，直至使奕䜣在政治上不再具有任何重大影响。她不能容忍有任何人凌驾于自己之上，包括自己的亲生儿子同治小皇帝。同治不幸早死，她又选择另一个小皇帝光绪。把这些乳臭未干的孩子管教得服服帖帖地坐在龙椅上，完全按照她的意志来治理天下，这使她感到一种极大的甚至是不可缺少的满足。她要求于这些小儿皇帝只是他们的孝敬恭顺，而并非英断多谋。所以，当光绪在甲午战争和戊戌维新期间刚刚表现出有所作为的时候，她就毫不犹豫地把光绪囚禁在瀛台，直至把这个青年人折磨成为一个活死人。她曾经选择溥儁，目的也无非是再调换一个可以任意摆弄的儿皇帝。只是由于社会舆论的强烈反对，再加上列强的出面干涉，才使她不得不有所收敛。

应该指出，慈禧对付地方实力派，则要比在皇室内部的争权夺利困难得多，因为她所面临的是若干个拥有兵力、财力、物力和地盘的实体，而且这些实体还有一定的社会基础。在中央和地方之间，每逢出现利害冲突和政见分歧之际，如果她需要采取任何重大对策，都必须首先通盘权衡各种政治力量的对比，而首先是中央和地方政治力量的对比。她利用湘、淮等系镇压农民起义，又利用湘、淮等系办洋务。及至中央集权专制的网络得到恢复与相对稳定，而湘、淮等系实力逐渐膨胀，她又利用湘、淮等系之间的矛盾玩弄权术，并且利用“清议”来牵制洋务派。当一部分清流围绕在光绪周围形成帝党，并与维新派联合推行变法图强时，她唯恐大权旁落，又依靠淮系打击迫害帝党和维新派。她很善于在各派政治力量之间寻求平衡，但可惜这种平衡最后听命于一个昧于世情的落后头脑。

一大群翎顶辉煌的男人被一个控制着君权的女人摆弄得俯首帖耳，而这个女人又早已被男人们编造的纲常名教整治得短见浅识。就是这么一帮子人占据着最高统治地位，这是近代中国历史的不幸。

但是慈禧毕竟老了，正如她所从属的这个王朝已经进入自己的暮年一样。她的脑力、精力和实力，都很难驾驭这样一个处于列强争夺下的大国的复杂政治局势。在义和团控制北京期间，她意识到自己的绝对权威已经动摇，实际上是在一段时间内已经失去控制局势的能力，尽管她还可以处死弱小的珍妃以发泄自己的愤恨。她离开了皇宫，像逃难的村妇一样，在人烟稀少的西北荒凉地区流亡。真正的权威在东南，东南决定全国的局势。还是张謇说得对：“无东南不足以存西北，为其实不足以存也。”西安的朝廷已经成为虚有其表的“名”了。然而东南督抚还要这个“名”，因为他们不仅是服膺名教的老辈，而且谁也没有力量真正控制全国政权，还需要利用皇权来恢复和维系政局的平衡。列强也需要“保全”这个朝廷，因为谁也没力量独霸中国，只有相互协调纷争并通过清廷统治中国，才能继续维护和发展他们的侵略权益。慈禧以空前丧权辱国的《辛丑条约》换取了列强对她的统治地位的继续承认，她破例在宫内欢宴各国公使夫人以求博得帝国主义的欢心，又不得不承认推行变法以缓和人民的憎恨。她重新回到紫禁城内，皇权又重新成为稳定全国局势的重心，然而她和它的地位都更加虚弱了。

她依然玩弄权术，然而是处在更为被动、更为疲软的状态下的艰难应变。荣禄死后，她如同失去一条有力的臂膀，现在所能依靠的只有庸庸碌碌的醇亲王奕谩和昏庸贪婪的奕劻。在外臣中间，李鸿章在最后签订一个卖国条约以后即已死去，接替他的是新起的北洋新军首领袁世凯。袁世凯通过荣禄博取了老佛爷的恩宠，又通过奕劻巩固和加强了自己的地位。慈禧原来信任袁世凯的忠诚，但逐渐察觉这是一个比李鸿章更难驾驭的人物。这个人更有实力，更为干练也更有权谋。于是她又利用瞿鸿机、岑春煊等与袁世凯之间的权力争夺，借以限制袁世凯势力的扩张并“鞭策而用之”。袁世凯是深明内中机关的，所以他说自己“如运百斛舟于惊风骇浪之中”。

果然，在清廷“改革官制”的过程中，暗中的争夺颇为激烈，其中既有铁良、善耆等与奕劻、袁世凯的矛盾，也有袁世凯与汉族大臣瞿鸿机之间的矛盾。

光绪三十二年七月十四日，清廷谕令载泽、世续那桐、铁良等八名满大臣，与张百熙、袁世凯、徐世昌等六名汉大臣会同编纂新官制。其下则设有以杨士琦、孙宝琦为提调的新官制编制馆，具体草拟提供讨论的官制改革方案。最初经由奕劻等核定上奏的方案显然对袁世凯有利，它建议取消军机处，改设内阁；内阁设总理大臣一人，左右副大臣各一人。从当时的情势来判断，如果这个方案付诸实行，则奕劻必定出任内阁总理大臣，袁则很有可能成为掌握实权的副总理大臣，北洋集团势力将更为膨胀。这当然要引起满族亲贵的猜疑和反袁派汉大臣的忌恨。经过瞿鸿机等人在慈禧面前的进言阻挠，清廷于九月二十日下谕：“军机处为行政总汇，雍正年间，本由内阁分设，取其近接内廷，每日入值承旨办事，较为密速。相承至今，尚无流弊，自无毋庸复改内阁。军机处一切规则，着照旧行。其各部尚书，均着充参预政务大臣，轮班值日，听候召对。”① 一方面把旧官

---

①《清德宗实录》第546卷，第12页。

制军机处说成是“相承至今，尚无流弊”，从根本上否定了官制改革的必要性；另一方面又把现在要建立的近代政治体制的内阁，说成是改回到旧官制的内阁。这样愚昧落后的指导思想，自然把所谓官制改革弄得不伦不类。其结果无非是裁并、增设几个部和更易几个部院的名称而已。立宪派的希望落了空，袁世凯的如意算盘也落了空。

更为引起各方面不满的，是经过所谓官制改革以后的人事安排。清廷各部例设尚书二员，满汉各一；侍郎四员，满汉各二。但改革以后，十一个部的十三个大臣、尚书之中，满族亲贵七人，蒙古贵族一人，汉族官僚五人，连以前那种表面上的对等也没有了。其中，以铁良出任陆军部尚书，从袁世凯手中收回北洋军一、三、五、六等四镇的指挥权，并宣布各省新军统归陆军部管辖，这就更为明显地暴露了满族亲贵企望加强以自己为核心的中央集权的政治意向。情况正如《民报》一篇文章所说的那样：“满洲政府所以谋中央集权者，以少数民族制驭多数民族所不得不然之结果也。”[①]

满族亲贵集团如此露骨地谋求加强中央集权专制，不仅增加了汉族地方实力派的反感，更使立宪派感到失望。他们决心进一步组织起来，发动全国各界人士联合向清廷施加压力，预备立宪公会就是在这样的背景下成立起来的。

人们可以看到，张謇在光绪三十二年活动特别频繁。他自己在这年除夕的日记上算了一笔账：“计本年元月至除夕，在家凡三十九日，东西南北，未有若是之役役也。最（撮）其事由，大半为路事。”所谓“路事”即争沪宁铁路的修筑权利，但这决非他活动的全部。从九月以后的日记可以判断，除“路事”外他还频繁地参加江苏省教育会及图书公司等各种会议，简直是在会议和公私酒宴中过生活。从张謇的主观意图来考察，这些活动都可以看作立宪的准备，而作为其直接的结果便是预备立宪公会的诞生。

预备立宪公会于光绪三十二年十一月初一日在上海成立，由郑孝胥致第一次开会报告词[②]。他首先说明该会的定名，是根据七月十三日上谕所

---

① 精卫：《满洲立宪与国民革命》，《民报》第8号，第35—41页。

② 参见《预备立宪公会章程题名表》。

曾指示："使绅民明晰国政以预备立宪"。该会的宗旨主要是教育国民，从思想上为立宪作准备。他认为中国数千年来都是家天下制度，而人民的弱点则是"苟安偷活"四字。"苟安"系对于国政而言，即"卑贱"屈从于"尊贵"的绝对权威，无丝毫权利可言。"偷活"系对于"身家"而言，"人人皆暂救目前，绝无顾全大局之思想"。他主张，对于国政应革除"苟安"而提倡"责难"，即人民应加以关心、研究、议论，以供政府采择。对于"身家"应革除"偷活"而提倡"图存"，首先是调查"工商实业之利弊"，以求"民生之发达"。这篇报告词反映了东南绅商积极要求参与政治，其民主意识也有了明显的增长。

预备立宪公会推定郑孝胥为会长（以后郑辞职，先后改为朱福诜、张謇），汤寿潜与张謇为副会长。其主要成员大多是江浙工商业者和具有开明倾向的东南名士。据《预备立宪公会报》三十四年第二十期所载选举董事名单，除郑、汤、张三位会长外，还有许鼎霖、李平书、李云书、周廷弼、周金箴、王一亭、王清穆等，这些人都是江浙地区极为活跃的上层绅商；此外则是一些与他们关系非常密切的名流文士，如张元济、高梦旦、孟昭常、孟森、杨廷栋等。另外一些江浙资本家以及与工商界关系密切的知识界头面人物，如叶惠钧、王同愈、刘垣、刘树声、沈同芳、狄葆贤等，也是会中的活跃分子。

预备立宪公会在上海成立，决不是偶然的，它反映了江浙资产阶级的开始崛起，同时也反映了上海正在迅速成为与北京遥相对峙的革新势力的中心。

据初步统计，从一八九五年到一九一三年，全国历年设立厂矿共549个，资本共120 288 000元。其中，上海为83个，杭州13个，无锡12个，三地合共108个，即占在此期间全国设立厂矿总数的五分之一弱。如果从资本额来加以考察，则上海为23 879 000元，杭州为1 552 000元，无锡为1 422 000元，三地合共为26 853 000元，即占在此期间全国设立厂矿资本总额的四分之一弱。

一九一一年，全国华商纱厂纱锭总数为497 448枚。其中仅上海一地即有165 696枚，占全国总锭数的33.3%；如果再加上南通的40 700枚，无锡的16 172枚，则三地共222 568枚，占全国总锭数的44.7%。

从一八九五年到一九一〇年，全国华商纺织厂共 19 家，资本共 10 454 000 元，其中江浙有 16 家，资本共 8 415 000 元，占全国华商纺织厂资本总额的 80%以上。

从一八九五年到一九一三年，全国华商缫丝厂共 97 家，资本总共 11 584 000 元。其中江浙有 40 家，资本共 10 137 000 元，占全国资本总额将近 90%①。

上海已经成为一个拥有 120 万人口的繁华大城市。租界华人人口的增加速度令人惊异，光绪十六年为 208 851 人，二十六年为 425 802 人，宣统二年则增至 508 005 人。外国人也从光绪二十六年的 7 396 人，增加到宣统二年的 12 497 人。除航运日益发达外，沪宁铁路于光绪三十四年、沪杭甬铁路（通至杭州）于宣统元年先后建成通车。前者的乘客人数到宣统二年已增加到四百多万人次。邮局和电信业务的发展，从另一个侧面反映了中心城市辐射力的加强。在辛亥革命前夕，北京路的邮政总局已设有 13 个分局、67 个邮票出售处、118 个柱形邮筒，在内地还设有 16 个分局和 50 个代理处。在宣统二年总共处理邮件达4 000万件之多。电报局除中国自办的一家以外，还有丹麦、英国、美国、德荷四家，业务也非常繁忙。每天至少有八家日报出版，定期的或不定期的杂志则为数更多。商务印书馆雇用工人达一千人以上，已经成为当时亚洲最大的出版机构之一。这些报刊中的大多数都倾向于改革而反对守旧（早在十年以前海关报告即已断言它们“几乎全都以中国的启蒙和改革为其宗旨”），并且每日每时通过邮局把新的信息送往沿海和内地各省②。

江浙两省从行政区划来说，虽然分别隶属于两江总督与闽浙总督，但在经济上却已互相联结成为一体，而其联结中枢即在上海③。在这些江浙资本家当中，已经涌现出一批影响及于全国的头面人物。早期的如胡光镛

---

① 关于这方面背景情况，详见拙作：《辛亥革命与江浙资产阶级》，《历史研究》1981 年第 5 期。

② 以上根据徐雪筠等译编的《上海近代社会经济发展概况（1882—1931）》一书中有关时期《海关十年报告》（1912—1921）提供的资料。

③ 据《海关十年报告》（1912—1921）按各同乡会对迁沪人数的估计：宁波 400 000 人，广东 130 000 人，福建 10 000 人，杭州 8 000 人，青浦 1 000 人。

家族、叶澄衷家族，稍后则有严信厚、沈元沛、许鼎霖、庞元济、周廷弼、曾铸、祝大椿、朱志尧等，而其中声名最为显赫的则为张謇。这些资本家在二十世纪初年已经逐渐组织起来，并且在社会生活中逐步增强自己的影响，其主要标志则是光绪三十年以后各地商会的陆续建立。

商会与以前的商务局有很大区别。戊戌以后，各省虽已设有商务局，但那毕竟是准商会机构，仍然近乎是管理工商事务的衙门，但又不被一些地方掌有实权的官员所重视。例如张謇的一位友人曾经得到过商务局差使，但是具体管理商务的某藩司却讥之为："譬如买得一耍货顽意。"[1] 张謇对这个机构也不甚感兴趣，所以很早就辞去总理职务。但是商会却被江浙资产阶级认可为自己的团体，他们宣布："商会者，联商情，开商智，以扩商权者也。"[2] 并且通过商会把自己的势力逐步渗透到市政机构（如工程局、自治公所等），以及其他各种社会团体，如教育会、体育会、商学会以至医学会、书画研究会等。正如上海商务总会门匾额上"云蒸霞蔚"那四个大字一样，不管人们愿意还是不愿意，在社会生活的各个领域都逐渐可以感受到这个新的团体的存在[3]。

这个社会团体在政治上也逐渐活跃起来。早在光绪二十九年春，拒俄运动全面展开之始，《中国四民总会知启》的附言即已特别强调："本会既为地方议事厅之先声，上海一埠为通商最盛之地，商家居住最繁。以各国由多数人举代表人之例言之，凡我商人宜发爱国之热诚，本爱国之天良，届期多来，聚议办法，勿失体面为要。"[4] 这说明江浙资产阶级的国家观念，确实是正在"锲之而愈深，恢之而弥广"[5]。果然，到了光绪三十一

---

① 《张謇日记》光绪三十二年二月二十二日。张謇与曾在商务局任职的聚卿这天早上向两江总督周馥辞行，前来送行者甚多，张謇对比往时之受冷遇，不甚感慨，所以在日记上记下这个故事。

② 《余姚商务分会简章》，《商务杂志》第2年第1号。这家杂志由绍兴商学会于宣统二年正月发刊，汤寿潜为题刊名。

③ 胡汉民对这个趋势看得非常清楚，他曾回忆说："满清盛时，以贵族官僚专制，绅士与官结纳作威福，竟若代表一切，而他无敢言者。迨于末造，经所谓维新变法及预备立宪，乃始承认商会、教育会等为合法团体，通都大邑贸易繁盛，商人渐有势力，而绅士渐退。商与官近至以'官商'连称，通常言保护商民，殆渐已打破从来之习惯，而以商居四民之首。"（《胡汉民先生自传》）

④ 《苏报》1903年4月27日。

⑤ 《论国民公会》，《苏报》1903年5月3日。

年，上海商务总会便成为全国范围抵制美货运动的倡导者，而各地商会也曾经是当地运动的发起者与组织者。张謇对这次运动虽然没有支持到底，但是却为此受到很大鼓舞。他曾经写信给兵部尚书铁良说："海上欧人，以华人不用美货为文明抵制，涨力甚速，忌我立宪，观是乃愈不可缓。"[①]立宪运动显然从抵制美货运动中汲取了力量。

张謇自参与"东南互保"以后，与上海官、绅、商的联系都有明显的加强。大生纱厂创办的成功，以及其他实业、教育方面的开拓，更使他在江浙资产阶级当中赢得很高的声望。这个群体不仅认可他、接受他，而且还把他推举到领袖地位。他与上海商务总会总理曾铸交谊甚厚，在抵制美货运动中密切配合；与上海工程局（自治公所）的首脑李平书接触频繁，成为地方自治方面的志同道合者；与历任上海道如袁树勋、瑞澂等筹商地方要政，甚至共同创办瓷器等公司。张謇不再是多年以前到处求援而又到处碰壁的寒素文士，他像一个英雄似的来到上海，许多企业、许多团体、许多会议都以能有他的光临为荣宠。而东南地区以至全国其他许多地区，新式绅商的眼睛都瞩望着上海，瞩望着张謇、汤寿潜和他们的同道。

预备立宪公会不仅是江浙以至东南地区立宪运动的核心，而且对全国立宪运动也起着主导作用。他们通过马良、雷奋、狄葆贤[②]等与康、梁领导的政闻社取得联系，与国内其他地区的立宪团体（如湖北宪政预备会、湖南宪政公会、广东自治会等）关系更为密切。他们除以《预备立宪公会报》作为机关刊物外，还出版其他立宪书刊向全国发行。如孟昭常写的《公民必读》初编，再版至27次，河南一次就订购一万部；二编，广西一次订购十万部；各地商会订购者亦多。孟森、杨廷栋等人撰写的普及立宪知识的读物，在全国各地也很流行。当时颇有影响的《时报》，在狄葆贤主持下已经成为张謇和预备立宪公会的喉舌。《时报》本来是康、梁作为

① 张謇：《为时政致铁尚书函》，《张季子九录·政闻录》第3卷，中华书局，1931年，第13—14页。

② 马良是政闻社总务员（相当于会长），雷奋、狄葆贤是该社交际科职员，此三人与张謇私交甚笃。雷奋、杨廷栋和孟森都迅速成为张謇从事立宪活动的得力助手，狄葆贤则是张在新闻界的依靠力量。

政闻社的国内舆论机关而加以支持的，却不料它这么快就投向张謇等人的怀抱。康有为的门徒徐勤、汤觉顿气得大骂狄葆贤是“叛党之人”，并且向老师报告说：“《时报》最依附张謇、曾少卿（铸），外人皆云苏省之机关，非吾粤之报，更非吾党之报。”① 此事不仅反映出政闻社与预备立宪公会的矛盾，而且反映出张謇与预备立宪公会在国内的号召力远远超过流亡海外的康、梁和政闻社。

由于预备立宪公会约有一半会员曾投资近代企业②，所以它对通过立宪维护工商业者的合法权利特别关心。该会曾在光绪三十四年年例大会上说明自己的宗旨：“又以社会经济困穷，由于商业不振，商业不振，由于法律不备，故于上年发起拟订商法草案一事。及今一年，公司法已将告成。若明年上之政府，竟蒙采用，奏准颁行，则公司一部分先已增订完备矣。今天下工商实业，何一不待公司而后兴，公司发达则商人利赖何可限量，此本会振起商界区区之微志也。”③ 调查商业习惯和拟定商法草案的活动开始于光绪三十三年，并且邀请各地商会派代表来沪开会讨论。据文献记载，正式派代表与会的共有 88 个商务总会、商会、商务分会、商务分所，其中包括海外新加坡、三宝垅、长崎等地华商总会，此外还有黑龙江等三十余处商会以书信形式参加讨论。讨论的结果是“以预备立宪公会主讨论编纂之任”④，即把拟订商法草案的全权委托给该会。张謇在这一活动中处于倡导地位，因为他在要求改进税政和兴办各种实业活动中，早已深为缺乏近代商业立法所苦，并且怀疑清朝政府各部是否具备各项立法的条件。譬如，他曾指责学部：“以法令为罔上之美观，以章程为欺民之幻术。”⑤ 他和预备立宪公会都希望把草拟商法草案的主动权掌握在自己手中，并且通过各地商会的联络共同促使清廷采纳他们的草案。

当然预备立宪公会的主要活动还是侧重在政治方面，它在筹建咨议局

---

① 参见《上夫子大人书》，《梁任公先生年谱长编》丁未十二月二十三日。

② 据《辛亥革命浙江史料选辑》第 223 页，会员题名表、职员表。

③《预备立宪公会报》光绪三十四年第 20 期。

④《预备立宪公会报》宣统元年第 5 期。

⑤ 张謇：《复江督论教育总会筹办情形函》，《张季子九录·教育录》第 3 卷，中华书局，1931 年，第 2 页。

与国会请愿运动中都发挥了重要作用。

第二节　咨议局与请愿

一、江苏咨议局

正当各地立宪派纷纷组织政团的时候，清廷也不断发布诏谕，进一步作出预备立宪的姿态。

光绪三十三年八月十三日，清廷谕令设立资政院作为正式议院的基础。九月十一日，谕令各省筹设咨议局并预筹设立州县议事会。次年六月十日，资政院奏拟院章，随即又颁布了咨议局章程及议员选举章程。清廷这种姿态，当然是为了对付正在长江流域和华南地区兴起的革命运动，可是却大大增强了立宪派对它的幻想，广东、江浙、安徽、直隶、吉林、山东等省的绅商代表于是纷纷呼吁召开国会。

张謇在光绪三十三年十二月九日即已与汤寿潜、蒯光典等筹议有关国会和立宪问题。次年五月，由郑孝胥领头以江浙绅商名义电请召开国会。此后，联名通电要求召开国会的做法蔚成风气，形成颇为引人注目的舆论声势。光绪三十四年秋，张謇正式奉旨筹办江苏省咨议局。十月，他在南京碑亭巷设立筹办处。具体负责筹办江苏咨议局的是一个清一色的官绅班子：总办是江宁布政使樊增祥、提学使陈伯陶，会办是江宁盐巡道荣恒，江苏候补道李瑞清、赵从嘉、熊希龄等，总理是张謇，协理是在籍翰林院编修夏寅官、丁忧前广东高雷阳道段书云、安徽候补道许鼎霖、前陕西富平知县仇继恒等[①]。由于张謇的身份和社会影响，加以还有熊希龄、许鼎霖等志同道合者的协助，他仍然能在筹备工作中起指导作用。

江苏咨议局筹办处成立以后，又先后设立咨议局调查会、咨议局研究会，目的都是促进筹办工作。同时，张謇等在鼓楼东北选定会址，并派人参观日本议院建筑，搜集有关设计图纸，抓紧咨议局基本建设。宣统元年八月，咨议局正式开会，张謇以五十一票（到会者九十五人）当选为议

① 《端忠敏公奏稿》第13卷，1918年，线装本。

长，仇继恒、蒋炳章为副议长。这一新的民意机构可以说是张謇一手苦心经营的。尽管根据《各省咨议局章程及议员选举章程》规定："咨议局钦遵谕旨，为各省采取舆论之地，以指陈通省利病，筹计地方治安为宗旨"，而且它所通过的议案只有报请本省督抚认可才能生效。张謇在第一届开会式上也强调："官民不可分而后有政治。"但是，它毕竟较多地反映了在野绅商的意愿，在一定程度上对各省督抚起了监督和评议的作用，至少可以被认为是议会政治的初步训练。

咨议局一经成立，便极力争取成为真正的立法机构。张謇在第一届常会提出并得到通过的《本省单行章程规则截清已行未行界限分别交存交议案》，要求凡在咨议局开办以后所订的本省单行法，都必须经过该局议决，然后才能呈请公布生效。第二届常会议决的《本局议案公布施行后之实行方法案》，则规定地方官必须按期报告咨议局议决案的施行情况，如故意拖延不办者则据实给以纠劾。

尽管议员们还缺乏应有的议会政治素养，但他们的工作态度还是认真的。在第一届常会期间，江苏巡抚瑞澂交议的改定厘金征收办法一案，咨议局经过讨论认为损害商民利益，当即予以驳回。这样当然就容易引起咨议局与地方官员之间的争执与冲突。两江总督张人骏，愚昧而又顽固，由于他一直持对立态度而更加引起咨议局的不满。他札复第一届咨议局常会十一件议案，两件交令复议，五件予以驳回。宣统二年夏天，上海三家钱庄倒闭，引起巨大金融风潮。张人骏未经咨议局讨论，即向上海洋商借债三百万两以维持市面。此事本身自需急办，但问题在于完全撇开民意机构，所以咨议局认为总督无视该局权限，擅借外债，属于违法侵权行为，要求资政院核办。宣统三年二月初，咨议局召开临时会，讨论宁属预算案，对张人骏原提案删减三十余项，涉及银数五十余万两。张人骏拒绝公布，也不交局复议，竟按原案执行，这就引起一场极大的风波。张謇、副议长和常驻议员全体辞职，咨议局等于无形解散①。

---

① 参见耿云志：《清末资产阶级立宪派与咨议局》，《纪念辛亥革命七十周年学术讨论会论文集》(中)，中华书局，1983年。

江苏咨议局的斗争决不是孤立的，张謇和其他立宪派议员已经很善于运用社会舆论的力量。当时，上海影响较大的报刊《申报》、《时报》、《东方杂志》等都站在江苏咨议局一边。英商创办的《申报》，自光绪三十三年被席子佩买下以后，言论即为张謇所左右，政治倾向几乎是亦步亦趋。《时报》主人狄葆贤、主要撰稿人雷奋都是预备立宪公会骨干，且已当选为江苏咨议局议员，自然与张謇步调更为一致。《东方杂志》的实际主持者张元济亦为预备立宪公会领导人之一，且与张謇共同筹办全国教育会。该刊主编孟森则为张謇依赖极深的助手，也当选为江苏咨议局议员①。因此，每逢咨议局与总督发生冲突，这些报刊均以激烈的言论攻击张人骏。如《时报》即曾斥责张人骏，“以排斥咨议局为保持禄位之第一妙诀”。预算案斗争展开后，除新闻界支持江苏咨议局以外，南京绅商学界成立预算维持会，有二百五十余人参加，苏籍在京官绅也集议揭露江督劣迹。此外，各省咨议局也纷纷致电声援，使张人骏顿时陷于孤立。

以上这些斗争虽然大多未能获致预期效果或以妥协而终结，但毕竟具有近代议会政治——立法与行政对等的意味，张謇领导的江苏咨议局因此在全国赢得了声望。

江苏省咨议局与其他各省咨议局相继成立以后，在一系列政治斗争中彼此加强了联系，所以又有各省咨议局联合会的成立。

该会于宣统二年七月五日成立于北京。出席第一届会议的有代表各省咨议局的议长、副议长十人，议员三十八人。湖北咨议局议长汤化龙当选为主席，四川咨议局副议长蒲殿俊为副主席，江苏咨议局的杨廷栋、雷奋、孟森三人当选为审查员。这次会议主要是商讨国会请愿问题，并决定每年六月在北京举行常会一次，讨论各省咨议局利害有关之事，准备提交资政院的议案以及本会章程规则等。由于革命形势的迅速发展，第二届常会提前于宣统三年四月召开，到会的有各省议长、副议长二十二人，还有

---

① 参见张朋园：《立宪派与辛亥革命》，(台北) 商务印书馆，1969 年，第 51—60 页。

资政院议员十八人，以及各省咨议局议员代表二十三人。会上选举湖南咨议局议长谭延闿为主席，直隶咨议局副议长王振垚为副主席。此次会议的特点是咨议局议员对政府已经完全失望，所以不再有任何兴趣预备向资政院提交的议案，而更多地是探讨如何组织自身的实力以谋推倒政府，或至少在现政府自行倾倒以后维护和发展自己的权利。

由于国会请愿运动和各省咨议局联合会的政治趋向愈来愈激烈，一向持重的张謇为避免嫌疑没有参加此次会议，预备立宪公会的成员对于此次会议也不如过去的主动与积极。

二、国会请愿

宣统元年是立宪派自命得意的一年。在这一年，革命党人的武装起义，由于前两年的连续失败，暂时陷于消沉。清朝政府由于光绪、慈禧先后死去，忙于内部权力结构的重新调整，也不得不作出几分服从民意的开明姿态。各省立宪派不仅有了自己的阵地、讲坛，而且还加强了彼此之间的联络，形成了一定的声势。他们看到自己的力量，并且把握有利的形势，迅速发起了全国范围的国会请愿运动。张謇在这一运动的初期，起了重要的倡导作用。

八月三十日，张謇利用咨议局开会的时机，事先与江苏巡抚瑞澂以及雷奋、杨廷栋、孟森、许鼎霖等商议，决定联合各省督抚及咨议局一致要求召开国会和组织责任内阁。瑞澂虽是满族官员，但却比两江总督张人骏较为开明和圆通。他在上海道任期内以及创办景德镇瓷器公司等企业活动中，与张謇已经建立了相当良好的合作关系。所以，张謇等撇开总督而谋求由巡抚出面，这自然是对张人骏表示的一种公开轻蔑，也反映咨议局与地方政府之间矛盾加深。经过讨论，决定由瑞澂出面联络各省督抚，要求组织责任内阁，并由张謇出面联络奉、黑、吉、直、鲁、浙、闽、粤、桂、湘、皖、赣、鄂等省咨议局，要求尽早召开国会。

此后，张謇派孟昭常、杨廷栋等到各省加紧联络，浙江立宪派头面人物汤寿潜等也亲自到外省活动。江苏咨议局从九月一日到十月十九日不断开会，紧张地进行准备。其间，汤寿潜还把张謇邀到杭州，向浙江巡抚增韫当面说明召开国会及组织责任内阁的必要性，增韫表示完全同意瑞澂的意见。这样，江浙两省的巡抚和咨议局在立宪问题上首先取得政治态度的一致，因此很自然地便在国会请愿运动中处于倡导和中心的地位。

经过各地频繁的活动，到十一月七日已有七省咨议局代表到达上海，当即决定每天在预备立宪公会开会一次。不久，十六省咨议局代表到齐，包括奉、吉、直、陕、晋、鲁、豫、湘、鄂、苏、赣、皖、浙、闽、粤、桂，总共五十余人。他们在预备立宪公会事务所开会，推定福建咨议局副局长刘崇佑为主席；经过多次磋商决定组成三十三人的请愿代表团，定名为“咨议局请愿联合会”，由直隶咨议局代表孙洪伊为领衔代表，方还(苏)、罗杰（湘)、刘兴甲（奉)、刘崇佑（闽）四人为干事。

会议期间，湖南咨议局代表出示“善化徐君断指请开国会之血书”，殷赤淋漓，字迹斑斓，其他各省代表也极为感奋，决定十五日由上海各界人士开欢送大会，十六、七日代表团分道出发。出发之前，张謇设宴饯行，并作《送十六省议员诣阙上书序》，以壮行色。同时，张謇又连夜改定《请速开国会建设责任内阁以图补救意见书》。

《送十六省议员诣阙上书序》主要是向请愿代表进言。

当时，否定国会请愿的论调有好几种，张謇归纳为：(1)“庚子一哄，金瓯无阙，今奚所睹而无病而呻，而曰国会。”这可以名之曰国会无需论。(2)“国会非枪非炮，非雷非舰，不足救亡，徒自扰攘。”这可以名之曰国会无用论。(3)“国会名义爱国，防圉侵害，或转召亡。”这可以名之曰国会有害论。(4)“立宪者，涂饰黔首耳目之具耳。”这可以名之曰国会骗局论。(5)“国亡有任其咎者，何预人事而为分谤。”这可以名之曰无须国会分谤论。

赞成国会请愿的意见也并不完全一致，但张謇只列举了三种:(1)“不请则已，请必要于成，不成不返。”张謇认为这已经流于偏激。(2)“不得请，当负斧锧死阙下。”张謇认为这更过于激烈。(3)“国亡非政府所恤，议员既负十六省人民代表之重，而上书之议员又代表十六省议员之责。居三累之上，当孤注之危，成非奇功，不成奇辱，进易而退难。”代表还未出发，这种议论已经在大泼冷水。所以张謇批评道："是说也，若甚持重，而消沮之力尤大。"

针对以上各种不同的意见，张謇陈述了自己对于国会请愿的见解。他认为亡国有两种，以往是"有形之亡国，国亡而民不尽亡"；现在世界列强借托文明亡人之国，乃是"无形之亡国，国不必遽亡而民亡，至于民亡，而邱墟宗社之悲且将无所于托"。立宪与国会的作用，就是"进我人民于参预政权之地，而使之共负国家之责任"，以谋所以救亡。至于请愿，则是"明乎匹夫有责之言，而鉴于亡国无形之祸，秩然秉礼，输诚而请。得请则国家之福，设不得请，而至于三，至于四，至于无尽。诚不已，则请亦不已，未见朝廷之必忍我负人民也。即使诚终不达，不得请而至于不忍言之一日，亦足使天下后世，知此时代人民，固无负于国家，而传此意于将来，或尚有绝而复苏之一日"。张謇反对请愿运动中的过激行为，但他并不排除顽固政府终必有倾覆之日，所谓"不忍言之一日"就是这个意思。明明知道请愿可能无成而偏偏要发动请愿，在张謇的头脑中有两种观念同时发生作用。一是熏染已久的传统"名分"观念。即处于臣民之地位，应尽臣民之义务，只有在竭尽义务之后仍然无从挽救君主的毁灭，方可问心无愧。一是逐渐浸润的近代"民权"观念。即注意促成国民意识的增长，忠于一朝一姓的思想逐渐淡薄。不过，从总体上来看，在国会请愿运动中，张謇的主张仍属于温和与缓进者之列。

《请速开国会建设责任内阁以图补救意见书》（以下简称《意见书》）则主要是向皇室进言，特别是对总摄朝政的醇亲王载沣进行规劝。

载沣是已故皇帝载湉的弟弟，任摄政王时不过二十五岁。他自知地位不够巩固，实力又较薄弱，所以在加强中央集权的同时也不得不摆出一副支持立宪的架势。宣统元年二月，他以政府名义重申"预备立宪，维新图治"的诺言。五月以阻碍立宪罪名革去陕甘总督升允职务，不久又予翁同龢开复原官。十一月以"玩误宪政"罪名革去甘肃布政使毛庆蕃的职务。这些假象重新激起了立宪派的幻想，仿佛载沣竟是如此"友爱仁明"，果真继承了乃兄"至仁至圣"之心。所以《意见书》特别强调："自我德宗景皇帝立宪之诏下，而天下人民乃渐有与国家共戚均休之思想，乃渐有政治法律之理论。是今各省绅士志气激奋，千百为群，固由我德宗景皇帝至仁至圣之心鼓舞而来。设请愿而行，天下固颂监国之友爱仁明，益有以振天下之士气。”

《意见书》认为立宪预备时期定为九年，“是何异揖让而救焚”，来不及挽救国家的危亡。朝廷应该明降谕旨：“声明国势艰危，朝廷亟欲与人民共图政事，同享治安，定以宣统三年召集国会。未至期以前，设有大政咨询，并得开临时国会。”同时，又请求明降谕旨，从速建设责任内阁。张謇唯恐皇室存有疑虑，所以特别强调：“责任云者，以内阁代君上负责任焉耳。责任专于内阁，而君上日临而监察之。内政有失，则责内阁大臣焉；外交有失，则责内阁大臣焉。……是有人代负责任，而君上乃安于泰山。君上为责任所不及，而又有国会在下，助君上以监察此代负责任之人，而神圣之号光于日月矣。”当然，张謇也唯恐此次请愿不能触动摄政王的思想，所以在《意见书》中多少施加了一点压力。他直言不讳地说：“侧闻都察院新章，士民上书之限制甚严，是欲塞天下之口也。设请愿之来，竟格于院例而不达，至于再，至于三；或达而不获请，亦至于再，至于三，恐内外将有不美之观念。一二激烈之士，将以为国家负我，决然生掉头不顾之心；和平之士，将以为义务既尽，泊然入袖手旁观之派。”如果到这样的地步，清朝的前途就不堪设想了。

请愿代表们带着张謇等人的期望与嘱托，于十二月初陆续到达北京。六日，正式向都察院递交由福建咨议局林长民起草并经张謇修改定稿的请愿书（即《各省议员请速开议会折》），要求朝廷在一年以内召开国会；并向一些王公大臣分别呈交请愿书副本，希望能够得到他们的赞助。二十日，请愿书总算经由都察院呈递到朝廷。对于这样的请愿运动，清廷还缺乏应付的经验。多数人对此颇为反感，但表面上却颇为优礼；少数有识之士虽赞成立宪，却又不敢出面力争，所以结果是不了了之。上谕的回答是不痛不痒的，开头是夸奖代表们“具见爱国热忱，朝廷深为嘉悦”；继而是以“筹备既未完全，国民知识程度又未画一”为借口，仍然坚持九年预备立宪之原议。

第一次国会请愿运动就这样流产了。张謇于二十四日在日记上写道：

“上谕国会不得请。世、鹿两相阻之云。”世续和鹿传霖都是以大学士入值军机，前者是满族亲贵中的顽固分子，后者则是帝党和维新派的老对头。张謇等人把阻止提前召开国会的罪责完全归结到他们身上，却没有看到真正掌握实权的载沣之流对于权势具有更大的吝啬性。他们认为，只要设法扫除世续、鹿传霖之流对下的阻隔和对上的蒙蔽，就可以把载沣劝说得回心转意，于是紧接着又发动第二次国会请愿。

据当时《东方杂志》记载，请愿代表们接奉二十日谕旨后，即连续商议有关再次请愿事项：(1) 组织“请愿即开国会同志会”（或称国会请愿同志会），总部设于京师，各省设分会，“各省绅商学界各团体及一般人民，凡加入同志会者，期以明年（宣统二年）四月间，一面上书督抚，请其代奏，一面各举代表来京”。(2) 根据原来在沪决议，草拟咨议局联合会章程，定于每年六月召开常会。(3) 设报馆刊行日报，加强舆论宣传①。同时，民政部六品京官黎宗岳等也在京师组织“国会期成会”，并先后创办《国报》、《中国报》等，为国会请愿运动声援。稍后，由各省咨议局议员集资创办，由徐佛苏秉承梁启超意趣主编的《国民公报》，也是请愿运动的得力喉舌②。其他各省民间团体、民意机构亦通过多种方式纷纷响应。

宣统二年二月六日，江苏咨议局作为国会请愿运动的发起单位，在张謇主持下开会，再次作出速开国会的决议。四月，各省政团、商会、学会及华侨商会分别推举代表，陆续到达北京，联合各省咨议局代表，共同发起第二次国会请愿运动。他们以原咨议局代表为基础，重新组成了有其他各界代表参加的国会请愿代表团，并推定孙洪伊等十人为领衔代表，范围显然较前有所扩大。

五月十日，第二次国会请愿运动正式开始，十个团体同时向都察院呈递请愿书。这些团体及其领衔代表是：直省咨议局议员代表孙洪伊、直省

---

① 《东方杂志》第7年第2号，《记载》三。

② 徐佛苏《梁任公先生逸事》称：“由各省咨设局议员筹款创办一日报于首都，并推定余为请愿国会及日报之主撰人。于是梁先生精神大振……而常由余向各议员汤化龙、林长民、孙洪伊、黄远生诸先生通简论政，联络公义私交。嗣后《国民公报》发刊，先生于开办数月之内，每三四日平均寄文一篇，畅论国民应急谋政治革命之理由，言论精透，胜于《新民丛报》。”

商会代表沈懋昭、苏州及上海商会代表杭祖良、南洋雪兰峨二十六埠中华商会代表兼澳洲华侨代表陆乃翔、直省教育会代表雷奋、江苏教育总会代表姚文枬、直省政治团体代表余德元、直省绅民及旗籍绅民代表李文生、文耀、东三省绅民代表乔占九等。各省入京请愿代表一百五十余人，在请愿书上签名的号称三十余万人。

此次请愿的声势和上书语气的急切，反而使载沣为首的清廷增加了疑虑。尽管有的请愿书强调："先帝下九年开国会之诏，全由当时时势与今不同；先帝犹是尧步舜趋之时，我皇上已处禹驰汤骤之势。"可是清廷全然不顾局势的危急，仍然坚持"尧步舜趋"，拒绝提前召开国会，并且以严厉的语气告诫请愿代表："惟兹事体大，宜有秩序，宣谕甚明，毋得再行渎请。"

立宪派对于国会请愿的再次碰壁是有思想准备的。正如张謇所说的那样："设不得请，至于三，至于四，至于无尽。诚不已，则请亦不已。"为了表示自己的诚心诚意，他们很快又发起了第三次国会请愿运动。但立宪派对于清廷的不满也在日益加强，孙洪伊等宣称："请愿无效，决为三次准备，誓死不懈。"并预定在宣统三年年初举行第三次请愿，各省征集在请愿书上签名至少须百万以上，来京代表路近省份须百人以上，偏远省份至少须五十人。他们决心以更大的声势与包括"不承认新租税"在内的更切实的手段反对假立宪，并迫使清廷立即召开国会。

九月一日，资政院举行开院典礼，摄政王亲致祝词。对于清廷来说，资政院应当是比各省咨议局带有更多御用色彩的咨询机构。可是，由于在民选议员中有雷奋、孟昭常、方还、江谦、罗杰等一批极有活力的立宪派骨干，资政院也成为他们向清朝政府争取民主权利的重要讲坛。各省请愿代表团与资政院部分民选议员内外呼应，他们向载沣再次上书，到处游说达官贵人，痛哭流涕地反复说明必须立即召开国会的理由。九月二十四日，资政院内也正式提出了要求速开国会的议案，经过雷奋等人的慷慨陈词，居然赢得多数议员的支持，全场一致通过这项议案，议员们起立高呼"大清帝国立宪政体万岁"！立宪运动至此可以说是进入高潮。

清廷在各方面压力下，不得不于十月三日宣布提前于宣统五年召开国会，并且答应预行组织内阁。张謇在请愿高潮中本来打算亲自到北京有所活动，但从报上得知上述消息后立即表示“此行可免矣”。他在立宪运动中属于缓进派，这一派已经满足于清朝政府的微小让步。不过，即使是如此有限的允诺，清朝政府也缺乏起码的诚意。请愿运动的进一步扩大，资政院议员的假戏真做并且敢于公开弹劾军机，这些都使载沣等人惶急而又恼怒，他们决心采取报复措施。就在十月三日同一天，清廷谕令民政部及各省督抚立即把国会请愿代表解散并遣送回籍。同时又宣布此次缩定期限之后，即不得再作任何更动，“此后倘有无知愚氓藉词煽惑，或希图破坏，或逾越范围，均足扰害治安，必即按法惩办”。显然是想用高压政策阻遏请愿运动的继续发展。

但是，要求立即召开国会的潮流并没有因此低落。十一月十日，东三省派出十余人作为第四次请愿代表赴京上书。途经天津时，当地学生积极响应，学界请愿同志会代表温世霖等倡议全国学界罢课请愿。奉天、直隶、四川等省各学堂学生也散发传单，纷纷罢课，请愿运动确有扩大的趋势。清廷感到十分紧张，再次谕令各省督抚严禁请愿运动，随时弹压惩处。十一月二十八日，直隶总督陈夔龙奉命逮捕温世霖，随即发配新疆。

清政府的高压政策显然是愚蠢的，它把立宪派和许多赞成立宪的地方官员，逐渐逼迫走到与自己对立的方面。当然，立宪派内部急进与缓进的差异依然存在，尽管不少立宪派分子已经转向革命，但张謇等人依然想对清廷作最后的挽救。根据他在十一月十九日记的叙述，可以知道他在动身去武昌洽谈接办湖北纱布等厂以前，曾在预备立宪公会与赵凤昌、唐文治、刘柏森、雷奋、杨廷栋、熊希龄、叶景揆等有所商谈。到武昌以后，他在湖广总督瑞澂处看到各省督抚合请召开国会和建立责任内阁的电奏，并且对各人的奏稿加以品评：“大较锡良、瑞澂、李经羲、袁树勋、程德全、丁振铎为切要，赵尔巽、孙宝琦、增韫、陈夔龙、周树模次之。”这时，张之洞已死，袁世凯被黜；端方已调升北洋大臣且在一年前去职，两江总督换成与他时相龃龉的张人骏，他只有转向瑞澂等后起督抚寻求支持。张謇于十一月二十九日离开武昌，行前曾与瑞澂长时间谈话，大意是强调国会及地方官须与咨议局联成一气，并且以咨议局作为他们的监督与补充云云。可见，张謇并没有继续提出缩短预备立宪期限问题，他还有再等待两年的耐心。

不过，到了宣统三年，上半年，皇族内阁的建立与铁路国有政策的实施，终于使张謇对于清廷感到极大的失望。当然，这种失望心理也是积蓄已久，并非偶然发作。还在这年正月，张謇在苏州遇见袁世凯的亲信杨士琦。杨重新提起张謇前年在上海说过的话："亟求立宪，非以救亡；立宪国之亡，其人民受祸或轻于专制国之亡耳!"并且问他现在对局势的看法如何？张謇感慨万分地回答："此前年语，今视我社会动作，恐人民经不得亡，亡后担不得恢复。"①

这里说的人民，主要是指立宪派以及他们所代表的上层绅商。他们忧心忡忡而又无可奈何地注视着汹涌而至的革命浪潮。

第三节　地方自治

一、"村落主义"

在倡导请愿运动的同时，张謇还积极推行地方自治和参与收回并自办江苏省铁路。在他看来，这三件事情实为一体，都从属于立宪运动。

随着自身实力的扩大与阅历的加深，张謇对于地方自治范围的理解也越来越广泛。他自己以后曾回顾说："窃謇抱村落主义、经营地方自治，如实业、教育、水利、交通、慈善、公益诸端。"② 不过这荦荦诸端，归纳起来还是他以前说过的实业、教育、慈善三大项；因为水利、交通都可以归并于实业，而公益与慈善又大都属于市政与社会福利范围。这里只

---

①《啬翁自订年谱》辛亥正月。

② 张謇：《呈报南通地方自治第二十五年报告会筹备处成立文》，《张季子九录·自治录》第 3 卷，中华书局，1931 年，第 14 页。

需要强调一点，即张謇在光绪三十年以后，越来越重视地方自治的政治性质，并且把它看作“立宪之根本”。他到处宣传：“立宪基础，首在地方自治。”[①]

办任何事业都需要经费。张謇直言不讳地指出“自治须有资本”，所以又把实业看作地方自治的“根本”。以后，他曾解释实业、教育、慈善三者之间的关系说：“以为举事必先智，启民智必由教育；而教育非空言所能达，乃先实业；实业、教育既相资有成，乃及慈善，乃及公益。”[②] 张謇于光绪二十九年从日本考察回来以后，便把他历来主张的村落主义与具有近代观念的地方自治结合起来[③]，加强了各方面的经营建设。关于实业与教育方面的主要情况，前面业经叙述，为避免行文重复，这里只就有关情况作某些补充。

光绪三十年，张謇陆续设立学校公共植物园、通州五属学务处、新育婴堂、翰墨林书局等。

光绪三十一年，创建南通博物苑、吴淞商船学校，并筹议创办淮属师范学校。

光绪三十二年，清政府宣布预备立宪，出使俄国大臣胡惟德等先后奏请颁行地方自治制度，张謇的积极性更为增强。在这一年中，他设立了南通五属学校、铁路学校、法政讲习所、中国图书公司，协助创办复旦书院，并被推为宁属学务会长和苏省铁路公司协理。

光绪三十四年，张謇奉命筹办江苏省有关立宪事宜，而首先就是着手测绘地方舆图。因为他认为：“地方自治，则山林川泽丘陵坟衍原隰宜辨也，都鄙封洫宜辨也，墟落市镇道路庐舍宜辨也。旧时方志之图不足据，军用之图又不能容；然欲求自治，则必自有舆图始。欲有舆图，则必自测

① 张謇：《预计地方经费厘订地方税界限应请开国会文》，《张季子九录·自治录》第 1 卷，中华书局，1931 年，第 11 页。此文系年作光绪三十三年，据内容判断疑是光绪三十四年底或宣统元年初所作。

② 张謇：《谢绝参观南通者之启事》，《张季子九录·自治录》第 4 卷，中华书局，1931 年，第 2 页。

③ 地方自治一词系译自日本。光绪三十四年正月初九日两江总督端方等奏江宁筹办地方自治局情形折称：“臣等伏念地方自治之制，其名词译自日本，其经画始于欧美。”

绘始。”[①] 此后，随着立宪运动的不断开展，他所从事的地方自治活动范围日益广泛而头绪也日益复杂。

宣统元年，改良地方监狱，筹议设立导淮水利公司，并且被推举为江宁商业高等（学校）监督和江苏教育总会会长。

宣统二年，积极参与筹办江宁南洋劝业（博览）会，并设立劝业研究会等等。

以上这一纸简略清单，自然不足以说明张謇的全部活动，但至少可以体现出他在通海地区以至江苏全省经营地方自治的成绩斐然。以后他曾经概括地总结自己兴办地方事业的全过程：“以国家之强，本于自治；自治之本，在实业、教育；而弥缝其不及者，惟赖慈善。謇自乙未以后，经始实业；辛丑以后，经始教育；丁未以后，乃措意于慈善。盖失教之民与失养之民，苟悉置而不为之所，为地方自治之缺憾者少，为国家政治之隐忧者大也。”[②] 张謇尽管有救世救民之心，但他的思想毕竟难以超越当时中国资产阶级的水平。对于他们来说，实业是为了谋求源源不绝的利润，教育是为了训练大批工钱奴隶和一部分技术、管理人员[③]；而慈善则是利用利润零星尾数，借取善堂、义仓、敬老院等传统机构与育婴堂、贫民工厂等舶来手段，收容“失教”、“失养”之民。其目的自然是以所谓社会福利缓和社会矛盾，但从当时历史条件来说，毕竟又是营造近代社会体系不可缺少的辅助措施。

张謇的地方自治事业，从一开始就没有局限于通海地区的狭小范围，他不仅着眼于江苏全省的规划，而且还想把这种地方自治的模式推广扩大到全国。光绪二十九年，他极力推动设立全国渔业公司。光绪三十年，拟订南洋渔业公司办法。光绪三十二年，主持筹备参加意大利秘拉诺赛会有

① 张謇：《南通县测绘全境图序》，《张季子九录·自治录》第 1 卷，中华书局，1931 年，第 19 页。

② 张謇：《拟领荒荡地为自治基本产请分期缴价呈》，《张季子九录·自治录》第 2 卷，中华书局，1931 年，第 9 页。

③ 张謇以后曾说过：“以今日中国之资本家，其眼光尚未能辨科学之足以改进其事业，唯欢迎人能包其事业赚钱。科学家欲取得彼等之信用，非能为彼赚钱不可。”（张謇：《科学社年会送别演说》，《张季子九录·教育录》第 5 卷，中华书局，1931 年，第 6 页。）

关事宜。宣统元年，协助瑞澂筹设江西瓷器公司。宣统二年，发起成立全国农业联合会。宣统三年，北上觐见时被派充中央教育会会长。张謇就是这样一步一步地成为全国“商学两界”以至慈善界（义赈会之类）公认的头面人物。

张謇是有宏伟气魄的，但同时他又是脚踏实地的。他不骛虚名，讲究办实事。他深知中国之大和办全国性事业之难，因此宁可按部就班、由点到面、由近及远，走“垦牧乡→通海地区→江苏省→全国”这样比较稳妥的道路。不过，在这种推扩过程中间，他还曾有意于以通海地区为出发点，在苏北一带建立一个独立于江宁以外的新的政治、经济中心，以谋在更大的范围推行地方自治，这就是所谓徐州建省计划。

早在光绪三十年，他赴日参观回来不久，就产生一种向往成为“实业政治家”的愿望。在一篇题为《记论舜为实业政治家》的文章中，他坦率地表露了自己的胸怀：“史记舜耕历山，渔雷泽，陶河滨，作什器于寿丘，就时于负夏（原注：索隐，就时若乘时射利也）。又一年而所居成聚，二年成邑，三年成都。无论耕渔之为农，陶与作器之为工，就时之为商，其确实者矣。舜若止是自了汉，作个人事业，人孰附之。……若非舜之实业发达，亦未必人人归附于此。”[①] 由垦牧乡而通海地区，由通海地区而徐州建省，就是张謇所追求的成聚、成邑、成都的构想。

同年十月，张謇草拟了《徐州应建行省议》，请当时的江苏巡抚端方代为陈奏。此文首先说明徐州在历史上和地理上的重要地位，然后强调指出：“今天下大势，英之兵舰梭织于长江，德之铁路午贯于山东。谋蔽长江，则势力必扩而北；谋障山东，则势力必扩而南。南北之际，徐为中权。”同时，此文还指出，历来人民的起义斗争，也往往是以徐州一带作为策源地。总之，为了消弭“内忧外患”，必须建立徐州行省。

至于建省的办法，张謇建议：以徐州所属一州三县，加上海州和淮安府所属各一部分，安徽的凤阳、颍州、泗州，山东的沂州、兖州、济宁、

① 张謇：《记论舜为实业政治家》，《张季子九录·文录》第2卷，中华书局，1931年，第4—5页。

曹州，河南的归德等府的一部或全部，合共四十五个州县，在这里建立行省，增设巡抚，即以徐州道为布政使，淮海道兼按察使，“增官而不添员”，以免增加财政开支。同时，他还提出“训农、勤工、通商、兴学”四大要政，渴望清朝政府能够支持上层绅商在这一带发展经济、文化事业①。

由于长江以南广大地区所受帝国主义控制比较严密，所以张謇希望把“徐州建省”地区作为经营地方自治和发展民族资本主义的自由天地。这个计划具有抵制英、德帝国主义的积极意义，同时也有加强清朝政府统治的用心，即所谓“盖为中原腹地治安计也”。而归根到底，这个计划对于发展落后的江淮流域经济、文化，有一定促进作用，体现了张謇热切企盼祖国早日实现近代化的惓惓之心。

《徐州应建行省议》很快便经由端方代为奏陈，但张謇苦心殚思设计出来的完整方案，到了清廷手中就变得面目全非，只剩下一个空空洞洞的“江淮省”名义。光绪三十年正月初二，张謇在新春之始就在日记上发泄了自己的恼怒：“闻建设江淮省，此大谬。痴人前难说梦，信也。”（此事在《啬翁自订年谱》中记述得比较清楚：“苏抚端方懵然入奏，部懵然因其说而易名江淮，以漕督为巡抚，非驴非马矣。”）此后，他请求张之洞与两江总督周馥代为力争，还有些京官也发表不同于朝命的意见。清廷于是把巡抚名义撤销，改设江淮提督，随即又给这个提督加上兵部侍郎衔，节制镇道以下文武官员，这就算是兼有巡抚职权。清廷只是以枝枝节节的官制改革来敷衍搪塞，实际上无非是换汤不换药似的改变若干官名，这自然使张謇的“徐州建省”计划完全落空。不过，张謇也并未因此放松向通海以外地区发展的努力，他与许鼎霖考察过贾汪煤矿，也倡导过淮安、海州、扬州、通州所属各地“合营自治”。只是由于实力有限，这些努力都没有取得预期的效果。

地方自治是立宪运动的一个重要组成部分，清朝政府在预备立宪期间亦曾制定《城镇乡地方自治章程》，并责成各省督抚奏报办理地方自治情

---

① 张謇：《徐州应建行省议》，《张季子九录·政闻录》第3卷，中华书局，1931年，第1—3页。

况。但从一开始清廷对地方自治的许诺就是很有限度的，《地方自治章程》第一章第一节第一条即规定："地方自治以专办地方公益事宜，辅佐官治为主；按照定章，由地方公选合格绅民，受地方官监督管理。"宪政编查馆曾奉命对各国实行地方自治的历史与现状作过考察，结论是："臣等遵查地方自治之制，虽东西各国一律通行，而溯厥由来，实分两派：有由市府自治而自然发达者，有由国家立宪而渐次推行者。一则因人民本有自治之能力而日以扩充，故编制易而范围自广；一则越人民克尽自治之义务而徐为倡导，故施措难而监察亦严。"[①] 中国自然是属于"由国家立宪而渐次推行者"一派，所以他们特别强调"渊源国权"、"对待官治"、划定范围并"责重监督"，唯恐绅民越雷池一步。当然，以张謇为代表的立宪派对地方自治也有自己的理解，他们决不满足于辅佐地方官吏管理一些道路、卫生、慈善、治安之类公益事业，而是侧重强调在"地方自治之中，亦有行政、代议之别"，把资产阶级议会政治的模式推行到基层政权，为国家实行立宪奠定切实的基础。同时，他们又把地方自治与发展资本主义经济、文化结合起来，这自然更加增添了他们的主张与实践的积极的意义。但由于清朝政府的阳为提倡而阴为阻隔，加以中国缺少欧洲国家那种城市自治或团体自治的传统，清末的地方自治终于收效甚微，这是中国近代民权运动历史的一大缺憾。

至于张謇本人，则始终是地方自治的服膺者和倡导者。多年以后，他仍然强调："治本维何？即各人抱村落主义，自治其地方之谓也。今人民痛苦极矣，求援于政府，政府顽固如此；求援于社会，社会腐败如彼。然则直接解救人民之痛苦，舍自治岂有他哉！"[②] 当然，离开了人民民主革命主流，孤立地经营地方自治，那是注定要继续遭到失败的。

二、苏省铁路

收回与自办苏省铁路，也是张謇经营地方自治的一个重要侧面。

---

① 《宪政编查馆奏核覆自治研究所章程折》，《东方杂志》第6年第5期。

② 张謇：《苏社开幕宣言》，《张季子九录·自治录》第3卷，中华书局，1931年，第1页。

随着帝国主义侵略的深入，铁路在经济、政治、军事以至文化上的作用愈来愈大，而由于清朝政府的屈从列强，中国路权在二十世纪初年已经丧失殆尽。据初步统计，到一九一一年为止，在中国全部铁路 9 618.10 公里当中，被帝国主义直接和间接控制的竟达 8 952.48 公里，占铁路总长的 93.1%①。这样严重的情况，不能不使中国人民感到怵目惊心，而民族资产阶级为了争夺国内市场对此尤感忧虑。因此，伴随着光绪三十一年抵制美货运动而来的，是意义更为深远的收回路权运动。在一段时间里，资本主义经济比较发达的江浙地区，收回路权运动显得分外活跃。

江苏绅商最初是要求收回津镇铁路主权，同时又强烈反对盛宣怀把沪宁铁路主权出卖给英国银公司（即中英公司）。光绪三十年英国开始建筑沪宁路，引起当地人民的极大愤慨，留日学生、国内学生、各地绅商以及一部分苏籍中小京官，纷纷表示抗议，而在光绪三十一年秋天形成斗争的小小高潮。张謇也参加了这次斗争，他以商部头等顾问官的身份致电商部，推举苏南大绅士王清穆、恽祖祁（大生纱厂股东）为沪宁路监督。又致电两江总督周馥，痛陈路权丧失的危害。他主张苏人自筹路基地价二十五万镑，以减少借款和多少收回一些主权（地权），幻想这样或者可以早一点把路权赎回。但是由于盛宣怀的暗中破坏，除了向英国少借六十万镑以外，这次斗争并没有取得什么结果。沪宁路在建筑过程中，因为英国工程师有意造成浪费，成本极为昂贵，更加使江苏绅民感到不满。所以光绪三十二年沪宁路沪锡段通车时，张謇愤懑地在日记上写道："沪宁路行开车礼。九时自沪行，十一时至苏。适大雨，席棚注漏，彩红淋漓，染衣如桃花片片，入座之客多不成礼。……盛杏荪（盛宣怀）犹靦颜宣颂辞也。全球路价之贵无逾江苏者，即江苏人之受累逾于全球；然则是日之举，独银公司（指中英公司）受贺耳，江苏人应受吊。"

更激烈的斗争是收回沪杭甬路权运动。光绪三十一年七月，浙江首先组成商办铁路公司，公推汤寿潜为总理，积极招股准备兴筑全浙铁路。光绪三十二年四月，浙江铁路公司集股已达四百余万元，并且立即开工修筑

① 严中平等编：《中国近代经济史统计资料选辑》，科学出版社，1955 年，第 190 页。

杭嘉线。江苏绅商也积极行动起来，张謇等人首先在上海筹议收回路权自办，紧接着就是"江苏通省京官暨在籍绅士"恽毓鼎等二百五十六人共同呈请准予设立江苏省铁路有限公司[①]。在各方面压力下，清政府被迫承认"苏路自办"，并且批准由王清穆和张謇分别担任苏路公司的总协理。光绪三十二年闰四月二十八日，苏省铁路公司正式成立，两天以后就开始讨论路股章程，着手筹款，选定地基，聘请工程师，开始规划江苏全省铁路工程，极力抵制英国银公司对于江苏路权的侵夺。

苏省铁路公司计划修筑南北两线。光绪三十三年初，江南沪嘉线正式开工，与浙江铁路公司修筑的杭嘉线密切相呼应。北线原拟由海州经徐州伸入河南，由张謇负责主持修筑工程。他曾亲自在清江浦选定铜元局作为苏路公司驻浦办事所，也就是苏路北线的领导机关。以后他们就开始修建从清江浦到徐州的铁路（后又延伸到开封）。光绪三十四年六月，张謇为了专心经营北线，连苏省铁路公司协理职务也辞掉了。此后，他除了到处奔走劝集路股外，还曾多次到清江浦亲自视察北线工程。

立宪派和江浙上层绅商这样热心于铁路事务，自然不仅仅是为了"力保利权"和"力谋公益"，而且更有他们自己的利害权衡。张謇在主持苏路北线工程以后，便积极筹划修筑清通支线（从清江浦到通州）。这显然是谋求促进通海地区的经济发展，并把大生资本集团的势力扩大到整个江淮地区，逐步实现原来拟议的"徐州建省"计划。同时，张謇本人就是苏路公司的股东，苏路北线的"桥、车诸工"都由资生铁厂承包，这也可以为大集团多少增加一部分利润。

正当北线工程紧张进行的时候，苏路南线沪嘉段（从上海经松江、枫泾到嘉兴）在宣统元年四月十二日通车了。这是苏省铁路成立后首先取得的一大成就，张謇兴致勃勃地参加了通车典礼。但好景不长，时间只隔一年，清朝政府便屈从帝国主义旨意，悍然向商办沪杭甬铁路开刀了。

原来，早在光绪三十三年，英国驻华公使即已多次威胁清朝政府，要求勒令苏浙铁路公司停工。但清廷害怕引起当地人民更加激烈的反抗，暂

① 《商务官报》第5期，第18—19页。

时未能允诺，才使苏浙铁路修筑取得一些进展。此后，随着帝国主义对中国路权掠夺的加强，买办官僚盛宣怀怂恿清廷以“铁路国有”名义大借外债并出卖路权。同时，他们又枪打出头鸟，企图迫使商办铁路公司的领导人结束收回路权运动。张謇的亲密伙伴汤寿潜，因此便成为首先遭受打击的受害者。

当时，汤寿潜等浙江上层绅商，正在雄心勃勃地筹建跨越浙、闽、粤三省的杭广铁路，并已得到这三省和华侨中间不少绅商的热情赞助。宣统二年七月，清廷命盛宣怀复回邮传部右侍郎本任，这就意味着大规模“借债筑路”的卖国政策又要加紧推行。汤寿潜对此极感不满，立即打电报向军机处抗议说：“盛宣怀为苏浙路罪魁祸首，不应令其回任；请收回成命，或调离路事，以谢天下。”清政府恼羞成怒，在七月十九日发布严旨斥责说：“措辞诸多荒谬，狂悖已极，朝廷用人，自有权衡，岂容率意妄陈，无非借此脱卸路事，自博美名，故作危言耸听，其用心诡谲，尤不可问。汤寿潜着即革职，不准干预路事。”这绝不仅仅是打击汤寿潜个人，而显然是向全国各地争回路权运动的参加者示威。

清政府这道极端蛮横的谕旨在江浙绅商人民当中引起极为强烈的抗议。旅沪浙江同乡会首先发起组织浙路维持会，浙江咨议局代表也在旅京咨议局代表联合会提出抗议，要求清廷在国会召开以前不得把商办铁路收归国有。此外，浙江咨议局、旅杭各府团体、浙路董事局等等单位和个人，都纷纷集会和通电反对。“汤去路亡，路亡浙亡”的愤激口号到处流传。浙路董事局更是正式要求清廷收回“汤寿潜不准干预路事”的成命，理由是“总协理之选举、撤退，权在股东”①。在铁路问题上，资产阶级与政府的冲突越来越大，而这又正与同时进行的国会请愿运动一样，清廷的愚蠢措施把许多温和社会力量逼到对立的方面。

不过，反抗浪潮的主力还是劳动人民和年轻的知识分子，他们动辄聚众数千以至数万，愤怒地抗议清政府的卖国政策，并且还主动筹集路股，热心维护商办权利。在路权问题上清政府与人民的冲突日益激烈起来，有

① 《申报》1910年8月20日。

人已经公开警告清政府说："浙路股东，劳动食力者占多数，平日信用汤公，铢积寸累以购路股，今汤去路危，血本无着，势必群相纷扰。际此浙省水灾迭见，饥民遍地，万一乘机起事，大局何堪设想。"① 但是，苏浙争路风潮毕竟被平息下去了，它终于没有像川路风潮那样成为辛亥革命的导火线，其所以如此，主要是由于两省铁路公司的领导人政治态度偏于稳健。

江浙资产阶级上层人物和君主立宪派虽然一度领导了收回路权运动，但是他们极力把运动约束在狭隘的极为温和的合法范围以内。直到清政府正式向商办沪杭甬路开刀，他们也只是"筹文明之挽救"，即通过资政院、咨议局根据《大清商律》来婉转劝说清政府收回成命。他们所最害怕的与其说是路权丧失，倒不说是"激起暴动"，因此公然表示："蛰老（指汤寿潜）之应留与否？合同（指借款合同）之得废与否？皆不暇计，所惧人心一失，后患不堪设想。"② 看到人民保路怒火即将熊熊而起，他们倒反来吓得赶紧退却和泼冷水了。

同时，他们又非常害怕帝国主义的威胁和清政府的镇压。老早就有人间接警告张謇说："浙江铁路，顷已永借英款，有廷寄三百余字，计明后能到江督、苏浙抚……是公司即已作罢。若一抗辩，恐张四、汤大（指张謇、汤寿潜）有不测之祸。立宪名耳，实行则大不然。恐张四、汤大不愿闻此言，乞公（指"时公"，不知何许人——引者）暗中维持，与竹老（赵凤昌）密密相商。"③ 这样一些警告显然是有成效的，张謇在看到八月二十三日清廷谕旨后，只能感叹道："蛰仙（指汤寿潜）以劾盛宣怀革职，亦一了局也。"原来好像极为刚强的汤寿潜，也悄然辞职告退，回乡侍奉老亲和游山玩水去了。这些腰缠万贯的上层绅商总是把身家性命看得高于一切，他们既害怕人民的革命，又害怕政府的屠刀，因而不敢轻易冒任何风险。

这些绅商名流的退却，在很大程度上又反映了中国民族资本的软弱。

① 《汤寿潜》，永川会社发行。

② 《汤寿潜》，《浙江咨议局致留京同乡电》。

③ 《×××致时公函》，《近代史料信札》。

由于资金不足，苏浙两路公司从一开始就没有能够完全摆脱对于外国资本的依赖，因为其资金中“邮传部拨款”一项实质上就是中英公司的借款①，而这笔钱竟占沪杭路通车后第一年经费的一半。到宣统三年初，苏路北线承筑开徐线，又苦于资金短绌和集股困难，仍然不得不幻想求助于外国资本。所以当杨士琦奉命南下询问外债可借与否的时候，郑孝胥讲得最干脆：“必可借，不借不能兴中国。”张謇虽然有所保留，但也不得不表示：“借自可。”② 盛宣怀正是利用他们这个根本弱点，一方面在表面上承认沪杭甬路“完全商办”，而另一方面又把中英公司对沪杭甬路的借款，移作修建苏路北线开徐段之用，实质上仍然是出卖了铁路主权。苏浙争路风潮就是这样中途流产了。

自然也还应该看到，清政府当时借款筑路最主要的目标还是川汉、粤汉两大干路，因此卖路与反卖路斗争的焦点也就很自然地集中于两湖和川、粤一带。相对地说起来，清政府对于川汉、粤汉两路采取更为死硬的政策和高压的手段，而对于并非主要目标的沪杭甬路则作了极为微小的“让步”（名义上承认商办），这对于苏浙保路风潮也起了某些缓解作用。同时，清政府对于影响较大的张謇、汤寿潜等很快又采取了加强拉拢和利用的手法。宣统三年初，北京盛传即将任命张謇、郑孝胥为新内阁秘书长。不久，张謇、郑孝胥、汤寿潜等又相继入京，盛宣怀（时已任邮传部尚书）和端方（时任川粤汉铁路督办大臣）等对他们大肆笼络，一会儿准备为汤寿潜开复革职处分，一会儿打算命郑孝胥为湖南藩司，一会儿又要推荐张謇为农工商部侍郎③。这样更加软化了所谓“东南三大名流”，他们很快就转而赞成“干路国有”政策，甚至还为清政府筹划如何对付川、粤、汉铁路风潮。

三、劝业会与国民外交

张謇主张的村落主义和收回利权，都不同于植根于自然经济的闭关自

---

① 《邮传部存款章程》，《东方杂志》第5卷第6期。

② 《张謇自订年谱》，辛亥正月。

③ 参见宣统三年《郑孝胥日记》及《盛宣怀行述》等。

守思想。他所经营的地方自治，从一开始便是与争夺国内市场、走向世界市场相联系的。在辛亥革命前夜，他积极参与南洋劝业会及所谓“中美国民外交”，就是这种转向开放型的经济思想的表现。

劝业会即博览会，是资本主义国家促进经济发展和国际交流的一种传统手段。张謇于光绪二十九年参观大阪博览会，已经获得极为深刻的印象。光绪三十二年，意大利在密拉喏（即米兰）举行博览会。清廷应意大利驻华公使之请，谕令各省“备品赴赛”，实际上是空洞号召，并无任何积极措施。由于张謇当时正在经营江浙渔业公司，商部即命他准备渔业展品送往该会，并咨商沿海七省督抚筹集赴赛费用。由于朝廷命公司承办，地方官员态度消极，总共只集资二万五千两。张謇不畏艰难，请人“摹绘吾国渔界为海图，复与公司董事樊太守棻备运赛品以媵之”，并且访求到温州郭凤鸣、宁波陈巨纲等干练人员运送赛品前往陈列。郭、陈两人“皆目能辨鱼类，口能说渔具，而手能记渔事，与之谈渔业，渊然莹然”。这样才算圆满结束赴赛活动。会后，郭凤鸣写成《意大利万国博览会纪略》、《调查欧西实业纪要》两书，张謇反复阅读，很受刺激，因为博览会会场面积合计八十三万平方米，中国商品陈设仅渔业占四百平方米，工艺占一百二十平方米，数量极其有限。而且展品也大多粗劣，只有张謇创办的盐业公司吕四场盐得头等奖，酿造公司的酒、颐生公司的罐头得金牌奖（温州送展的罐头亦得金牌奖）。张謇不胜感慨，为这两本书作序说：“夫赛会云者，各竞其长，而短者取人之长而自益。今以我视同列于会场之国，未暇论长短，而当论有无。则是我国实业尚在胚胎，未可遽言幼稚也。”[①] 因此，他对于拟议中的我国自己举办的南洋劝业会寄予很高的希望。

南洋劝业会最初的倡议者是端方，光绪三十四年冬，他在两江总督任内经与一些上层绅商讨论，于十一月十四日奏请举办第一次南洋劝业会。他自称：“臣前年奉使欧美，察其农工商业之盛，无不由比赛激动而来。自莅两江任后，时竞竞焉以仿行赛会为急务。”端方的这一姿态颇能赢得

---

① 张謇：《意大利万国博览会纪略、调查欧西实业纪要序》，《张季子九录・文录》第6卷，中华书局，1931年，第7页。

江苏上层绅商的好感，他们积极支持劝业会的筹备，张謇、虞洽卿、周金箴、李平书等都是重要的发起人与经办者。

宣统元年闰二月，在南京设立劝业会事务所，具体负责筹备事宜。同时还设立协赞总会，作为联络各地官、绅、商共“谋南洋第一次劝业之发达”的社会团体。七月十三日，清廷下谕正式同意开办南洋劝业会：“两江风气早开，民物繁盛，自应就地设会，树各省之模型，着派南洋大臣、两江总督张人骏为该会正会长，并着各督抚筹办协会出品各事。”此后筹备工作更为加紧进行。劝业会经费预算为七十万元，官商各认其半。会前的调查研究工作，也是由“具有识力各绅商”办理。他们“讨论逾月，四出调查。内地各省，足迹几遍，南洋群岛，两次派员前往。因调查以行其劝导，藉演说以广其见闻”①。在他们的推动下，各省纷纷成立协赞会、物产会、出品协会，分头举办本地产品展览并选择质量优良者送往江宁赴赛。这对于各省的经济发展，显然增添了一些活力。

宣统二年四月二十八日，南洋第一次劝业会在江宁正式揭幕。两江展览馆规模最大，设有教育、工艺、农业、机械、通运、美术、卫生、武备、京畿等馆；并设暨南馆，陈列南洋华侨出品；设第一、第二、第三参考馆，展览欧美、日本等外国产品；还附设一个劝工场。外省自建者则有直隶馆、东三省馆、山陕馆、湖北馆、湖南馆、四川馆、河南馆、山东馆、云贵馆、浙江馆、福建馆、安徽馆、江西馆等十余所。此外还设有三个专门实业馆，即江宁缎业馆、湖南磁业馆、博山玻璃馆，及三个特别馆，即江南制造局兰锜馆、广东教育协会教育出品馆、江浙渔业公司水产馆。全部展品号称一百万件，共分二十四部、四百四十类。展览规模之宏大、内容之丰富和参观人数之众多（二十余万人），在中国近代经济史上都是空前的。

张謇对南洋劝业会自始至终都非常关心。他曾发起成立劝业会研究会，由李瑞清为会长，张謇自任总干事。其宗旨是：“集合同志，就南洋

---

① 张人骏等奏陈《南洋劝业会礼成办理情形折》。

劝业会出品，研究其工质之优劣与改良之方法，导其进步，冀合劝业会之真旨，收赛会之实效。”[①] 该会在五、六两个月内，对农业、卫生、教育、工艺、武备、机械、通运等八个馆的展品分别进行考察研究，并就各项专题提出研究成果汇集出版。这样便更为切实地发挥了劝业会的功效。张謇本人也认真参观了劝业会。五月二十七日，他专门参观了直隶馆，曾在当天日记里写下自己的印象：“颇觉袁为直督之能任事，此人毕竟与人不同。工艺殊有擅胜处，江苏不及也。”[②] 所谓工艺，主要指机械与新式纺织品，直隶在这两方面都有优势，张謇评价与其他参观者的印象是一致的，而这次参观又增加了袁世凯在他心目中的分量。

在此次劝业会上，各省送展的农产品“殆数十百种”。会后，为谋促进农业的改良和发展，张謇又发起组织全国农务联合会，并出版农务联合会杂志。张謇为杂志作序说明了自己的宗旨：“于会明农，于农蕲通，则杂志之作不可以已也。士大夫皆知其不可以已，则输彼之说以牖此，征此之说以饷彼。传田父野老终身辛苦不能自达之阅历，为农科学子口耳相授短于实习之导师，证合发明，辗转相益，岂非联合会士大夫之责乎？”[③] 张謇虽然主要是从事轻工业，但对农业在整个国民经济中的地位与作用则一贯是非常重视的。他把农务分为农政、农学、农业三个方面，并认为“政者国之事，业者民之事，学者士大夫之事也”。他很强调发展农学的重要性，如果缺乏农学则“不能通政与业之变，亦不足尽政与业之能”。他主张书本知识应与实践经验结合，“謇家世务农，尝略涉农书矣。私独以为必经生学士之农与田父野老之农合，而后学可致于业而发于政”[④]。这样的认识，自然也高于当时一般以大言欺世的所谓学者文人。

但是，在南洋劝业会前后，张謇更为重视和努力从事的都是“中美国民外交”。

---

① 《东方杂志》第7年第6期。

② 《张謇日记》宣统二年五月二十七日。《啬翁自订年谱》亦称：“观劝业会直隶馆，颇感袁世凯才调在诸督上。”

③ 张謇：《农务联合会杂志序》，《张季子九录·文录》第6卷，中华书局，1931年，第12页。

④ 张謇：《农学通释序》，《张季子九录·文录》第6卷，中华书局，1931年，第10页。

南洋劝业会不仅在国内引起强烈的反响，在国外也引起许多商人的注意，其中日、美两国商界最为积极。日本实业团由团员十二名、随员二名组成，团长是地位极为重要的日本邮船会社社长近籐卫平，团员也大多是大阪、横滨、东京、神户、京都、名古屋等地工商界的头面人物。美国商团包括二十三名团员、十七名同行夫人以及二名随员。团长是前洛杉矶商会会长布斯（Willis H. Booth），团员大多是洛杉矶、奥克兰、圣地亚哥、旧金山、西雅图、檀香山等太平洋港湾城市的工商界有代表性的人士。其中核心人物以大赉轮船公司社长罗伯特·大赉（Robert Dollar）最为重要，他在两年以前已经开始为访华作准备，并且始终是美国实业团的实际领导者。大赉年六十六岁，出生于苏格兰。十三岁来美，次年在森林木板厂做工。二十岁升为伐木工头，三十岁升为木板厂的经理。三十五岁在密西根州自办木板厂。四十四岁移居旧金山，经营木材业与航运业。十年前开始经营对华贸易，曾与汉阳铁厂签订十五年合同，运送生铁给美国埃宴地（Irondal）钢厂，但每年不得超过二十万吨。大赉总公司设在旧金山，并在西雅图、上海、天津设有分公司，这个资本集团非常希望扩大对华贸易并加强在华投资。张謇所说的“中美国民外交”，主要就是与大赉集团打交道。

张謇一向对美国抱有幻想。早在创办纱厂之初，他即曾向美国人福开森寻求过援助。光绪二十九年，美国领事曾劝他到美国参观①。由于他对日、俄都有警惕，所以早已就酝酿着联美方案。宣统二年正月二十八日，赵凤昌也鼓励张謇“注力于社会联美”，并且还向张謇要了一张照片转送大赉（大赉先于美国商团来华）。不过，张謇正忙于苏路北线的筹建并积极参与南洋劝业会的筹办，暂时还无法与美国商团直接联系。

六月二十三日，南洋劝业会工作告一段落，张謇立即到上海与商学公会研究如何接待美国商团。八月十二日，美国商团到达上海，尽管大雨滂沱，却受到当地官、绅、商各界的热烈欢迎。在上海，商团参观了阜丰面粉厂、纶昌纸厂以及纺织、兵工等厂，并与各界著名人物作了广泛的接

① 《啬翁垦牧手牒》（影印本）。

触。八月二十日，美国商团到达南京，次日不仅团员们受到两江总督张人骏的盛大宴请，而且随行的妻子们还受到总督夫人的茶点款待，尽管这位中国贵妇在外国女人面前显得有些拘谨。

八月二十二日，更为隆重的欢迎宴会在江苏咨议局举行，这是一座尚未完全建成的新式房屋。张謇热情而又认真地主持了这次宴会，到会的还有包括奉天在内的十六省咨议局代表，所以实际上是一次全国性的立宪派与咨议局系统的联合欢迎，当然最大的推动力还是来自江浙、广东、天津、汉口等地的资产阶级。张謇在欢迎词中指出："一、中国事事方在递蝉蜕化之时，贵国耳目之所接触，必皆已见其概；二、名为实业改良，而从旁牵制如财政、法律、官厅制度，无事不与相涉，非在同时改良不能大有功效；三、今日之略可指为功效者，謇能举一例以告贵国，即吾人欢聚所托之咨议局也。"[①] 美国商团则由圣地亚哥商会会长朋汉(George Burnham)致答谢词，大意是："中国政治进步日著，必以民选咨议局为代表，江苏咨议局尤属首屈一指。深望咨议局他日与茀兰费亚(即 Philadelphia)之自由厅相颉颃。"[②] 值得注意的是，美国商团本来强调此次中国之行专在实业调查以"谋求两国通商的扩大"，可是在江苏咨议局的欢宴中宾主双方的发言都带有较浓厚的政治色彩。这也许可以理解为正在从事国会请愿运动的咨议局系统渴望取得美国这样的议会政治国家的理解与同情，而美国资产阶级对于咨议局这样一支新起的政治力量也颇有联络和利用的兴趣。

这次宴会充分体现了主持者的细心与周到。南京是一个比较守旧的城市，为了使宴会更加适合西方客人的习惯，连装饰品、食物、侍者和乐队都是来自相隔二百英里的上海。最令客人瞩目的是张謇居然提议为美利坚合众国总统的健康干杯，这个古老中国的绅士学者在礼仪上也赶上时代潮流了[③]。但更为新派的场面还在一个半月以后。十月六日，张謇再次赶到

---

① 《时报》1910 年 9 月 30 日。

② 《时报》1910 年 9 月 27 日。

③ 《大赉访华日记》(*Private Diary of Robert—on His Recent Visit to China*, San Francisco, December 25, 1910) 第 26 页。

上海同赵凤昌商议如何与大赉等人谈判中美合作兴办实业问题。十月八日，由赵凤昌出面，约同熊希龄、叶景葵、张謇合宴大赉、华尔特两对夫妇，席间还有赵凤昌、熊希龄、叶景葵、刘垣的妻子作陪，这在当时也是开风气的新鲜事情。

通过频繁的商谈，他们终于拟订了一个中美合作的初步方案。张謇在当天的日记中曾有简要的记述："达、华（大赉、华尔特）与我南、北商会协议共营银行、开航业、设商品陈列所、置商品调查员四事。银行资本一千万，各半；太平洋商轮，华资过半云。与之言，则注重奉、吉、黑垦事。主客之意，尚能周浃。"这次宴会实际上是中美双方会谈的一次预备会，而且是一次带决策性的会议。两天以后，便由上海商务总会出面，邀集津、汉、穗等地商会代表，与大赉等正式讨论中美合办实业问题。据当时上海报纸记载："美商团自游广州后，另举代表数人来申，协议中美商务事宜。先期由上海商会函约与省埠总会至申预议，如天津、汉口、广州等处，均已派员来申齐集。探得美代表于昨日抵埠（此处记载有误——引者），遂于昨（指十月十日——引者）晨九时在汇中茶会。先由美商大赉君与各商会代表讨论一切，俄而美商相继莅止。华商会即公推张弼士京卿为临时议长，提议合设银行及互立货品陈列所，并俟巴拿马运河开通后，就太平洋沿岸开万国博览会，系专注重亚洲货品等。"除漏掉合办太平洋轮船公司一项外，其他记述都与张謇日记相符。可见十日正式谈判的基础，就是在赵凤昌、张謇等八日宴会上商定的。

中美双方讨论的内容，在大赉日记中有更为详细而比较准确的记载：

1. 银行。资本中美各半。

资本的一半，三百万两由中方承担。我们的银行委员会同意向我方银行家们提供一个报告。

2. 在中美两国举办展览。

此点业经取得协议，并将提交我们商业协会在（明年）一月举行的会议。

3. 一九一五年在旧金山举办博览会。

决定由中国商会要求北京政府付诸实施，并要求我们政府同意在太平洋沿岸举行。

4. 互惠。

互惠原则已经讨论并完全明确。双方必须互相进口货物。贸易利益不能只限于单方面。

5. 两国商人相互访问（报聘）。

着眼于上述目的，两国商人必须互相访问，增进了解，以推动贸易发展。

6. 建造轮船，资本中美各半，悬挂中国国旗。

建造一艘货船，资本中美各半，悬挂中国国旗。商会将依法呈报商部，并咨询邮传部可能采取何种奖掖措施。

7. 中国商会联合。

据商会代表报告，昨晚已成立全国商务总会，会所设于上海。来自满洲、直隶等各省人士联合起来并步调一致，这还是第一次。此事已引起强烈反应。①

由此可见，双方谈判内容涉及范围相当广泛。美国资本家除希望插手中国金融与海洋航运外，更为注重的是东三省的开发。原来自日俄战争以后，美国一直谋求染指富饶辽阔的东三省，只是由于日、俄（特别是日本）的强烈抵制而未有所获。宣统元年，美国银团代表司戴德几经周折终于与东三省督抚议定承修锦瑷铁路，可是再次由于日本的强硬阻抑而中途作罢。可以想见，在赵凤昌的家宴上之所以出现熊希龄与叶景葵，主要是由于他们均系东三省总督赵尔巽最为亲信的幕僚，而熊希龄还是为修筑锦瑷铁路奔走最力的内线人物之一。不过，铁路问题已经进入死胡同，美国现在是想在垦务方面寻找新的出路，恰好中国东南地区的资产阶级也有意于开发东三省，所以双方很快形成共同的意向。用张謇的话来说，就是“主客之意，尚能周浃”。

这次家宴给大赉留下颇为深刻的印象，所以在他的访华日记中有如下

---

①《大赉访华日记》(*Private Diary of Robert—on His Recent Visit to China*, San Francisco, December 25, 1910) 第62页。

的记述：

"在沪期间，每天都有为我们举办的午宴和晚宴。最引人注目的一次是在赵竹君（Chao Chew Kuan）家中，出席的有主妇和其他女士。这是非同寻常的礼遇，因此我们深为喜悦。出席者中有江苏咨议局议长、沈阳道台和其他知名人士。我们与议长曾经在南京会晤，尽管他不会说英语，但我们通过翻译就立宪政府问题作了饶有兴味的讨论。这是他们目前最关紧要的课题，而且他们急于向我们了解有关立法各方面的知识。在某些方面，他们对于最终应采取何种措施尚一无所知。他们为资政院、咨议局制订了规章、程序，但是两者之间的确切关系尚未得到确定。而更为重要的课题是，对于皇帝与资政院、军机大臣之间的关系，他们也是众说纷纭。……商人与官吏之间存在对立情绪，我清楚地察觉他们之间的裂痕业已扩大。"[1]

这些谈话，从大赉方面来说无非是为扩大商务了解中国的社会情况，但却增强了张謇等人争取美国援助的幻想，而首先就是东三省垦务方面寻求合作。不久，熊希龄果然被赵尔巽派充东三省屯垦总局会办，并撰写《东三省移民开垦意见书》一卷[2]。稍后，张謇又率领大批随员前往东三省考察并商谈垦务。这些活动都可以看作上海中美商团代表会谈的后续工作。因为正是在这年九月二十五日，美国摩根财团已经与清政府订立整顿财政和办理东三省实业业务借款五千万美元草合同。大赉对"奉吉黑垦事"的关注，至少是民间的一种配合行动，目的都在于以迂回的方式打入东三省与日俄竞争。张謇等不了解内幕，单纯从"国民外交"着眼，实际上是同床而异梦。

这里还需要补充一点，就在欢宴大赉的第二天，赵凤昌、张謇等又宴请了伦敦泰晤士报驻东方记者勃兰门。勃兰门认为中国各方面言论不一致，国会召开后可能要发生严重意见冲突。张謇则强调意见之所以不一致，是由于缺少协调和集中各方面意见的政党，明显地流露出正式组织政

---

① 《大赉访华日记》（*Private Diary of Robert—on His Recent Visit to China*, San Francisco, December 25, 1910）第58—59页。

② 叶景葵：《熊希龄家传》，《卷盦賸稿》，1962年，铅印本。

党的愿望。但是，他的兴趣集注于“中美国民外交”，也很关心东三省的开发，因此没有采取任何比较果决的政治行动。本来，他准备以咨议局名义倡议，在十月十五日“庆祝国会即将召开”，以旁敲侧击的方式敦促清廷尽早履行诺言。然而，就连这样温和的举动，也因为议员意见分歧而未能实现。

不久，江苏咨议局由于预算案与两江总督张人骏发生激烈冲突，张謇与全体议员相继辞职，咨议局暂时停止活动。张謇除继续从事实业、教育方面的经营之外，活动的重心又转移到向清廷进“最后之忠告”方面去了。因为，上述这些庞大的实业计划，如果得不到政府的同意与支持，是很难付诸实践并取得预期效果的。直至辛亥革命爆发的前夜，张謇仍然把大规模发展实业的希望寄托于立宪的进展与清廷政策的转变。

第四章　人海战风雷

第一节　辛亥前后

一、“最后之忠告”

张謇是在清廷组成皇族内阁并宣布“铁路国有”政策以后，前往北京向摄政王进言的。

宣统三年四月十日，清廷迫于形势决定组织所谓责任内阁。可是内阁名单刚刚公布，舆论就立刻为之哗然。原来这是一个不折不扣的满族亲贵内阁，而同时资政院要求开会讨论政府借款问题却又得不到批准。五月十四日，咨议局联合会经由都察院递呈《呈请亲贵不宜充内阁总理折》，清廷根本不予置理。六月十日，咨议局联合会再次上书，请求另行组织内阁。清廷立即予以严厉申斥，说是“用人系君主大权，议员不得干预”云云。同时，对于川、鄂、湘、粤四省保路风潮，也采取强硬镇压的蛮横政策。

时局发展到这种地步，许多立宪派分子都对清廷感到绝望，有些甚至转向革命。但张謇还想对清廷作最后的挽救，于是向内阁提出三点建议：(1) 赶快发表正式政见；(2) 实行阁部会议；(3) 广开幕府，征辟英才。同时，他还向清廷表示：“謇十四年来，不履朝籍，于人民之心理，社会之情状，知之较悉，深愿居于政府与人民之间，沟通而融和之。”[①]

看来，立宪运动已经成为一剂缓不济急的药方，张謇决心亲自劝说掌

---

① 张謇：《请新内阁发表政见书》，《张季子九录·政闻录》第3卷，中华书局，1931年，第30页。

握政府最高权力的载沣，并且还想争取美援来为这个濒于死亡的王朝注射强心剂。

据说，当时“有某省咨议局派代表二人，直接至南通访问张謇，以国是蜩螗不可终日，要求张謇亲至北京一行，视察中枢情形，以决定各省咨议局对于国是应采取的态度。謇闻之心动，电邀雷奋、杨廷栋至通，与两代表共同会商……会谈终了后，张謇遂决至北京一行”①。四月二十四日，他到上海与赵凤昌商定组织赴美报聘团体以及兴办中美银行、航业公司等有关计划。第二天，经由上海商务总会首先出面，公推张謇北上向清朝政府陈请赴美报聘等事。四月二十六日，更由沪、津、穗、汉四地商会共同发出公函，敦请张謇进京代为请求政府批准赴美报聘及中美合作经营有关实业。

出发以前，张謇也深感形势的严重，认识到由于皇族内阁的成立，“全国为之解体”，“举国骚然，朝野上下，不啻加离心力百倍，可惧也”。因此，他联合汤寿潜、沈曾植、赵凤昌等共同上书醇亲王，劝他“危途知返”。并且建议起用“汉大臣之有学问阅历者”，以共同挽救危局。同时，他们又托醇亲王的宠臣赵庆宽回京，向载沣“痛切密陈，勿以国为私注”。这些活动都是为张謇北上作准备。

四月二十七日，张謇偕同江谦、刘垣、孟森等一大批随员，从上海乘轮船溯江而上。五月二日到达汉口。他们在武汉只停留了半天，可是却通过瑞澂，以最快的速度取得了奄奄一息的湖北纱、布、麻、丝四厂的承租权。五月十日，张謇一行乘专车循京汉路北上。

张謇之所以要取道京汉路北上，除为了承租湖北四厂以外，也是为了到彰德与袁世凯共同分析时局与商讨对策。张謇很明白，袁世凯虽然罢职在野，但他在北洋武装系统中的潜在势力仍然原封未动；任何政治上的筹划，如果没有得到袁世凯的默契与支持，都必然会流于纸上谈兵。

五月十一日下午五点钟，火车到达彰德，袁世凯早已派有仆人和轿子侍候，可见事先已经有过联系。张謇独自前往洹上村，与袁世凯密谈到深

① 刘厚生：《张謇传记》，龙门联合书局，1958年，第178—179页。

夜。袁世凯本来还想挽留张謇过夜，但张因急于赶到北京便谢辞了，回到火车上已是深夜十二点钟。

关于这次密谈内容，文字记载很少。张謇当天的日记只有寥寥数笔："午后五时至彰德，访袁慰廷于洹上村，道故论时，觉其意度视廿八年前大进，远在碌碌诸公之上。其论淮水事，谓不自治，则人（指列强——引者）将以是为问罪之词。又云，此等事，乃国家应做之事，不当论有利无利，人民能安业即国家之利，尤令人心目一开。夜十二时回车宿。"袁世凯最善于揣摩对方心理，他知道张謇一向关心导淮，所以便慷慨激昂地大谈一番人民安业即国家之利之类的道理，使张謇为之"心目一开"。但此次深夜密谈决不会只限于空泛议论水利问题，其主要内容仍在于"道故论时"四字。据刘垣回忆："我们同车的人一觉醒来，见张謇登车含笑对我们说：'慰廷必竟不错，不枉老夫此行也。'""不到半年，謇与世凯一夕之谈竟发生极大效用，并已决定清廷之命运。"[①] 这种说法显然夸大了张、袁二人的作用，不过从上述记载中至少可以肯定，此次夜谈产生了两个结果：一是张謇与袁世凯进一步消除了旧日的嫌隙，从此开始在政治上比较密切的合作；一是张、袁对于如何应付政局急剧变化，必然会有某种程度的计议与默契。张謇深知清廷已经越来越难以控制全国局势，他不能不把维系政局稳定的主要希望寄托在实力最强而又比较热心于新政的袁世凯身上。

五月十二日，张謇一行到达北京。尽管他为了避免北京各团体的联合盛大欢迎，有意比原订日程提前一天到达，但北京车站的迎接场面依然是相当热烈。许鼎霖、端方的儿子和弟弟，以及肃亲王善耆的世子，都闻讯赶来恭迓，并且有意把张謇的住处安排在翁同龢故居，即东单牌楼二条胡同蒙古实业公司。第二天阿王即以酒宴为之洗尘。

五月十四日，张謇谒见庆亲王奕劻，端方在座，奕、端交谈中透露出摄政王即将召见的消息。当天，又参加了各省咨议局联合会的欢迎大会。

五月十五日，那桐一清早就来报信，告以内廷已令翰林院通知，摄政

---

① 刘厚生：《张謇传记》，龙门联合书局，1958 年，第 180—182 页。

王准备在十七日召见。而在此以前，许鼎霖曾告诉张謇，端方已奏请任张謇以“宾师之位”。同时报纸也风传他将进入弼德院或担任内阁秘书长之类职务。张謇不愿“以公推而来，得官而去”，连忙分别谒见载泽、载洵、载涛，希望朝廷能够理解他此次北行的志趣。在这一天，孟森、雷奋还发起公宴，学部尚书唐绍仪又私人宴请。

五月十六日，谒见徐世昌，再次申明不愿担任官职之意。

五月十七日，摄政王召见，当天日记记载甚详：“八时一刻召见。先是二时至西苑门外候传，索钱者纷至，其人皆如乞丐相，皆无赖之民也。事虽相沿三五百年，然恶亦甚矣。七时四刻候于朝房，第一起内阁，第二起度支大臣，第三起及余，引见于勤政殿。先至御坐前跪安，起，入西房内。摄政王南面坐，旁设四坐，见则肃立致敬。王命坐，即问：‘汝十几年不到京，国事益艰难矣。’敬对：‘自戊戌出京，今已十四年。先帝改革政治自戊戌始，中历庚子之变，至于西狩回銮以后，皆先帝艰贞患难之时。今日世界知中国立宪，重视人民，皆先帝之赐也。’言至此，不觉哽咽流涕。王云：‘汝在外办事辛苦，名誉甚好，朝廷深为嘉慰。’敬对：‘张謇自甲午丁忧出京，乙未马关订约，即注意实业、教育二事。后因国家新政需人奉行，故又办地方自治之事。虽不做官，未尝一日不做事，此盖所以仰报先帝拔擢之知。此次因中国报聘美国事，又有中美银行、航业二事，为上年美商与华商所订合（同），故被沪、粤、津、鄂四商会公推而来。蒙皇上召见，仰见摄政王延纳之宏，耳目之不壅蔽，深为感激。今国势危急，张謇极愿摄政王周咨博访，以求治安之进行。’王云：‘汝在外，办事多，阅历亦不少，有话尽可说。’因对张謇所欲陈者。”[①] 由于慈禧已死，载沣又是载湉的亲兄弟，所以对话带有浓厚的缅怀“立宪皇帝”（光绪）的情愫。张謇出于传统的名教观念和感激载湉兄弟知遇之恩，忠告的态度自然是真诚的。载沣于矜持与焦急之中则多少有些虚应故事。

五月十八日，载泽宴请。

---

① 《啬翁自订年谱》有关记载系据日记，但因时过境迁，颇有删削改易之处。这里照录日记原文，以示当时实际情状。

五月二十日，奕劻送菜肴四品。

五月二十一日，毓朗宴请，载洵亦送酒席。

五月二十四日，徐世昌宴请，并应私立商业第一学堂邀请发表演说。

五月二十七日，那桐宴请。

五月二十九日，学部唐尚书请张謇任中央教育会会长，屡辞不获，只得答应作短期担任。

六月一日，善耆再次宴请。

六月四日，张謇前往东北考察。

闰六月九日，张謇在离开北京之前，向载泽、溥伦辞行，载泽宴请送别。

以上这些记载虽然并不完整而又极为简略，但大体可以看出张謇在抵京以后的一段时间里，交际应酬是何等频繁。表面上是为酒食征遂所苦(张謇语)，实际上都有具体的洽谈内容，只是未作详细记述而已。值得注意的是，在这些频繁的活动中皇室成员（特别是载沣兄弟）显得异常热情，反映出他们非常期望得到东南上层绅商的支持。人们常说张謇在辛亥革命前夕对清廷存在幻想，却忽略了清廷也对张謇这类通融于“政府与人民之间”的绅商寄予厚望。

其间，张謇曾于六月初前往奉天考察垦务达半月之久。回到北京后又连续活动二十多天，主要是忙于中央教育会开会事宜。会议讨论了国库补助各省兴办初等小学、初等师范等事项，张謇还建议在宫内举办保姆训练班，以改良对宣传皇帝的学前教育。一直忙到闰六月十日张謇才离开北京，经由天津乘海船南下。张謇对此行相当重视，曾在日记上特地写下一笔：“此次由沪而鄂而京而奉而吉而黑而营而京而津，最多时上下十四人，凡用三千七百余元。”①

在京期间，张謇向载沣等皇室显要进陈的“忠告”，归纳起来无非是五个要点：(1) 注重民生，实行宪政，特别强调救灾、治淮和充分发挥各省咨议局的作用。(2) 提倡并保护本国农、工、商各业，通盘筹划，分年

①《张謇日记》宣统三年闰六月二十六日。

实行，极力抵制外货倾销。(3)“联合美国为外交最要之策”，但是只能由民间团体出面从事“国民外交”，以免其他列强干涉阻挠。(4)政府承担四川铁路工程的亏空，全部收购商股，借以平息保路风潮。(5)照数拨给东三省总督赵尔巽二千万两经费，以便中美“合作开发”东三省。而其中心思想则是劝说清廷：对内开放部分政权，修正“铁路国有”政策，缓和政府与人民之间的紧张状态；对外也实行有限度的开放，实行“中美合作”，引进外国资金，加紧开发东北等地资源，以解救财政、金融和经济的危急。

这些建议虽然不无可取之处，但在当时境况下确实很难获致任何积极成果。不过，清朝皇室“求贤若渴”的姿态增强了张謇的幻想，摄政王对上述建议的“赞许”，更使他热衷于全力追求中美合营银行、航业及开发东三省等庞大实业计划的实现。

当时，立宪派以各省咨议局联合会（又称国会请愿同志会）为基础，已经于六月六日（即张謇启程前往东北考察的两天之后）在北京正式成立宪友会，并在苏、鄂、川、湘、赣、皖、闽、鲁、晋、奉十省建立支部，俨然有全国性政党意味。宪政会在资政院的党团领袖，正是张謇最得力的亲信人物雷奋，该会江苏支部的负责人也是与他极为亲近的马良、沈恩孚等。张謇对宪政会与整个立宪运动并非漠不关心，但他在这段时间确实是埋头从事实业方面的繁忙筹划。

他于闰六月十八日回到上海，第二天就与孟森等商讨赴美报聘和中美合办银行、航业等办法。二十日，与赵凤昌等商定在上海商务总会设立报聘事务所，作为具体筹办机关。二十二日，又专程前往苏州与江苏巡抚程德全商讨东三省如何利用美资开发问题。这是由于程德全以前在奉天巡抚任内，曾于宣统元年秋与美国垄断资本代表司戴德订立锦瑷路敷设条约，一贯主张联美以抵制日、俄。张謇是个实干家，每办一事总力求其成。所以，尽管当时四川保路风潮已经发展成为武装起义，革命风暴即将席卷全国，他仍然与赵凤昌抓紧起草《报美团人（指东方商团）书》，不愿放弃到美国报聘的计划。

北上途中刚刚建立的大维公司也在湖北抓紧接办纱厂。不顾四川起义烽火正在猛烈蔓延，也不顾湖北当地的革命风潮正在迅速酝酿，张謇为庆祝大维纱厂正式开工，于八月九日偕同刘垣等再次启程赴鄂。

这正是武昌起义的前十天，历史似乎是有意安排这位反对暴烈行动的立宪派领袖亲眼观看革命起义的情景。

二、转向共和

张謇一行于八月十三日到达武昌。三天以后，大维纱厂正式开工，紧接着便是频繁的酬应酒宴，以庆祝大生资本集团的经济势力扩展到长江中游的工商业中心——武汉。张謇极力与湖北上层官绅及立宪派头面人物（如瑞澂、柯逢时、汤化龙、胡瑞霖等）周旋，期望此后在湖北进一步扩大自己的经济实力和社会影响。

瑞澂在满人督抚中并非属于庸碌之辈，他甚至可以说得上比较干练和开明，也正因如此，张謇才与他合作得比较融洽。但革命的潮流是严酷的，谁如果顽固地站在对立方面，就难免会遭到灭顶之灾。八月十八日，革命党在汉口宝善里的总机关遭到破坏，瑞澂和湖北上层官绅皆大欢喜，仿佛果真已经消弭祸患于未萌。就在这一天，张謇于中午参加咨议局议员们的欢宴，晚上又应瑞澂宴请，直到夜九时才回到寓所。也是在这一天，张謇为了充实南通博物苑的陈列内容，买了一对孔雀，又向柯逢时要了一对锦鸡，并派专人于当天送回通州。八月十九日（阳历十月十日）清晨，彭楚藩、刘复基、杨洪胜三位烈士慷慨就义于督署辕门之前。武昌全城戒严，并曾一度关闭所有城门。张謇这才感到形势紧张，便于上午十时过江到汉口等船。汉口由于有租界存在，表面上仍然繁华平静如故。晚六时，宋炜臣等汉口绅商头面人物又在海洞春公宴张謇，直到八时才把他送上开往上海的日本商船——襄阳丸。

仲秋之夜，阴雨绵绵。张謇匆匆上船以后，首先映入他眼帘的，就是武昌塘角辎重队起义士兵作为起义信号在江边燃起的熊熊火焰。仿佛革命有意要给张謇多留下一点印象，襄阳丸迟至十点钟才缓缓向下游驶去。以致张謇多年以后在自订年谱上还历历如绘地写道："舟行二十余里，犹见火光熊熊烛天也。"他万万没有想到，革命竟这样猝然爆发，并且像幽灵一样紧紧追随着襄阳丸的旅程。

就在这一夜，起义士兵在民众协助下一举攻克武昌，成立了中国第一个革命军政府。瑞澂仓皇穿墙逃走，像被秋风卷起的落叶一样蜷缩在军舰里漂泊在江上。预备立宪公会的支持者、奉旨入川查办保路风潮的岑春煊剪掉胡须悄悄溜走。也就在这一夜，本地立宪派的头号人物咨议局议长汤化龙终于下了决心，公开支持革命与民主共和，为其他省区立宪派对应各地起义提供了湖北模式。……八月十九日的夜晚，细雨迷濛，星月无光，火光冲天，炮声隆隆，最后一个封建王朝的崩溃首先在这块土地上开始，新的共和国的诞生也首先在这块土地上发端。

对于张謇来说，这就意味着立宪运动的失败，他不能不为之惋惜。直到晚年，他还不胜感慨系之："自清光绪之际，革命风炽，而立宪之说以起。立宪所以持私与公之平，纳君与民于轨，而安中国亿兆人民于故有，而不至颠覆眩乱者也。主革命者目为助清，清又上疑而下沮，甲唯而乙否，阳是而阴非，徘徊迁延而濒于澌尽。前此迁延徘徊之故，虽下愚亦能窥其徵，虽上圣不能警其痦。"张謇是一个真诚的人，他尽管在这段时间埋头于筹划中美合营大型企业与赴美报聘事宜，但从思想来说从来没有置身于立宪运动以外。他在晚年回顾自己经历的漫长岁月时说："一生之忧患、学问、出处，亦尝记其大者，而莫大于立宪之成毁。"①

是张謇自己，把他的名字与立宪运动紧密地联结在一起。

对于辛亥革命的狂飙突起，张謇仍然难以理解，而且继续保持着惶惧的心情。他的大生企业系统，庞大的实业计划，赴美报聘的雄图大略，都需要有一个稳定的市场与社会环境。从这个角度来说，他仍想竭尽全力遏止革命的发展。同时，尽管他已经是一个初步具有近代观念的实业家，但封建名教观念仍然像梦魇一样附着在他的身上。他不像汤化龙那样在日本直接受过资产阶级教育的洗礼，而且对立宪皇帝光绪的感念之情又太深，因此不可能在一个早上转变过来，必须经过一番挽救清朝的最后努力，才能在道义上找到转向支持共和的根据。尽管他已经具有若

① 张謇：《张季子九录·文录》第8卷，中华书局，1931年，第7页。

于民权思想，但士人群体的积习是只有作出伦理的解释才能重新恢复心灵的平衡，才能比较心安理得地迈出新的步伐。这种积习，对张謇仍有很大影响。

八月二十日（阳历十月十一日），武昌起义的第二天晚上，张謇到达安庆。他本来是应安徽巡抚朱家宝的邀请共商导淮问题，可是革命前进的速度究竟要比襄阳丸快得多。安庆新军起义已是一触即发，还有什么导淮可言？八月二十一日（阳历十月十二日），他连夜挤上塞满乘客的江轮，第二天就赶回南京。

到南京后的第一件事，就是劝说江宁将军铁良派兵"援鄂"，并且托他代为奏请立即实行立宪。铁良自觉缺乏实力，劝张謇最好先同两江总督张人骏商量一下。张謇捐弃前嫌，对张人骏说："武昌地据上游，若敌顺流而下，安庆又有应之者，江宁危矣！"他满以为可以说服这个老对头，却不料又碰了一次钉子。张人骏不仅不肯派兵"援鄂"，反而大骂瑞澂和立宪派。张謇多年以后还不胜感慨，他在《啬翁自订年谱》上写道："乌乎，大难作矣！人自为之，无与天；然人何以愦愦如此，不得谓非天也。"其实，张人骏倒也并非完全属于"愦愦"者流，因为当时驻防南京的新军第九镇士兵革命倾向也很强烈，如果用以"援鄂"势必等于火上加油。对于这些内情，张人骏和铁良当然比张謇更为了解。

出兵"援鄂"既然无法实现，张謇于是转而极力劝说清廷赶紧公布宪法，召开国会，企望以此平息民愤，或许可以使革命得以平息。他于八月二十五日（阳历十月十六日）赶往苏州，经与江苏巡抚程德全商议以后，连夜与雷奋、杨廷栋等为程德全起草《奏请改组内阁宣布立宪疏》。这个奏疏后来由程德全与山东巡抚孙宝琦联名发出。

疏稿指出，自从四川、湖北相继爆发起义以来，革命潮流已经"止无可止，防无可防"。因此，对革命或剿或抚都不过是"治标之法"，只有实行宪政才是唯一的真正的"治本之法"。他们建议，立即解散已经成为众矢之的的皇族内阁，组织名副其实的责任内阁，严厉处分"酿乱首祸之人"（主要指盛宣怀——引者）以谢天下。"然后定期告庙誓民，提前宣布宪法，与天下更始。"只有这样才能"收回人心"，"用剿易散，用抚易安"，逐步平息各地起义风潮[①]。

张謇为程德全起草疏稿固然是呕心沥血，但是对清廷已经怀有"知其不可为而为之"的绝望心情。几年以后，杨廷栋把原稿裱装成册，张謇在后面题诗四首。其中一首是："绝弦不能调，死灰不能爇，聋虫不能聪，狂夫不能智。昔在光、宣间，政堕乖所寄，天大军国事，飘瓦供儿戏。酸声仰天叫，天也奈何醉？临危瞑眩药，狼藉与覆地。烬烛累千言，滴滴铜人泪。"[②]

原先曾是帝党骨干的历史背景，封建伦理观念的长期熏陶，使张謇在感情上与清王朝藕断丝连。他们希望有一个新的社会环境，但又对于旧事物的死亡发出喟叹。张謇没有个人的政治野心，只是关切局势的稳定，但他所提出的应变对策却是与梁启超等人相通的。因为当时梁启超也主张："用北军（指北洋新军中吴禄贞、张绍曾等部——引者）倒政府（指皇族内阁），立开国会，挟以抚革党，国可救，否则亡。"[③] 两相对照，张的建议侧重恳求，梁的主张侧重威逼，这是由于后者在北方与各种势力已有许多权术性的联络，而张謇却只能从道义和利害方面对清廷加以劝说。

八月三十日（阳历十月二十一日）晚间，张謇在南京议员公寓与沈恩孚、雷奋、杨廷栋等商议，又用江苏咨议局的名义草拟并发出致内阁电，内容大体上与上述奏稿相仿佛。直到这时，他还在为清王朝履行自己在道义上的责任。但是，张謇毕竟是一个能够正视现实的人，革命形势的迅猛发展，终于促使张謇不得不最后舍弃这个无可救药的腐朽王朝。

九月九日（阳历十月三十日），他一到上海便听说湖南、陕西、山西相继独立（其实江西、云南亦已独立），北洋第六镇、二十镇、第二混成协等部显然有所异动，海军很快又在九江宣布反正。所以张謇第二天便在日记上写道："各处兵变之讯日紧，滦州、保定、天津皆有所闻。"

---

① 张謇：《奏请改组内阁宣布立宪疏》，《张季子九录·政闻录》第3卷，中华书局，1931年，第38页。

② 张謇：《吴县杨生以辛亥为云阳，中丞拟疏稿草装卷见示，惝怳怆恻，不翅隔世矣，赋诗四章题其后归之，亦以告后之论世者》，《张季子九录·诗录》第5卷，中华书局，1931年，第10页。

③ 宣统三年九月八日《致徐君勉书》，据《梁任公先生年谱长编》材料抄本。

但是，对张謇冲击更为直接也更为有力的却是上海起义。九月十二日(阳历十一月二日)，他刚回到通州，第二天上海革命党人就在闸北发动了起义。上海立宪派领袖李平书和其他上层绅商沈缦云、叶惠钧的转向革命比张謇迅速得多，他们在这年五月已经发起成立了中国国民总会，并且与中部同盟会陈其美等建立了良好的合作关系。所以，上海起义有他们掌握的商团参加，并且战斗相当勇敢。上海光复以后，陈其美担任都督，主要是主持军务。李平书任民政长，除军事外几乎无事不管。在沪军都督府中，财政部长由沈缦云、朱葆三等先后担任，财力雄厚的大资本家、商会总理周金箴出任顾问；信成银行董事长王一亭先任交通部长，后改任商务部长；原商团司令李显谟任军务部副部长；米业公所董事姚文枬任劝学长；其他如任顾问官的虞洽卿，任参谋的叶惠钧，都是工商界的活跃人物。上海的上层绅商与革命党人建立相当密切的合作关系，加以社会秩序和市面基本上保持稳定，这就必然要对近在通州的张謇产生深刻的影响。

紧接着上海光复，苏州的一部分官绅和立宪派未经武装起义也宣布脱离清政府而独立，并且成立了以原巡抚程德全为都督的江苏军政府。苏州的“和平光复”，基本上保持着原有的统治秩序，不过立宪派在军政府中占有相当重要的地位，其中如沈恩孚、黄炎培等都是张謇非常亲信的人物。而在苏州“和平光复”的前一天，杭州新军起义，可是当选为浙江军政府第一任都督的，却又是张謇最要好的朋友汤寿潜。革命和革命党似乎并不那么可怕，而且在政治上和经济上都有可能给资产阶级提供较多的机会，这又必然要促使张謇作利害方面的权衡。作为前科状元和在籍翰林院修撰，张謇需要为清廷谋求最后的挽救，这是封建士大夫伦理观念的遗痕。然而张謇毕竟是一个已经具有不少近代观念的企业家，他不再可能拘泥于所谓“小忠”，以自己的事业作为一家一姓的殉葬品。

张謇终于下定决心转向民主共和。对于肩负传统重荷的这一代人来说，每跨出一步都是很艰难的。

九月十六日（阳历十一月六日)，即上海、杭州、苏州相继光复之后，张謇打电报给已经奉命进攻湖北民军的袁世凯，劝他尊重国内大多数人“趋于共和”的现实，并且赶紧前往北京，不要让清廷逃跑，争取尽快与南方达成协议，确立共和政体。两天以后，他又来到上海，并且分别写信给铁良和张人骏，劝他们断然放弃武装反抗。其致张人骏一函称：“风闻江宁旬日以来，新旧军失和，将有溃决之势。又闻新军已开往秣陵关，果尔则城内悉是旧军，当可安靖。而谣言不息，得无以满汉之故乎？各国公论，以汉口官军残杀过当，又荆州、太原亦有相残之事，颇有违言。世界人道主义日益发达，故战时惨杀实违公例。今江浙所不能释人之疑者惟有旗营，不揣冒昧，披肝沥胆，与铁将军（铁良）一书，冀两族相见不以干戈，保全无量之生命。……公为守土之长官，必以民命为至重；伏愿仁人一言，有以启将军之恺恻。謇言或不足为公重，然事关地方大局，当可谅其无他。倘蒙采纳，地方幸甚。”①

这时，通州革命党人举义已在积极酝酿之中。张謇眼见形势不稳，立即与上海民军取得联系，决定在当地实行“和平光复”。九月十八日（阳历十一月八日），长江对岸镇江宣告独立。当天晚间，沪军都督府派前狼山镇游击许宏恩带领兵船前往通州。由于张謇已到上海，所以由他的哥哥张詧出面，派人率领绅、学两界代表和学生数百人前往江边欢迎。通州城内家家户户都在门前挂出白旗，遍街张贴“光复大汉”、“还我河山”等标语，“地方秩序如常”②。通州军政分府成立以后，张詧出任总司令。大生企业系统安然无恙，张謇已无后顾之忧，于是便在上海、苏州等地积极活动，谋求全国局势朝着他所企望的方向发展。

九月二十一日（阳历十一月十一日），张謇在日记上算了一笔账：“计自八月十九日至今三十二日，独立之省已十有四，何其速耶！”他决心加快自己的步伐，以求不要落在形势发展的后面。

九月二十三日（阳历十一月十三日），他与汤寿潜、熊希龄、赵凤昌等合电张家口商会，转请内蒙古各界人士赞成共和。电文指出：“满清之待蒙人，束缚钳制，视待汉人更酷。推其政策，直欲灭蒙人之种。不乘此时机，相与左提右挈，脱离羁绊，何以彰人道之公？况俄人垂涎蒙古，非

---

①《张謇未刊函电》（稿本），《劝告铁将军函》已收于《张季子九录·政闻录》，此函亦云：“为将军计，掷一身为沟渎小忠之事，毋宁纳全族于共和主义之中。”

② 据南通费范九等老人生前回忆。

止一日。为今之计，惟有蒙汉合力，推诚布公，结合共和政治，以汉之财卫蒙，以蒙之力扞汉。强邻觊觎，可以永绝。南方民军，对于蒙族，视如同胞，绝无丝毫外视之意。满清退位，即在目前。共和政治成立，人人平等。大总统由人民公举，汉蒙满回藏五族，皆有选举大总统之权，皆有被选为大总统之资格，较之坐受满清抑制者，大不相同。请诸公将此意宣告蒙族，并居库满人，务各同心协力，一致进行。蒙汉同胞，并受其福。"①这可以看作张謇赞成共和的一次公开亮相。

当时，张謇认为，只有敦促袁世凯转向共和，才能控制全国已经相当混乱的局势。所以他与程德全共同向袁世凯上书，并派杨廷栋前往当面进言，希望袁世凯不要为清朝尽愚忠愚节，应该向美国共和伟人华盛顿学习。九月二十六日（阳历十一月十六日），清廷迫于形势交出军政权力，命袁世凯立即组织责任内阁，张謇得讯后感到颇受鼓舞。

袁世凯接任内阁总理大臣以后，为了提高内阁声望和笼络东南人心，先后请张謇出任江苏宣慰使和农工商大臣。张謇既已公开宣布赞成共和，当然不肯再接受清朝任何官职。他发出《辞宣慰使、农工商大臣电》，责备清廷不肯认真实行立宪，以致激起革命风潮，造成“假立宪者真革命”的可悲结局。并且指出，清朝人心已失，大势已去，在这种情况下“尚有何情可慰？尚有何词可宣”？至于发展农工商业，更是无从谈起。不过为了表示不忘过去的君臣大义，他借此“再进最终之忠告：与其殄生灵以锋镝交争之惨，毋宁纳民族于共和主义之中；必如是乃稍为皇室留百世湮祀之爱根，乃不为人民留二次革命之种子”②。只要把这个“最终之忠告”与四个多月以前的“最后之忠告”稍加对照，便可看出整个形势和人们思想的变化是何等迅速，前者还在为清朝的延续想方设法，后者则是明确建议清朝赶紧退出历史舞台了。

应该认为，张謇的政治态度转变是比较切实的，他决不是那种见风使

① 据赵凤昌的儿子赵叔雍回忆，当时他的堂叔赵叔泽正在张家口任电报局长，所以张謇等能够利用这个便利条件联络当地商会。

② 张謇：《致袁内阁代辞宣慰使、农工商大臣电》，《张季子九录·政闻录》第3卷，中华书局，1931年，第41页。

舵的政客，而是有比较深刻的对于现实的认识作为基础的。十月七日（阳历十一月二十七日），他给滞留北京的许鼎霖的一封复信，颇为恳切地指出非共和无以实现和平："所称南北眼光心理迥不相同，良非虚语。但谓就此罢手，即可维持秩序，则实与南中情势相反。果如公言，是惟恐焰之不烈，而益之以膏，恐东南无一片干净土矣。南中大多之论曰：'吾侪涂肝脑，迸血肉，乃为爱新觉罗氏争万世一系之皇统乎？上海本商贾荟萃之区，凡商人皆具身家，无不爱和平者。自闻汉口焚杀之惨（指北洋军队在汉口纵火抢劫——引者），自士大夫以至苦力妇孺，莫不切齿思奋。时吾苏若再迟疑，势将酿极烈之暴动，与绝大之恐慌。此在南北各省皆然，所谓南北眼光迥不相同者，此其要点也。来教又谓各省独立，恐赔款无着。夫独立云者，离北京政府而独立，非各自独立之谓。颇闻各省现方谋联合统一方法，议设临时政府。东南各省，皆财赋所出。以海关税项言之，十之八九，已归民军。以盐斤税厘言之，亦得十之七八。其他丁漕各款，又独重于东南。万一临时政府成立，直接与外人交涉，担任一切外债，彼各国安得不认，此岂空言所能争耶？……总之，现在时机紧迫，生灵涂炭，非速筹和平解决之计，必至于俱伤。欲和平解决，非共和无善策，此南中万派一致之公论，非下走一人之私言。下走何力，岂能扼扬子之水，使之逆流（重点号系引者所加）。公如不信，试回南一观，当可得之矣。苏省咨议局取消，改为省议会，公在京无名，盍归乎来。"①

张謇对形势的判断是明智的。他顺应历史潮流，实现了一生中最大的转变，有很大的社会影响，同时也明显地提高了他的声望，使他能够在这个大的社会动荡之中发挥相当重要的作用。如果说，过去他曾长期充当"通官商之邮"的中介人，那么现在他又成为可以"通南北之邮"的中介人。清廷愿意继续倾听他的进言，因为他还没有完全忘记君臣之义；革命党人欢迎他的转变，并且对他极为尊重，这不仅因为他已明确表示赞成共和，而且因为他不同于唐、梁，从来未与革命党人有过直接的冲突。袁世

---

①《张謇未刊函札》（稿本），许鼎霖系作为江苏咨议局代表入京请愿要求召开国会，故此函有"苏省咨议局取消"、"公在京无名"等语。

凯也极为重视张謇的作用，因为他明白，笼络了张謇不仅可以取得东南上层绅商的支持，而且可以通过他们对南方的革命党人施加温和的影响。

然而张謇暂时还顾不上考虑更多的问题，当前他最关心的是把“和平光复”的模式推广到尽可能广大的地区，而首先就是争取江苏全省的“和平光复”①。不过客观形势正好与他的愿望相违，驻守南京的江南提督张勋决心顽抗到底，革命方面的江浙联军只得立即发动会攻南京的大战役。江苏军政府都督程德全亲临前线督师，张謇留下来坐镇苏州。当时，无论是江苏军政府还是江苏省临时议会，都无法在江苏全省履行自己的职责。因为上海有陈其美都督，吴淞有李燮和都督，镇江有林述庆都督，无锡有秦毓鎏总司令，还有在清江浦独树一帜的蒋雁行都督，都是各行其是，不相统率。第九镇统领徐绍桢虽然已经率军反正，并充当江浙联军总司令，但也是一个不甘居他人之下的傲慢人物。针对这种涣散的情况，张謇极力主张让程德全抢先进入南京，利用林述庆、徐绍桢等人之间的矛盾，取得江苏全省最高军政领导地位，然后再谋求他们所需要的统一与秩序。

早在九月二十七日（阳历十一月十七日），他就告诉赵凤昌：“南京之下不远矣，宜预备公推程都督驻南京，趁此并宁、苏为一。所有现在苏垣办事人一同前去，选添宁属人协同办事，下走亦必前往，以议会襄助。此意顷已再三与沈、杨、雷、黄、史诸君言之，仍祈公为力言，赞成鄙意。千叩万叩！”② 所谓“沈、杨、雷、黄、史”，即沈恩孚、杨廷栋、雷奋、黄炎培、史量才，也就是上面所说的“苏垣办事人”，张謇决心带领这班人马尽快赶到南京，协助程德全统一江苏全省。统一江苏自然是统一全国的第一步，所以他又向赵凤昌解释，其所以谢辞袁内阁江苏宣慰使的任命，主要是为了便于在南北之间以私人身份“代表议和”。

南京战争十分激烈，张勋的部队抵抗得相当顽强。不过到了十月上

---

① 九月二十一日（阳历十一月十一日），张謇与庄蕴宽、伍廷芳、温宗尧、雷奋、杨廷栋、沈恩孚等有所计议，两天以后即在苏州恢复了江苏议会，不过加上“临时”二字，并声称以“保守秩序”为目的。

②《近代史料信札》。

旬，攻克南京的局势总算确定下来了。十月七日（阳历十一月二十七日），张謇赶紧打电报给程德全："闻前锋已壁孝陵，日内当可即下。不即请大旆旋苏者，冀旦晚听相公之破蔡州也。"再次劝说程德全不要急于返回苏州，应该率先进驻南京。同时，他还向程透露：袁世凯已有复电，丝毫没有表示"绝对反对"共和的意思[1]。这自然也是为了坚定程德全统一江苏的决心，暗示程完全可以得到袁世凯的谅解，不必有什么顾虑。

在十月七日这一天，张謇也给袁世凯复了一封信，同时还拍了一个电报，大意都是再次谢绝北上，并且建议"全国军民公举代表，于适宜之地开会集议，确定政体及联合统一之法"。张謇唯恐袁世凯看不清全国形势，所以强调指出："事机危迫，舍此无可解决。"[2] 张謇深知江苏的局势与全国的局势是联系在一起的，没有全国的统一和恢复秩序，江苏是不可能偏安于一隅的。

江浙资产阶级对于江浙联军攻克南京之役确实尽了很大的努力。上海商团不仅负责筹集运送军械粮饷，而且还派出义勇队直接到前线参战。上海商界头面人物虞洽卿主动劝说沪宁路当局通车，并且亲自运送弹药到南京天堡城下。张謇的态度也很积极，他不仅以江苏省议会名义送牛五十头、酒千瓶，还以通海实业公司名义送六千元、面千袋、布千疋，犒赏攻克南京的江浙联军[3]。

十月十一日（阳历十二月一日），民军经过血战光复南京。张謇等利用徐绍桢与林述庆之间的各不相让，同时也取得同盟会方面宋教仁等领导人的理解与支持，协助程德全以江苏都督身份移驻南京，终于取得了江苏全省最高统治权。

三、沪鄂之争

革命还远远没有成功，可是内部的权利争夺已经方兴未艾，而首先就表现为上海集团与武昌集团争夺政治中心的地位。在这场以函电为主要武

---

① 《近代史料信札》。

② 《张謇未刊函稿》（稿本）。

③ 《张謇未刊函稿》（稿本）。

器的“战争”中，革命、立宪、守旧等原来的政治分歧逐渐消泯了，革命党人、立宪派成员和一部分旧官僚以地域为纽带形成奇妙的重新组合。张謇与其他江浙上层绅商积极投入这场并非不算激烈的战斗，他们现在已不满足于仅仅在江浙地区革命风浪中初步站稳脚跟，非常希望能够左右全国局势的发展，而首先就是力争求得对于南方独立各省的统驭地位。

九月十九日（十一月九日），黎元洪抢先电邀各省代表到武昌开会讨论组织临时中央政府问题，这可以说是争夺政治中心地位的开始。当时，黎元洪在湖北军政府中已经初步巩固了自己的地位，并且联络旧官僚、立宪派并拉拢一部分权势欲较强的革命党人，逐渐形成一个以黎为中心而且地方色彩极为浓厚的政治集团（以后正式命名为民社）。这个集团除了以黎的亲信饶汉祥等为骨干外，还有湖南立宪派谭延闿，以及湖北籍革命党人孙武、王正廷等参加。武汉的大资本家蔡辅卿、宋炜臣等也是这个集团的积极支持者。他们的最终目标是力争定都武昌，并且使武昌“首义集团”能够在未来的中央政府中长期保持优势地位。

江浙各种政治势力自然不甘落后，他们早就在酝酿建立临时中央政府，并打算首先在上海建立一个各省联合机构，张謇、赵凤昌等就是这个计划的幕后策动者。在赵凤昌保存的信札中，至今还可看到一件《组织全国会议团通告书》的原稿，以及准备提交会议讨论的有关国体、政体问题的纲要草稿。他们从一开始就强调上海的种种优越性：“吾国上海一埠，为中外耳目所寄，又为交通便利、不受兵祸之地”，因此最适宜作为政治中心。他们主张模仿美国独立战争时的“十三州会议总机关”①，尽快在上海设立各省代表临时会议机关，以便筹备南北议和并建立临时中央政府。

正是在江浙上层绅商的推动下，江、浙、沪三位都督程德全、汤寿潜、陈其美于九月二十一日（阳历十一月十一日）联名发出通电，邀请各省各派代表两名来上海参加临时会议，共商组织临时中央政府问题。这个通电显然与黎元洪两天以前刚刚发出的通电针锋相对。九月二十二日（阳

① 早在1903年“拒俄”运动之始，上海资产阶级人士即曾希望张园能够享有美国“费城独立厅”那样的历史荣誉，可见《组织全国会议团通告书》的建议是有一定社会基础的。

历十一月十二日)，雷奋、沈恩孚等又以江、浙都督府代表名义，电请各省公认上海方面推定的伍廷芳、温宗尧为临时外交代表，统一负责对外交涉；并且请各省立即派自己的代表到上海来会商组织临时中央政府问题。可以看得出来，上海集团也包括旧官僚、立宪派和革命党三种政治力量，只不过资产阶级上层人物在其中显得特别活跃而已。

在这场政治中心地位争夺的背后，隐藏着江浙与湖北两个地区资产阶级经济利益的冲突。从这个意义上来说，政治中心的争夺实际上就是对于市场、利润的争夺。江、浙独立以后，张謇集团不仅控制了向往已久的两淮盐政，而且还想插足于汉冶萍公司以及张之洞兴办的其他企业，其雄心勃勃，简直想囊括整个长江流域中下游。以蔡辅卿等为代表的湖北资产阶级自然不甘退让，他们以“首义之区”为资本，以“鄂省命脉”为借口，不仅起而争夺已被张謇集团承租的湖北纺织四局，以及兴国、马鞍山等矿产，而且还经由省议会作出没收汉冶萍公司财产的决议，并且千方百计打破淮盐垄断局面。此外他们不惜以地方税作为抵押，亟谋向美国大赉公司借款350万镑，作为“建设新都”武昌的经费，渴望把武汉发展成为全国政治、经济中心。这实际上是对江浙资产阶级的一种挑战。

上海集团的政治、经济实力都大于武昌集团，所以他们发言的分量也重于武昌集团。好几个省的代表果然应邀来到上海，并且抢先在九月二十五日（阳历十一月十五日）成立了各省都督府代表联合会。由于事先确定的邀请原则是“已革命之省电致都督，未革命者电咨议局”[①]，所以这个代表联合会主要为原来咨议局系统的江浙立宪派所操纵，而张謇的助手雷奋、沈恩孚则是其中极为活跃的人物。

在这场双包案中，武昌集团眼看就有被撇在一边的危险。黎元洪赶紧于九月三十日（阳历十一月二十日）电告各省都督：“惟各省各权委员一时未能全到，拟变通办法，先由各省电举各部政务长，择其得多数票者来鄂，以政府成立照会各国领事，转各公使请各国承认，庶国基可以粗定。”[②] 由政

---

① 林长民：《参议院一年史》，中国史学会编：《中国近代史料丛刊·辛亥革命（八）》，上海人民出版社，1957年，第554页。

② 黎元洪：《黎副总统政书》，武昌官书局，1914年，第1卷。

务长得票多者（即政府代表）代表各省到武昌开会，显然是与上海以咨议局系统为主导的各省都督府代表联合会相抗衡。同时，他们还拟订了临时政府暂分七部的组织机构方案，除外交、财政不得不推荐上海方面的伍廷芳、张謇以外，对临时政府首脑及军政、内务等重要部门的人选都持保留态度，用意自然是想把这些职务尽量控制在本集团手中。

武昌集团急欲越过上海的各省联合代表会议，直接在武昌组成将为他们所控制的临时中央政府，这就使政治中心争夺的意图更为明朗化。针对这种情况，上海集团也作了各种对策的酝酿。先是在九月二十四日（阳历十一月十四日），张謇等即已电告正在汉口的江苏籍旧官僚庄蕴宽，提出“政府设鄂，议会设沪”的折中方案，并请庄立即电告湖北军政府①。这个建议貌似持平，但实际上还是代表上海集团的意愿。所谓“政府设鄂”，无非是敷衍一下首义地区的面子，因为在他们看来，中央政权迟早都要过渡到袁世凯手中；即令暂时摆在武昌，也无非是点缀若干革命色彩而已。至于“议会设沪”，则是这个建议的要害所在。因为当时独立各省各自为政，决非武昌集团所能单独号令控制；虚有其表的临时中央军政府，反来不如代表各省都督和议会的代表联合会，倒是后者更有可能商定全盘军政方略。张謇给庄蕴宽的信，事先一定经过与有关人士协商而后发出；因为各省代表会果然于九月三十日（十一月二十日）承认湖北军政府具有临时中央军政府地位，但同时又坚持要求委任伍廷芳、温宗尧为外交代表，并把各省代表会议继续留在上海。

武昌集团以首义之功自恃，所以态度相当倨傲。黎元洪等仍然咬定：“武昌既为中央大都督（指临时中央政府首脑——引者）所在地，各省代表宜莅武汉开会”，并派居正、陶凤集为代表赴沪商洽②。他们还强调说：“现各国代表拟请军政府担负汉口交涉全权。”③ 这显然是假借列强名义以抬高自己的身价，并想撇开伍廷芳、温宗尧，把对外交涉全权抓在自己手里。

---

① 《近代史料信札》，庄蕴宽当时与张謇、赵凤昌等政见颇为一致。

② 杨玉如：《辛亥革命先著记》，北京科学出版社，1957 年。

③ 黎元洪：《黎副总统政书》，武昌官书局，1914 年，第 1 卷。

由于当时南方局势相当混乱而又不稳定，上海方面不愿过于刺激武昌集团，再则由于各省代表对于首义地区也还存在一定程度的尊重，因此代表联合会于十月四日（阳历十一月二十四日）议决迁至武昌开会。不过他们又相互约定，各省仍各留一人在上海共同组成“通讯机关”，作为武昌代表会议的“后援”。以后事态的发展将会表明，他们对武昌集团的让步毕竟是很有限度的。

十月十日（阳历十一月三十日），各省代表在汉口英租界顺昌洋行开会，随即正式议决承认以湖北军政府为临时中央政府，请黎元洪以大都督名义执行中央政务。同时委托雷奋、马君武、王正廷等草拟中华民国临时政府组织大纲，而且很快就开会予以通过。武昌集团仿佛已占上风，但形势却发生急转直下的变化。先是十月七日（阳历十一月二十七日）袁世凯的北洋军队已经攻陷汉阳，设在武昌的军政府处于北军大炮射程之内；而江浙联军又于十月十一日（阳历十二月一日）攻克南京，战局的异动很自然地加强了上海方面的政治比重。不久，北洋军队从汉阳龟山头上隔江发射的猛烈炮火，把黎元洪吓得匆忙退往葛店。至此，各省代表会议便一反前说，议决虚总统之位以待袁世凯反正，并改以南京为临时中央政府所在地，同时约定一星期内在南京集齐继续开会。政治中心的争夺于是告一段落，江浙资产阶级达到了自己的目的。

临时中央政府设立地点的争执虽然暂停，可在临时政府首脑人选问题上又展开了激烈的争夺。

原来，在汉阳失陷以后，黄兴颇受武昌集团的攻击与排挤，于是负气回到上海。江浙立宪派和上层绅商对黄兴非常重视，希望借助这位革命元勋的声望，来压倒武昌集团以首义自恃的气焰，因此便不断加强对他的联络与影响。张謇于十月十二日（阳历十二月二日）来到上海，当天就与章太炎、宋教仁、黄兴、于右任等晤谈，这是他与革命党高层领导人的首次接触。会谈内容已无文献记载可资查考，但当天的日记特别提到“知江宁以昨夜三时攻下”，则有可能谈到临时中央政府的筹建问题。因为两天以后（阳历十二月四日），留在上海的各省代表就越过“通讯机关”职权范围，郑重其事地选举作为临时政府首脑的大元帅了。参加这次选举会的，除马良、沈恩孚等十三位各省代表以外，还有程德全、汤寿潜、陈其美三位都督，以及赵凤昌、章驾时、章太炎、王一亭等有影响的人士。就在这次会上，选出黄兴为大元帅，黎元洪为副元帅。

这次选举显然经过事先的一番布置。无怪乎多年以后还有人责怪说："此次选举，完全是宋教仁、陈其美二人恐怕武昌真成了中央政府，于同盟会不利，所以鼓煽留沪的一部分代表，扮演了这一幕滑稽戏。……各省代表赴鄂者与留沪者，原是一体，他们二人只利用留沪一部分，而瞒着赴鄂代表，瞒着鄂军政府，皆不令闻知，其谬一也。江苏都督、浙江都督、沪军都督，皆令其到场投票，淆乱职权，蔑视其他各省都督，其谬二也。开会时，加入不伦不类、毫无根据之章炳麟、章驾时、蔡元培、王一亭、黄中央（即乌目山僧——引者）、赵竹君（凤昌）、顾忠琛、彭锡范诸人，令其列席，令人怀疑这一伙人到底是干什么的，其谬三也。"[①] 评论者的立场显然偏向武昌集团，但他所陈述的意见并非全无所据。宋教仁、陈其美主张选举黄兴出任大元帅，这是很容易理解的，但在幕后布置此次选举的，绝不仅限于少数几个同盟会员。如果这次选举只符合同盟会一方面的要求，那就很难说明程德全、汤寿潜等人何以也这样积极活动，为什么长年病弱不能下楼的幕后人物赵凤昌也走到前台来呐喊助威。

事实上，聚集在上海的江浙地区的立宪派、上层绅商和一部分旧官僚都参加了此次选举的幕后策动。不久就在上海成立的中华民国联合会，可以从侧面为这次选举的背景作某些必要的说明。过去，一般人都以为这个团体是章太炎发起的，可是根据近年来发现的材料，却说明更为重要的推动力量来自张謇和赵凤昌等。其所以取名为"中华民国联合会"，不仅体现了他们要求"革命党消"以泯除党见分歧的主观意愿，更为明显的动机则是争夺筹建民国的优先地位。在赵凤昌遗留下来的信札中，保存着一张

---

① 刘星楠：《辛亥各省会议日志》，《辛亥革命回忆录》第6集，中华书局，1963年，第248页。

最初起草的“联合会成员”名单，预定总发起人是程德全和章炳麟，江苏为赵凤昌、张謇、唐文治，浙江为应德闳、杜士珍，湖南为章驾时、张通典（本想定为宋教仁，因宋临时不在，故以他人代之），另外还列有广西、江西、广东等省代表人物，但却偏偏撇开首义地区——湖北。这决不是偶然的疏忽或遗漏，其针对性是很明显的。

武昌集团对此次大元帅选举结果反应非常强烈，表示坚决反对上海代表会议的决定。以后经过雷奋的奔走疏通，双方总算勉强达成协议：改以黎元洪为大元帅，黄兴为副元帅；但临时政府仍设南京，并且敦促黄兴赶紧到南京代行大元帅职权与组织临时中央政府。这个协议既维护了武昌集团的体面，又无损于上海方面的实际利益，后者自然乐于接受。在江浙上层绅商的支持和敦促下，黄兴原本打算尽快到南京组织临时政府，“并已商请张謇向日商三井洋行借款三十万元作为到南京后军政费的开支”[①]。只是由于孙中山的迅速回国，才使这个方案被搁置在一边。

在孙中山与黄兴之间，张謇等宁可选择黄兴。因为黄兴出身于书香门第，曾考中秀才，在两湖书院受过张之洞“中学为体、西学为用”的影响，也是从旧的士人群体分化出来的个体。尽管黄兴已经完成向资产阶级知识分子的转化，并且具有激进的革命思想，但与主要受西方教育的农家子弟孙中山相比较，更易于唤起张謇等人某种程度微妙的亲和感。黄兴到上海后，即已被汤化龙、林长民、胡瑞霖等包围。但是黄兴颇为识大体，顾大局，不争个人地位。他认识到孙中山是当时威望最高的革命领袖，并且竭诚拥戴孙出任临时大总统。只有张謇等人对原定方案的落空总不免感到惋惜。第二年春天，赵凤昌在给黄兴的信中追述：“惟是时世，风云变幻莫测，一发千钧，稍纵即逝。去年之元帅就职，因迟疑而致误。”[②] 这已经是颇为坦率地表露了他们的心理状态。

---

① 李书城：《辛亥前后黄克强先生的革命活动》，《辛亥革命回忆录》第 1 集，中华书局，1961 年。

②《近代史料信札》。

四、调和南北

不过，人们当时的注意力又逐渐集中于南北议和问题上去了。早在十月十六日（阳历十二月六日），醇亲王载沣引咎辞职归藩，名义上由隆裕太后垂帘听政，实际上却是让袁世凯大权独揽。形势的发展已经初步呈现出新的政治格局，清廷终于丧失了全国统一政治中心的地位，代之而起的是以孙中山和袁世凯分别代表的南北两个中心，尽管前者并不能统率整个南方地区。张謇是南方人，他当然关心南方的地区利益，但是他更关心未来中央政府首脑的人选。他有自己利害得失的判断，也有自己品评人物的标准。如果说，在南方领袖中，他宁可选择黄兴而对孙中山持某种程度保留态度；那么，在孙中山与袁世凯之间，他更是宁可选择袁世凯而离开孙中山。因为袁世凯与他本属同一营垒，尽管袁有许多缺点，但这些都是他早已熟悉并且可以谅解的东西。也许这个西装革履的孙中山有很多过人之处，然而对于张謇来说却是难以理解的未知数。何况袁世凯手头既有强大的兵力，又有丰富的政治经验，主持过省一级和中央一级的政府事务。早在这年闰六月中旬，张謇曾在旅途中参观过天津、塘沽、军粮城一带的市政建设，并在日记上写道："慰廷要是不凡，但气稍粗犷耳，举世督抚谁能及之。"[①] 张謇在清廷以后的选择只能限于各省督抚的范围以内，而在督抚之中袁世凯就是最强者，因此他便把恢复统一和秩序的希望寄托于袁世凯的转向共和。

张謇虽然身在南方，但对北方的军事、政治动向非常关心。例如，北洋军队攻陷汉阳之后，上海忽然风传"武昌亦失"之类流言。张謇便很担心袁世凯操之过急，以致妨碍南北之间达成妥协。他曾向别人发表评论说："项城不克汉阳，不足以自立；并克武昌，实在可恶。"[②] 所谓"自立"，就是向全国显示强者的姿态；而所谓"可恶"则指对革命派的刺激

---

① 《张謇日记》宣统三年闰六月十四日。以后在《啬翁自订年谱》中又加上一句赞语"张南皮外，无抗颜行者"，可见张謇对袁之推重。

② 《近代史料信札》。

太深，可能迫使后者铤而走险，并全力与袁决一死战，使全国局势更加动荡。

但袁世凯并不像张謇所估计的那样粗犷与鲁莽，他已经很善于玩弄政治权术。他在攻克汉阳以后，一方面以猛烈炮火轰击武昌都督府，一方面通过英国领事向黎元洪等交涉停战，企图利用又打又拉的手法迫使南方屈服。十月十七日（阳历十二月七日），袁世凯正式奉命为全权大臣，并且派代表到南方"讨论大局"。在代表人选问题上，他不能不考虑南方的接受程度，因此曾通过亲信洪述祖向赵凤昌打听："以少川（唐绍仪）来，南中人愿否？"[①] 所谓"南中人"，首先是指革命党人，但同时也包括张謇等东南名流。因为袁世凯是很重视张謇在南北调和中的作用的，他曾秘密嘱付唐绍仪，要他到上海"先晤张謇探其意旨"[②]。

唐绍仪一行于十月十九日（阳历十二月九日）到达汉口。黎元洪以南方临时政府首脑自居，马上派专人到汉口迎接，并且立即电请上海民军总代表伍廷芳前来议和[③]，显然是想把南北和谈的主动权直接控制在自己手中。黎元洪虽然在革命阵营中开始受到一定尊重，但并非袁世凯预期的主要和谈对手。唐绍仪的态度相当持重，早在动身前一天已经电询赵凤昌：是否可以"约同东南人物如张季老（张謇）、汤蛰老（汤寿潜）赴汉会议"。赵于十月二十日（阳历十二月十日）复电，介绍南方情势，强调各省代表均已离鄂，而"伍秩老（伍廷芳）与张、汤二公均不能远行。公到汉，无可与议。已由秩公电黎都督，请公来沪上开议，甚为便利，必能招呼妥慎"[④]。果然，就在同一天，伍廷芳以明确的态度拒绝前往汉口，他电告黎元洪："各省留沪代表未许廷芳一日远离。……恳即转致唐公，速来沪上公同谈判。"[⑤] 十月二十一日（阳历十二月十一日），张謇也赶忙打电报给唐绍仪，重申："伍不能赴鄂，讨论大局，亦以公来沪为宜。"[⑥] 这些

---

① 《近代史料信札》。

② 刘厚生：《张謇传记》，龙门联合书局，1958年。

③ 《李国镛自述》，中国科学院近代史研究所史料组：《辛亥革命史料》，中华书局，1961年。

④ 《近代史料信札》。

⑤ 《近代史料信札》。

⑥ 《近代史料信札》。

电文说明张、赵、伍之间必有紧急的磋商，同时也必然与黄兴、陈其美、宋教仁等有所筹议。此外，他们还通过英国公使转请袁世凯命令唐绍仪到上海开议。

在南北和谈地点问题上，上海方面与武昌方面又一次发生分歧，不过这次争夺却是一面倒，因为黎元洪已处于无法讨价还价的困窘境地。于是，唐绍仪很快就答应到上海议和。张謇以审慎的眼光观察形势，他看到共和的潮流继续发展，袁世凯并非鲁莽灭裂者流，而南方的局势也并非无法控制，因此内心感到稍为踏实。十月二十四日（阳历十二月十四日），他终于郑重其事地剪掉了作为清朝臣民标志的辫子，并且妥善包好寄回家中，还在日记上特别书明："此亦一生纪念日也。"是的，对于张謇来说，剪辫子决不是虚伪的表态，因为他很不愿做违心的事情。这一剪刀彻底断绝了他对清朝的臣属关系，而在五十九岁之后走上新的人生旅程。

唐绍仪于十月二十七日（阳历十二月十七日）到达上海，第二天南北和议即正式开始。

表面上，唐绍仪与伍廷芳在英租界议事厅谈判，但唐在会后却又常到赵凤昌的私宅惜阴堂，与张謇、黄兴、汪精卫等密商（当时汪精卫已被释放，随唐绍仪南下，并被任为伍廷芳的参赞）。惜阴堂在南北议和中起了相当重要的作用，甚至在谈判前夕，伍廷芳连"全权文凭"都要请赵凤昌代办，并且建议"黄公衔（指黄兴以何种名义出现——引者）似可添代办大总统字样"[①]。可见当时赵凤昌、张謇已经颇受革命党领袖的重视与信任。

据当年参加过此次议和的一位北方代表回忆，唐绍仪曾对他说："民党中人对国内情形并不怎样熟悉，张（謇）是提倡实业救国的新人物，孙（应为黄——引者）、胡、汪等民党领袖，对张不仅慕名，而且很佩服很重视。他们为了熟悉情形，有不少事要请教张，而张往往趋而谋之赵（凤昌），张每自南通来沪，必住赵家，这样民党中人自然敬重赵了。……在

① 《近代史料信札》。

和议过程中，每星期总有一天或两天，程德全、汤寿潜、张謇、汪兆铭、陈其美等曾在赵家聚会。”[①] 这个分析大体上是符合实际情况的。

为了进一步参与临时政府的建立，张謇在此期间还曾“与程德全、章炳麟、赵凤昌议创统一党”[②]。统一党是在中华民国联合会的基础上建立的。如果说，中华民国联合会的建立，还只是为了争取建立临时政府的优先地位，那么统一党的成立则是谋求把南北军政大权统一到袁世凯手中，旨在恢复他们所需要的统一与秩序[③]。他们提出的政纲包括：“团结全国领土，厘正行政区域”；“完成责任内阁”；“注重民生，采用社会政策”；“维持国际和平，保全国家权利”等等，都是一些比较温和而又笼统的条文，所以为各方面人士所易于接受。

统一党于民国元年三月[④]正式成立，这是民国建立以后第一个采用党的名称的政治团体。它主要是由东南一带的立宪派、革命党人、上层绅商和一部分旧官僚组成，其中又以江浙人士居多数。理事有章太炎、程德全、张謇、熊希龄等，参事有汤寿潜、唐文治、唐绍仪、赵凤昌、庄蕴宽、应德闳、叶景葵、王清穆等，干事有孟森、林长民、章驾时，多数都是张謇的友好与亲信，章太炎不过徒具虚名而已。

张謇与章太炎等还曾分别劝说宋教仁与黄兴，劝他们重新改组同盟会。据说宋教仁已经答应，“选择同盟会中稳健分子，集为政党，变名更署，与同盟会分离”（见《太炎最近文录》消弭党争书二）。只是由于孙中山的回国，才使这一计划暂时搁置起来。

孙中山是在宣统三年阴历十一月六日（阳历十二月二十五日）回到上海的。这时革命势力表面上虽然已是“三分天下有其二”，但内部妥协、分化等消极现象已经日趋明朗化。孙中山的突然回国，虽然使张謇、赵凤昌等稍微感到一些意外，但他们对这个革命领袖还是尊敬的，因为民国的

---

① 冯耿光：《荫昌南下与南北议和》，《辛亥革命回忆录》第6集，中华书局，1963年，第362页。

②《啬翁自订年谱》辛亥十一月。

③ 立宪派的策略是鼓吹“革命军起，革命党消”，力谋把革命派“分为二”，孤立和打击那些“只宜于破坏”的“纯属感情用事者”，同时联络那些“有政治思想”的“温和”分子合组“健全之大党”，以对抗孙中山为首的坚定革命者。参见《梁任公先生年谱长编》。

④ 民国元年以后，月、日均用阳历，下同。

建立毕竟是出于孙中山的创导和革命党人的努力。同时，南方的革命声势暂时还比较高涨，而孙中山在人民中间又享有很高的声望，所以聚集在上海的绅商人物也未尝不想利用他的名字来号令南方各省。孙中山在上海一登岸就受到各界热烈欢迎，张謇曾特地与他会见商谈。李平书等更是隆重接待，并且专门派来商团护卫，一直把孙中山恭送到南京。

宣统三年十一月十日（阳历十二月二十九日），各省代表在南京公举孙中山为临时大总统。这次选举，上海方面与武昌方面倒没有任何争议，因为早在几天以前南京代表会议即已电告黎元洪："决议于十日上午开选举临时大总统会，再由被选举者电告袁内阁：'如和议成立，即当避席。'"①上海方面和武昌方面的立宪派、旧官僚和一部分趋于妥协的革命党人，在选举以前即已把孙中山看作暂时过渡的总统，而且感到也只有孙中山才有资格承担这样的尊荣名义，因此都没有提出任何异议。南京临时政府的成立，是以它承诺自己的即将消亡为前提的，这再一次暴露辛亥革命内在的严重弱点。

一九一二年一月一日，孙中山从上海到南京就任临时大总统，临时政府正式成立。张謇也应黄兴之约，在这一天到达南京。一月二日，孙中山通电各省改用阳历，并以临时大总统就职之日作为中华民国建元的开始。张謇在这一点上也表现出诚朴的特点，此后的日记即改用民国纪元，尽管他仍然习惯于用阴历。他还在自己住宅的大门对联上，亲笔书写"民时夏正月，国运汉元年"的句子，以纪念这一旷古未有的变局。

南京临时政府设于原两江总督衙门，而临时大总统宣誓就职的地点则是张謇一手规划建筑的咨议局新房，这些当然都会引起张謇的无限感慨。但当时最为紧迫的还是如何安排临时政府各部人事，以及如何统率协调南方各省起义势力等重大问题。临时政府本来希望张謇出任财政总长，但未得到他本人的同意。因为张謇深知南京临时政府的最大困难在于财政，而自己确实无法解救即将面临的财政危机。他坦率而又切实地陈述了自己对于新政府财政问题的意见："今欲设临时政府之目的，在能使各国承认共

① 黎元洪：《黎副总统政书》，武昌官书局，1914年，第2卷。

和，各国之能否承认，先视吾政府权力之巩固与否？政府权力，首在统一军队，次在支配财政；而军队之能否统一，尤视财力为断。”他遂项权衡收支，估计每年财政将短缺八千万两之款。责之财政总长，则无术可以应付；大量息借外债，又缺乏必要的信用。张謇认为一身名誉不足惜，但不能因此而延误全局，所以坚持不就财长之职①。

刚刚成立的临时政府需要各方面的支持，而在财政经济方面尤其需要得到东南地区上层绅商的支持，所以孙中山等转而敦请张謇出任实业总长。张謇虽然感到“时局未定，秩序未复，无从言实业也”，但也再无理由可以坚持不就，因为他也希望临时政府早日成立，尽快统一南方各省步调以求与北方的袁世凯达成统一协议。

一月三日，各省代表会议举行副总统选举会，黎元洪以全票当选。孙中山在会上提出各部人选，经过讨论最后确定名单如下：

陆军总长	黄　兴	次长	蒋作宾
海军总长	黄钟瑛	次长	汤芗铭
外交总长	王宠惠	次长	魏宸组
内务总长	程德全	次长	居　正
财政总长	陈锦涛	次长	王鸿猷
司法总长	伍廷芳（兼议和全权大使）	次长	吕志伊
教育总长	蔡元培	次长	景耀月
实业总长	张　謇	次长	马君武
交通总长	汤寿潜	次长	于右任

从当时的具体情况来考察，这个名单可以说是南京临时政府所能提出的各部人选的最佳方案，它体现了孙中山的“惟才能是称”和在支持民国的前提下“收罗海内名宿”的正确方针。从表面上来看，它仿佛是一个革命派、立宪派和一部分归附共和的旧官僚的混合体，但由于各部总长中立宪派、旧官僚大多持消极态度，所以实权掌握在革命派的有关各部次长手

① 张謇：《对于南京新政府财政之意见书》，《张季子九录·政闻录》第4卷，中华书局，1931年，第1—3页。

中，起主导作用的仍然是以孙中山为首的革命派。

也是在一月三日这一天，孙中山曾与张謇在一起商讨有关政策问题。谈话具体内容已不可考，张謇在日记中只说是“未知涯畔”。孙、张不仅有政见上的分歧，而且有性格上的差异，前者富于理想，后者强调务实。很可能在谈话中涉及兵、饷两大严重问题，孙又重复了“予不名一钱也，所带回者革命之精神耳”之类意思，张謇遂有此讥评。这时，袁世凯已经派前二十镇统制张绍曾为宣抚大臣，南下到长江一带活动。一月六日，张謇与张绍曾在南京会晤，此后又有几次接触，显然与袁世凯之间加强了联系。所以张謇在一月十日打电报给袁世凯，介绍南方政治局势：“南省先后独立，事权不统一，秩序不安宁。暂设临时政府，专为独立各省，揆情度势，良非得已。”[①] 在此前后，张謇还曾电告袁世凯：“甲日满退，乙日拥公，东南诸方一切通过。昨由中山、少川先后电达。兹距停战期止十余小时矣……久延不断，殊与公平昔不类，窃所不解。愿公奋其英略，旦夕之间戡定大局，为人民无疆之休，亦即为公身名俱泰，无穷之利。”[②]

对于张謇的再三敦促，袁世凯并非不能理解，然而客观形势对他的行动也并非完全没有制约。所以袁世凯在复电中陈述了自己的困难：“凯衰病，断无非分之想，惟望大局早定，使生民少遭涂炭。但在北不易言共和，犹之在南不易言君主。近日反对极多，情形危险，稍涉孟浪，秩序毕乱，外人乘之，益难收拾。困难万分，笔难罄述，非好为延缓，力实不足，请公谅之。”[③] 排除其中“无非分之想”之类虚伪套语，大体上是符合北方情势的。

然而，由于帝国主义列强、立宪派和旧官僚都倾向于支持袁世凯，南京临时政府的处境更为困难。张謇早在《为财政事致赵竹君函》中即已断言兵、饷两大问题非南京临时政府所能解决：“北京公使团会议，如南京临时政府成立，有统一军队及财政能力，则可公认为政府云云。”“而急进

---

① 《近代史料信札》。

② 张謇：《劝告袁世凯速决大计电》，《张季子九录·政闻录》第4卷，中华书局，1931年，第1页。

③ 《袁大总统书牍》。

之徒，日日言临时总统，一若总统出现，大功已成也者，按之事实，岂其然乎？”[①] 不能说张謇完全没有协助临时政府解决财政困难，但他的态度基本上是消极的。例如，在临时政府成立之前，他在应允出任两淮盐政总理时就说得很清楚：“欲江宁回复秩序，须置官任民事；欲置官任民事，须客军（指革命军队——引者）出发；欲客军出发，须筹备财政，财政之可急筹而得用者惟盐。”[②] 筹款是为了把“客军”尽早资遣离开江苏，这是张謇当时并不讳言的真实思想。在南京临时政府成立前后，他曾通过商会陆续筹集五十万元，作为“客军”出发的开支。以后“客军”迟迟没有离开江苏，而且六路北伐的呼声一度还比较响亮；加以独立各省各自为政，筹款极端困难，张謇的态度更趋消极。

辛亥革命本来就是一场不够成熟的革命，而张謇对于革命如此迅速到来更是缺乏思想准备。尽管他承认“今共和主义之号召，甫及一月，而全国风靡，征之人心，尤为沛然莫遏”[③]。但他对革命毕竟缺乏理解，尽管孙中山、黄兴等领导人对他备加优礼崇敬，他仍然习惯于用挑剔的眼光来观察革命。二月十日，他很快就写成《革命论》上、下篇，比较明确而又详尽地阐明了自己对革命的看法。他把两千多年来的历次革命、起义与王朝更迭混为一谈，并且将之区分为“圣贤、豪杰、权奸、盗贼”四个层次。在他看来，只有远古的汤武革命才可以算得上是“圣贤革命”，其余的农民起义或王朝更迭，“假汤武者豪杰则庶几，其次类皆出入于权奸、盗贼之间”。他强调革命必须有“圣君贤相”领导，并且规劝革命党人说：“使革人之命，而上无宽仁智勇文武神圣之君，下无明于礼乐兵农水火工虞之佐，则政教号令旧已除而新无可布，布者复不足以当王泽而餍民望，其愈于不革者几何？”如果革命流于“权奸、盗贼之间”，则难免“自蹈于厉与凶、悔与亡”[④]。

---

① 《为财政事致赵竹君函》，《张季子九录·政闻录》第4卷，中华书局，1931年，第3页。

② 《啬翁自订年谱》辛亥十月。

③ 《辛亥九月致内阁书》，《张季子九录·政闻录》第3卷，中华书局，1931年，第41页。

④ 张謇：《革命论》，此文收于《张季子九录·文录》第3卷，中华书局，1931年，第6—7页。原系年作癸丑二年，今从日记更正。

由于以汉冶萍公司向日本抵押借款一事引起争议，张謇终于脱离了南京临时政府。

当时，临时政府的财政已处于山穷水尽的困窘境地，孙中山、黄兴等被迫以汉冶萍公司向日本抵押借款。张謇在上海得知消息后，立即致函孙、黄加以劝阻，以为日本别有用心，盛宣怀尤不可信，抵押借款或集股合办均有严重后患。章太炎也借此事对孙、黄加以指责。孙中山在复章太炎函中作了耐心的解释："先生等盖未知南京军队之现状也。每日到陆军部取饷者数十起。军事用票非不可行，而现金太少，无以转换，虽强迫市人，亦复无益。年内无巨宗之收入，则将立踣。……而环顾一省又无一钱供给。以言借债，南北交相破坏。非有私产，无能为役。似此紧急无术之际，如何能各方面兼顾？"① 同时，临时政府秘书长胡汉民也奉孙中山之命向张謇恳切说明："自一月以来，见克强（黄兴）兄以空拳支柱多军之饷食……寝食俱废。度其急不择荫，亦非不知。今已成事，惟祈先生曲谅，并于誉论不满之点，稍予维持。"②

可是张謇对此事耿耿于怀，未能予以"曲谅"。他在二月十二日正式辞去实业总长职务，辞电称："汉冶萍事曾一再渎陈，未蒙采纳。在大总统自有为难，惟謇身任实业部长，事前不能参预，事后不能补救，实属尸位溺职，大负委任。民国成立，岂容有溺职之人滥竽国务，谨自动辞职，本日即归乡里。"③ 虽经孙中山等一再挽留，甚至表示愿意对汉冶萍抵押借款一事谋求有所补救，仍然未能说服张謇取消辞意。

在十多年以后，张謇曾经说过一段话："一国之权犹鹿也，失而散于野则无主，众人皆得而有之，而逐之，而争以剧。"④ 清朝的覆灭意味着原有政治中心的泯灭，张謇不愿出现"鹿散于野"的情况，也不愿中国同时存在两个中心，他希望能由袁世凯掌握中央政权并成为唯一的政治中心。在他看来，只有这样才能在全国范围内恢复统一与秩序。

---

① 《近代史料信札》。此信既收于赵凤昌藏札中，张謇很可能也看过。

② 《近代史料信札》。

③ 张謇：《辞实业部长电》，《张季子九录·政闻录》第 4 卷，中华书局，1931 年，第 6 页。

④ 《啬翁自订年谱》序言。

五、结束革命

也是在二月十二日这一天，袁世凯利用全国革命声势，迫使隆裕太后正式颁布诏谕，承认清帝退位。延续两千多年的封建帝制和两百六十八年的清朝，终于最后被人民革命的伟大潮流埋葬了。张謇在三天以后才见到逊位诏书，并且在日记上写道："此一节大局定矣，来日正难。"①

就所谓"大局定矣"而言，张謇并非局外之人。因为还在孙中山当选为大总统而袁世凯颇为疑忌的时候，张謇已曾给袁世凯发过一封密电："窃谓非宫廷逊位出居，无以一海内之视听，而绝旧人（指宗室、遗老——引者）之希望。非有可使宫廷逊位出居之声势，无以为公之助，去公之障。在鄂及北方军队中诚鲜通达世界大势之人，然如段芝泉（段祺瑞）辈必皆受公指挥。设由前敌各军同意电请政府云：'军人虽无参预政权之例，而事关全国人民之前途，必不可南北相持，自为水火，拟呈办法，请政府采纳执行，否则军人即不任战斗之事。云云。'如是宫廷必惊，必畀公与庆邸（指庆亲王奕劻——引者）为留守；公即可担任保护，遣禁卫军（当时禁卫军已改由冯国璋统领——引者）护送出避热河，而大事可定矣。"② 从张謇主观愿望来说，自然还是着眼于大局的稳定；但就袁世凯的窃国阴谋而言，则这一建议正好投合他的心意。实际上袁世凯也正是这样做的，在他的秘密授意下，以段祺瑞为首的北洋前敌将领，不久就一反过去誓死反对共和的论调，转而电请清廷明降谕旨确定共和，为袁世凯的逼宫夺权提供了武装声势的后盾。

二月十三日，袁世凯把清帝退位的决定正式通知南京临时政府，并且虚伪地宣布："共和为最良国体……永不使君主政体再行于中国。"当天，孙中山履行就职时的诺言，当即向参议院辞职，把临时大总统职务让给已

---

①《啬翁自订年谱》序言称："然而黄帝以来五千年君主之运于是终，自今而后百千万年民主之运于是始矣。"另据胡汉民回忆："清允退位，所谓内阁复电，实出季直先生手。是时优待条件已定，弟（胡自称——引者）适至沪，共谓需为稿予清廷，不使措词失当。弟遂请季直先生执笔，不移时脱稿交来，即示少川（唐绍仪）先生，亦以为善。"可见张謇是洞悉逊位内幕的。

②《近代史料信札》。

经表示“赞成共和”的袁世凯。二月十五日，参议院正式选举袁世凯为临时大总统，袁的窃国阴谋初步实现。但是，南方许多革命党人对袁世凯的政治态度仍然将信将疑，迟迟不愿交出军政权力，有些人甚至继续鼓吹和策划北伐。张謇在日记中所说的“来日正难”，在一定程度上就是指以袁世凯为新的政治中心统一中国仍将面临重重障碍。

在南京临时政府正式结束之前，孙中山等革命民主派曾为防范和限制袁世凯的独裁野心作过一番努力。他向参议院推举袁世凯继任临时大总统的同时，就拟订了三项条件：(1)临时中央政府地点定为南京；(2)新总统必须亲自到南京向参议院宣誓就职；(3)新总统必须遵守参议院通过的《临时约法》。他们一方面想用资产阶级的民主法制束缚袁世凯的手脚，一方面更想把这个野心人物从北方反动巢穴搬到革命中心南京，把他置于暂时还保持一定声势的南方革命力量的包围与监视之中。袁世凯自然不甘心接受《临时约法》的拘束，然而对他来说，更为现实和迫切的问题却是南下就职和定都南京。于是，一场迁都与反迁都的斗争就在南北之间展开了。

从先前的政治中心及和谈地点之争发展成为迁都之争，前后两种争执的性质已发生了变化。上海集团与武昌集团之间对于临时政府及和谈地点之争，那主要是南方几种政治力量对于权利的争夺；可是迁都之争，从根本上来说，却是革命人民与以袁世凯为首的北洋军阀之间的斗争。现在，上海、湖北两地的立宪派、上层绅商、部分旧官僚之间的地域性争执，已经降低到无足轻重的地位，他们联合起来反对孙中山坚持建都南京的正义主张。起初是临时参议院的大批议员公开反对，接着是黎元洪之流或明或暗对孙中山进行指责。张謇由于希望南京临时政府尽早结束，让袁世凯总揽军政大权并在全国范围的统一与秩序，所以也站在反迁都的一边。

当时的形势已经越来越不利于革命方面。因为，面临着帝国主义列强的威吓，北洋军阀的武力威胁与和谈欺骗，资产阶级革命派的妥协倾向普遍有所增长，其内部的分歧与分化也日益加深，这样就更加便于南方上层绅商把革命派逐渐引向屈从于袁世凯的错误道路。在老同盟会的领导人中间，汪精卫早已被袁世凯收买，表面上是南方谈判代表的参赞，实际上却成为唐绍仪等北方代表的入幕之宾，与张謇、赵凤昌的关系也极为密切。张、赵还通过另一个老同盟会员陈陶遗来笼络、影响黄兴。陈陶遗原名道公，辛亥前在上海因刘师培告密被捕入狱，张謇曾为他向两江总督端方说情。陈被释放后改名陶遗，以表示感念端方（号陶斋）不杀之恩。他与黄兴关系很深，有“黄派党员”之称。江苏光复后不久就被聘请充当都督府顾问，稍后又被推为临时参议院副议长。张謇正是利用这种历史渊源，通过陈陶遗在同盟会上层转达自己的意向，这样就使孙中山等更加难以坚持正确的主张。

早在二月十三日，袁世凯在通知南京临时政府有关清帝退位的电文中，就已经表示不愿南下就职。而南方各种旧势力和资产阶级上层人物，也就立即为袁世凯出谋献策。张謇曾给袁世凯一封贺电：“公膺众选，全国汴庆。要公南者固多，不可说公不能南，须北数省咨局肫切联争于参议会。若南，须以师从。”他还建议：“目前第一难题，即要公南来。解此题者，只有二法：一从在京外交团着手，一从北数省人民着手……使不欲南之意不出于公，当可有效。”[①] 袁世凯早已成竹在胸，何须张謇指点，不过这一建议与袁的反迁都对策大体上是相近似的。

二月十八日，南京临时政府派蔡元培、汪精卫、宋教仁等作为专使，准备到北京劝说并迎接袁世凯南下就职。袁世凯于二十一日通电表示拒绝，说什么北方“内讧外患，递引互牵，若因凯一去，一切变端立见，殊非爱国救世之素志。若举人自代，实无措置各方面合宜之人”[②]。这些语言与帝国主义列强和南北旧势力所宣扬的“非袁不可”、“非袁不可收拾”、“北方多故”、“北都关系外交内政甚巨”等论调正好互相呼应。

南方迎袁专使于二月二十八日全体到达北京，袁世凯表现得异常热情，大开正阳门隆重欢迎。他反复向代表说明自己确实愿意南下就职，甚至“与各统制及民政首领商留守之人”，并且不厌其详地与代表们商量南下路线等具体问题。可是，就在代表们到齐后的第二天晚间，北洋嫡系第

---

① 张謇：《为时局致袁总统书》，《张季子九录·政闻录》第4卷，中华书局，1931年，第7—8页。

② 白蕉：《袁世凯与中华民国》，人文月刊社，1936年。

三镇突然发生所谓兵变，连续几天把北京、天津、保定、通州（河北通州）等地闹得乌烟瘴气，使人民生命财产遭到严重损害。同时，北京外交团会议，决定加强外国军队在北京市区巡逻，日、英、俄、德等国纷纷增调军队入京，一时总数竟达三千人之多。

这样的形势自然更使反迁都论者振振有词，他们或则说“舍南京不至乱，舍北京必至亡”，或则说“临时政府必应设于北京，大总统受任必暂难离京一步”。在这一片鼓噪声中，也夹杂着张謇主持或参与的江苏省议会、中华民国联合会（统一党）以及他所支持或亲信的《时报》、庄蕴宽等团体或个人的声音①。张謇本人也频频致电袁世凯，认为袁决不能南下就职。他还与唐绍仪电商：“京、津、保、永同时发难，显有煽乱之人。据英人李治面告：东邻（指日本——引者）与宗社一月前已有勾结。夜长梦多，皆由不早统一之过。若再相持，危机愈迫，祸乱不可胜言。为今计，惟有利用外交团以非正式公文劝告南北两方，并声明不能听项城南下，致生变故。商之竹君（赵凤昌），亦谓非此不易解决。请密图之。”②

在内外各种反对意见的压力之下，严重脱离群众的革命党人四顾无援，只有屈从于袁世凯的无理要求。三月六日，袁世凯在北京宣誓就职，四天以后即正式登上临时大总统宝座。迁都问题终于解决了，成立内阁问题又接踵而至，但难度却小得多。这里只需要说明一点，即内阁人选的酝酿，又是在赵凤昌的惜阴堂。

早在唐绍仪南下谈判之前，洪述祖即已向赵凤昌透露过袁世凯的窃国计划：“一方面挟北方势力与南方联络，一方面借南方势力以胁制北方（指清朝——引者）……制造共和局面。宫保（袁世凯）为第一任大总统，公（唐绍仪）为内阁总理。”③ 令人惊异的是，不仅南北双方代表讨论内阁总理人选的地点在惜阴堂，而且首先正式提名唐绍仪的竟是并非代表的惜

① 《近代史料信札》。

② 《张謇未刊函电》（稿本）。

③ 张国淦：《辛亥革命史料》，龙门联合书局，1958年，作者当时是随唐绍仪南下谈判的北方代表之一。

阴堂主人。据张謇的一个得力助手回忆：当赵凤昌提名唐绍仪为内阁总理时，“孙文、黄兴同时鼓掌”[①]，于是一致通过。

至于内阁各部人选，张謇、赵凤昌等事先也参加过幕后的拟议。他们起草的一个初步名单，至今仍保存在赵凤昌藏札中。名单原文如下：

(正) 袁　(副) 黎

(南、北)　内阁　唐

(北)　陆　段

(南)　参谋长　黄兴

(南)　财　熊希龄

(北)　外　陆征祥

(南)　学　蔡元培

(南)　农　张

(南)　法　伍

(北)　邮　梁士诒

(北)　海　程璧光

(北)　民　徐世昌

上列姓名前面括弧中的南、北字样，只是注明此人代表南方或北方，却没有说明此人的政治派别。实际上，老同盟会员所占比重很小，还不到六分之一。唐绍仪由于已经被拉进同盟会，所以算作代表南北双方。从表面上看起来，这个名单南北各占一半，好像很公平。可是，北方阁员都是袁世凯的部属或依附于他的人员，而南方五个阁员当中，除黄兴与蔡元培以外，张謇、熊希龄、伍廷芳等都是亲袁的立宪派和旧官僚。由此可见，上述名单的拟定者的政治倾向十分明显。

这样偏袒袁世凯的内阁名单，自然引起南方一些革命党人的极大反感。于是，赵凤昌又通过汪精卫向革命派施加压力，在信中强调说明：“内阁不速成立，危险万状，其原皆在陆部一席不决。南军队所主张（指要求黄兴任陆军部长——引者），北方亦有万难。现内乱外交，均极纷逼，倘再迁延，必致不测。万不得已，仍当以克（黄兴）就参谋（参谋总长）。

① 刘厚生：《张謇传记》，龙门联合书局，1958年。

为调和计，弟昌前日又函致克切述之，现尚未决。乞兄向柏、洪（指柏文蔚、洪承点，皆南军将领——引者）等痛切陈说利害，勿令固执，并告克力戒将士共晓此意，以救危局。”① 后来几经磋商，北方总算作了一些表面的让步，司法换成王宠惠，农林换成宋教仁，另外增加陈其美为工商总长，在内阁中多安排了三个革命人物。可是，这对于袁世凯集团控制的中央政府并无有多大妨碍，因为让出总长职务的只是南方的张謇与伍廷芳，而这两人又不是北洋系统的成员。内阁中最重要的职务陆军总长仍然由北洋大将段祺瑞担任，而且还换了一个特务头子赵秉钧出任内务总长（原拟以徐世昌任民政总长），袁世凯对中央政权的控制反而加强了。

南京政府正式宣告结束以后，中外反动势力皆大欢喜，上层绅商也以为统一与秩序指日可待。张謇在日记上写道：“孙中山解职，设继清帝逊位后数日行之，大善。”竟然责备革命派把政权交出得太迟。可是，张謇并没有马上参加袁世凯政府。他自己曾经解释说：主要是由于不久以前已经向南京政府断然辞去实业总长，“今若忽焉而北，则浅见者必以为有轻重向背于其间，而无识者且可造为种种荒诞离奇之语”。实际上就是因为南方还存在着相当数量的革命军队，同盟会——国民党人还控制着好几省地盘，所以他暂时还不愿完全表露亲袁倾向，以便继续在南北之间充当调停人角色。他答复袁世凯说：“以生平所知，拾遗补阙，自问尚有一日之长。若一处行政地位，侪于国务，则言论转难发挥，而与社会亦易隔阂。”因此，“凡公旧日信用之人，除军队外，愿公勿尽置左右，而拟以可遥为声援之地”。所谓“拾遗补阙”和“遥为声援”，就是想要继续保持第三者和民间的超然姿态，与袁世凯实行“朝野合作”，以求更快地巩固和加强北京中央政府，从而逐步恢复统一与稳定。

张謇主要是通过三方面的活动来协助巩固袁世凯政府：一是积极为袁组织与党；二是积极为袁物色助手；三是继续协助消除南方剩余革命武装。

张謇最初曾想把统一党变成政府党。早在三月十日他就电告袁世凯：

---

①《近代史料信札》。

“政党以统一较胜，少川（唐绍仪）已入，足以代公。世兄（袁克定）加入亦可。公可勿入一切政党，以免障碍。党需资本金，謇拟合实业助之。公能由少川赞助若干否？”① 他一方面劝说袁世凯保持“无党无派”的“超然”地位，一方面又建议袁出钱资助与党，这自然很合乎袁世凯的心意。未隔多久，为了对抗宋教仁等人的极力扩充同盟会，张謇等在袁世凯资助下，以统一党和民社为基础，合并国民协进会、国民公党、国民公会、共进会等政治团体，在五月初正式成立了共和党。共和党强调“全国统一”，高唱“国权主义”，是袁世凯政权的主要支柱，也是同盟会在参议院内外的主要敌手。这个党以黎元洪为理事长，张謇、程德全等为理事，在干事中有张謇的得力助手杨廷栋、孟森，以及汤化龙、林长民、籍忠寅等，立宪派显然在其中处于主导地位。

张謇还到处联络各方面代表人物替袁世凯政府工作，其中花费精力最多的就是为梁启超回国而“疏通”。早在一九一一年底，梁启超就派盛先觉到上海来找汤寿潜和张謇联系，彼此谈得非常“融洽”②。不久，张謇果然向袁世凯推荐：“保皇党人若梁启超，亦可择用，南方现已疏通。”③ 一九一二年三月十日，他又向袁世凯建议：“梁虽疏通，下尚未静。可听其到京备顾问，勿遽任事。”④ 为什么既要“疏通”而又必须“勿遽任事”呢？为什么梁启超的回国显得这样困难呢？原来梁启超过去的声名确实太坏，特别是国内有些革命党人极力反对让他回国。有人曾经公开提出警告：如果梁启超回国，将以“炸弹相迎”。吓得梁启超连忙发表声明，说是自己安心在日本留住，根本没有打算回国云云。张謇和袁世凯虽然很想利用他那一套资产阶级的政治理论，来作为组织北京政府的法理依据，并对抗南方革命派的政治斗争，可是却也不敢过于公开违逆舆论的抗议，所以最初还只限于暗中在南方加以疏通。

关于张謇在国内为之“疏通”的消息，不断有人向梁启超报告，终于

① 《张謇未刊函电》（稿本）。
② 《盛先觉致沧江书》，《梁任公先生年谱长编》。
③ 张謇：《致袁内阁电》，《张季子九录·政闻录》第4卷，中华书局，1931年，第7页。
④ 《张謇未刊函电》（稿本）。

大大增强了他回国的勇气和信心。三月八日，罗瘿公写信告诉梁启超说："项（指袁世凯）极盼公归，已托张季直力向南中疏通，季直亦甚尽力云。"四月三日，何天柱又秘密地向梁启超报告说："马相翁（马良）则谓季直、思缄（即庄蕴宽）均欲师来，以文章鼓动天下。"[1] 在此前后，章太炎也曾经函告梁启超，说是自己已与张謇、赵凤昌等创立中华民国联合会和统一党，"无故无新，声气相联"。他还推心置腹地对梁启超说："而同盟（同盟会）气焰犹盛，暴行孔多。……以言政党，犹非其时，若云辅车相依，以排一党专政之势，则薄有消长耳。"[2] 由此可见，在张謇等人看来，梁启超已经成为在政治上、思想上以至组织上可以对抗革命派的一张王牌。

后来，统一党与民社以及其他一些政团合并组成共和党，张謇又曾一再建议推举梁启超担任协理，只是因为梁启超一系的立宪派分子不愿寄人篱下，而且正在自行组织第三党（民主党），极想操纵于同盟、共和两大党之间，所以才没有接受张謇的建议[3]。不过，由于他们这样热心的疏通和宣扬，终于逐渐抬高了梁启超在国内的声价，而公开表示欢迎梁启超回国的人也逐渐增多，其中还包括一部分原来的同盟会员（如刘揆一等）。梁启超看见国内政局的变化日益对自己有利，终于在一九一二年十月五日回国。他回国以后不仅"以文章鼓动天下"，而且到处发表演说，为原来的立宪派分子打气，鼓励他们在政治上更加活跃起来，加强与革命派对抗。

不久，袁世凯看见由同盟会改组而成的国民党声势很大，即授意并资助共和、民主两党合并，成立进步党。国内外立宪派终于完全合流，成为袁世凯政权的重要支持力量，而在这整个过程中张謇都是相当积极的。

此外，张謇还曾经协助袁世凯联络岑春煊。在南方的旧官僚中，岑春煊是袁世凯的老对头，人们都知道岑三、袁四如水火之不相容。岑春煊能

---

① 《梁任公先生年谱长编》。
② 《梁任公先生年谱长编》。
③ 《梁任公先生年谱长编》。

够控制的武装力量极为有限，而且也不如梁启超那样有一套理论并善于宣传。但是，他凭借过去的政治地位，一直与立宪派保持密切联系，而以后又逐渐加强了与南方某些革命党人的交往，因此在社会上仍然具有一定的号召力。袁世凯对此人颇为疑忌，因此便想利用张謇过去领导预备立宪公会的老关系，去劝说岑春煊支持北京政府。袁世凯就任临时大总统不久，张謇就打电报告诉赵凤昌："顷洹上（袁世凯）来电，谓'蜀中望西林(岑春煊）如岁，鄙人亦望其出山，共扶民国。拟以宣慰相托（即任以四川宣慰使——引者)，到蜀后即发表督川。惟未经首肯，不敢轻举。……请公即诣西林代为劝驾'。"四川当时的局势颇为混乱，袁世凯显然想要岑春煊为自己火中取栗。岑春煊对袁世凯的为人早有了解，因此便有意提出调兵、筹饷和如何处理四川都督尹昌衡三大难题，反过来将袁世凯一军。随后，他又以"病躯正在筹备出洋访医"为借口，婉言谢绝了张謇、赵凤昌代表袁世凯转致的延揽①。

与此同时，张謇又花费很多精力协助袁世凯最后结束南京政府和裁撤革命军队。

早在一九一二年三月三十日，张謇给正在北京的王饶生（张派去与袁世凯联络的专使）发出一通密电，命他立即转告袁世凯："惟宁、苏、镇、扬、清、沪尽伏危机，遣散军队，岂容过缓。然必须有一镇精整可恃之军，数百万应时可给之款，乃可次第措手。"在同一天，他还曾直接打电报向袁世凯建议：命江苏都督庄蕴宽立即移驻南京，抓紧促使临时政府交代一切，并且利用袁世凯拨来的款项尽快遣散这一带的革命军队及其他杂牌武装②。

由于顶不住中外反动势力的压力，同时也由于饷银实在缺乏，以致军队经常哗变，黄兴在六月十四日最后结束了南京留守府，而且把原来的十几万军队也裁得只剩下四个师。上海军政府都督陈其美迟迟不愿就任工商总长的空头职务，在上海还拖延了一段时间，但是终于也顶不住各方面的

---

①《近代史料信札》。

②《张謇未刊函电》(稿本)。

逼促，悄然结束了上海都督府。张謇早就说过："陈有所归（指去京任工商总长——引者），苏之大幸。"[1] 这当然符合他的意愿。

到了这年九月三日，张謇感到江苏以至南方多数地区的局势已经比较稳定，便带着亲信随员孟森等北上，与袁世凯正式商谈一切。表面上好像仅仅是向袁世凯陈述有关盐法、官制等改革计划，其实他在私下还与其他共和党骨干分子，帮助袁世凯笼络和影响黄兴，极力劝说黄兴支持北京政府的"集权统一"[2]。

九月十二日，赵凤昌在黄兴北上以后，立即密电告知张謇："克公（黄兴）昨临行深谈北来宗旨，注重集权统一，力顾大局，并愿与共和党开怀畅聚，嘱达此意。即希转商范、熊、金、叶诸公，发起欢待，至祷！"[3]"范、熊、金、叶"即范源濂、熊希龄、金还、叶景葵等人，都是共和党的骨干，也大多是原来的立宪派分子。他们与张謇、赵凤昌一样，都对黄兴的"注重集权统一"深感兴趣，因此为黄举行盛大的欢迎宴会，极尽其拉拢联络之能事。

由于革命派的趋向妥协与袁世凯的虚伪做作，一九一二年秋天国内政局曾一度出现表面上的融洽现象。在孙中山、黄兴相继入京以后，紧接着便是袁、孙、黎、黄四大巨头联合商定的"八大政纲"的发布。这个政纲强调统一、裁军、理财和提倡实业等等，当时民族工商业刚刚度过辛亥革命前的萧条而开始走向复苏，资产阶级绝大多数人都被这表面的和平假象所陶醉，满心以为"产业革命此其时也"，因此集注精力发展实业去了。

张謇也不例外。他感到自己所需要的统一与秩序已是指日可待，因此回到江苏以后就陆续辞掉咨议局议长、宪法起草委员会委员和国会议员等政治职务，甚至连他一向所最感兴趣的盐政总理职务也一并辞去，转而以主要精力在南通一带经营企业与推行地方自治[4]。在民国成立后的第一年，

---

① 《近代史料信札》。

② 《近代史料信札》。

③ 《近代史料信札》。

④ 张謇后来虽然接受了导淮督办职务，那也是由于这不是政务官，而且导淮又是他的夙志，与实业、地方自治关系均极密切。张謇历来强调做事不做官，其去就大抵以此为转移。

他除了继续经营大生纱厂等企业外，还先后在南通设立了幼稚园传习所、图书馆、盲哑学校、盐场警察长尉教练所、贫民工厂、医院、养老院、残废院等单位，并且还规划了狼山森林苗圃，扩充了新育婴堂。

一场席卷全国的革命风暴总算过去了，人们兴高采烈地迎来了“共和国”的诞生，但多数人对“共和国”缺乏应有的理解。人们仿佛有所得，又仿佛有所失。大清帝国变成了中华民国，袁宫保变成了临时大总统；先生某君代替了老爷大人，握手鞠躬代替了叩头作揖；摸摸脑后，没有了辫子；看看脚下，女孩子和年轻妇女的脚逐渐大起来了，那叫作文明脚或改良脚，是去掉裹脚布的结果……对于清朝的覆亡，除了少数遗老与守旧分子感到如丧考妣以外，对于多数人来说无非像丢掉一条裹脚布，并不感到有什么可惜。因为这个王朝在它的暮年确实给国家带来无穷无尽的灾难与屈辱，已经成为人们难以忍受的沉重包袱。但是，新建的民国的前景又将是如何呢？

当然，民国的建立毕竟是古老的中国在近代化的途程中又向前跨越了一大步。它至少给中华民族提供了新的机会，至于如何利用这个机会，那还得靠人们自己的努力。对于张謇来说，他已经恢复了道德心理的平衡。皇室逊位但已获得优待条件，孙中山辞职但已享受开国元勋的尊荣。对前者，他自觉已尽到了忠；对后者，则自觉无愧于义。当务之急是捕捉摆在面前的机会，在实业和教育两方面施展自己的身手。从张謇的眼光来看，民国有可能比前清给他带来更好的机遇，因为他与各级政权的关系又靠近了一层。在北京政府有袁世凯可以作为依托，在江苏都督府有程德全、庄蕴宽等可以密切配合。至于通海地区，自从他的哥哥张詧一度直接参与政权以后，更在实际上成为大生企业系统的天下。张詧虽然没有弟弟那样远大的眼光与宏伟的气魄，但他经过知县之类地方官员职能的历练，其办事的干练甚至可以弥补张謇的不足。特别是由于张詧多次镇压了当地下层群众的反抗，更使张謇感到可以把通海地区作为长治久安的基业，从容展布他那梦寐以求的地方自治与棉铁主义的宏图。

第二节　农商总长

一、调停宋案

由袁世凯代替孙中山担任临时大总统，这当然是一个错误的选择，但却是一个无可避免的选择。仿佛不成熟的植株只能结出不成熟的果实，人们在急就章似的辛亥革命以后只能默默地吞咽这个不成熟果实的酸涩液体。

以往的史论未免过于夸大了袁世凯个人野心与谋略的作用，有时也对这本传记的主人公作了不尽符合历史实际的苛求。其实，除非革命能够继续下去，否则就只有袁世凯才能收拾当时的局面。“非袁不可”，“非袁不能收拾”，并不完全都发自中外反动分子之口，其中也包括许多资产阶级代表人物对形势的客观判断。任何一个国家都有自己的政治中心，清帝的逊位意味着原有中心的消亡，需要有其他个人与集团来填补这个真空。革命阵营既然不能实现六路北伐，甚至也不能控制南方全部地区，便只有走上妥协的道路。立宪派比革命派富有经验，但他们的最大弱点是没有武装或很少武装，所以也没有力量控制全国局势。由于革命的很不彻底，旧官僚和旧军队的很大一部分还保持着原有的体系，他们尽管已经动摇和分化，但还保持着相对强大的力量。革命既然已经结束，政治中心只能产生于对立的阵营，而这个阵营中的强者便是袁世凯，别无他人可以代替。袁世凯之所以成为几方面都可以接受的人物，虽然主要是由于他掌握了北洋武装，但又不完全都是凭借实力。他在旧官僚、旧军队体系的首脑人物中是知识结构比较近代化，而封建传统束缚也较为松弛的半新半旧的高级官员。直隶新政成绩辉煌为他赢得了很高的声望，罢官放逐使他与清朝的感情纽带濒于断绝，而强烈的野心则推动他有可能在一定机遇下起而夺取国家政权。久经宦海浮沉的老官僚大多善于揣摩他人心理，工于心计的袁世凯尤其善于此道。他用忠诚的姿态欺骗了清朝皇室，用信守共和欺骗了革命党人，又用统一和秩序欺骗了整个资产阶级。这就为他登上总统宝座铺平了道路。

孙中山本来对袁世凯是有所防范的，但在“漫游燕晋齐鲁”以后思想也有了变化。一九一二年十月，他在上海国民党欢迎会上发表演说，认为：“革命起于南方，而北方影响尚细，故一切旧思想未能扫除净尽。是以北方如一本旧历，南方如一本新历，必新旧并用。全新全旧，皆不合宜。故欲治民国，非具新思想、旧经验、旧手段不可，而袁总统适足当之。”正是从这一认识出发，孙中山决心集中力量从事铁路建设，黄兴也兴致勃勃地组织拓植协会，筹划大规模开发边疆。

可是，一九一三年三月二十日国民党领袖宋教仁在上海被刺，很快就打破了国内的虚假和平局面，也使许多革命党人迅速觉醒过来。

这个消息传出之后立刻激起国内政局的轩然大波。南方的革命力量非常激动，社会进步舆论也纷纷谴责袁世凯政权的卑鄙罪行；而袁世凯则积极大借外债，调兵遣将，准备乘此一举彻底消灭南方的残余革命武装，实现北洋军阀独霸中国的武力统一。战争可能再度爆发的各种迹象，使正迷醉于和平发展实业的资产阶级感到极为震恐，他们害怕紧接着辛亥革命又来一次社会较大的动荡。

宋教仁是在三月二十二日因为伤重逝世的。当天，黄兴除向袁世凯发出宋教仁沉痛要求“开国会、立宪法”的遗电以外，还特地把这个消息通知了赵凤昌。张謇这时正在南通，但对宋教仁的被刺感到非常惋惜。两天以后，他写信给赵凤昌说：“遁初（宋教仁）以调和南北慷慨自任，无端被害，此必有不欲南北调和者。乱人横行如此，世岂可问？拟挽以联云：‘何人忍贼来君叔，举世谁为鲁仲连？’不知联寄何所？想公亦必伤悼之也。”① 原来，在张謇等人看来，革命性较强的孙中山一派是“好战的”，而比较温和的宋教仁才是“鲁仲连”式的人物，也就是可以协同他们促成南北妥协的角色。

张謇对于当时的局势，曾经作过相当审慎的观察和分析。他认为：“惟小乱必在意中，大乱殆尚可谈。好勇疾贫之人多，故小乱在意中。两

---

①《近代史料信札》。

方之力一虚一实，势不相等，又中外人观念绝与前年不同，故可谈。”① 所谓“观念不同”，就是害怕动乱、厌倦革命，这是当时资产阶级的基本政治趋向，因此有利于袁世凯的武力统一，而不利于革命党人在各地的起义反抗。正是出于对形势这样的分析，张謇在东南绅商上层人物的敦促下，参与了一系列调停活动。

他在正式调停以前，首先发出《调和南北致孙少侯、王铁珊函》，全面陈述了自己对于宋案的看法。孙少侯即孙毓筠，是同盟会的变节分子，在卸去安徽都督职务以后，担任薪津很高的袁世凯的“公府顾问”。王铁珊即王芝祥，是归附革命的旧官僚。他本来和国民党的关系较深，可是在一再受到袁世凯排挤以后，却转而趋奉于袁。宋案发生后，江西革命党人非常愤激，积极酝酿反抗，王芝祥奉袁世凯之命南下前往“宣抚”，实际上就是设法瓦解革命武装。他们已经打电报给黄兴，公开劝国民党人“持以镇静态度”②，所以张謇便首先选中这两个人作为疏通南北的辅助力量。

致孙、王函的主要内容可以归纳为三点：

第一，极力主张刺宋和大借款两案“法律解决”，坚决反对南方革命党人发起武力讨袁。他说：“若因一法律可解之案，一议案可稽之事，不凭法律，不凭议案，而徒逞私臆，先自南北分裂，以供伺侧者之有所借口而瓜分，国也堕于万劫不复之乡，是害之矣。”这是再一次利用帝国主义可能瓜分中国来恐吓革命党人，告诫他们千万不得轻举妄动。

第二，夸大辛亥革命期间人民生命财产损失的严重，并且攻击革命领导人说：“风云倏忽，荣悴顿殊。宫室车马子女玉帛之奉，过于昔日之王侯；剽略劫勒叫嚣隳突之风，甚于平常之军队。”他以资产阶级代表身份明确表示：“孰肯以汗血所得之金钱，供二次、三次革命不已之挥霍，自买今年、明年纠缠不了之苦痛。人心如此，钱从何来？无所得钱，凭何革命？”总之，他们认为革命党人已陷于孤立，武装起义必定遭致失败。

第三，致力于分化国民党内部，而首先是想把多次武装起义的领导人

① 张孝若编：《父训》(稿本)。

② 黄远庸：《远生遗著》第3卷，商务印书馆，1920年。

黄兴劝说过来，使国民党失去最有威望的军事领袖。他利用黄兴所表现出的举棋不定的迹象，扩大南方革命派内部的裂痕，说是“两晤黄君，论及宋案，而愤恨则有之，实未尝几微有南北分裂之见端。窃疑国民党，或者假以为帜耳。……党人而欲自利乎？则自居其名，啸呼而起，何必假黄君之名”①。这表面上好像是同情黄兴和为他洗刷，但实际却是想使黄兴与“武力讨袁”派互相猜疑以至决裂。黄兴最后虽然参加了讨袁战争，但在很长一段时间也强调“法律解决”，表现出很大的动摇性，这与张謇等人的游说与施加影响是分不开的。

张謇虽然以第三者姿态出现，但是这封信却没有一句话责备袁世凯，而通篇充塞着对革命党人的指控。张謇的信反映的是整个资产阶级的动向，因为稍后全国商会联合会给孙中山、黄兴、陈其美的信件用的也是同样的腔调。商会联合会指出：“开岁以来，各省商务甫经发动，不意三、四月间，谣言四起，险象环生。叠接各省商会函电报告，商货停顿，市面凋零，综计暗中损失不啻恒河沙数。匪徒乘机煽乱，意图劫掠，惊风骇浪，尤以他处为甚。……拟请诸公通电各省，表明素志，其有谋为不轨者，一体严拿，尽法惩治。”② 在商会这些先生们的眼光里，袁世凯是政局和市场稳定的象征，而孙中山却成了动乱的根源。资产阶级本来是精于打算的一群人，利润高于一切，是非微不足道。由此可见，当时革命派的处境是多么困难。

五月下旬，由于“宋案”和大借款案的争执日益激烈，整个政治局势也更加紧张起来，南北之间战争的爆发愈来愈迫近了。全国商会和杨廷栋、赵凤昌等都劝张謇亲自到上海加强调停活动。袁世凯虽然正在积极筹备发动内战，可是为了麻痹革命力量和继续欺骗人民，也虚伪地表示希望张謇“为之调人”③。张謇感到各方面对自己都很重视，而且形势又极紧迫，便认为正式“调停诚亦此时矣”，因此回信表示愿意亲来上海。同时，

① 张謇：《调和南北致孙少侯、王铁珊函》，《张季子九录·政闻录》第4卷，中华书局，1931年，第9—10页。

② 《全国商会联合会请孙中山、黄兴、陈其美通电表明素志函》，《新闻报》1913年6月5日。

③ 张孝若编：《父训》（稿本）。

他在五月二十六日还给黄兴写了一封信，请赵凤昌和杨廷栋、刘厚生等商酌定妥之后再转送过去①。给黄兴的这件信稿至今还没有发现，但联系前后的情况来分析，可以推想总不外乎是劝他坚持“法律解决”的主张。当时，“法律解决”的错误主张仍在国民党内部不断蔓延，这未尝不在一定程度上反映了南方资产阶级上层人物调停的功效。

同时，国民党中间的妥协派，由于害怕袁世凯武力的强大，对于武力讨袁完全缺乏信心，因而也在四处奔走求和，其中最活跃的人物就是汪精卫、胡瑛等。他们很快就和张謇、赵凤昌建立了联系，并且把张、赵当成与袁世凯通话的桥梁。

六月四日，江苏都督程德全即将派应德闳、杨廷栋北上见袁世凯商讨时局，事先特地请张謇到南京交换意见。第二天，赵凤昌从上海打电报给江苏都督府顾问陈陶遗，说是汪精卫、胡瑛等一致主张和平，请转告袁世凯不要急于撤换江西等省国民党都督，“俾汪更易进行”劝阻国民党武力讨袁的妥协活动。紧接着汪精卫又通过赵凤昌，电邀张謇和陈陶遗“即日来沪”，以便互相配合展开调停活动②。

张謇从南京回到南通，暂时没有到上海去，可是却在六月九日给袁世凯一封长信，事实上已经配合汪精卫等向袁世凯进言。

这封信中首先向袁世凯详细分析了政局的发展变化，认为“宋案”虽然引起南北猜疑，波涛起伏，但是现在“众情乃益以宋案听诸司法，而望治之心益热于政府”，国民党在南方越来越难以发动武装反抗。他还特别强调，善后大借款的成立和美国对袁世凯政府的承认，更使形势朝着有利于袁世凯的方向发展。同时，他表示自己将继续诱导“国民党有学识之人”（主要指汪精卫、胡瑛等妥协分子），“劝其转导党员归向平正”（即放弃武力反抗）。最后，他呼吁说：“区区私忧，但求人人知觉中有国计民生四字，彼此相谅，各让一步，使正式政府早日成立，国会渐次宁静。”③“彼此相谅，各让一步”之类语言显然是表面文章，实际上只是要求国民

① 《近代史料信札》。

② 《近代史料信札》。

③ 《张謇未刊函电》（稿本）。

党作单方面的让步以至屈服。不过为了让国民党更容易下台阶，他才建议袁世凯稍微给他们留点面子。

可是，在袁世凯的“知觉”中却连民族资产阶级所讲的“国计民生”四个字也没有，他所追求的是在全国范围内实行“统一”的军事专政。正是在六月九日同一天，袁世凯首先把倾向于武装反抗的国民党江西都督李烈钧免职，他有意挑起一场国内战争，以便完全消灭南方革命武装力量。张謇等最初曾经一度考虑过国民党也许会马上宣告决裂，可是很快却发现国民党妥协派仍然在苦苦求和。因此，张謇经过与陈陶遗、刘厚生等商量以后，在六月十三日把汪精卫等预先拟订的三项妥协条件正式通知袁世凯，并且还特别声明国民党“不以赣令改易”，就是说决不会因为李烈钧免职一事而变更求和方针。

三项妥协条件全文较长，简单归结起来就是：(1) 国民党“为顾全大局计”，决定依然选举袁世凯为正式大总统；(2) 严禁军人（主要指南方国民党都督）干政，并希望袁世凯在临时大总统任内“暂不撤换”江西、安徽、广东、湖南四省国民党都督；(3)“宋案法律解决”，而且将来追究论罪只到洪述祖、应桂馨为止，不再要求法庭传讯第二号主谋赵秉钧①。

其中第一、三两项都是国民党单方面向袁世凯的“让步”，连“法律讨袁”的口号都不敢再提了，而且还要保证国民党议员把袁世凯拥上正式总统的宝座。“宋案法律解决”自然也就相应打了很大折扣，不仅不敢追究袁世凯，连赵秉钧也不再加以过问，宋教仁就算是不明不白地被刺死了。只有第二项是对袁世凯提出的要求，然而调子却低沉得可怜，仅仅希望袁世凯“暂时”不要撤换南方四省国民党都督，等他当上正式总统以后再来考虑人事变动问题，这样或许可以使国民党体面下台。

由此可见，以汪精卫等为代表的国民党妥协派已经堕落到什么地步。这三项妥协条件并不是一时权宜之计，而确确实实是他们经过反复讨论，并且征得张謇等“调人”的同意，然后才正式确定下来的求和方案。他们还一再向张謇等解释，说是这三项妥协条件确已得到国民党领导人的赞

① 《近代史料信札》、《张謇未刊函电》（稿本）。

同。从赵凤昌藏札中剪贴的一张报纸来看，这三项妥协条件当时还曾在报上全文披露过。汪精卫等在反动统治者面前乞求“谅解”的可耻面目完全暴露无遗。

国民党妥协派越是委曲求全，袁世凯越是气焰嚣张。六月十四日，他进一步撤换广东都督胡汉民。两天以后，他又通过给张謇的复电，气势汹汹地质问国民党：“调人络绎，名曰维持，而暴烈进行，仍不住手，无非甘心鄙人，破坏民国。即不为一身计，宁不为一国计？……倘伟人果肯真心息兵，我又何求不得。如佯谋下台，实则猛进；人非至愚，谁肯受此？”明明是自己正在调兵遣将，却反咬国民党“暴烈进行”；明明是自己正在独裁专政，却反咬国民党“破坏民国”。所谓“伟人”，指的就是孙中山和黄兴。袁世凯这个电报除了颠倒黑白，混淆是非，借以欺骗人民而外，主要在于逼迫国民党领导人最后摊牌，或战或降，别无其他抉择。

张謇第二天就把袁世凯的复电抄寄给赵凤昌，请他转达汪精卫等国民党代表。张謇特别强调，袁世凯“不能放心处甚多，非将孙、黄必有正当之宣布（指正式放弃武装反抗——引者）告之不可，但不知孙、黄之观念又何如也”?[①] 这实际上是协同袁世凯施加压力，逼迫国民党领导人公开屈服。

汪精卫等唯恐袁世凯翻脸，再一次表示让步。所以赵凤昌复信告诉张謇：“汪已赴粤劝导同志归于稳定一致。……昨今两约蔡、胡（蔡元培、胡瑛）过谈，出抄电（指上述袁世凯复电——引者），俱说电令最要在‘如佯谋下台，实则猛进’一语。……现在此间仍宗前议，不以赣、粤改辙；孙、黄必当表示以安定人心，惟待汪回沪商定表示之法耳。”[②] 所谓“仍宗前议”，就是仍然维持上述三项妥协条件，不过在五天以前还只说是“不以赣令改易”，现在却又进而声明“不以赣、粤改辙”了（即绝不因为李烈钧、胡汉民被免职而改变求和方针）。国民党妥协派的退让几乎是没有止境的，现在他们和南方资产阶级上层分子更紧密地配合起来，企图再

---

① 《近代史料信札》。

② 《近代史料信札》。

一次共同迫使革命派向袁世凯屈服。

六月三十日，袁世凯又悍然撤除安徽都督柏文蔚的职务，同时北洋军队也步步加紧了对于江西和南京两地国民党武装的围逼，一场国内战争已经无可避免了。南方资产阶级上层人物和国民党妥协派，毕竟无从最后阻止以孙中山为首的革命民主派所发动的武装反抗。七月十二日，江西湖口国民党军队在忍无可忍的紧急形势下，对北洋军队的猖狂进攻展开英勇反击。三天以后，黄兴在抵抗派的推动下，领导另外一部分国民党军队在南京宣布独立。湖北、湖南、安徽、上海、广东、福建、四川等地的国民党抵抗派，也纷纷策动起义或正式宣布独立，武力讨袁的革命旗帜终于举起来了。

张謇等人一年多以来所最担心而又恐惧的“二次革命”到底还是爆发了，这自然使他们感到非常恼怒。七月十七日，他在给赵凤昌的信中愤然说：“吾两人为人利用，信用失矣。实业生计大受损害，外交亦恐生危阻，殊可痛也。”他们利用了国民党妥协派，而自己又为袁世凯所利用；但他们没有一句话责备袁世凯，却将战争爆发的责任全部推到革命派身上。于是，张謇断然表示停止调停，而且公开表明拥袁反孙的政治立场，把北洋军队称为“国军”，而把讨袁武装称为“叛军”。不管他自己是否已经意识到，他所说的国家就是袁世凯所掌握的反动军政体系。

七月二十七日，张謇在给赵凤昌的信中又指责国民党抵抗派：“沪上罔死之民之众，损失市产之巨，彼作难者何词以对吾民。即通（州）实业之受损亦数十万矣。可恨！”① 在资产阶级看来，为了保持市场稳定和避免货物滞销，人们就得忘记政治上的是非，容忍袁世凯的专横暴虐，而这才算得上是“顾全大局”。

辛亥革命后民族工商业的复苏，反而使资产阶级在政治上趋于保守，这是由于相对丰厚的利润模糊了他们的眼光。以大生一厂的纯利增长为例，一九一一年只有 201 520 两，利润率为 17.83%；一九一二年增至 326 985两，利润率为 28.94%；一九一三年更增至 367 691 两，利润率也

① 以上引文凡未注明出处者，均见于《近代史料信札》、《张謇未刊函电》（稿本）。

增至32.54%。大生二厂在一九一一年纯利只有112 962两，利润率为13.05%；一九一二年增至257 410两，利润率为29.73%；一九一三年增至286 821两，利润率也增至33.13%[①]。资产阶级看不到革命对于民族工商业的促进作用，却把一切归功于袁世凯的相对稳定统治带来了市场的繁荣，因此就纷纷抵制一切反袁斗争。

袁世凯为了孤立革命派，对资产阶级的拉拢与哄骗，更为增强了张謇等上层绅商的幻想。早在"二次革命"爆发前夕，袁世凯就装成资产阶级保护人的模样，命令各省官员"督饬军警竭力保护，如有匪徒藉端扰乱，损害商人，惟该都督、民政长是问。本大总统誓将牺牲一切，以捍卫我无罪之良民也。"这样他就把发动战争的责任全部推到革命派身上去了。"二次革命"失败以后，他更应允黎元洪等人的请求，特地褒奖了资产阶级，说是"而抵拒邪谋，倡提正论，则尤得各省商会维持之力。……各商界烛其奸邪，绝其资助，遂使逆谋无由大逞，乱事得以速平，曲突徙薪，功匪鲜浅"[②]。因为帮助帝国主义及其走狗抵制资产阶级革命而受到北洋军阀的夸奖，这真是历史对于中国资产阶级的莫大讽刺。

二、调虎离山

但是，"二次革命"被镇压下去以后，东南地区上层绅商渴望的和平与秩序，并没立刻全部恢复。他们为了维护市场稳定，继抵制革命派的讨袁战争之后，还不得不防止清朝帝制复辟势力的真正捣乱。或许可以说，在"二次革命"前后，他们是在两条战线上维护切身利益，而所有这些努力都有利于袁世凯的集权统治。

早在一九一二年夏天，一些不甘心于清朝覆灭的王公、遗老在青岛秘密计议，颇想利用辛亥革命已经失败而袁世凯的统治尚未巩固的时机，依靠愚昧落后的张勋辫子军于一九一三年春天在济南发动武装复辟。不过由于袁世凯防范严密，此次"癸丑之春举兵济南"的冒险计划未能实现[③]。

---

① 转引自《大生资本集团史》(初稿)，纯利小数均已略去。

②《袁大总统书牍汇编》第1卷。

③ 陈毅：《丁巳同难图记》，《郇庐遗文》，松柏独秀斋，石印线装本。

及至“二次革命”爆发，国内局势极为动荡，清朝复辟势力再次怂恿张勋乘机扩大地盘，以谋逐步颠覆共和，恢复清朝统治。张勋狂妄而又愚蠢，他一味“攘地贪功”，不惜付出重大代价于九月一日抢先攻入南京。辫子军进城以后，兽性大发，烧杀淫掳，造成极大的混乱与损害。同时又误伤三个日本人，引起日本政府严重抗议。一向以长江流域为势力范围的英帝国主义，对于这种局势更加表示极大的忧虑。张謇等江浙上层绅商抵制“二次革命”，本来是企望维持市场的稳定，却不料镇压“二次革命”又出现这样的后果，因此也非常不满而又焦急。

不久，他们就经由赵凤昌出面，写信向已经出任内阁总理的熊希龄告急：“日来宁省（南京）怪象百出，人民之怨愤焦虑非可言喻。上海如《德文》、《文汇》、《大陆》、《字林》各西报亦一再切切言之，且有称南京公民哀吁各国元首书，则甚谬妄。路透电传，伦敦《太晤士报》责洹上（袁世凯）手段未合，未能禁阻殃民军队，英政府对于借款诸事当变更态度。内失人心，外失信望，皆张勋一人酝成之也。南京现在情形令人惊骇，至今不悬国旗，红旂但见张字。见人礼节称谓，局署名称，悉照前清。用人则以前清时曾办某事作弊者，今令仍办某事，其居心实不可测。……吾辈自组织全国联合会，成统一党，力主统一之宗旨，拥护中央，至今如昔。今张勋之行为，必毁我江苏，毁我民国，且毁洹上。”① 同时，他们还在上海报刊上发表许多抨击性的时论文章，纷纷要求袁世凯立即制止张勋的反动暴行。

张勋攻占南京，归根到底是为袁世凯火中取栗。因为经过这次战役，辫子军战斗力损伤很大，而江北地区全被袁世凯嫡系军队控制，张勋甚至连原来据守的老巢兖州也丢失了。但在一段时间里，这却又造成极为复杂而又微妙的局势。原来，“二次革命”爆发以后，袁世凯兵分两路进攻江西与南京的讨袁军，分别以段芝贵、冯国璋任第一、二两军的军长，张勋的辫子兵即属于第二军。按照袁世凯的意图，江苏都督的职位预定留给冯国璋，因为张勋并非北洋嫡系而且还有自己的政治野心。只是由

① 《近代史料信札》。

于张勋抢先攻进南京，袁世凯才不得不暂时任命他为江苏都督，借以酬劳他的战功并表示笼络之意。但张勋是清朝最忠实的鹰犬之一，对民主共和怀有刻骨仇恨，无时无刻不想实现清帝复辟。事实上，他已成为南方复辟势力的中心，并且与北方以恭亲王溥伟、肃亲王善耆为首的清朝宗室中的复辟势力，以及西北以升允为代表的另一支“遗臣”复辟势力互相呼应。

袁世凯的帝制思想也未尝不浓，但他想的是如何一步一步把中国变成世代相传的袁家天下，而决不容许前清遗老们恢复爱新觉罗氏天下。张謇等东南上层绅商则是真正反对清帝复辟，因为他们已经比较清醒地察觉，民主共和是时代的潮流，君主专制体制的复活决不会为广大人民所容忍，而只会引起新的动乱以至战争。同时，退一步说，即使是仅仅作为对于统治者的选择而言，他们也认为袁世凯比清朝皇室高明得多。因为他们相信袁世凯具有控制全国局势的实力与手腕，而清朝皇室早已经过历史验证确实是昏庸无能。尽管张謇等原来曾是帝党中的骨干分子，但是现在却与帝党中的顽固分子决裂了。汤寿潜早已同沈曾植撕破了脸，张謇也拒绝与他们一起为清朝充当殉葬品。资产阶级总归是实利主义者，他们既然已经在袁世凯统治的民国获得源源不绝的丰厚利润，又何必拘泥于陈腐透顶而且只是忠于爱新觉罗一姓的封建名节观念呢？因此，帝党中的复辟分子对他们是耿耿于怀的。江西最为顽固的复辟分子胡思敬为陈三立六十寿辰写的贺诗中，有“前朝物望推元礼，故国朋交失郑虔”两句，并且特别注明“郑虔”指的就是“张謇、汤寿潜、熊希龄诸人”[①]。这实际就是指责张、汤等晚节不终，说明彼此之间已经没有共同语言。

张謇等人抵制复辟活动的表现，除了在舆论上加以抨击之外，主要还是极力敦促袁世凯赶紧把张勋调离南京。可是，由于张勋手头掌握为数较多的军队，加以还有日本政府插手其间，袁世凯也不敢操之过急。这一点，在熊希龄给赵凤昌等人的复电中表露得很清楚：“南京事，东人（日本）志在开衅。一方面阴主联合苏督（张勋），并有运用溥伟入南京，为

① 胡思敬：《退庐全集》，宣统甲子刊。

库伦第二之密报；一方面又要求革斥苏督，使中央与彼生恶感。现正竭力交涉。……南方各报似应在外交上注意，望勿专主攻击苏督，致令外人得手。此间业经决定调虎离山之计，幸秘勿宣。”[①] 所谓“调虎离山之计”，说来也很简单，无非是利用帝国主义的压力，采取比较和缓的方式，调换张勋的职务与任所。九月六日，袁世凯给张謇的复电，也透露了同一意向。

粗鲁莽撞的张勋自然斗不过老谋深算的袁世凯，所以在十二月十六日终于被调任虚有其名的长江巡阅使，江苏都督的职务由冯国璋接任。在这次“调虎离山”过程中，张謇也曾参与某些计议。据韩国钧（子石）回忆：“八月初七日（阳历九月七日），政府命令余任江苏民政长。张季直电邀至通，嘱勿辞。乃电请先定军、民权限并财政系统，始就职。十五日奉复电（指北京政府复电——引者）云：‘已饬知都督（指张勋——引者）照办，并令遵照画一官厅组织办理。’旋张都督电催，遂于十六日起行。十九日至沪，二十一日赴苏接任，二十四日至南京晤张都督。”[②] 韩国钧出任江苏民政长，可以看作袁世凯部署“调虎离山”的一个伏笔；而且事先一定通知过张謇，不然张謇就难以那么及时地邀请韩国钧到南通共商对策。任命韩国钧为江苏民政长的用意有二：一是借口划清军民权限，尽量缩小张勋的职权范围；一是接管江苏省级机构，为最后调走张勋预作准备。其结局亦如韩国钧自己所回忆的那样：“适以张军戕害日人一案，政府拟调张都督巡阅长江，而以冯国璋华甫军长继其后，特派怀宁阮忠枢斗瞻、段芝贵香岩先后来宁劝导。适中央命下，张部汹汹，余为百端设法消弭，又密商徐州张文生司令（亦属张勋部下——引者）负责维持。张督索款百万，百计罗掘，甫有以应。濒行，又有要索未遂，竟欲以兵围民署，经段香岩军长力阻始罢。”[③] 韩国钧是张謇的故交，长期相处无间，以后历任江苏省民政长和省长，如果没有袁世凯的背景和张謇等人的实力支持，这个无兵无勇的官僚决不敢出面与残暴成性的辫帅争权。

---

① 《近代史料信札》。

② 韩国钧：《止叟年谱》，1938 年，线装版。

③ 韩国钧：《止叟年谱》，1938 年，线装版。

张勋在南京的这番骚扰，还产生一个意外的效果，就是促使张謇决心入京参加以熊希龄为首的“名流内阁”。

早在八月二十八日，熊希龄已经电请张謇出任工商总长。当时，张謇因为讨袁战争尚未结束，南方局势还不稳定，所以不愿到北京入阁，第二天就复电婉言谢辞。八月三十一日，熊希龄再次电请张謇出山。九月一日，袁世凯又亲自来电劝驾。这时，随着张勋进入南京以后局势的变化，张謇对于参加内阁的态度也发生明显变化。九月三日，他代表江苏绅商向袁世凯电陈“任张（张勋）督苏之失”，请求立即撤换张勋。两天以后，他另复一电专谈入阁问题，所表示的态度是“未辞亦未允行”，这种半推半就的姿态，与其说是为了抬高自己的身价，倒不如说是为了促使袁世凯尽早调走张勋。果然，九月六日袁世凯来电隐约透露上述“调虎离山”计谋，张謇终于作了进京入阁的思想准备[①]。

三、总长政绩

张謇对于此次北上，态度极为严肃而又持重。直到十月五、六两日，他还先后邀请汤寿潜、刘垣、孟森、雷奋等到南通“来商进止”，商谈的结果是决定立即北上。十月十日，他乘北京政府专门派来迎接的飞鹰兵舰到达浦口，然后转乘津浦路火车进京。

十月十六日，张謇到达北京，第二天就与熊希龄、梁启超等到总统府会议大政方针。袁世凯不过是暂时利用这些东南名流来拉拢资产阶级并笼络南方人心，实际上是把他们当成为自己实现独裁专政铺平道路的垫脚石。可是，这些书生气十足的“第一流人才”，却对袁世凯的虚伪表态寄予厚望，颇想利用中央政权来推行他们思谋已久的那套治国安民的方针政策。从张謇来说，尤其希望在农商总长任内实现他梦寐以求的棉铁主义。

从一九一三年十月到一九一五年十一月，张謇在北京政府担任了两年农商总长（其间有时在南方活动或请假）。这两年的主要工作，可以借用

---

① 以上均见《近代史料信札》。

他自己的话来加以概括："光复而后，国体改革，以为自治中一切实业、教育之障碍，渐可解除。重承大总统再三之命，促就农林、工商之职。私计实业之事万端，我国民智待牖；必有法律而后有准绳，有技术而后有规划，有经济而后有设施。故拟首订法律，次事查勘，次设劝业银行。法律则延揽通晓工商法之人，编辑各条例，先后已成二十余种。进是须用农工商技术专家，即需经费，而财政竭蹶，无可措手。就部樽节，所得无多，曾不足以展规划至小之一事。顾犹于国外作输入母财之希冀，至欧战发生，并借贷之源而亦绝。虽中法第一劝业银行，粗已签字，而履行固无定期。是謇就职时之设计已穷，日在官署画诺纸尾。所从事者，簿书期会之无聊，府吏胥徒所可了。其于国民实业前途，茫无方向，伐檀素食，时切疚心。"① 由此可见，两年的政绩，主要表现于经济立法。规划虽然做了一部分，但由于经费奇缺，大多流于纸上谈兵。

张謇根据自己多年从事实业的体会，并且结合考察日本、欧美经济发展的历史经验，深知健全经济立法实为发展民族农工商业之前提。他在就职之始发表的政见中，列举"扶植、防维、涵濡、发育"实业的四件大事，第一件就是"乞灵于法律"。他向国会报告说："故农林工商部第一计划即在立法，将来提出关于农工商法案，若耕地整理法，森林保护工场法，及商人通则，及公司法、破产法，运输保险等规则，尚望两院平心审择，迅予通过，俾本部得所依据，用策进行。"②

通过这两年农商部所制定的各种法令、条例、计划，我们可以考察一下张謇当时的经济思想。

在这些法令和条例中，张謇基本上仍然保持着过去"民办官助"的主张。他一上任就宣布政见说："謇意自今为始，凡隶属本部之官业，概行停罢，或予招商顶办。惟择一二大宗实业，如丝、茶改良制造之类，为一私人或一公司所不能举办，而又确有关于社会农商业之进退者，酌量财

---

① 张謇：《请解除农商部长职专任水利局务呈》，《张季子九录·政闻录》第 9 卷，中华书局，1931 年，第 20 页。农林、工商原为两部，后合为一部，简称农商部。

② 张謇：《实业政见宣言书》，《张季子九录·政闻录》第 7 卷，中华书局，1931 年，第1 页。其他三件事为"求助于金融，注意于税则，致力于奖励"。

力，规划经营，以引起人民之兴趣，余悉听之民办。张謇对于官业之主张，至扩张民业之方针，则当此各业幼稚之时，舍助长外，别无他策。而行此主义，则仍不外向所主张之提倡、保护、奖励、补助以生其利，监督制限以防其害而已。”① 张謇当时在政治上虽然靠近袁世凯，但在经济上毕竟与交通系的财阀们有所不同。一般说来，他不主张把工商企业与国家政权直接结合起来，而是希望政府能够容许私人资本自由发展，并尽量促使它们走向繁荣。

在实业的各个部门中间，他仍然主张把发展的重点确定为纺织和钢铁，这也就是他所一贯标榜的“棉铁主义”。他极力主张在十五至二十五年以内把棉纱纺锭增加到三百万枚，认为只有这样才能勉强与英、日竞争。他经常强调纺织工业应该“听之民办”，并且特别鼓励人们向一直比较薄弱的织布企业投资。至于钢铁工业，他认为所需要的投资数额太大，为一般资本家所难以承担，最好由国家直接经营。不过当时北京政府的财政极为困窘，自然也无从向钢铁工业投入大量资金，所以他又主张对铁矿采掘业实行“开放主义”，即吸收外资。但须特别注意“条约正当，权限分明”②，以免外国资本家乘机攫夺过多的权益。

为了推行这些方针和“主义”，他曾先后主持拟订并提请公布了工商保息法、农林工商官制、矿法、公司条例、矿业条例、商人通例施行细则、公司条例施行细则、商业注册公司注册规则等等。同时，他还先后主持拟订了筹办棉、糖、林、牧等场的计划，以及扩充改良棉田五千五百万亩、经营全国山林、东三省林垦、整理茶业、扩充制糖原料产地一千三百二十万亩、整理糖业、整饬国货等等方案、计划或办法，准备利用欧战所提供的空隙，加强与外国资本主义竞争一番。真可以说是雄心勃勃，颇思有所作为。

张謇当时发展民族资本主义（特别是棉纺织业）的心情非常迫切。他

① 张謇：《宣布就部任时之政策》，《张季子九录·政闻录》第7卷，中华书局，1931年，第4页。

② 张謇：《宣布就部任时之政策》，《张季子九录·政闻录》第7卷，中华书局，1931年，第5页。

曾经向袁世凯呼吁说："自我国奖励植棉条例公布后，各国颇为重视，而日尤甚。日本与印度有十年内在中国地方增设纺机一百五十万锭之约。其在日本本国，上冬今春已增锭三十万，在我上海已增锭十万。悍战可畏！果如所计，我国枝节进行，已病驽钝；若更迂滞，则市场充塞，十年之后我国棉业岂复有申展之余地?"[①] 同时他还到处奔走鼓吹，精心设计，渴望推动民族资本主义迅速发展。可是，在那样贫穷残破的半殖民地半封建社会中，在那样贪婪残暴的北洋军阀统治之下，大规模发展民族资本主义的愿望是根本不可能实现的。"国体改革"已经流于形式，"实业之障碍"依然没有解除，而民族资本主义首先面临的一个大难题就是资金极端缺乏。作为经济基础薄弱的中国资产阶级的代表，张謇于是又企望从借重帝国主义投资方面寻找出路。

直到这时，他对日本帝国主义还是有所戒备。例如，他所拟订的大规模发展棉纺织业和扩大改良棉田等等计划，显然是以日本垄断资本作为主要的假想敌。再如，他建议把汉冶萍公司逐步收归国有以及疏通经营辽河等等，也主要是为了抵制日本帝国主义对于这些企业和地区的侵占。但在另一方面，他对美国的幻想却愈来愈浓厚，甚至认为："美人素持门罗主义，其于财政一面，亦不愿溢入他国。"[②] 这显然是把美国企图独霸美洲的"门罗主义"，错误地理解为没有侵略野心的对外经济政策了。当时美国对华投资总额远远少于英国和日本，所以张謇更容易轻信美国垄断资本家的甜言蜜语，积极向他们寻求大量的资金援助。

接任农商总长不久，张謇即已拟订合资、借款、代办等三种"利用外资振兴实业"的主要方式。这时美国侵略者也正在积极活动，所以张謇在一九一四年一月十三日以全国水利局总裁的身份，首先和美国红十字会签订导淮借款二千万美元。借款条件是：以导淮区域全部官地和疏浚后受益田地的收益、放垦田地的收入以及当地运河航行的各项税收作为担保。显然，美国侵略者是打着慈善团体的招牌，企图逐步控制淮河流域，把这个

---

① 《张謇未刊函电》(稿本)。

② 张謇：《关于导淮借款附致陈兰生函》，《张季子九录・政闻录》第12卷，中华书局，1931年，第1页。

地区作为自己的“势力范围”。这里还应该说明一下，在美国红十字会背后实际承担借款的，却是李·希金逊公司、保安信托公司以及卫脱公司等大资本集团。

不久，在张謇的主持下，北京政府又和美孚石油公司订立了三千五百万美元的借款合同，规定组织中美实业公司，开采陕西省延长油矿和热河省建昌油矿。此事当然触犯当地绅商的利益和自尊心。据说陕西官民曾集资百万，组织保陕公司，以谋抵拒。民国三年三月十六日出版的《京华报》报道：“直陕等五省人士尤为焦争（急），最初组织五省联合会，迭次开会，推举孙（孙武）、汤（汤化龙）、梁诸君代表与政府交涉，嗣又改名实业借款研究会。”但张謇力排众议，态度非常坚决，断然对五省代表说：“合同已签字，无从商量。”

历史仿佛是清末收回利权运动的重演，但情况毕竟已有新的变化。油矿开采权的争执，其中固然有中外民族矛盾存在，但增添了江浙资产阶级与北方资产阶级之间的矛盾。《京华报》为袁系报纸，反映北洋资本集团利益，所以对张謇攻击最多。实际上张謇对引进外资可能损害民族权益问题始终是极为注意的，他在上任伊始即谆谆告诫：“加以自今而后，经济潮流，横溢大地，中外合资营业之事，必日益增多。我无法律为之防，其危险将视无可得资为尤甚，故农林工商部第一计划即在立法。”① 张謇的看法是，根据当代经济发展趋势，引进外国资本与引进外国科技同样为发展本国经济所必须，至于如何维护民族主权与利益，关键在于独立自主而又完善健全的经济立法②。这是他的认识水平高于一般只知拒外自守的地方士绅之处。

在导淮和石油两项借款合同订立以后，张謇的兴味更浓。他进一步展开多方面的联美活动，渴望实现四年以前中美合办银行、航业的庞大计划，并且特地为此组织了游美实业报聘团，以参加旧金山博览会为名，专门从事联络美国资本家。大生资本集团原来与外国资本很少直接联系，现

---

① 张謇：《实业政见宣言书》，《张季子九录·政闻录》第 7 卷，中华书局，1931 年，第2 页。

② 宣统三年正月，袁世凯曾托杨士琦问张謇是否可借外债，张答曰：“借自可，但问用于何事？用以何法？用者何人？当则借，不当不借。”

在也表现出明显的靠拢美国垄断资本的倾向。张謇在拟定招聘团名单后，曾经特地对张詧解释说："游美实业团当时所定人名单，本有兄及健菴。现在部定津贴不过人二千元，估计尚须一二千元不等，且乡里事无人可替，故未列入。但南通所当注意者，除棉业外，尚有油、铁……（油业）现拟刘长荫去，刘盖股东而兼办事者也。铁业拟定朱志尧去，以不便多派，故未及仁祖（张詧之子）。……资源归农垦，竟夫与云台归纺织业（指江导岷、沈燮均等分别以农垦、纺织业代表身份去美——引者）。总计各业廿九人。"① 他有意安插一批得力助手，显然是想通过招聘活动加强自己与美国大资本家之间的联系。

一九一四年夏天，张謇接受了美国"万国大学联合会"的乙级会员证书，并且与该会会正罗杰等协商，准备筹拨"美还赔款"（即庚子赔款）在南通"设立高等师范及机械工科、农事场等"②。此外，他还请求袁世凯批准美国东益公司在东三省"代垦"，理由是："中国人能为地主而资力不足，外国人有资力，又有技术，而不能为地主，非合并而利用之，无以收化荒成熟之效。"③ 张謇在引进外资开发国土资源方面表现出远见卓识与宏伟气魄，但他的主张的致命弱点却是缺少一个真正能够维护民族主权的国家政权作为后盾。

在此前后，张謇还积极参加了筹设中法劝业银行的活动。原来早在民国二年一月十八日袁世凯政府即已约定与法国财团合设中法实业银行，并且讲明这个银行的管理权完全由法国财团掌握。到了这年十月十五日，中法实业银行首先和袁世凯政府签订一亿五千万佛郎的"中法实业借款"，并且取得对于浦口建设商埠和北京市政工程的控制权。此后这家银行又和袁世凯政府签订了六亿佛郎的钦渝铁路借款，企图实现从广州湾，经过广西、云南，一直伸入到四川的庞大侵略计划。张謇出任农商总长之后，法国财团代表卜夏、萨科孟等又来劝说他再签订一个中法劝业银行合同。这

① 《张謇未刊函电》（稿本）。
② 《张謇未刊函电》（稿本）。
③ 《张謇未刊函电》（稿本）。

个合同的原文已经找不到了，只有张謇曾经透露过一点消息：“近法人有与中国合资建劝业地产银行之议，订限六个月成立。缔合之法，为不动产抵押长期借款。”① 据当时曾任过北洋驻外财政官员的老人回忆：法国资本家原来就在北京、天津、上海、汉口等处设有房地产贷款公司，凡持有房契、地契者皆可向该公司抵押借款，过期不赎即由公司将抵押品变卖补偿。中法劝业地产银行于一九一四年十月九日经农商部批准成立，其性质应当与上述房地产贷款公司相近，都是企图从资金上加强对中国工商业的控制并逐步扩大对中国地产的侵占。

张謇这种寻求外国资金援助的积极性，在客观上适应了美、法等帝国主义加强侵略中国的扩张要求。不过由于欧战迅速爆发，美、法帝国主义暂时无力而且也不愿贸然向中国作大规模投资，因为他们都没有控制中国局势的充分把握。同时，中国社会舆论的强烈抗议和日、英帝国主义的极力阻挠，也使上述各项合同大多未能实际履行。例如，美国企图独占延长、建昌油矿的野心就没有实现，导淮借款也仅限于付出十万元作为勘测经费，中法劝业地产银行一直未能正式成立。可以说，张謇引进外资未能取得多大成效，当然也就看不出有何种消极后果。

平心而论，在当时的历史条件下，张謇可以说是农商总长的最佳人选。他一上任就锐意改革，颇欲有所作为。譬如，他首先从精简机构、紧缩编制着手，明确宣布：“用人之标准，当视办事之范围，有官而无事者存其官，而不必置其人，有事而人多者减其人，以适当于事。”② 他把农林、工商两部合并为一个部，改名农商部，并将原有八个司并为三司一局，对原有员司四百余人也进行必要的裁减。再如，他把农商部的工作重点放在宏观指导方面，着重从事经济立法、查勘规划与筹建劝业银行，都说明他已经开始具有近代经济管理的良好素质。他主张对外开放，提倡在不损害民族权益的前提下引进外资，并且把经济发展战略与在世界市场上

---

① 《张謇未刊函电》（稿本）。

② 张謇：《就部任时之通告》，《张季子九录·政闻录》第 7 卷，中华书局，1931 年，第6 页。

的激烈竞争联系在一起。这些都体现了进步的经济思想，而且他主持制定的各项政策、法令、条例、规划，对于当时民族资本主义的发展也确实起了某些促进作用。只是由于在国内外都筹集不到大规模发展实业所需要的巨额资金，更由于军阀政权对民族资本主义的多方面摧残，张謇在农商总长任内的各项努力都没有取得预期的效果。

张謇辞职回乡以后，曾经感慨万分地回顾说："鄙人待罪农商，稍事讨论我国日用所需最缺乏者，略为统计，又粗订农牧产奖励条例及分年进行之计划，亦即昕夕孳孳，分途规划，即果以穷困，察利而祛弊，呈奉大总统公布之矣。岁月以来，人民所以应政府之奖励提倡各自奋进者，寂寥而未有闻。"言之殷切而应者寥寥，这并非由于商民的冷漠，而是由于当时的政府未能为民族资本主义的发展提供必要的条件。张謇因此而增加对袁世凯政权的失望，这是他离开北京政府的重要原因。

张謇刚就职时已曾说过："下走性不爱官，年逾六十，丁此纷庞之世，宁有问政之思。此次各方敦迫，趦趄就任，任事之久暂，视志愿之行否、气体之胜否为衡。"① 志愿既然难行，做事亦流于空言，这对于羁留官署的张謇当然是莫大的痛苦，所以他还是回去从事自己的村落主义。

四、最后的决裂

张謇刚刚入阁时，曾与"第一流内阁"其他成员一样，对袁世凯政权寄予厚望。但是，他们很快就发觉，情况并非他们所想象的那样美妙。

张謇到任不久，就恭逢袁世凯解散国会之举。袁世凯由于已经"当选"为正式大总统，并且得到列强相继承认，便觉得国会不再有多大用处，而且反转来成为推行独裁专制的障碍物了。因此，他在民国二年十一月四日断然下令解散国民党，并且追缴国会中国民党议员的证书，使国会由于达不到法定人数而从此不能开会，实际上就是打算尽快解散国会。

---

① 张謇：《就部任时之通告》，《张季子九录·政闻录》第 7 卷，中华书局，1931 年，第6 页。

进步党对国会的态度在此前后有很大的变化。当国民党在国会占据多数，极力利用国会限制袁世凯的权力膨胀，并且企图建立自己的责任内阁时，进步党的报刊拼命攻击国会，指责国民党议员实行“暴民专政”云云。可是，在“二次革命”期间，国民党议员内部严重分化，许多人被袁世凯收买；进步党实际上已能左右国会，所以他们又转而以国会的维护者姿态出现，希望通过国会来扩大自身的政治势力。当然，其中也不乏真正信仰民主共和的有识之士，在艰难的情况下向袁世凯的专制独裁进行温和而又迂回的斗争。

十一月四日，进步党人知道袁世凯下令取消国民党“从乱”议员一百七十余人资格，立即感到很大的忧虑。当天晚上和第二天晚上，梁启超都焦急地与张謇商议如何保存国会①。十一月七日，张謇与梁启超一起去谒见袁世凯，提出“维持国会”建议，即请总统府电令各省立即送候补议员入京，以便国会补足开会法定人数。

可是，袁世凯权势欲日益膨胀，他不仅要防止进步党分取政权，而且还要彻底铲除辛亥革命留下的共和政体。民国三年一月十日，袁世凯利用北洋将领和各省都督的武力威胁与发表强硬声明，正式下令解散国会。事隔未久，又进一步下令停止地方议会。梁启超等人从清末以来追求了近二十年的议会制度，在袁世凯一纸命令下就这样被轻易破坏了，这不能不使他们逐渐产生怨恨之情。而更令这些名流们感到难堪的，则是这几项最后旨在消除议会制度的命令都曾经由内阁总理熊希龄副署。

尽管进步党人仍然委曲求全，袁世凯已经不再愿意保留“第一流人才内阁”，他决心把全部权力集中到自己手里。他在利用熊希龄的副署解散了国会以后，便授意以梁士诒为首的交通系在财政上困逼这个内阁，又指使湖南、安徽都督对熊希龄肆意点名攻击。在极为难堪的情势下，熊希龄被迫于二月十日呈请辞去内阁总理职务。梁启超等知道袁世凯独裁野心已经无可遏制，便相继联袂辞职②。

---

①《张謇日记》民国二年阴历十月七日、八日、十日。

② 梁启超于二月十八日提出辞职，次日召集属员发表谈话，说明此次辞职“并非以部务办理棘手，纯系他方面之政治问题”。见《梁任公先生年谱长编》。

袁世凯在批准熊希龄辞职的同一天（二月十二日），曾派杨士琦询问张謇是否与总理“同进退”。张謇当即明确答复：“就职之日，即当众宣布，余本无仕宦之志，此来不为总理，不为总统，为自己志愿。志愿为何？即欲本平昔所读之书，与向来究讨之事，试效于政事。志愿能达则达，不能达即止，不因人也。”① 应该认为，这番话是真诚的，张謇不是政客，更不是官迷，他一心一意只想发展实业、教育。就任农商总长还不过数月，如果不作任何革新的努力即撒手归去，那是不符合张謇志趣的。

当然，如果说张謇对袁世凯称帝野心毫无觉察，那也不符合事实。二月十七日，就是杨士琦前来探询的五天以后，张謇曾写信劝告袁世凯，说是“解散国会、改总统制、祀天用衮冕”等等已经在国内外广泛引起“帝制复活”的流言；而“近日宁、沪乱谣之多，京、津车栈之暗杀，白狼之糜烂光州数县”，又表明了“内患”极可忧虑。他借用苏东坡的话来讽喻袁世凯：“操网而临渊，自命为不取鱼，不如释网而人自明也。”② 就是劝说袁世凯不要酝酿恢复帝制，以免成为革命党人从事舆论攻击以至武力反抗的口实。张謇固然早已承认民主共和是不可阻挡的时代潮流，但更重要的是他误将袁世凯当成唯一能够维持政局稳定的中心人物，因此唯恐他将因为轻举妄动的政治冒险而丧失统治地位。

头脑发热的袁世凯自然不会按照资产阶级上层人物的意愿办事，他首先考虑的并不是如何维持资产阶级所需要的市场稳定，而是如何满足自己称帝的狂妄野心。从这年五月一日开始，他撤销国务院，改在总统府内设政事堂，首先从一系列官制变更上恢复清朝体制，帝制阴谋已经日益暴露。张謇不愿与袁世凯共同承担恢复帝制的责任和风险，因此于这年十月以“勘视淮灾”为名再次请假南下，而到十一月更正式请求辞职。不过没有得到袁世凯的批准。

民国四年春天，袁世凯急于实现帝制，不惜与日本就“二十一条”进行最无耻的政治交易，企图以出卖民族利权来换取日本帝国主义对恢复帝

---

①《啬翁自订年谱》民国三年阴历正月十八日。

②《张謇未刊函电》（稿本）。

制的支持。张謇一贯亲美仇日，从此更加深了与袁世凯之间的政见分歧。三月三日，张謇再次具呈请假。袁世凯可能是感到张謇对他的“联日”外交有些碍手碍脚，不仅立即准了假，而且还派亲日派周自齐署理农商总长。及至张謇南下以后，袁世凯更正式批准张謇辞去农商总长职务，这表明他们两人在政治上已经明显地疏远起来了。

六月六日，张謇曾给总统府机要秘书张一麐（仲仁）写信，表明了对于中日交涉的关注，实际上也就是对于袁世凯的规劝。信中说：“顷见报载中日交涉已启，南满将如香港，为永远租界。中外土地利害关系，辟为公共市场，利多害少；永远租界，则利少害多。今所定者，不知何属？究以永远租界论，又不知所指之区域四至何在？租期又是几年？……遥度现势，似北满受逼之形尚不在近，然亦须有扎硬寨打死仗之决心。且非用社会名义不可，而又非得政府毅力主持一切为之后盾不可，非仅不掣肘所能济事也。”① 这封信虽然主要是表达了南方资产阶级谋求抵制外来侵略与加速自行开发东三省的意愿，但已经明确提出对日交涉需采取“扎硬寨打死仗”的强硬方针，因此自然没有可能被醉心帝制的袁世凯接受。

同年七月中旬，张謇因为还没有辞掉全国水利局总裁职务，所以曾经一度重来北京。这时，袁世凯的帝制阴谋更加公开化了，北京城闹得乌烟瘴气，刘师培等甚至想把张謇拉进筹安会为袁世凯帝制丑剧捧场。在政海波涛中饱经沧桑的张謇，敏感地意识到一场新的反袁风暴已经无可避免，断然拒绝与“六君子”一起跳火坑。八月十四日，筹安会正式公布发起宣言。两天以后张謇再次请假，南下以后又正式辞去全国水利局总裁以及参政职务，完全摆脱与袁世凯政府之间的关系。此后，他决心暂时跳出帝制与反帝制斗争的漩涡，在经营村落主义的同时，密切注视着变幻诡谲的政治局势②。

同年十二月十二日，袁世凯封建性的权势欲发展到顶点，悍然不顾舆论的反对而正式表示承受帝位。他自以为既然已经用武力统一了全国，而

---

① 《张謇未刊函电》（稿本）。

② 《张謇日记》民国四年阴历十一月二十日：“见沪报，知京又有太傅之风说，恐是谣传，何为若是之纷纷逼迫耶。”

且又集中了全部军政大权，当皇帝大概是万无一失。可是却没有想到，历史的车轮毕竟是不可逆转的，人民的意志也是不可违背的。袁世凯一坐上龙椅，就把自己置于人民的火山口，而且吓走原来曾经拥护过他的资产阶级上层人物，甚至在北洋军阀内部也造成了严重的离心离德局面。袁世凯自己最后孤立了自己，他重复着清王朝走向毁灭的老路。他曾经利用北洋武装强大无敌的神话欺骗了各种各样的政治力量，为自己赢得了如日中天般的最高权势地位；现在这个神话却反转来欺骗了他自己，而他的命运终于和这个荒诞的神话一起破灭。

在民国五年上半年讨伐袁世凯的护国战争期间，张謇没有像梁启超等人那样积极控制反袁斗争的领导权，却只退缩通海一隅尽力保全自己的企业系统。虽然他和赵凤昌等曾经再度联络黄兴，希望他早日回国协同“调和南北”，也曾经劝说冯国璋在南京成立中央政府，抛弃袁世凯以换取全国“统一”和“秩序”的恢复[①]，但是都没有取得什么实际的效果。张謇已经很难像辛亥革命时期那样影响时局了。他剩下来的只有一个主要的期望，就是：袁世凯早点下台，讨袁战争早点结束，国内局势早点稳定。

袁世凯在败亡前夕，还曾经通过徐世昌再一次邀请张謇北上，想利用他的声望为自己作尽可能的转圜。张謇这次表现得倒比较坚决，他明确地答复说：“比闻桂继滇、黔起……目前则粤继之，浙又继之矣”，“武力与调和皆不易解决”。因此谢绝北上并且劝袁世凯“急流勇退”，以平民愤而使战争早日结束[②]。同时，他还公开向袁世凯、冯国璋及其他各省当权人物发出同一内容的电文，特别强调“列强干涉”的威胁极大，要求袁世凯立即下台。结论是：“民国既已明白回复，则据约法自有代理人之可属(指应由黎元洪接任大总统——引者)。……若再迁延，必更祸己祸国，尚君言哉！”[③] 以前，袁世凯曾以清王朝当牺牲品换取南北的妥协，现在同样的命运也落在他自己的头上了，历史就是这样无情！

---

① 这些信件均收于《近代史料信札》。

② 张謇：《劝告袁氏退休致徐菊人书》，《张季子九录·政闻录》第4卷，中华书局，1931年，第15—17页。

③《近代史料信札》。

袁世凯虽然拖延不肯辞职，但他的病亡却消除了护国战争直接反对的目标。南北军阀于是迅速谋求妥协，中央政权主要落在段祺瑞一派手中，以梁启超为首的一批进步党连忙靠拢皖系军阀，而以孙中山为代表的革命民主派再一次受到排挤和叛卖。段祺瑞曾经一再敦请张謇北上，但是他都断然拒绝了，回信说："下走老矣，饱尝世变，实不愿再涉政界。"①

在得到袁世凯病死消息的那天晚上，张謇感慨万分地在日记上写道："三十年更事之才，三千年未有之会，可以成第一流人，而卒败于群小之手，谓天之训迪吾民乎？抑人之自为而已。"他对当时中国历史发展和袁世凯失败原因的认识都不尽切合实际，但这却很能说明他原来对袁世凯的期望是何等殷切。袁世凯死了，他那通过中央政权推动民族资本主义全面发展的幻梦也就最后破灭了。此后，军阀统治从表面的统一变成公开的分裂，南北混战不已，张謇只能退而期求在地方军阀庇护下发展自己的企业系统，但是就连这样有限的愿望也没有可能得到实现。

从全国范围来说，张謇终于退出政治舞台了。不过当时欧战正紧，中国仍然处于帝国主义侵略稍为缓和的间隙，大生企业系统的迅速扩大与源源而来的巨额利润，暂时又弥补了他在政治上的失望。

---

①《张謇未刊函电》（稿本）。

第五章　既死愁不休

第一节　大生集团的兴衰

一、鼎盛春秋

从民国元年到民国十年，在整整十年中间，大生企业系统获得了空前的发展。

在民国六年大生纺织公司二十周年纪念会上，张謇不无得意地向股东报告："若营业之赢利，则自己亥（一八九九年）开车至去年年终，股东得正息一百六十七万七千余两，得余利二百七十三万三千余两，两共四百三十九万余两。以年分计，自以本届六十六万余两为最。然第七、八届时，亦有赢至四十万零与四十八万零者，其时只四万锭，股本只一百十三万两耳。今则加锭至六万六百，益以布机四百架，增股至二百万两，锭视前加半，股视前加倍。"①

和国内一般民族轻工业情况大体相近似，大生系统发展最快的时期还是一九一八到一九二一这四年。截至一九二一年，大生一厂的资本增加到 2 500 000 两，历年纯利总额累增到 11 608 499 两；大生二厂的资本增加到 1 194 390 两，历年纯利总额累增到 5 011 674 两；两厂合计，资本共为 3 694 390 两，历年纯利累增总额共为 16 620 173 两。应该说明一下，在这一千六百多万两历年纯利总额中，有三分之二以上都是在欧战期间获得

---

① 张謇：《大生纺织公司二十年纪念会开会词》，《张季子九录·实业录》第 6 卷，中华书局，1931 年，第 1 页。余利为红利中分配给股东部分，故数字较前述纯利为小，希读者注意两者区别。

的，而在民国八年，一、二两厂的纯利竟分别占资本的 106.08% 和 113.02%[1]。这样优厚的利润，在旧中国民族工业发展的历史上不仅是空前的，而且也可以说是绝后的。

源源而来的大量利润，激起了张謇等人扩张实业的热情。民国三年张謇出任农商总长以后，就在海门常乐镇南开始创建大生三厂，并且还拟订了建立四厂于四杨坝、五厂于天生港、六厂于东台、七厂于如皋、八厂于南通江家桥、九厂于吴淞（以后又名大生淞厂）的庞大计划。六厂于民国八年开始筹建，但不久流产。八厂则于一九二〇年开始筹建。到一九二四年，大生一、二、三、八四个厂，资本总额共达七百七十余万两，纱锭共十五万枚，布机共一千五百余台，实力已经相当可观。

张謇等主要依靠调拨大生一、二两厂的资金，围绕着纺织工业这个中心，又相应地扩充了其他一些实业。他们在原来通海实业公司十几个企业单位的基础上，特别着重兴办和扩充金融业及交通运输业。为了适应大生企业扩充的资金需要，他们从一九一八年起开始筹办淮海银行。此行于一九一九年十一月正式开业，资本总额号称五百万元，但实收不足一百万元，而行长就是张謇的独生子孝若。为了适应大生公司的运输需要，他们又陆续筹建大达轮船公司、大储栈等好几个单位。其中以大达公司最有成绩，先后自置江轮七艘，代管大储栈驳轮二艘及广祥轮船一艘，通行沪扬、沪海两条航线。

此外，张謇等人还创办（或协助创办）了大昌纸厂、通燧火柴厂，以及许多服务性的企业单位，如有斐馆、桃之华、南通俱乐部等旅馆、浴室、饭店联合企业，遂生堂、延生堂等药店，沁生冰房、南通绣织局、天生港大包结绳厂、大达公碾米厂、通成纸厂、玻璃制品工厂等等。

盐垦企业系统也有很大发展。由于通海垦牧公司在一九一〇年以后垦成熟地增多，收益较大，同时又由于大生各厂对于棉花的需要量日益扩大，所以张謇等从一九一三年开始又掀起一个兴办盐垦公司的热潮。到一九二〇年为止，先后成立了大有晋、大豫、大赉、中孚、遂济、通遂、大

---

① 根据《大生资本集团史》（初稿）提供数字，但小数已略去。

丰、大祐、通兴、大纲、阜余、合德、华成、新南、新通等公司，于是南到长江口附近的吕四场，北到海州以南的陈家港，包括南通、如皋、东台、盐城、阜宁、涟水等县，在滨连黄海二百余英里沿岸的冲积平原上，都成为盐垦公司活动的广阔舞台。这些公司已投资本总额共达 21 190 000 元，所占土地总面积共有 4 550 000 亩，已垦土地面积也有七十万亩之多①。

在民国九年前后，张謇的经济事业真可以说是进入了鼎盛时期。据日本侵略分子驹井德三调查，当时张謇身兼南通实业、纺织、盐垦总管理处总理，大生第一、二纺织公司董事长，通海、新南、华成、新通等盐垦公司董事长，大达轮船公司总理，南通电厂筹备主任，淮海银行董事长，交通银行总理，中国银行董事，南通电厂筹备主任，大生第三纺织公司董事长等等职务。驹井德三生动地描绘说："是故张謇在实业上之势力，以南通江北一带为根据。在上海之地，以金融之关系，在九江路设事务所，掌南通关系各银行公司之交涉事务及生产品之交易。又于黄浦江沿岸法租界邻接地之十六铺，建有巨大之仓库及埠头，以大达轮船公司之名，营仓库及航行之业。在吴淞商埠所有之地产，占该埠形胜之区，现正建设埠头，进行都市之计划……"②

张謇当时不仅对吴淞开埠寄予很大期望，想使它"与世界名埠之先进者争辉誉于地上"③；同时还想通过美国前任驻华公使芮恩斯，重温中美合办银行及太平洋航业的旧梦。向美国寻求资金援助虽然没有结果，张謇却又经过梁启超的说合，一度打算与比利时政府合资筹办中比航业贸易公司，开辟中国往来西贡、新加坡、法国、比利时、德国各大商埠之间的海洋航线，然后再向其他各种企业大量投资。这个企业方案的规模很大，预计："航业公司股本定为一万万佛郎，比国占五十五份，计五千五百万佛郎；中国占四十五份，计四千五百万佛郎。贸易公司股本定为一千万佛

① 张謇：《如通泰各盐垦公司募集资金之说明》，《张季子九录·实业录》第 8 卷，中华书局，1931 年，第 16—26 页。

② 驹井德三：《张謇有关事业调查报告书》。

③ 张謇：《万国航业伦敦大会报告书序》，《张季子九录·文录》第 8 卷，中华书局，1931 年，第 5 页。

郎，中比各半入股，计中国方面占五百万佛郎，合计中国应任股资五千万佛郎。”[1] 当时中国民族工商业还比较景气，所以江浙大资本家对于这个方案兴味很浓。经过有关方面的共同讨论，徐新六代表张嘉璈的中国银行系统，答应承担七十万至一百万两，张謇答应承担二十万两，徐静仁、陈光甫、吴寄尘、刘厚生（垣）等各自负责募集二十万两，还剩下无人承担的七八十万两，由张謇专断决定以大生一、二两厂上年积存余利全部拨充。在这年五月底，刘厚生已经通知梁启超，说是即将在南通召开华股创办人谈话会，却不料这件事在比利时方面根本没有落实，而梁启超又不肯承担任何实际责任，以致张謇等人空忙了一阵[2]。

尽管发展海外航运、贸易的计划落空了，但这几年毕竟是张謇企业活动登峰造极的时期。张謇的各项企业为什么在此期间发展得如此迅速呢？这里面有一般性的原因，也有它自己的特殊原因。

从一般性的原因来看：欧战爆发以后，欧美列强对中国的棉纱倾销顿形减少。日本和印度（实际是英国）虽然一向对中国的棉纱倾销量极大，但由于其正在国内大力发展织布业，因此也相应地减少了棉纱的外销数量。在这样的历史条件下，中国的棉纱进口总额大大减少。例如，在一九〇九—一九一一三年之间，棉纱进口总额高达 1 320 197 公担，而在一九一九—一九二一三年之间，棉纱进口总额下降到 807 249 公担[3]。这就在中国国内市场上为民族棉纺织工业让出了一部分活动余地，使之暂时得到普遍的迅速发展。中国纱厂纱锭总数在一九一三年只有 484 192 枚，而到一九二一年就增加到 1 248 282 枚。大生纱厂也正是在这样比较有利的形势下得到迅速发展的。

但是，大生纱厂还具有若干比上海一般纱厂优越的条件。因为大生纱厂处在比较偏僻的江北通海地区，不像上海中国纱厂那样直接遭到洋纱的排挤和打击，同时它仍然保持着传统的市场和原料供给地，而就近

---

① 张謇：《为中比航业致大生纱厂董事诸君函》，《张季子九录·实业录》第 6 卷，中华书局，1931 年，第 10 页。

② 其间经过，《梁任公先生年谱长编》亦有记载。

③ 严中平等编：《中国近代经济史统计资料选辑》，科学出版社，1955 年，第 74 页。

在农村招收工人更便于压低工资水平等等。这样，大生纱厂不仅对洋纱具有较大的对抗力量，就是对上海中国纱厂的产品也往往在竞争中占优势。一九一七年以后纱价逐年上涨，大生纱厂更是大发其财。据当地《通海新报》报道，一九一九年春南通棉纱每箱成本不过170元，而市价已经涨到240元，每箱获利竟达70元之多。大生纱厂源源而来的大量利润，又转化成为投入其他各类企业的资金，所以张謇的整个企业系统才能如此迅速膨胀起来。

还须要看到，辛亥革命以后张謇弟兄在政治上地位的上升，也为他们的企业发展提供某些方便条件。早在一九一二年春天，已经有人把张詧称为“通州土皇帝”，并且讽刺说：“如司令长者（当时张詧任通州总司令——引者），其在满清则以一平民而观察，在民国又以一观察而司令长，司令长诚有其弟矣（指以张謇为靠山）。若其弟之热心学务，力任实业，委身从公，不及私蓄；得司令长兄之搜刮经营，储蓄产业，为子孙万世久长之计，弟亦可谓有兄。”[1] 这当然不无夸大攻讦之处，但确实说明了两者的依存关系。权与利常常结合在一起，例如大豫盐垦公司在掘港盐场的四五十万亩土地，就是张謇在光复不久利用盐政总理的名义，移请江苏都督程德全委任张詧“测量绘图”，这样才逐步加以占有的。

张謇出任农商总长以后，权势自然又有所增长。一九一三年年底，因为要创设大生三厂，他就利用职权之便与英国公使商定向好华特厂订购纱锭和引擎，并委托汇丰银行代办国外汇款[2]。一九一四年春，他在游美实业报聘团中安插一批亲信，乘机考察纺织、油、铁等有关企业生产情况，并且打算借重美国投资。稍后，当无锡新冶厂依据公司条例向农商部呈请立案时，他一得到消息立即通知自己经营的资生铁厂负责人，命令他们赶紧放手收购原料，预先设法堵死无锡新冶厂的出路，使之无法与资生竞争[3]。甚至在一九一五年春辞去农商总长职务之前，他还曾经以“南通教育、慈善、公益”名义，一次就向北洋政府请领了十五万亩荒地。

---

① 《天铎报》1912年3月7日。

② 《张謇日记》民国二年阴历十一月二十七。

③ 《张謇未刊函电》（稿本）。

民国四年秋天以后，张謇虽然脱离了北京政府，可是仍然与江苏的军阀政府（主要是直系）保持比较经常的联系。例如，华成盐垦公司的成立，主要就是依靠冯国璋的撑腰，所以才能在阜宁一带获取盐场大量土地。据说一共只花六七万元，竟得地四十余万亩之多。此外，江苏省长韩国钧、通海镇守使管云程等都曾经从多面为张謇提供便利条件。所以驹井德三在考察张謇离开北洋政府后与各派军阀的关系时指出："要之，张謇对于现在中国之政界，表面上虽无何等之关系，然以张公在经济上、地方自治上有坚固之基础，不仅大总统及现任内阁，即地方政府亦无如之何也。张公虽持重自下，然在中国政界之潜势力可谓不薄。"①

所谓"地方自治上有坚固之基础"，重要的一点就是张謇弟兄在辛亥革命以后直接或间接控制了南通地方政权。张詧最初担任总司令，军政分府撤销后改任民政长，可以说一直是大权独揽。民国二年民政长改称县知事，由江苏省政府改派田荣宝接任。此后张謇家族虽然不再直接充任地方长官，可是这些县知事（县长）、镇守使之类文武官员怎敢违逆堂堂实业总长的意旨呢？至于垦区的特别区公所，名义上属于县政府，实际上却等于是直接为垦牧公司服务的相对独立的政权机关。各个盐垦公司的董事会实际上都成为独霸一方的小朝廷，而张謇则是凌驾于这些小朝廷之上的最高权威。

正因为如此，不仅其他资本集团无从伸入通海地区，就是在大生资本集团内部，张謇也是唯我独尊，可以任意提取余利甚至公积金投资于其他各种企业。同时，张謇凭借其社会地位和声望，对于一些企业只要投入少量资金就能加以控制。再则南通、上海金融界极为重视张謇的权势地位和大生纱厂的优厚利润，纷纷争先提供贷款，造成大生集团畸形的信用膨胀，这些更使他得以加紧向各种企业扩张。

以上说的是大生集团迅速发展的自身特殊原因。透过这些事实可以看出，张謇的"地方自治之坚固基础"，怎样帮助了他的企业发展；但同时也必须看到，这些企业的发展反转来又巩固和加强了他的"地方自治之坚

---

① 驹井德三：《张謇有关事业调查报告书》。

固基础”。张謇正是在离开北京政府并失去依靠中央政权推动实业发展的希望之后，才重新标榜“村落主义”并抓紧推行他那一整套地方自治方案。

民国八年，大生企业系统继续迅速发展，而且国外正在举行巴黎和会，国内南北军阀之间也正在举行和平谈判，张謇仿佛已经看到一片“繁荣”、“和平”的远景，因而经济、政治方面的雄心壮志都同时有所复苏。他已经不满足于仅仅在通海地区独树一帜，还非常希望把整个江苏纳入他所追求的地方自治轨道。这年九月，他和江苏一批上层绅商筹划在上海设立“中华模范地方自治讲习所”。他们宣称：“准世界立国公理，以讲习地方自治学术并预备实行自治为宗旨”，并且打算首先培训一批推行地方自治的骨干人才。可是皖系军阀掌握的北京政府却立即加以阻止，并且在张謇等人的呈文上批示：“本部（内务部）拟于中央设置地方自治模范讲习所，咨取各地方具有法政知识并富有自治经验者入所肄业。”[①] 其实，他们根本没有打算办什么“自治讲习所”，只不过由于正在积极推行“武力统一”政策，害怕地方势力的任何增长，所以才以此为借口断然拒绝了张謇等人有关地方自治要求罢了。

民国九年，直皖战争爆发以后，国内和平幻景顿时消失，而张謇却更加致力于地方自治，幻想利用这个方法来保持江苏或至少是通海地区的安宁，也就是企图在军阀混战的既成局面下求得苟安。他曾经发起成立“苏社”，标榜“苏人治苏”，希望通过他那一整套地方自治办法，“置苏省于最完全最稳固之地位”[②]。同时，为了“外以示四方之型，内以作一县之气”，他又在南通成立了自治会。南通自治会由张孝若担任会长，其内部机构设置和职权分工与地方政府很相仿佛，大权掌握在上层绅商手中，只不过多了一层民主的会议形式而已。由于张謇的势力雄厚，南通自治会对于县政府确实能够左右一切，因此它才敢于喊出“自存立，自生活，自保卫”的口号。张謇曾经打算发行地方自治长期公债二百万元，作为举办各

① 北洋政府内务部档案原件。

② 张謇：《苏社开幕宣言》，《张季子九录·自治录》第3卷，中华书局，1931年，第1页。张謇：《敬告苏社诸君》，《张季子九录·自治录》第3卷，中华书局，1931年，第2页。

项事业的经费。他显然是想成为国内地方自治的样板，并且夸耀地方自治乃是“二十世纪世界之大潮流”。

其实，所谓“世界大潮流”只不过是国内军阀混战夹缝中的一个小小漩涡。张謇所宣传和从事的地方自治，与当时南方一些资产阶级政客所鼓吹而又为一些地方军阀所利用的“省宪运动”、“联省自治”等等基本上是相互呼应的。尽管张謇竭力想把自己的地方自治与南方军阀割据式的“自治”区别开来，并且曾经批评说：“北之统一，南之自治，又曰联省自治，皆军阀争权其实。”[①] 但由于他自己没有掌握正式的军队，因此在实际上仍然不能不依赖于地方军阀如齐燮元之流的庇护；这样，他所推行的地方自治，便不仅无从改变南方军阀割据和争权的既成事实，而且还在客观上成为江苏军阀统治的点缀和补充。孙中山以后在共产党人的帮助和影响下，曾经正确地批判过这种“地方自治”或“联省自治”的言论，强调指出：“吾人不谋所以毁灭大军阀之暴力，使不得挟持中央政府以为恶，乃反欲藉各省小军阀之力，以谋削减中央政府之权能，是何为耶？推其结果，不过分裂中国，使小军阀各占一省，自谋利益，以与挟持中央政府之大军阀相安于无事而已，何自治之足云？”[②] 这真是一针见血地击中了“地方自治”或“联省自治”方案的要害。

不过，张謇与军阀之间毕竟是有矛盾的。军阀为了利用所谓“模范县”来装点门面，可以容许张謇在南通狭小的地区以内扩充自己的经济、政治实力，但是却绝不容许张謇的地方自治范围扩大到整个江苏，因为那将妨碍他们漫无止境的残暴压榨。正是由于这个原因，南通自治会虽然忙得热热闹闹，“苏社”成立后却始终冷冷清清，而后来连“苏人治苏”的微弱要求都被迫取消了，张謇的地方自治始终未能越出南通范围。民国十一年以后，在帝国主义新的侵略狂潮的冲击下，民族近代工业的暂时繁荣一去不复返，而军阀混战的炮火更直接扩大到江浙地区，甚至连张謇在南通的地方自治小王国也岌岌可危了。

---

① 张謇：《劝南北息争通电》，《张季子九录·政闻录》第5卷，中华书局，1931年，第7页。

②《孙中山选集》下卷，第523页。

二、好景不长

正如整个先天不足的中国民族近代工业一样，大生资本集团在欧战爆发后的暂时繁荣，缺少真正可靠的巩固的社会基础；因此，就在各项企业迅速发展的过程中，已经孕育和滋长着失败的契机。还是在一九二〇年那样的鼎盛时期，张謇曾经告诫部属："营业之道，先求稳固，能稳固即不致失败，即失败亦有边际，企业者不可不知也。大凡失败必在轰轰烈烈之时……"[①] 这竟仿佛是一个不祥的预言，而促使大生系统失败得没有"边际"的又正是张謇自己。

因为急于建立一个比较完整的企业体系作为加强地方自治的经济基础，同时也由于这几年大生纱厂营业的特别得心应手冲昏了他的头脑，张謇失去了自己惯常强调的冷静与稳健。为了迫不及待地向新企业投资，他任意调拨大生一、二两厂的余利甚至公积金。例如创办大生三厂时，即曾从大生一、二两厂调拨公积金各二十万两。大生八厂创办之后资金极端短绌，大生一厂由于曾经为它担保借债，竟不得不勉强抽拨八十万两巨款作为"收并"资金。在淮海银行最初的资金中，大生一、二两厂余利占七十万两。为了创办中比航业贸易公司，又一次截留了大生一、二两厂的余利七十二万两。大达轮船公司开办费一百万元，完全由大生驻沪账房代为筹垫。至于张謇系统的十几个盐垦公司，资金周转也主要依靠大生纱厂调拨或代为在外挪借，所以前后拖欠大生的债务达到一百三十多万两。这种盲目的东扯西拉式的经营和发展企业的作法，不仅严重地抽空了大生一、二两厂的资金储备，而且还造成整个大生资本集团的恶性信用膨胀，从而最后成为金融资本重利盘剥和严重侵蚀的牺牲品。在这样外强中干的局面下，只要一旦金融收缩或者营业本身遭到意外挫折，大生企业系统便要立刻发生无可挽救的全面的财政危机。

张謇在投资新企业以前并没有经过通盘的精心规划，经营的方面很

---

① 张謇：《告戒实业同人书》，《张季子九录·实业录》第6卷，中华书局，1931年，第8页。

广，资金又很不充足，所以基建工程进展极为缓慢，往往因此失去赢利时机。在这种情况下，建成一个新厂往往等于多背一个沉重包袱。例如，大生三厂早在一九一四年就开始动工，可是由于资金不足，拖拖拉拉直到一九二一年秋天才算勉强正式开车；而此后民族纺织工业的“黄金时代”已经迅速消逝了，所以大生三厂刚刚开工就亏蚀不堪。大生六厂虽然早在计划之列，但迟到一九一九年才开始动工。由于资金严重缺乏和外汇暴涨，不仅厂未建成，就连已经筹集的六十万两也蚀去一大半。大生八厂更是迟到一九二〇年才动工，在建厂期间即已负债累累；一九二四年建成后，大生一厂本来还想加以“收并”，后来由于自顾不暇，只得出租给永丰公司经营。至于盐垦系统的十几个公司，则是愈来愈蜕化成为纯粹的土地投机性质的集团，既缺乏起码的资金准备，又不能认真从事水利建设工程，以致土地收益既迟又少，历年负债总额极为庞大。张謇自己虽然辩解说是垦牧系统只拖累大生纱厂一百二十多万元，但实际上却远远不止此数。所以，垦牧系统竟从原料基地变成大生资本集团最为沉重的包袱，一旦遇到风潮大灾，各盐垦公司的严重损失，又必然要转嫁到基础已经极为脆弱的大生纱厂身上。

同时，张謇等人由于一向满足于大生纱厂在通海地区的独占地位，而且主要又是依靠压低工价和花价来降低成本，所以对于设备更新和改进技术不够注意。加以多数股东所奉行的是“有利尽分”的短见原则，不愿保留“折旧”等项必要的资金积累，使大生纱厂已经深感不足的资金更加陷于短绌，自然也就没有足够力量实现机器设备的更新。所以大生纱厂的技术、设备一般都比较陈旧落后。一厂的设备情况前面已有介绍。二厂也是接收山西商务局在义和团运动时期遗留在塘沽码头的一批破烂机器。三、六、八厂虽然分别订购了一批比较新式的机器，可是生不逢辰，还没有来得及为自己的主人发财致富，就已经堕入出租、夭折或抵押的厄运。大生纱厂技术设备的落后，使它更加缺乏足够力量抵敌帝国主义侵略的新狂潮。

正是由于上述各种原因，加以欧战以后帝国主义重新加强了对华侵略，大生企业系统的内部危机终于在民国十一年以后总爆发了。

在民国十年，张謇还兴高采烈地积极筹备在明年举办南通地方自治第二十五年报告会，借以隆重庆祝他自己的七十大寿。七月一日成立了报告会的筹备处，并且正式报请北京政府备案，打算邀请“各省、各县、各公司”以至英、美、德、法、日、荷、奥各国，选送“农、工、林、矿、商、运物品材料”到南通来陈列展览。他满心指望乘此机会大大显示一下南通地方自治的成绩，使“各县、各省、各国……之人士，因南通有此创举，闻声麕至”[①]，从而进一步扩大南通在国内外的影响。可是就在一切“规划略备”，正拟兴工建设展览、会议和外地来宾休息等等场所的时候，突然来了一场台风暴雨大灾。以后又是连续四天“疾风盛雨”，正巧又碰上秋潮大汛汹涌而来，于是通海一带外江内河同时泛滥成灾，所造成的各方面损失极为严重。在地方自治各项事业当中，水利本来是张謇最得意的大手笔之一，可是老天爷偏偏在这个节骨眼上捅个大漏子。张謇不得不叹息说：“此非常之灾不能御，宁得谓自治？宁堪报告？”[②]

不过张謇当时还没有向困难屈服，他决定把报告会推迟到民国十六年举行，作为庆祝南通地方自治三十周年。张謇幻想在此后五年中间或许能够时来运转，争取使自己的各项企业获得更大的繁荣。可是，他却没有想到，既然外强中干的大生企业系统连一场局部性的短暂自然灾害都经受不住，又怎么能够抵御得住帝国主义侵略狂潮更为严重的袭击呢？

即以纺织工业为例：外商在中国设立的纱厂纺锭总数在一九二一年有631 466枚，到一九二二年增加到879 674枚，而到一九二四年更增加到1 183 244枚[③]。其中以在华日商纱厂发展最快，如果以一九一三年的日商纱锭、布机总数作为基数（100），那么到一九二二年其纱锭总数即增加到542.31，布机总数增加到447.79[④]。外国纱厂一般技术设备比较先进，而且又享有各种优惠特权，因此绝非基础薄弱的华商纱厂所能对抗，于是

---

① 张謇：《呈报南通地方自治第二十五年报告会筹备处成立文》，《张季子九录·自治录》第3卷，中华书局，1931年，第15页。

② 张謇：《自治报告会因灾重展期至民国十六年举办通告》，《张季子九录·自治录》第3卷，中华书局，1931年，第20页。

③ 严中平等编：《中国近代经济史统计资料选辑》，科学出版社，1955年，第134—135页。

④《民国经济史》。

洋纱空前泛滥于中国市场，华厂产品的销路立刻大为缩减。同时，外国垄断资本更乘机设法控制以至并吞中国纱厂。据初步统计，从一九一七年到一九二七年，在这十年之中曾经向英、美、日（主要是日本）财团借过大批款项的共有十五个中国纱厂，其中就有四个厂最后被外国资本家收买、接管或出卖[①]。此外，帝国主义还逐步加强控制中国的棉花生产、原料供销以至纱、布的运输和销售，简直把中国民族近代纺织工业逼得无路可走。

在帝国主义支持和怂恿下的军阀混战，也给民族近代工业带来无穷无尽的灾难。从一九二〇到一九二二年，三年之间连续发生规模较大的直皖战争、粤桂战争和奉直战争，战祸遍及两湖、河北、两广、四川、陕西等省，人民生命财产损失极为惨重。而为了筹措军费和搜刮自肥，北京和各地军阀又横征暴敛，勒索无已；仅北洋政府发行内债一项，从一九一二到一九二六年即共达六亿元以上，而战区无限制的摊粮派款，更残酷到敲骨吸髓的地步。军阀的虐民暴政加上连年灾荒不断，使得整个国民经济陷于凋敝残破。军阀何尝能够为张謇提供他所需要的和平、统一与秩序，就是他那似乎名噪一时的地方自治，也在军阀混战的威胁和冲击下摇摇欲坠。因此，张謇不能不悲叹："欧战告终，内战不已，川、陕、湘、鄂之民，堕于兵革蹂躏之中极矣！……天灾洊水旱矣，犹煎以人祸；商市涸金融矣，犹挤及贫农。"[②] 通海地区的企业王国，正是在这样兵荒马乱、哀鸿遍野的情况下走向最后崩溃。

民国十一年，大生纱厂因为赔累不堪，不得不把厂基作价七十万两抵押给永聚银团，并且聘请永聚大股东费善本作为该厂经理，这是大生企业系统濒于全面崩溃的第一个信号。大生六厂在筹建过程中由于资金不够而夭折，这在前面已经叙述过了。大生八厂本来已经请求一厂给以合并，但一厂本身正陷于债丛，岂有力量解除八厂的困难，因此只有忍痛把它出租给永丰公司经营。

---

① 严中平等编：《中国近代经济史统计资料选辑》，科学出版社，1955年，第137页。

② 张謇：《为江浙和平通电》，《张季子九录·政闻录》第5卷，中华书局，1931年，第20页。

大生企业系统的两根台柱——一厂和二厂，在一九二二年情况都非常不妙。在这一年，一厂结亏为三十九万多两，二厂结亏为三十一万多两。也是在这一年，一厂负债总额达到 12 428 720 两，而其中“借入款”一项竟达 7 097 950 两；二厂负债总额为 3 520 004 两，其中“借入款”一项也占 1 255 837 两。这些大额借款主要并非用于大生一、二两厂本身生产经营的需要，绝大部分都是作为支付盐垦系统拖欠和“地方事业”垫款之用。还有，在大生一、二两厂一九二二年的资产负债表中，所谓“借出款”一项竟分别达到 4 731 328 两和 1 255 837 两，这表明任意抽调挪用资金的严重现象仍然有增无已。

“地方事业”垫款大多用于非生产性开支，自然很难指望在短期内归还。就是一时曾经被看作财源利薮的盐垦事业，由于资金短绌，投机性大，水利问题没有完全解决，再加上风潮大灾，多数赔累不堪，而转嫁到大生一、二两厂账册上的“盐垦拖欠”一项，也就永无还清之日。例如大有晋公司在一九二一年碰到大水灾，已经收获的棉花被冲得一干二净。大丰公司在一九二二年播种面积达十五万亩之多，可是秋季碰上一场台风暴雨，结果也是丝毫未收。新南、新通等公司成立不久就倒闭了。仅仅大豫、大赉、大丰三家公司的负债总额，到一九二二年就多达 2 548 310 元。其他一些盐垦公司情况也相类似。

自此以后，大生资本集团只有到处求援借债，以求苟延残喘。一九二二年向银钱业抵押借款已达三百九十七万两之多①，可是仍然如同杯水车薪，无济于事。债务逼集，责难纷至。张謇在穷途末路上只有把“得救”的希望寄托于“利用外资”。他认为要想复兴纺织和盐垦两大企业系统，十年之内需要动用三四千万元的巨额经费，国内资本家既然没有能力提供资金，那就“不得不出于借外债”。正是在如此困窘不堪的境况下，张謇碰到日本人驹井德三。

一九二二年从四月二十七日到五月中旬，张謇连续有二十几天参加各

① 以上所引有关大生公司账册数字，均参见《大生资本集团史》（初稿），但其中小数均一律抛除。

个纺织、盐垦公司的董事会，由于企业经营失败惨重，到处包围着他的是一片责难和争吵的声音。大约在八月间，他委托裕华盐垦公司经理陈仪、大有晋盐垦公司经理章亮元、大生纱厂高级职员张同寿前往日本，正式向日本资本家涩泽等提出大借款的请求。日本资本家对此很感兴趣，立即派驹井德三到南通来调查并且直接与张謇接洽。驹井于十一月二十三日到达南通，十二月十日才回到上海，在这十七天里受到张謇极为优渥的款待。驹井除先后到唐家闸工业区和华成、大丰垦区调查参观以外，大部分时间都是与张謇商谈大借款问题。

驹井与张謇的谈话内容虽然没有具体记载，但是双方的主观意愿则都是不言而喻的：张謇是为了借钱救急，而日本垄断资本则是打算乘机加强对中国的经济侵略。根据驹井德三的报告，可以知道张謇曾想以大生三个纱厂作为担保，向日本资本家商借八百万元。至于驹井本人的主要兴趣，则显然在于变中国为日本纺织工业的原料基地。他鼓吹说：日本资本家应该“于此际进而与该国（中国）之实业家提携，给以资金或技术上之援助，使其国人得完成棉花改良增植之大事业者，最紧要之事也。今日幸而中国之大资本家且以棉业为中心事业之张謇，先望与日本提携矣，此岂非天与之好机会乎？”①

可见，驹井德三来华的使命，主要是为了实现“工业日本，农业中国”的侵略计划。可是急于借款救厂的张謇，却轻信了驹井德三的花言巧语，在一定程度上接受了日本资本家的建议。他在一九二三年二月十八日写了一篇《为商榷世界实业书》，大意是：“日人致力于纺织，而无地植棉；中有甚广之地可以植棉，而力不足以自谋发展，是为两穷。”补救之道是实行“经济互助”，由外国提供资金和技术援助，在中国大量植棉，以满足各国纺织工业原料的需要。他主张各国合力“集一银公司，以棉、铁为主要，以类于棉之稻、麦，类于铁之煤为从要，凡有一地、一矿视为可以经营者，视其地、其矿、其事之所需，为之考虑其策划，详确其预算，等差其年度，支配其用数，程序其设施，检核其成绩，而又均势以平

---

① 驹井德三：《张謇有关事业调查报告书》。

等其资本，公开以昭布其条件，以互输产品保公司之利，以不犯土地尊主国之权，如是十五年小效，三十年大效，可以预言”[①]。这种预言真好像是“天方夜谭”！在当时的历史条件下，要求作为债权国的帝国主义列强尊重债务国的主权，真无异于鸡群要求黄鼠狼尊重其生命安全。

由于迫不及待地向日本寻求贷款，张謇简直把外国垄断资本幻想成为“救世救民”的善士。他虽然还在标榜“棉铁主义”，但是这种“棉铁主义”正在走向自己的反面，不仅不能有助于民族经济的独立发展，反而在实际上为外国垄断资本控制中国工农业的野心计划帮腔。张謇在经济思想上为什么会发生这样明显的后退现象？根本的原因还是由于他所代表的那个阶级在经济上和政治上的软弱。他们在竞争一再失败之余，为了保全个人的或集团的经济实力，往往忽略民族的整体利益，逐步倾向于与外国垄断资本妥协，有些人甚至走上屈服以至勾结的道路。正如《向导》杂志当时所批评的那样：“近日南通父子（张謇与孝若——引者）向日本借款的事情，不过为私人资本主义附属于国际资本主义之下的必然现象罢了。假使今后私人资本主义越发达，中国便只有越陷在国际帝国主义的附属地位中而不能自拔，结果全国大产业，不久便会变成国际资本家的私产；华盛顿会议所规定之工商业之‘门户开放’、‘机会均等’，以及隐在这种术语背后的‘国际共管’，即使国际帝国主义不作显然出面的督促，也必然会实现起来的。”[②] 这里需要说明一点，中国私人资本主义的发达，在当时的历史条件下本来是进步的，而且是与国际资本主义的侵略相矛盾的。但是，接受外国资本制约的私人资本主义的发达，则必然会加深本国对于帝国主义列强依赖的程度。这当然不符合张謇的主观意愿，但却是他在晚年迭遭挫折之余，不得不勉强吞咽下去的苦果。

不过，由于张謇长期以日本作为竞争的对手，日本方面对于贷款问题的态度相当持重。尽管驹井德三已经作了周密的调查，贷款拖延了两年之久还不能正式成立。张謇走投无路，于是又“舍近求远’，转而再一次求

---

① 张謇：《商榷世界实业宜供求统计中国实业宜供求之趋势书》，《张季子九录·实业录》第7卷，中华书局，1931年，第1—7页。

②《向导》第1卷第3期。

助于他历来抱有好感的美国资本家。民国十二年秋天，直系控制的北京政府为了笼络张謇，以实业专使名义派张孝若到欧美考察，当时张謇已经产生向福特、大赉等资本集团借款的念头。正巧这时美国有些资本家也在酝酿组织一个“中国企业公司”，准备在中国设立绸布、玻璃、陶器、汽车等制造公司，并且还打算在中国两千个城市遍设电影院。这个企业的母公司的理事，美国方面预定由前英美烟草公司的特马斯等五人担任，中国方面预定由周自齐、王正廷、张謇等八人担任①。张孝若不迟不早正在这个时候到美国考察，可能与美国资本家的这种积极姿态有关。

张謇在民国十三年年初，连续写信对出使在外的儿子说：“上海银根本紧，又有兵事风声（指江浙战争将起——引者），益觉惊慌，是非唯一注意输入外资不可；除日外，止有美。”又说：“以欧洲战后情形测之，恐无力及外。最后唯冀美国，美国以福德（即汽车大王福特——引者）为第一，大赉次之，此须有说入之机会矣。以垦业论，不得大宗助力，终是跼蹐。”② 可是，尽管张孝若远涉重洋，到处奔走游说，向美国大借款的计划也没有能够得到实现。

对外大借款何以始终没有成为事实？其中原因确实比较复杂。根据张謇以后自己的分析，说是本来打算向日本或美国借三千万至六千万元，“说有绪矣，前阻于临城，后阻于长沙，无可言者”③！“临城”指民国十二年五月山东临城土匪抢劫火车，绑走二十多位外国侨民一事。“长沙”则指同年十月下旬谭延闿和赵恒惕隔江炮战，以致英侨全部撤走，并引起美国领事强烈“不满”一事。总之，他认为主要是由于军阀混战和社会动荡不安，妨碍了外国财团向中国投资。

从表面上来看，张謇的分析好像很有道理，因为不久就爆发了规模更大的江浙战争与第二次奉直战争，而且战火竟一直延烧到张謇企业小王国的边缘。南通对江的太仓、嘉兴、昆山、宝山、常州等地都遭到严重的灾

---

① 《向导》1923 年第 16 期。

② 张孝若编：《家书》，《南通张季直先生传记》，中华书局，1930 年，第 510 页。

③ 张謇：《为实业致钱新之函》，《张季子九录·实业录》第 8 卷，中华书局，1931 年，第 29 页。

祸，有一万多难民过江逃避到通海一带。南通自身也成为江浙战争的左翼前线，直系军队在这里过往频繁，到处都是一片战乱现象。在这样的情况下，美、日资本家当然不会贸然向南通大量投资。可是，张謇没有察觉，帝国主义虽然没有投资帮助他复兴各项企业，但却正在以更大的投资通过各派军阀混战来争夺统治中国的霸权。当时中国共产党曾经指出："直接是直系与反直系的战争，间接乃是英、美与日、法帝国主义的战争。""直胜则英国将扶助直系在中国政治的统一压制，以成就英国在中国经济的统一侵略。""直败，则为日本势力结合安福、奉张，支配中国的政治、经济。"[①] 鹿死谁手？尚未可知，江浙局势尤其变化多端，这才是美、日垄断资本暂时不愿向张謇大量贷款的根本原因。并不是军阀混战阻碍了帝国主义的对华投资，相反的，帝国主义正是为了争夺对华投资的独占地位而不断支持军阀混战。

江浙战争给大生企业系统带来极为严重的损害。在一九二四年，各盐垦公司所欠大生纱厂债务已经达到二百五六十万元，"而纱之滞销，则因南北及奉直及川、湘、赣之世局，并布计之，殆四百万元（指营业亏损——引者），总合其数乃过六百数十万元，宁云不重"[②]。这就使曾经幻想得到北洋军阀庇护的张謇，不能不对他们产生很大怨愤："未解江南战，生愁赵北人。……辟兵如辟役，明旦荐盘辛。""天下车书说一家，江南城邑乱如麻。……老夫那得春中酒，愁听昏昏白发加。"[③] 客观事实终于使他痛感："中国之乱，在乎军人割据，换言之，即争夺地盘而已。"[④] 可是，怎样结束军阀混战的恶劣局面呢？他除了摇头叹息而外，也找不到任何解救良策。

大生资本集团的情况愈来愈恶化。到了一九二五年，仅大生一厂的债

---

① 《中共中央第三次时局宣言》。

② 张謇：《拟发展盐垦借款成立后宣言》，《张季子九录·实业录》第8卷，中华书局，1931年，第27页。

③ 张謇：《除夕阴雨》，《张季子九录·诗录》第9卷，中华书局，1931年，第29页。张謇：《江南》，《张季子九录·诗录》第10卷，中华书局，1931年，第2页。

④ 张謇：《致吴将军电》，《张季子九录·政闻录》第6卷，中华书局，1931年，第20页。

务已经高达 9 069 000 两以上，为资本总额的 258.89%①。金融资本终于征服工业资本，大生资本集团只有向雄心勃勃的新兴江浙财团全面屈服。这年七月，由上海方面的中国、交通、金城、上海四行和永丰、永聚钱庄组成债权人团，全部接办了大生各厂。此后，大生纱厂原来的董事会和张謇董事长的名义虽然还存在，但是各个企业的经营实权都控制在江浙财团所派来的代理人手中，而张家的老班底则大多在“厂务改革”的名义下被排挤出去了。不幸的是，江浙财团也未能使老旧残破的大生纱厂恢复青春活力，在世界资本主义经济危机的影响和日本纱厂的加强排挤下，大生纱厂越来越陷于困难，而不久便落入四大家族的官僚资本手中。

第二节　艰难的晚年

一、在夹缝中奋斗

张謇的晚年，是在军阀混战的痛苦岁月中度过的。

在他最后的一批诗作中，有一首长诗是这些年他的境遇与心情的生动写照：

治乱有常理，祸不降自天。一从纲纽解，土崩帝制专。长星彗六叶，旧除新亦淹。

昔惟一家孽，失政召覆颠。得鹿苟有人，斯须奠元元。今孽众争作，民命转可怜。

始假节钺地，终遂神器涎。惟运五祀促，竞求一日先。战斗必藉兵，拥兵须金钱。

况今尚枪炮，一弹十百千。坐使乡里空，征税并后前。文网致鳞介，川涂搜车船。

兵垒之所在，伥附燎炎炎。兵锋之所指，鬼惊逃踆踆。兵过之所扰，拉夫势汹喧。

---

① 转引自《大生资本集团史》(初稿)。

兵去之所遗，破家哀咽咽。农有不得粟，兵腹果便便。商有不得鬻，兵腰累缠缠。

敲剥及搢绅，无论闾肆廛。驴牛鸡豕罄，狗马随燔煎。柴薪门户折，斧斤断屋椽。

衣裳襦袴帕，衾褥袴絮毡。尊彝鼎钟表，金银钗钏钿。语大无荦荦，语小无戋戋。

不能荷者毁，不能攫者残。炊罂釜亦破，汲过甑不完。劫男不问岁，视其家输缗。

生可蔓三族，死可抵九泉。逼女不论姿，视其发鬑鬑。少壮若化鬼，老者亦婵娟。

缁不悯于佛，黄不度于仙。人物付诸劫，鬼神盲无权。沧胥甚齐鲁，呼暴彻赵燕。

漳卫河洛地，弥漫森戈铤。横纵概秦陇，西南北东川。岷江下三峡，淫波潏湘沅。

公侯将相地，一旦蛟龙渊。度岭而桂界，而黔南而滇。疲䘏食不足，分兵就邻边。

蜀粤承其祸，粤祸弥蔓延。极流于赤水，肇源于金田。焚玉何惜石，化茅吾哀荃。

同室引外寇，大声张六拳。章贡有传檄，闽峤无安眠。吁嗟吴与越，动受四面牵。

幸哉一隅地，假息得苟全。太平在何时？今年待明年。呜呼覆巢之下无完卵，野老洒泪江风前①。

张謇痛恶军阀混战，然而张謇为了通海一隅之地的苟全，却不得不与各派军阀联络周旋。在他看来，发展实业、教育需要和平、秩序，而和平、秩序有赖于各级政权的维持。因此，他总是尽一切可能寻求各级政权

① 张謇：《有人归自京师，述所见闻，慨世乱之未已，悲民生之益穷，成诗一篇，寄此孤愤》，《张季子九录·诗录》第 9 卷，中华书局，1931 年，第 27 页。

的庇护与支持。民国五年袁世凯病死以后，各派军阀之中暂时还没有任何一个集团能够以武力统一全国。中国已经再一次失去自己的政治重心，军阀混战就是这一政治态势的体现。以张謇为代表的东南地区上层绅商，已经不再幻想贤良的中央政府的出现，而只是企望通过联络个别军阀头子以保持局部地区的安宁。

张謇在自己生命的最后十年中，煞费苦心地酬应周旋于相互对立争战的各派军阀之间。民国八年以后，他曾经先后担任过皖系政府的扬州运河督办，直系政府的吴淞商埠督办、扬子江水道委员会副委员长之类无足轻重的闲职，并且让儿子孝若先后出任过直系政府的出国考察实业专使与驻智利公使（未到任）。同时，他又同意把华成、裕华两个盐垦公司的经理朱庆澜、陈仪，调到奉系军阀那里分别担任北满对俄军司令和高级幕僚，以后朱庆澜还曾就任哈尔滨特区行政长官兼中东铁路护路总司令等要职。民国十一年，张謇命张孝若以答谢各界人士为他庆祝七十大寿名义，先后到洛阳、奉天访问吴佩孚与张作霖。这些活动的意图，已经被驹井德三一语道破："此张謇所巧于回避奉直战争之责任也。"换句话说，就是同时敷衍激烈对抗的两大军阀集团以图委曲求全；这并不表明张謇有什么过人机智，倒正反映了他的处境特别艰难。

民国十三年，直系军阀在第二次奉直战争中遭致惨败，连一向盘踞江苏并与张謇关系较深的齐燮元也"下野"了，这就使张謇更加感到无所凭借。次年，孙传芳就任五省联军总司令，迅速把势力扩张到江苏各地。于是，张謇又不得不加强与孙传芳的联络，如写信祝贺"大捷"，请求维持治安并提倡丝、茶业等等[①]。这年冬天，孙传芳为了笼络与利用江苏上层绅商，特地乘专轮到南通访问。张謇只能表示热烈欢迎，当天南通报纸全部改用红色并且增发号外，更俗剧场也特地在戏单上加印欢迎孙传芳的字样。据说，在张謇父子举办的欢迎宴会上，还有一道别出心裁的"华盛顿汤"，借以表示对于"孙联帅"的良好祝愿。直到病逝以前，张謇还让孝若出任直、奉两系联合控制的"摄政内阁"的扬子江水

① 《张謇未刊函电》（稿本）。

道委员会委员长。张謇就是这样艰难地在军阀重重矛盾的夹缝中求得苟安。

所谓苟安主要是指维护企业体系的存在，决不能认为张謇就安于那样混乱、腐败的政治局面。实际上他的内心对现实是非常不满的。在民国十年，他曾向友人倾吐自己的愤懑："仆恶议会之龌龊久矣，此孽自项城造之，而致项城之造此孽者又有人在。其故皆由于浮慕欧风，一若议会之有政党，政党之用金钱魔力，彼固有之。不知施于我国曾无一致常识之人士，乃适得其弊。予金钱者，窃国而不止侯；受金钱者，窃钩而不胜诛。风掀雷颠，波谲云诡。凿混沌之顽窍，荡廉耻为灰尘，愈演愈奇，至有今日。仆之不能远引沉溟者，一以生平村落主义尚未贯彻，一以国将不国，而子孙将为奴虏。是以有时不胜愤，则尽一度之忠告。宁不知其言之无用，顾一息尚存，良心未泯，诚有所不忍耳。……仆尝谓中国人心，非更大受惩创，不能笔洗，此岂一二人口舌之力所能挽救？"[①]

信中所提到的"忠告"，与以前他对清廷、袁世凯所进的"忠告"已有很大的区别，实际上只限于是调门很低的休战呼吁。例如，民国七年，他在护法战争前后曾经向南北双方通电劝和。民国八年，曾向齐燮元、卢永祥等江浙督军通电劝和。民国九年，先曾建议南北双方各派代表举行和平谈判，后来又竭力劝阻直皖战争。民国十年，再度通电劝说南北息争，并参加张一麐等发起的"国是会议"，支持张绍曾等在庐山召开各省会、教育会、农会、商会联合"自动"举行的"和平会议"[②]。民国十一年曾先后通电劝阻直奉和江浙战争，恳切表示："我江浙人民既不愿以一官一职供人之政争，更不愿以一人一饷助人之暴行。"民国十二年曾再次劝阻江浙战争，凄恻陈述："但求政变自政变（指直系逼黎元洪退位——引者），江浙自江浙，江浙不愿供政变之牺牲，政变亦勿用江浙为矛盾。謇等为人民计，目前苟全乱世，无以逾此。"同时，他还与香港何东等人商谈合作发起和平会。民国十三年奉直战争和江浙战争相连爆发，

① 《为省会答沪友》，《张謇未刊函电》（稿本）。此函已收入《张季子九录·政闻录》，标题改为《为苏议会事复段王诸君函》，文字亦有稍许更易。

② 这个会议实际上是吴佩孚指使张绍曾召开的，见陶菊隐：《吴佩孚将军传》。

对人民生命财产以至大生企业系统经济利益危害更大，张謇又再三向各方面通电劝和。民国十四年还曾分别通电劝阻南方和北方军阀的内部大混战。直到民国十五年，大概他感到实在无能为力，所以才没有继续进行劝和活动。

张謇这些翻来覆去的劝和活动，从来没有取得任何积极效果，而每逢军阀战争终于大打起来以后，他又只有劝说交战双方尽量“缩短时间，缩小范围，毋滋蔓以增民仇怨”①。这就是希望军阀最好不打仗，如果实在要打呢，最好打得少一些、小一些、快一些。如果有哪派军阀打败了，张謇又立刻劝他们（如段祺瑞、吴佩孚、齐燮元等）赶快下野退隐或出国游历，以免引起新的争战。张謇晚年谋求国内“和平”、“统一”、“秩序”的活动能量不过如此而已。

军阀与战争本来相依为命，劝说军阀不要打仗岂不等于与虎谋皮，所以张謇终于不能不感到完全绝望。“军阀之拥厚赀者，大名鼎鼎，少亦数百万，多至数千万，而川、陕、湘、鄂、粤人民所受焚、杀、掳、掠、勒逼、压制之痛苦，至不胜数。”② 最后，竟连江浙“一隅不净而净”之地也没有给他保留下来。

张謇直至晚年仍然不愧为一个真诚的爱国者，即使在最艰难的时刻他也没有忘记维护民族的尊严。

他对于欧战以后帝国主义新的侵华浪潮感到触目惊心，特别是对于日本侵略者表现出更多的不满与警惕。所以，他在民国八年通电反对皖系政府的亲日卖国外交，大骂他们“悬‘亡国奴隶’四字为帜，无南北无智愚不肖皆耻之，行见举国沸腾也”③。民国十年太平洋会议召开，他虽然谢辞北京政府赴太平洋会议高等顾问的任命，但却极力主张出席代表应“即将撤废二十一条协约及收回胶济路自办，慷慨提出大会，要求

---

① 张謇：《为江浙和平通电》，《张季子九录·政闻录》第5卷，中华书局，1931年，第20页。

② 张謇：《劝京广湘鄂息内争通电》，《张季子九录·政闻录》第5卷，中华书局，1931年，第9页。

③ 张謇：《为中日交涉致徐总统电》，《张季子九录·政闻录》第4卷，中华书局，1931年，第28页。

各国评断”[①]。他呼吁各派势力停息内争，捐除成见，勉趋一致，共同对外。他恳切奉劝南北各方：“帜自治者，勿更树异要求各国不可必得之承认，与要求不承认太平洋会议之代表，勿更弄飞机助战增兵接厉之锋。帜统一者，勿更护惜官吏凭藉名号，因缘为奸利之窟宅，增人民之恶感，勿更以军阀为天下无敌万世可传之事业，勿更以军阀召集国会，收买政客议员，为不二之秘诀，贻人口实，毒我民生。庶几外可泯列邦乘机侮我之野心，内尚留国民一线未绝之元气。”[②]

甚至到民国十三年，尽管他正在积极谋求日、美两国给予大量贷款，但仍然公开指责巴黎和会及华盛顿会议，“其于敝国条约之根本错误，乃未因参战之谊有所救正，反将辛丑公约一一加以束缚。谓领判权可以撤消，惟待司法改良，经各国调查承认以后。谓税则则止许加至十二五，亦另有待关税会议决定之条件。盖与辛丑订约以来情形丝毫无异，此国民所以根本不满于华盛顿会议之议案，而有彻底改良一凭国际公理不受议案拘束之决心也”[③]。他要求废止不平等条约，取消租界、领事裁判权以及关税协定等等，这些都是值得赞许的。

但是，张謇所有这些呼吁与劝说，也没有取得任何积极效果。譬如，他对巴黎和会寄予满腔希望，曾代表中国各“商界团体”，以极其委婉的言词要求到会各国代表赞同取消对华不平等税则：“美国威尔逊总统在感谢日宣言云：‘吾人完全之胜利，所获者不独公平。吾人深信世界行将开一新纪元，以公道驱除武力及国际间一切忌妒诡谋’云云。吾人深望切祷协约各国政府能以公道待遇中国人民，俯允吾人之请求。”[④] 结果巴黎和会暴露为完全是一次分赃会议，“公理战胜强权”依旧像一个摇曳在天空的彩色气球，美丽然而可望不可即。所以张謇在此会五年以后曾以失望的笔

---

① 张謇：《为鲁案致徐总统电》，《张季子九录·政闻录》第5卷，中华书局，1931年，第11页。

② 张謇：《劝南北息争通电》，《张季子九录·政闻录》第5卷，中华书局，1931年，第6页。

③ 张謇：《为取消不平等条约致美友书》，《张季子九录·政闻录》第6卷，中华书局，1931年，第17页。

④ 张謇：《主张国际税法平等致巴黎和会电》，《张季子九录·政闻录》第4卷，中华书局，1931年，第26页。

调向美国友人追述："上海昔年组织税法平等会，仆谬承众意推为领袖。斯时正贵国威前总统行将莅欧主持大战以后之和议。敝国国民以威前总统力持人道主义……故有不平求助之同情。会巴黎约成，敝国且以有所迫而退出签字之列。威前总统亦未竟所怀而返。此次所欲得援助之意，遂根本无效。"①

公理需要实力作为后盾，离开实力而向帝国主义列强乞求正义，正如劝说军阀停止混战一样，无非是徒费唇舌。

当时，无论在世界上，还是在中国，都存在着真正为公理而斗争的新的力量。但是很可惜，张謇对于这种实力却存在着疑惧以至对立，因而他晚年的政治活动便游离于历史主流以外。

在张謇一生的最后十年，世界与中国出现了空前的大变局。一九一七年，十月社会主义革命的胜利与第一个苏维埃国家的建立，开辟了世界历史的新纪元，推动了西方无产阶级革命与东方民族解放斗争两大潮流的汇合与蓬勃发展。一九一九年，五四运动使新文化运动进入一个崭新的阶段，马克思列宁主义传入并且与群众运动结合，无产阶级开始以独立的姿态登上政治舞台。一九二一年，中国共产党诞生，中国的整个革命面貌为之一新。然后是一九二四年的第一次国共合作，以及以"五卅"为标志的全国范围的工人、农民、知识分子运动的迅速高涨。一场新的更为雄伟的革命大风暴迅速酝酿成熟，时间距离辛亥革命不过十多年，恰好与辛亥革命距离戊戌变法的时间跨度大体相当。如果说，张謇为了理解辛亥革命和支持民主共和，曾经支付了十年以上的时间；那么，他一生的最后十年，还远远不足以使他理解与同情新的思想潮流与革命潮流。

五四运动揭开了新民主主义革命的序幕，并且把群众性的反帝爱国浪潮带进一向比较平静的通海地区。张謇对此颇为震恐，指责学生罢课引起

① 张謇：《为取消不平等条约与美友函》，《张季子九录·政闻录》第6卷，中华书局，1931年，第17页。

"商罢市，工罢工，金融停滞，水陆不通，举国骚然，若丧家之狗，计学生损失贵重之光阴，工商损失生计之本息甚剧"[①]。他劝说学生放弃政治斗争，应该努力募集资金二千五百万元至五千万元，用以发展棉、铁或其他工农实业，只有这样才是"真学生爱国之效矣"。

五卅运动给通海地区带来更大的冲击。南通学生成立了五卅惨案后援会与南通学生联合会，通电全国，罢课游行，并且在县城与附近集镇宣传打倒帝国主义，发动抵制英、日商品。邻近南通的如皋，也爆发了罢课、罢市运动，还举行了万人示威游行。张謇对此更感不安，认为："推原其故，肇始于五四……愈推愈广，愈演愈奇，乃成今日最剧之焦点。外人冷眼而睨其侧，政府束手而无如何?"尽管他自己具有真诚的爱国精神，并且不断要求废除不平等条约，摆脱殖民主义枷锁。但他却批评群众的反帝爱国运动是"不学问之争，而徒很血气之斗；不事理之准，而徒高呼叫之声。不镜历史，不根法理；不量己力，不审敌情"[②]。

张謇既不满于帝国主义的侵略与各派军阀的混战，又唯恐反帝爱国的群众斗争激化矛盾，引起社会更大的动荡不安。政治上看不到光明的前途，经济上更面临着破产的威胁，因此他晚年的思想便难免在一定程度上流于颓唐。他早年并不信佛，可是晚年却广修佛寺，延请高僧，讲经说法。有人问他何以"昔不信佛而今信佛"？他回答说："世乱极矣，人祸深矣，其萌芽皆生于人心。……虽老之教、耶之教，皆可引为救世之药，而况大悲如佛之教乎?"[③] 他没有认识到，在半殖民地半封建的社会环境里，如果离开反对帝国主义和封建主义的人民革命斗争，如果没有社会制度的根本变革，单纯依靠实业或是单纯依靠教育都难以挽救自己的国家。他把深重民族灾难的成因归咎于人心，因而便必然要以作为精神鸦片的宗教作为救世的良药。这与其说是想要麻醉别人，倒不如说是自己麻醉自己，借佛法以填补思想的空虚并安抚内心的郁愤。

---

① 张謇：《敬告全国学生》，《张季子九录·教育录》第4卷，中华书局，1931年，第16页。

② 张謇：《正告南通自立非自立各学校学生及教职员》，《张季子九录·教育录》第6卷，中华书局，1931年，第7页。

③ 张謇：《重修兴化禅寺记》，《张季子九录·文录》第4卷，中华书局，1931年，第3页。

张謇曾经说过："一个人一生要定三个时期：三十岁以前是读书时期；三十岁到六七十岁，是做事时期；七十岁以后，又是读书时期。"[①] 张謇在七十岁以前确实是全力做事，岁岁忙碌，很少休息。七十岁以后，由于体质衰退，加以各项事业停滞不前，逐渐注意经营别墅亭榭，读书吟咏其间，领略山林田野的情趣。但是，张謇毕竟不是与世隔绝的隐士，即使在徜徉山水之际，他的内心也难以得到平静。有一年中秋之夜，他想登楼赏月而未成，便赋诗一首："雨云漠漠战云昏，江北江南总断魂。庾亮兴随风月浅，晏殊兴废管弦温。鹳鹅突阵皆吾土，鸡犬偷安有此村。闻道捉人无主客，石壕吏卒夜呼门。"[②]

平心而论，张謇直到晚年，他的人生态度从总体上来说仍然是积极的。他曾经叙述过自己平生的志趣："仆兄弟农家子也，祖父耻负债，生平耻随人世间一切浮荣虚誉，及流俗猥下之是非，向不以为轻重。徒以既生为人，当尽人职，本吾所学与吾所志，尺寸行之，不可行则止。世不论治乱，亦无所为厌。自投身实业以来，举所岁得，兄弟次（第）经营教育、慈善、地方自治公益事业，凡所当为者，自无至有，自塞至通，自少至多，自小至大，既任建设以谋始，复筹基本以虑终。乡党戚好，间有助者，将伯之呼，从未敢出南通一步。此区区不欲倚赖他人之心，辄欲随一事而矢诸百年以后。是以行年七十，不敢自暇逸，几与老而务得夜行不休者等。"[③] 张謇的这段自白是朴实而又真诚的，他的晚年虽然迭遭颠蹶，境况艰难，然而忧国忧民之心始终未泯，兴利除弊之志未尝稍减。他就自己力所能及，仍然做了大量有益于故乡经济、文化发展，有益于中国近代化的工作。

展现在我们眼前的是一幅悲壮的图景；张謇虽然已经进入衰暮之年，但仍然迈动着稳健的步伐，在崎岖的道路上走完人生的最后旅程，身后留下一连串清晰的开拓者的足迹。

---

① 张孝若：《南通张季直先生传记》，中华书局，1930 年，第 415 页。

② 张謇：《中秋无月，江南战事亦未止，欲与鹿笙、烈卿登楼不果》，《张季子九录・诗录》第 9 卷，中华书局，1931 年，第 17 页。

③ 张謇：《谢教育慈善募捐启》，《张季子九录・文录》第 12 卷，中华书局，1931 年，第 4 页。

二、开拓者的足迹

早在一九二九年冬天，胡适曾经如此评价过：张謇在近代中国史上是一个很伟大的失败的英雄，他做了三十年开路先锋，造福于一方，影响于全国[①]。应该认为，这个评价是符合历史实际的。

实业是张謇一生事业的主体。大生企业系统虽然在张謇生前即已破产易手，但这无非是产权的转移，他几十年辛苦经营的各种企业，毕竟为通海地区的近代化奠定了比较坚实的物质基础。

民国十四年，张謇在《大生纱厂股东会宣言书》中曾对自己兴办实业的全过程做了一个初步的总结："张謇农家而寒士也，自少不喜见富贵人。即有声望之要人，亦不轻见，见必不为屈下。曾自恃无往而不得其为贫贱一语，而以读书励行取科名守父母之命为职志。年三四十以后，即愤中国之不振。四十后，中东事已，益愤而叹国人之无常识也，由教育之不革新。政府谋新矣而不当，欲自为之而无力，反复推究，当自兴实业始。然兴实业则必与富人为缘，而适违素守，又反复推究，乃决定捐弃所恃，舍身喂虎。认定吾为中国大计而贬，不为个人私利而贬，庶愿可达而守不丧。自计既决，遂无反顾。一厂计自丙申至己亥，为负谤含诟，强力图成，无息赔息之一节。自庚子至辛丑，为渐转复厄，支柱危险之一节。自壬寅至丙午，为日进有功之一节。自丁未至乙卯，为平流而进之一节。丙辰一年独亏折，而尚有官利之一节。自丁巳至庚申，为大顺而退机四动之一节。自辛酉至壬戌，为败见急救，第三度被困忍辱之一节。然辛酉一年，余利尚不薄。二厂计自丁未至戊申，为整地建厂，无息赔息之一节。己酉至乙卯，为岁获赢余之一节。丙辰一年同一厂。丁巳至辛酉，为有利且优之一节。言乎股东本息，一厂自未开机前五年，年即付息八厘。开机后息多者，自四五分至八九分。总凡二十七年，赢利兼正、余二者，凡九百九十六万四千六百余两。二厂未开机前亦付息，开机后十六年，赢利兼正、余二者，凡三百五十一万七千一百余两，合共一千三百四十八万一千

---

① 胡适：《南通张季直先生传记·序》，张孝若：《南通张季直先生传记》，中华书局，1930年。

七百余两。言乎基产，一厂纱机，自二万四百锭，增至九万三百八十锭，又线机二千锭，布机七百二十张，折价合计近十万锭。二厂机自一万二千锭，增至三万五千锭，又布机二百张，折价合计近三万七千锭。共凡十三万七千锭，今按锭计价，每锭作平均六十两，值可八百余万两；即每锭从廉作价五十两，亦值近七百万两。然一厂资本今仍二百五十万两，二厂资本今仍一百十九万四千三百九十两耳。合共三百六十九万四千三百九十两，以锭相衡，载十之五强。"①

张謇计算的这笔总账是有说服力的，因为无论如何，以二万四百锭起家增至十三万七千锭，以三百六十多万两资本赢利达一千三百余万两，这不能不承认是一个极大的贡献，也是不可磨灭的功绩。有人责难说，大生的蹉跌是受到"盐垦转调"的牵累。张謇理直气壮地回答：盐垦转调之款不过一百二十余万两，且不说投资盐垦是为大生建立原料基地，即已垦未垦之地自足以偿债而有余。又有人责难说，大生的支绌是由于地方公益垫款过多。张謇则为之辩解，通、崇、海地区即是大生原料基地，又是大生主要市场，"生货便入，熟货便出，获利非他处可能比，其负地方义务，似亦非他处所得同"。而且，张謇是以"二十余年自己所得之公费红奖"大部分用于教育慈善公益；其由纱厂垫支部分，张謇也认作自己所负之厂债，愿以股息及"退隐费"（即退休金）分年偿还。因此，这些垫款也不会给纱厂带来更大损害。张謇创办了大生，大生留给了社会。张謇以大生为凭借，发展了整个通、崇、海地区的经济与文化，其意义又远远超过创办若干个纱厂。所以张謇自觉问心无愧："此所不得不胪经过之得失，与身受困辱而不堪以久之故，撮要言之，磊磊落落，直往直来，使天下知张謇自有为张謇者在也。"②

张謇是农民出身的士人，商人当中的书生。尽管他的后半生大部分时间用于企业活动，他却认为与商人为伍是"捐弃所恃，舍身喂虎"。他办实业的目的是为了发展新式教育，只有在创办各级学校的活动中他才真正

---

① 张謇：《大生纱厂股东会宣言书》，《张季子九录·实业录》第8卷，中华书局，1931年，第35页。

② 张謇：《大生纱厂股东会宣言书》，《张季子九录·实业录》第8卷，中华书局，1931年，第34—36页。

感到如鱼得水，志气发舒。他以武训为立志兴学的榜样，曾说：“不观夫名满海内山东之武训乎！武一乞丐，幕天席地，四大皆空，是真丝毫无凭藉。然一意振兴教育，日积所乞之钱，竟能集成巨资，创立学塾数所，是真士大夫对之而有愧色者也。人患无志，患不能以强毅之力行其志耳。”① 可以这样认为，张謇正是以强毅之力行武训之志，为发展南通近代教育事业呕心沥血，直到生命的最后一息。

民国十三年，张謇曾对自己的兴办近代教育作过简略的回顾：“吾通因世界之趋势，知文化必先教育，教育必先实业。于清光绪二十二年，即一千八百九十八（六）年，因南通棉产著名，首先创设大生纱厂。二十八年，创立师范学校，以为普及教育之基础。纺纱须棉，须增产棉地，乃创设通海垦牧公司。有棉产地，须讲求改良棉种及种法，又创设农业学校，此校亦在省立农校之前。纺纱须纺织专门人才，又设立纺织学校，此校为全国所仅有。又设商业学校。南通实业逐年发达，各省旅学于南通各校者亦逐年加多，乃注重卫生，设立医校及医院。更进而有图书馆，有博物苑，有气象台。此南通已成立之文化事业也。总计开办至今，除本省本县外，其他各省青年远道而来者，凡浙江、江西、安徽、福建、湖南、湖北、山东、山西、陕西、甘肃、云南、贵州、四川十三省。现在各校已有之基产，计地十二万亩，及通海垦牧公司股本值银二十万元。”② 南通不过是中国一千七百余县中的一个普通的县，张謇以私人的力量使当地较早形成近代文化教育事业网络，并且吸引着国内外名流学者与青年学子，他当然完全有理由为此感到自豪。

张謇并不以此为满足，尽管晚年实业顿挫，但他仍然继续扶持南通教育事业的发展。民国九年，他已经将医、纺、农三个专科学校合并为以后的南通大学。民国十三年，他又向美国政府谋求以退还庚子赔款资助南通教育事业向高层次发展，包括完善南通大学农科设备，工科增设印染专业，水利交通添设河海工程，商业从中专提高为大学，文科分设哲学、经

---

① 张謇：《北京商业学校演说》，《张季子九录·教育录》第3卷，中华书局，1931年，第21页。

② 张謇：《致美国政府请求以退还庚子赔款酌拨补助南通文化教育事业基金意见书》，《张季子九录·教育录》第6卷，中华书局，1931年，第1页。

济、历史、地理四个专业等等。同时，他仍然极端注意普及国民教育。也是在这一年，他向前来南通参观的日本青年会宣布："南通现已有初级小学校三百余校，鄙人尚拟扩充至一千所以上。"[①] 直到民国十五年最后病倒之前，他还参加了南通女师范二十周年纪念并发表演说，又撰写了《女师范纪念小学校记》。他念念不忘于男女师范迄今尚无基产，特地购买沙田产权作为两校基金来源。他发现一个甘肃籍姓王的师范毕业生"资禀颖秀，惜根柢尚浅"，便亲自给予指点，教以如何好学深思，如何练习书法[②]。六月间，也就是病逝前一个月，他还参加了南通全县童子军会操，并且发表演说："鄙今日希望于南通童子军者，即就童子军现有之规律，能切实做去，以养成将来军国民之人格，并非希望将来吾通出一督军、师长。"[③] 这竟仿佛是他留给青少年的恳挚遗言。

张謇由于在兴办实业的过程中深切体会到科学技术的重要，所以他非常重视培养和运用科技人才。欧战期间，他曾商请北京政府与江苏省政府，留下在华德国科技人员十几人，分任学校、工厂教授、技师及顾问，较好地利用了他们的知识才能。对于中国第一个科学社团——中国科学社，张謇更是关心备至。他再三商请江苏省政府给以房屋，提供社址与实验室，使之得以开展活动。民国九年，中国科学社在南通举行第七届年会，张謇亲自致欢迎词，对这个科学社团寄予很高期望："闻昔英伦，皇家学会，实启权舆，培根功最。春雷一声，万绿茁起，欧美学者，纷然继轨。唯心唯物，各著其精，以促实业，腾茂蜚英。遂开新纪，诞孕文明，孰甘厥后，而不奋争。返观禹域，声教寂寂，若论先民，亦曾著绩。胡至后世，寖以萎折，探思其故，我心欲绝。秦汉而降，士尚拘虚，穷年矻矻，比迹书鱼。以此为学，学益支离，人进我绌，夫固其宜。亹亹诸子，今之

① 张謇：《欢迎日本青年会来通参观演说》，《张季子九录·政闻录》第 6 卷，中华书局，1931 年，第 19 页。

② 张謇：《为师范甘肃毕业学生演说》，《张季子九录·教育录》第 6 卷，中华书局，1931 年，第 17 页。

③ 张謇：《全县童子军会操演说》，《张季子九录·教育录》第 6 卷，中华书局，1931 年，第 18 页。

先觉，知耻则奋，殚精科学。格物致知，相励以智，利用厚生，相程以事。假之时日，必集大成，东西一冶，同声同气。”① 年会闭幕之日，张謇又亲自发表送别演说，勉励科学家要面向社会，讲究社会效益，努力用科学方法研究社会心理与量度社会经济。

张謇尊重科学，爱护人才，扶植新建学术社团，提倡科学应该为社会经济服务的正确方针，因而赢得科学家们的敬爱与推重。他与许多第一流科学家建立了友谊，相互理解，相互支持。民国十一年八月十八日，中国科学社以新建的生物研究所奉献给张謇，以表彰他对科学的倡导与支持，题词说：“本社名誉社员张季直先生，耆年硕德，利用厚生，科学昌明，群资先导，同人敬献生物研究所，以志纪念。”② 在中国第一代资产阶级当中，只有张謇当之无愧地享受了科学家们给予的这样崇高的荣誉。

张謇认识到医药关系到国民的身体素质和健康，因此也极力谋求改良和发展。他主张引进西医学说以辅中医之不足，设立医校的宗旨也在于“沟通中西”。他还发起修订《中药经》以发明《本草》之学，其办法是集资十万元，“聘吾国老于药业明于药学者三数人，按《本草》之适时用者，于各地求之。先延德密勒君（柏林大学药学教授——引者）来华，就南通农科大学化验室，为化学分析之试验，得其定性定量。然后以所得之药，所验之表，寄往大学托姆斯君（亦为柏林大学药学教授——引者），征验所得定性定量之异同。然后要求东西各国之药物学大家复验之，必举世之大同，而后定一物之真用，而后辨吾古说药性与气与味之确否，而后著录以成经。”③ 以私人力量，用科学方法，想在三五年内修成一部新的中药典，在当时的历史条件下自然难以取得预期效果。不过张謇关于中西医相互沟通，以及首先加强中药的药理研究与药剂的规范化等主张，都是符合医药事业发展规律的。

---

① 张謇：《中国科学社年会欢迎词》，《张季子九录·教育录》第5卷，中华书局，1931年，第5—6页。

② 转引自张孝若：《南通张季直先生传记》，中华书局，1930年，第365页。

③ 张謇：《拟集资订〈中药经〉征求同意书》，《张季子九录·教育录》第5卷，中华书局，1931年，第1—2页。

张謇又非常注意国民体育锻炼。他所创办的各类各级学校，体育课均与其他学科并重，并且在南通先后建筑两处公共体育场。每逢全县开运动会，张謇必定亲自参加，并且发表演说给以评判。他对军事体育（当时称为营教练）特别重视，提倡民兵制度，期望能够逐步实现："民不畏兵，兵不侮民，兵与士相出入。是以军以礼而国有威，人可兵而士可将。"这当然是针对军阀割据、混战的痛苦现实而提出的改良主张。民国十一年，他在南通中等以上学校联合运动会上发表演说，公开指责中国军队的腐败："我国海军，今日至不可说。陆军多至百五六十万，可与言兵者几人？言兵而不好小勇者几人？其为吾民祸，则人尽知之，厌祸乱者，日求弭兵而终不可弭。由是拥兵者无礼，任兵者无学。无礼无学，则丧无日。"[①] 他希望通过运动会上的"动作进退"，考查学生平日所受教育如何？自治精神如何？以及"不竞意气不好小勇"的器量如何？提倡体育运动的目的，仍在于从身体和精神两方面提高国民素质，这是他所主张的军国民教育的重要组成部分。

张謇对于发展社会教育（亦称民间教育）也花费了极大的精力。除公共体育场外，他创建了博物苑、图书馆、伶工学社、更俗剧场以及城南五公园、唐闸公园等等。他殚精竭虑，孜孜不倦，希望能为南通居民提供一个优美而又富有教育寓意的社会环境。

南通博物苑是中国最早的博物馆之一，可以说是张謇的掌上明珠，也是南通地方自治经营者们的骄傲。

张謇创建博物苑，是由于参观日本东京帝国博物馆受到启发。访日归来以后，他曾上书张之洞，请求在京师建立帝室博物馆，并渐次推广于各行省。他指出："夫近今东西各邦，其所以为政治，学术参考之大部以补助于学校者，为图书馆，为博物苑。大而都畿，小而州邑，莫不高阁广场，罗列物品，古今咸备。"[②] 实际上，张謇并没有等待政府的倡导与支持。早在光绪三十年，他就在通州师范学校校河对岸，迁荒冢千余并居民

---

① 张謇：《南通中等以上学校联合运动会演说》，《张季子九录·教育录》第5卷，中华书局，1931年，第16页。

② 张謇：《上南皮相国请京师建设帝室博览馆议》，《张季子九录·教育录》第2卷，中华书局，1931年，第7页。

二十九户为基地，营建公共植物园，面积三十余亩，这就是南通博物苑的前身。第二年，张謇在植物园的基础上开始规划与营建博物苑，并且为之书写楹联："设为庠序学校以教，多识鸟兽草木之名。"

张謇很善于用人，大生纱厂依靠沈敬夫、吴寄尘，垦牧公司依靠江导岷、章亮元，都是他的事业成功的重要因素。博物苑的主任，他选择了通州师范的优秀学生孙钺，此人在博物苑工作近三十年，勤勤恳恳，精益求精，可以说是把一生都奉献给博物馆事业。同时，张謇又决不满足于仅仅是知人善任，他对各项事业创建经营的领导都相当深入细致，对于博物苑的构筑更是倾注了大量心血。在《张殿撰教育手牒》中保存了一件他给孙钺等人的信："送去藤本及草树共十余种，专船送校，初六一日种完，免根久露受伤，切切。"

"应觅各树皆赶觅赶种，正月及二月望前均须种完。苑外南北路若在棚下，则石柱门顾虑逼近苑门之石狮，转不便于人行，故另作一图，移路于棚外。惟紫藤棚是横势，与他藤棚纵势作丁字形，则路须穿紫藤棚下而过。此臆度之说，仍望就地形便否酌之。"

"石栏外用横木栏（如堤栏）。栏柱不足，用贡院石桌脚改（凿两眼贯木）。原有二根，一根已坏，勿用。用石桌脚四五根足矣，亦度地广狭为之。"从这封信以及其他有关信件可以看出张謇的工作风格，思路细密，然而又不强加于人，尊重部属的独立见解，强调因地制宜，完全不同于那些惯于说空话、瞎指挥的时髦官绅。

到民国三年，经过十年辛苦营筑，博物苑已经建成天然（自然）、历史、教育、美术四部。根据同年编印的《南通博物苑品目》记载，天然部包括动物类 460 号，植物类 307 号，矿物类 1 103 号；历史部包括金类 439 号，玉石类 86 号，瓷陶类 51 号，拓本类 45 号，土木类 16 号，服用类 49 号，音乐类 4 号，遗像类 5 号，写经类 3 号，画像类 2 号，卜筮类 2 号，军器类 9 号，刑具类 7 号，狱具类 4 号；美术部包括书画类 101 号，瓷陶类 113 号，雕刻类 43 号，漆塑类 10 号，绣织类 8 号，缂丝类 2 号，编物类 6 号，铁制类 1 号，烙绘类 1 号，铅笔画类 1 号，纸墨类 8 号；教育部包括科举、私塾、学校三类，共 87 号；四部总共 2 973 号。此后历年有所扩充，到民国二十二年孙钺辞职清点移交，苑品已增至 3 605 号，据说价值不下于五十余万元。私人办的一个县博物馆，能够达到这样的规模与水平，即使在今天看来，也是难能可贵的成绩。

博物苑的管理与社会效益均属上乘。张謇病逝四年以后，一九三〇年《通通日报》曾有报道："该苑总理季直先生下，设一管理员（即主任——引者），及数司事而已。南通各校，凡讲关于动、植、矿物，常由教师率往参观，因之人多称为南通各校专设之标本室也。外来参观者，须有参观券，否则无论何人，概不得擅入（南通近来各项事业发达，他地人士特来参观者踵相接，因之而常苦应接不暇之概，故印有参观券寄托于淮海银行，分普通参观及特别参观。如参观博物苑、军山气象台、观音院及大生纱厂，皆须取参观券，故谓之特别参观）。"

把戏剧改良与社会进化联系起来，这也是张謇的高见卓识。早在民国七年他即打算训练京剧演员，曾对梅兰芳说："世界文明相见之幕方开，不自度量，欲广我国于世界，而以一县为之嚆矢。至改良社会文字，不及戏曲之捷；提倡美术工艺，不及戏曲之便，又可断言者。吾友当和区区之意，与世所谓征歌选舞不同，可奋袂而起助我之成也。"① 他还询问培养合乎规格的戏曲演员，需要用何种训练方法以及场地、师资、时间、费用等等。只是由于梅兰芳感到培养戏曲演员困难甚多，而且又要到日本演出，此事才暂时搁置下来。

次年，梅兰芳访日归来。张謇又写信对他说："我国之社会不良极矣。社会苟不良，实业不昌，教育寡效，无可言者。而改良社会措手之处，以戏剧为近。欲从事于此已有年，而求之不得要领。鄙意大要：一地理历史正旧之谬证（误），一风俗人事正旧之卑劣粗恶。此言体也，用则一方订旧，一方启新。订旧从改正脚本始，启新从养成艺员始。"② 就在这一年，他邀请戏剧家欧阳予倩到南通创办伶工学社，同时又建造了更俗剧场，作为戏剧改良的开始。

关于伶工学社与更俗剧场，梅兰芳在《舞台生活四十年》第二集曾经有所记述："张四先生从上海招聘了欧阳先生去主持伶工学校和更俗剧场

---

① 张謇：《致梅浣华函》，《张季子九录·文录》第11卷，中华书局，1931年，第18页。

② 张謇：《致梅浣华函》，《张季子九录·文录》第11卷，中华书局，1931年，第19页。

这两个有关戏剧的机构，就可以看出他在选才方面，是经过慎重的考虑的。他常对我说：‘中国的戏剧，尤其是昆曲，不但文学一部分有价值，传统的优秀演技，也应该把它发扬光大，这是我的意见，你们的责任了。’这一点跟我想提倡昆曲的初意，可说是不谋而合。所以他对我跟欧阳先生两个人的支持与勉励，是曾经给了我们很大帮助的。”

这年冬天，梅兰芳应邀来到南通，事后亦曾作过回忆：“第二天我们先去参观伶工学校。校长先生领着我们到课、堂校舍、操场……各处去看。在那时的南方，这个科班的位置，是开风气之先、唯一的一个训练戏剧人才的学校。它在制度、教材方面，都采用了新的方法。如旧科班里的体罚习惯，他们已经废除不用了。课程方面，不单是注重戏剧，就是一般学校的国文、算术，也都照样的悉心教授。所以毕业的学生，在文学上的水准，并不算低。”“关于戏剧的科目，是分皮簧、昆曲、武戏……另外还设立一个管弦班，研究乐器，招收的学生共约七八十人。毕业出来的学生，我知道的如林秋雯、葛次江、姚雪涛、李金章、戴衍万。”“那晚我就在更俗剧场演唱《玉堂春》。这剧场是新式的建筑，台上两面有场面楼，台下座位宽敞，一切装置和整理上，都能保持着整洁严肃的作风。场上不准站一个闲人，做到了净化场面的效果。”①

据南通老人回忆，欧阳予倩来南通后，努力改革旧戏，创造新腔，配置钢琴，聘用新式音乐教师，引进西洋交响乐。演出时，演员不用艺名，不跳加官，磕头不抛垫子，台上不喝茶，不用真刀真枪。观众不准吃瓜子，不准怪声叫好，不准随便扔瓜子壳、果皮，也不准茶房任意丢毛巾。这些改革确实为戏剧界带来了新的风气与新的活力②。张謇对欧阳予倩与梅兰芳在艺术上的造诣评价很高，特地在剧场建梅欧阁，并刊印《梅欧阁诗录》以示奖掖。梅兰芳对于张謇的关切亦永志不忘，直至晚年他还感动地说：“这是他（指张謇）有意用这种方法来鼓励后辈，要我们为艺术而奋斗。我这三十年来始终站在自己的岗位上，认真苦干，受我的几位老朋友的影响是很大的。”

---

① 梅兰芳：《舞台生活四十年》第二集，平明出版社，1952 年，第 101—104 页。

② 1962 年秋作者访问南通老人费范九、管劲丞、徐海萍等老人的记录。

张謇推崇梅、欧，不同于一般达官贵人庸俗的捧场“或杂以猥下亵视之意”[①]。他是艺术家的知音，而且自己也曾对戏剧以至音乐、舞蹈作过某些研究。譬如，他曾与定居南通的朝鲜文士金泽荣以笔谈讨论舞蹈，涉及剑舞与光袖舞的区别、剑器形制、伴奏乐曲等，都表明他确实有一定的兴趣与素养[②]。他看戏极为认真，经常从表演艺术的角度向演员提出改进的建议。譬如，民国六年看梅兰芳演《黛玉葬花》，他就发表评论：“《葬花》，通体婀娜绰约，隐秀无伦。唯看《西厢》一段，黛玉接口说有趣一句可去；黛玉口中以为有趣，只在微笑中露出，剧情似尤超妙。”[③] 民国十三年，他又就《别姬》、《盗合》、《洛神》三出戏，向梅兰芳提出许多改进的建议。其中以对《洛神》所提意见最为具体，如：“排场，第一幕似应从曹植入朝，曹丕以甄后遗枕示植流泪，丕悔以谗赐后死，始接令太子宴植，赐枕与植。植将枕归藩，休寐轘辂驿，梦见后。此时后身服金色华贵衣为称。第二幕则碧色与水为称。采旄旌旂之间，歌舞后须有水边采芝一段，同场二，妃二人，游女四人，至少二人，分列歌舞，作采珠拾羽之事。第三幕二妃游女散去，复有一段舞，舞后展转与植问答言语。后宜有歌，本盛年莫当被谗而死之意，可采乐府‘塘上蒲生行’为之。曹植亦宜有歌，歌本‘眷眷款实，犹豫狐疑，人神交接，礼防自持’四句意，继之以献明珰解玉佩之事。按赋解佩在前，献珰乃后之答物。然前段难以插入，则一赠一答，移并于此，亦好。……”[④]

因此，南通对于戏剧表演家们具有很大的吸引力，除梅兰芳、欧阳予倩以外，姜妙香、程砚秋、姚玉芙、朱素云、谭富英等著名演员或后起之秀，均曾在更俗剧场献艺，并且以得到张四先生的评论与墨宝为荣耀[⑤]。

张謇对于刺绣工艺美术的关心与扶植，也应该给以很高的评价。

---

① 张謇：《与浣华笺牍跋》，《张季子九录·文录》第7卷，中华书局，1931年，第20页。

② 张謇：《与金沧江论舞笔谈》，《张季子九录·文录》第12卷，中华书局，1931年，第7—9页。金泽荣（1850—1927）是朝鲜爱国诗人、历史学家。一九〇五年为反抗日本奴役而定居南通，张謇把他安排在翰墨林印书局任编校工作。

③ 张謇：《致梅浣华函》，《张季子九录·文录》第11卷，中华书局，1931年，第17页。

④ 张謇：《观梅郎三剧之商榷》，《张季子九录·文录》第12卷，中华书局，1931年，第15页。

⑤ 在张謇未刊函电杂件中，有许多程砚秋、欧阳予倩、梅兰芳等演员写给他的信，一九六二年我曾抄录一部分寄给田汉同志。可惜未曾留底，此次我到南通已未能再见这些函件。

早在宣统元年，为筹备南洋劝业会，张謇负责主持审查展品。当时，湘、鲁、江、浙绣品云集，商部派绣工科总教习吴县沈寿前来参与审查。沈寿带来自己的佳作意大利皇后像，精美绝伦，展出后得到国内外一致好评。沈寿在审查工作中认真负责，挑选精覈，作风严谨。张謇对之极为推重，次年即送女生赴京从沈寿学艺。辛亥革命以后，绣工科罢散，沈寿在天津以教绣为生。张謇恐怕她的高超技艺失传，便在南通女子师范学校附设绣工科，聘请沈寿为主任。民国九年，又另行建成绣织局与女工传习所，仍由沈寿主持其事。

沈寿精于绣术，堪称一代大师，而在学校教授管理均极严谨，南通妇女入学者甚多，成绩颇为卓著。但是她体弱多病，张謇借宅供她养病。又“惧其艺之不传而事之无终”，乘她病况稍有好转时，由她口授张謇笔录，“审思详语，为类别而记之，日或一二条，或二三日而竟一条。次为程以疏其可传之法，别为题以括其不可传之意。语欲凡女子之易晓也，不务求深；术欲凡学绣之有征也，不敢涉诞”①。花了好几个月的时间，终于写成《绣谱》一书。此书包括绣备（绣具）、绣引（准备工作）、针法、绣要、绣品、绣德、绣节、绣通各节。针法介绍了齐针、抢针、单套针、双套针、札针、铺针、刻鳞针、肉入针、打子针、羼针、接针、绕针、刺针等十三种普通针法，以及䤍针、施针、旋针、散整针、虚实针等特殊针法。绣要则传授了审势、配色、求光、肖神、妙用、缜性等绣法要领。张謇曾经感叹于“莽莽中国独缺工艺之书耳”，《绣谱》的撰写，在一定程度上弥补了这个缺憾。

沈寿不幸病逝于民国十年六月。张謇根据她的遗言，为之公葬于黄泥山东南麓，墓碑书曰“美术家吴县沈女士寿之墓”②。沈寿以病弱之躯在南通执教八年，学员结业者一百五十余人，其中优异人才有九人，沈派天香阁绣法得以流传。她自己创作的珍品甚多，曾在意大利都朗博览会、美国旧金山博览会得到“卓绝大奖”，为祖国赢得了荣誉。

---

① 张謇：《绣谱》自序，《张季子九录·专录》第5卷，中华书局，1931年，第2页。

② 张謇还曾为沈寿撰写挽联，语极沉痛：“真美术专家，称寿于艺，寿不称于名，才士数奇，如是如是。亦学诗女弟，视余犹父，余得视犹子，夫人为恸，丧予丧予。”

张謇的一生是勤劳的一生。他的精力固然是有限度的，但他的追求却是无止境的。直至民国十五年，他已是七十三岁的高龄，在他的生命的最后几个月中，工作仍然是忙碌的。仅从日记的简略记载中已可看出：

二月，视察女校工程。

三月，清明令人分祭沈寿等三公墓。以九千九百元购沙田产权助男女两师范。

四月，参加女子师范学校二十周年纪念会，发表演说。视察垦牧水泥工程。

五月，参加各公司董事会。为火柴联合会解阨，向江苏省府（即孙传芳）进言。参与通海官绅会勘县界，至老洪港返经竹行镇。

六月，视察保坍会十七楗沉簰，又至姚港视察十八楗工程。当时天气燥烧，达到华氏一百度以上，但他仍然临怀素帖，读《左传》，并且日课一诗。

他的最后一次演说，是在全县童子军会操开幕式上的讲话，勉励少年儿童养成将来军国民之人格。他还为此次会操题词，题词是陆象山的话："夫子曰：吾十有五而志于学。今千百年无一人有志，是怪他不得。志个甚的？须是先有知识，然后有志愿。"这竟仿佛是他留给后世的遗言。

张謇从八月一日起感到遍体发烧，但第二天清早他还是偕同工程师视察江堤，规划保坍工程。七日，病势渐重，才开始请医生诊治。二十一日以后，病情更加危急。二十四日中午，这位为发展近代实业、教育奋斗了一生的老人，终于最后闭上了眼睛。他在临终之际没有任何言语，事先也没有留下任何遗嘱。但是可以想见，他所要做的事情还有很多很多，可惜生命有限，他是怀着终天之恨死去的，正如他自己写的《释愁》那首诗所曾表述："生已愁到死，既死愁不休。"张謇的愁是深沉的，又是广阔的。这不是个人生离死别的哀痛，而是忧国忧民的悲愁。先是在六月十四日，他非常惦念羁留在北京的儿子，亦曾赋诗两首以表述自己同样的心绪。其中有几句是："民生日以蹙，敲榷洞皮骨。盗仍水旱殷，兵使原野竭。若疾中膏肓，欲救非口舌。"① 这大体上可以看作他离别人世之际的心理

① 张謇：《五月五日忆儿子京师二首》，《张季子九录·诗录》第10卷，中华书局，1931年，第31页。

状态。

张謇具有宏大的抱负，也有坚强的性格。他从不害怕挫折与失败，同时也从不满足于已有的各种成就。他曾实事求是地自我评估：“謇营南通实业、教育二十余年，实业、教育，大端粗具。言乎稳固，言乎完备，言乎发展，言乎立足于千百余县而无惧，则未也未也。实业未至人尽足以谋生，户尽不至乏食，教育未至乡里学龄儿童什七八有就学之所，儿童长成什五六有治生常识，未足云大效。謇方目计之，心营之，而年日以长，力日以薄，智能日以绌，未知观成之何日也？”[①] 严格地说，张謇的性格与那些唯利是图的资本家的性格是有所区别的，他是一个务实的然而又有理想的事业家。为了改良南通的经济结构、文化结构以至整个社会面貌，同时也为了急于将南通的地方自治模式推广到江苏以至全国更多地区，他已办和想办的事情太多，摊子过大，战线过长，远远超过了大生资本集团所能承担的负荷。对于这一点，张謇并非毫无察觉，早在民国十一年盐垦系统由于连续三年遭到虫雨风水灾害，垦无所获，债息紧逼，并且牵累到大生纺织系统，“乃有踵决肘见之象”，张謇曾自责说：“此皆余夙昔自治锐进之说为咎。”[②] 但是此后他对地方公益事业的热心仍然未减，他继续办学校，建公园，兴水利，资助各种体育活动。尽管他的财力已很拮据，但是他可以卖字，典当衣物，仍然乐此不疲。他对自己终身奉行的村落主义的信仰，可以说是已经达到虔诚的地步。他从来没有动摇自己的信念，放松自己的追求。然而他也从来没有想过，南通离不开江苏，离不开中国，如果没有社会制度根本性质的变革，没有一个真正属于人民并为人民服务的政府，单纯凭私人的力量是不可能成就一个个孤立的“村落”的革新的。

当然，他的努力决不是毫无成效。前人称之为失败的英雄，主要是就大生资本集团的破产而言，或者是就他为自己提出的宏伟目标尚未完成而言。但是，他对南通的贡献已经很大，留给后人的东西已经很多。在中国近代史上，我们很难发现另外一个人在另外一个县办成这么多事业，产生

---

① 张謇：《南通中等以上学校联合运动会演说》，《张季子九录·教育录》第5卷，中华书局，1931年，第16页。

②《啬翁自订年谱》卷下。

这么深远的影响。张謇热爱南通，南通怀念张謇，张謇与南通这两个名字已经紧紧联在一起。据张孝若回忆，张謇的出葬是在同年十二月五日，殓服里衣是用大生纱厂所织的南通大布做的。出葬的那天天气晴朗，霜露凝素，“素车白马，四方来会葬的，和地方上人，共有万余人，都步行执绋。凡柩车经过的地方，那沿路观望的乡人，有数十万都屏息嗟叹，注视作别，送我父到他的永远长眠之地。这坟地是我父生前自己所择定的，已经种了不少树木，前面直对着南山。墓上也不铭不志，只在墓门横石上，题为：‘南通张季直先生之墓阙。’”①

“即此粗完一生事，会须身伴五山灵。”② 张謇并不怎么注意自己身后人们的评价，但他对历史人物评价却也有独到的看法。民国十四年，他在南通追悼孙中山大会上演说，结尾一段话是：“若孙中山者，我总认为在历史上确有可以纪念之价值。其个人不贪财聚畜，不自讳短处，亦确可以矜式人民。今中山死矣，其功其过，我国人以地方感受观念之别，大抵绝不能同。然能举非常大事人，苟非圣贤而贤哲为之左右，必有功过互见之处。鄙人愿我国人以公平之心理、远大之眼光对孙中山，勿爱其长而因护其短，勿恨其过而并没其功，为天下惜人才，为万世存正论。”③

但愿本书读者，对于张謇其人其事，也能勿爱其长而因护其短，勿恨其过而并没其功，为天下惜人才，为万世存正论！

---

① 张孝若：《南通张季直先生传记》，中华书局，1930 年，第 521—522 页。

② 此为张謇自拟生圹墓门联语。

③ 张謇：《追悼孙中山演说》，《张季子九录 · 文录》第 17 卷，中华书局，1931 年，第 12 页。

附录一　大事年表

清咸丰三年癸丑（1853 年）　五月二十五日卯时生于江苏海门常乐镇。

咸丰六年丙辰（1856 年）　三岁　冬，父亲（彭年）教读《千字文》。

咸丰七年丁巳（1857 年）　四岁　入海门邱大璋学塾读书，命名吴起元。

咸丰八年戊午（1858 年）　五岁　仍从邱大璋读书。

咸丰九年己未（1859 年）　六岁　仍从邱大璋读书。

咸丰十年庚申（1860 年）　七岁　仍从邱大璋读书。祖母吴氏病故，治丧期间，奉父命习字记小账。

咸丰十一年辛酉（1861 年）　八岁　仍从邱大璋读书。

同治元年壬戌（1862 年）　九岁　仍从邱大璋读书。

同治二年癸亥（1863 年）　十岁　仍从邱大璋读书。曾以“日悬天上”，对师所命“月沉水底”句，父大喜，谓可读书。

同治三年甲子（1864 年）　十一岁　延西亭宋效祁在家授读，謇兄弟三人自任洒扫粪除。六月，奉父命随雇工锄棉田草。

同治四年乙丑（1865 年）　十二岁　读完《论语》、《孟子》、《诗经》、《尚书》、《周易》、《孝经》、《尔雅》，始习试帖、制艺。宋师或挈至西亭诗社，分题作诗，或限字为诗钟。

同治五年丙寅（1866 年）　十三岁　读《礼记》、《春秋左传》，制艺成篇。五月，余东灶民抗争，清军镇压，乡民惊惶逃徙。宋效祁以兵警归，未几病卒。至西亭从宋琳读书。

同治六年丁卯（1867 年）　十四岁　仍从学于西亭，读《仪礼》，苦不甚解。

同治七年戊辰（1868 年）　十五岁　仍从学于西亭。冒籍如皋张氏，改名张育才。应如皋县、州、院试皆中，取附学生员。

同治八年己巳（1869 年）　十六岁　仍从学于西亭，读《纲鉴易知录》、《通鉴纲目》。

同治九年庚午（1870 年）　十七岁　仍从学于西亭。科试一等十六名，乡试未中。冬，订婚海门徐氏。

同治十年辛未（1871 年）　十八岁　从海门训导赵彭渊学，读桐城方氏所选四书文、朱子四书大全及宋儒书。院试取录。为冒籍事，苦于勒索，家渐不支。十月，自行检举，请褫衣顶归原籍。

同治十一年壬申（1872 年）　十九岁　仍从海门赵彭渊学，读《通鉴》。冒籍事费经周折，时在海门，时至如皋，时至通州，一岁殆无宁日。

同治十二年癸酉（1873 年）　二十岁　仍从海门赵彭渊学，读《三国志》、方望溪集、姚惜抱集。冒籍事了结，以如皋生员归通州原籍，但家益不支，兄弟析产分居。是岁始有日记。

同治十三年甲戌（1874 年）　二十一岁　应孙云锦邀，任江宁发审局书记。五月，随孙云锦勘淮安渔滨河积讼案。八月，见张裕钊问古文法。十月，岁试，取一等四名，经古五名，补增广生。十二月，与徐氏结婚。

光绪元年乙亥（1875 年）　二十二岁　六月，借住江宁惜阴书院肄业，以避发审局同事忌妒。八月，应恩科乡试未中。

光绪二年丙子（1876 年）　二十三岁　仍借惜阴书院肄业。四月，应科试，经古制艺正复四场皆第一，补廪膳生。闰五月，至浦口，入吴长庆幕。乡试未中。典质度岁。

光绪三年丁丑（1877 年）　二十四岁　仍在吴长庆幕，读《史记》、《前汉书》。九月，岁试经古制艺正复四场皆第一。十一月，具呈学官，改名謇，字季直。

光绪四年戊寅（1878 年）　二十五岁　仍在吴长庆幕。十二月，以军书促迫，在营中度岁。

光绪五年己卯（1879年） 二十六岁 仍在吴长庆幕。正月，协助吴长庆督兵开朱家山河。五月，应科试，经古制艺正复四场皆第一，优行试亦第。七月，应总督、巡抚、学政三院会考优行生试，取第一。乡试不中。

光绪六年庚辰（1880年） 二十七岁 仍在庆军幕府。四月，随吴长庆陛见。五月，在京师与袁昶、张华奎等结交。是年冬，随吴长庆移驻山东登州、黄县。

光绪七年辛巳（1881年） 二十八岁 仍在登州军幕。曾随吴长庆至济南，与巡抚商海防事。四月，为袁世凯正制艺。军中事简，读《老子》、《庄子》、《管子》。

光绪八年壬午（1882年） 二十九岁 仍在登州军幕。六月，吴长庆奉命督师援朝，謇为之理画前敌军事。七月，随庆军赴朝。著《壬午东征事略》、《乘时规复流虬策》、《朝鲜善后六策》。

光绪九年癸未（1883年） 三十岁 仍在汉城庆军幕府。八月叔兄詧至汉城军中。十一月，与沈燮均办理通海花布减捐。

光绪十年甲申（1884年） 三十一岁 正月，办理通海滨海渔团。四月，吴长庆调防奉天金州，闰五月病卒。七月，謇归通州。辞直、粤李、张二督招请。

光绪十一年乙酉（1885年） 三十二岁 三月，至江宁为孙云锦襄校府试卷。四月，至京师，始与盛昱、黄绍箕、沈曾植、梁鼎芬等结交。六月，国子监考到，取第一名，录取第四名。应顺天乡试。九月，听录，中第二。潘祖荫、翁同龢命为《乡试录》前、后序。

光绪十二年丙戌（1886年） 三十三岁 会试不中。五月，南归，读《管子》、《晏子》。为乡里兴蚕桑。

光绪十三年丁亥（1887年） 三十四岁 仍在乡里兴蚕桑。五月，随孙云锦赴开封府任。八月，郑州黄河决口，协助孙云锦查灾。九月，河南巡抚倪文蔚属为主河工计划，草拟《疏塞大纲》。十一月，南旋。

光绪十四年戊子（1888年） 三十五岁 三月，长赣榆选青书院，兼修县志。恢复海门溥善堂。

光绪十五年己丑（1889年） 三十六岁 正月，会试不中。九月始与山阴汤寿潜结交。是岁著《棉谱》，辑《志例》。

光绪十六年庚寅（1890年）　三十七岁　二月，会试不中。

光绪十七年辛卯（1891年）　三十八岁　至东台校县试卷，修《东台县志》。著《周易音训句读》。

光绪十八年壬辰（1892年）　三十九岁　会试不中，乃尽屏试具。十二月，营柳西草堂。

光绪十九年癸巳（1893年）　四十岁　长崇明瀛洲书院。

光绪二十年甲午（1894年）　四十一岁　二月，恩科会试，中一甲一名进士，授翰林院修撰。九月，疏劾李鸿章战不备，败和局。父丧南归。

光绪二十一年乙未（1895年）　四十二岁　总办通海团练。十月，列名开上海强学会。十二月，应张之洞聘，长江宁文正书院。为通海花布商议办认捐。

光绪二十二年丙申（1896年）　四十三岁　二月，至江宁，主持文正书院。又应兼安徽巡抚沈秉成之聘，任安庆经古书院院长。三月，与刘坤一议办通州纱厂。

光绪二十三年丁酉（1897年）　四十四岁　长文正书院。三月，至武昌，与张之洞议纱厂事。十一月，定《厂约》。

光绪二十四年戊戌（1898年）　四十五岁　仍长文正书院。三月，大生纱厂兴工，为刘坤一修改《开垦海门荒滩奏略》。闰三月，入都销假。四月，为翁同龢起草大学堂办法。六月，请假南归。七月，任江苏商务局总理。

光绪二十五年己亥（1899年）　四十六岁　仍长文正书院，任学部咨议。四月大生纱厂开车出纱。

光绪二十六年庚子（1900年）　四十七岁　仍长文正书院。五月，筹议东南互保。闰八月，筹建通海垦牧公司。

光绪二十七年辛丑（1901年）　四十八岁　二月，作《变法平议》。三月，辞文正书院。七月，为刘坤一订初高等两级小学、中学课程。十一月，通海垦牧公司开工。

光绪二十八年壬寅（1902年）　四十九岁　五月，订垦牧公司《招佃章程》，筹建通州师范学校。九月，作《中国师范学校平议》。

光绪二十九年癸卯（1903年）　五十岁　四月，师范学校开学。赴日本参观大阪博览会。七月，筹建吕四盐业公司、渔业公司。

光绪三十年甲辰（1904年）　五十一岁　三月，任商部头等顾问官。四月，为张之洞、魏光焘起草请求立宪奏稿。六月，刻印《日本宪法》。筹建上海大达轮步公司。七月，筹建大生二厂。

光绪三十一年乙巳（1905年）　五十二岁　二月，任上海震旦学院院董。八月，任江苏教育会会长。十一月，创建南通博物苑。

光绪三十二年丙午（1906年）　五十三岁　创建吴淞商船学校。闰四月，任苏省铁路公司协理。创设通州法政讲习会。十一月发起成立预备立宪公会。

光绪三十三年丁未（1907年）　五十四岁　四月，参与创设中国公学。七月，大生一厂举行第一次股东会。

光绪三十四年戊申（1908年）　五十五岁　五月，奉旨筹备江苏咨议局。

宣统元年己酉（1909年）　五十六岁　八月，江苏咨议局开会，当选为议长。发起国会请愿运动。九月，被推为中国图书公司总理。

宣统二年庚戌（1910年）　五十七岁　二月，江宁举办南洋劝业会，议设劝业研究会。六月议设全国农业联合会。八月，江苏咨议局欢宴美国商团大赉等人。十月，在上海与大赉等讨论中美合营实业。

宣统三年辛亥（1911年）　五十八岁　四月，被推为沪汉粤津商会代表，赴京陈请报聘美国。五月，至汉口议租纱布丝麻四厂。过彰德，访袁世凯于洹上村。入京，觐见摄政王。六月，去东三省考察。主持中央教育会会议。八月，去鄂，参加大维纱厂开工典礼。九月，辞农工商大臣、东南宣慰使。十月，任江苏两淮盐政总理。十一月，参与创设中华民国联合会、统一党，任南京临时政府实业部总长。十二月，辞实业总长。

民国元年壬子（1912年）　五十九岁　三月，参与创设共和党。六月，创建盲哑学校。八月，在北京见袁世凯，陈说改革盐法。十一月，任导淮督办。

民国二年癸丑（1913 年）　六十岁　正月，营筑军山气象台。三月，调解宋案。九月，入京，任农商部总长。十一月，任全国水利局总裁。

民国三年甲寅（1914 年）　六十一岁　二月，组织游美报聘实业团，参加旧金山博览会。四月，与荷兰工程师勘察淮河。八月，创设河海工科专校。

民国四年乙卯（1915 年）　六十二岁　二月，辞农商总长。十一月辞水利局总裁并参政职。

民国五年丙辰（1916 年）　六十三岁　五月，被举为中国银行股东联合会会长。十一月，盲哑学校、气象台开幕。

民国六年丁巳（1917 年）　六十四岁　四月，图书馆落成开幕。七月，公园落成，并作歌。

民国七年戊午（1918 年）　六十五岁　十月，电陆征祥嘱于和会提出修改税法及撤销领事裁判权。十一月，主张国际税法平等会在沪成立，被推为会长。撰《绣谱》。

民国八年己未（1919 年）　六十六岁　正月，北京组织国际联盟同志会，被推为理事。六月，任运河督办。筹建更俗剧场、大生三厂。八月，伶工学校落成。十一月，淮海实业银行通总行开幕。梅欧阁落成。

民国九年庚申（1920 年）　六十七岁　正月，定岁时团拜之例。二月，组织苏社。四月，杜威来通演讲。八月，绣织局与女工传习所同时落成。九月，县自治会举行第一届开会式。十二月，任吴淞商埠局督办。

民国十年辛酉（1921 年）　六十八岁　正月，自常乐试行汽车至南通。二月，检旧存文字，订为《九录》。七月，中日菲远东运动会推任名誉会长。八月，运河救灾。十一月，至沪参加国是会议。

民国十一年壬戌（1922 年）　六十九岁　四月，盐垦股东会议议决设盐垦纺织总管理处以应付危机。五月，主持南通中等学校联合运动会。

民国十二年癸亥（1923 年）　七十岁　二月，自订七十岁前年谱。四月，通州师范学校开二十周年纪念会，发表演说。大生纱厂股东会，面临大厄。

民国十三年甲子（1924 年）　七十一岁　四月，各公司开董事会，应付危机。参加全县高小联合运动会。八月，江浙战争，典衣捐二千救济江南灾民。

民国十四年乙丑（1925 年） 七十二岁 三月，开会追悼孙中山，发表演说。四月，视察垦牧公司。六月，各校暑期讲习会开会，发表演说。

民国十五年丙寅（1926 年） 七十三岁 二月，购沙田作为男女师范基产。三月，参加女子师范学校二十周年纪念会，发表演说。五月视察南通保坍工程。七月十七日，病逝。

附录二　主要征引书目

《张季子九录》，张孝若编，中华书局一九三一年版，附荣哀录。

《张啬庵先生九录》，顾公毅编，南通翰墨林印书局一九四七年版。

《张啬庵先生实业文钞》，曹文麟编，南通翰墨林印书局一九四八年版。

《啬翁自订年谱》(原稿石印本)。

《张殿撰教育手牒》(影印本)。

《啬翁垦牧手牒》(影印本)。

《张謇未刊函电》（稿本，不全，我只看到 7、8、26、27、29、31、32、33、34、35、36 等册)。

《来函汇集》(原件)，扶海垞辑藏。

《父训》(原件)，张孝若辑藏。

《张謇致沈敬夫函札》(原件)，沈燕谋辑藏。

《柳西草堂日记》(文海出版社一九六七年影印本，自同治十二年癸酉九月至光绪十八年壬辰五月)。

《张謇日记》(江苏人民出版社一九六二年影印本，亦即《柳西草堂日记》，自光绪十八年壬辰至民国十五年六月)。

《近代史料信札》(即《赵凤昌藏札》，共一〇九册，其中一〇七、一〇八、一〇九册亦名《辛亥要件》)。

《翁松禅致张啬庵手书》(影印本)。

《南通张季直先生传记》，张孝若撰，中华书局一九三〇年版。

《张謇传记》，刘厚生撰，龙门联合书局一九五八年版。

《通州兴办实业之历史》，南通翰墨林印书局一九一〇年版。

《通海垦牧公司开办十年之历史》，南通翰墨林印书局。

《南通地方自治十九年之成绩》，南通翰墨林印书局一九一五年版。

《二十年来之南通》，南通县自治会编，南通翰墨林印书局一九三〇年版。

《中国江苏省南通州张謇关系事业调查报告书》，驹井德三撰，抄件。

《通报》。

《新通报》。

《通海新报》。

相 关 论 文

论张謇的矛盾性格

在中国早期的资产阶级当中，张謇是最具有代表性而问题又最为复杂的主要人物之一。半殖民地半封建社会本来就是一个矛盾重重的社会，中国资产阶级又是一个矛盾重重的阶级；至于这个阶级的上层分子，更是经常处于盘根错节、极端复杂的矛盾之中。透过这些错综复杂的矛盾，深入分析张謇的阶级属性，不仅有助于正确地评价这个历史人物，而且有助于认识他所代表的那个阶层的活动规律。

一

张謇自从投身实业以后，一直以“通官商之邮”的地位自居，实际上就是以绅士的社会身份来从事资本主义企业活动。直到晚年面临着破产失败的厄运，他作为绅士的自觉性也要大于作为资本家的自觉性。“謇不幸而生中国，不幸而生今之时代，尤不幸而抱欲为中国伸眉书生吐气之志愿，致以皭然自待之身，混秽浊不伦之俗。”[①] 所谓“皭然自待”自然是对于作为绅士的张謇来说，而“秽浊不伦”则是对于他所朝夕相处的那个资本家群来说的。谁都知道，张謇从“皭然”到“秽浊”的重大转变，是从甲午中日战争之后正式开始的，而状元称号的取得又对这一转变提供了必要的前提。

张謇为什么会从一个封建士大夫转变成为资本家呢？这自然有其深刻的社会根源和历史根源。

---

① 张謇：《为实业致钱新之函》，《张季子九录 · 实业录》第 8 卷，中华书局，1931 年，第 29 页。

甲午中日战争后，帝国主义对中国的侵略更为疯狂。仅以商品倾销而言，1893 年进口总值为 235 823 000 元，到 1903 年即激增到 509 059 000 元。其中洋纱进口额增加最为迅速，每年平均从华北九口输入 315 278 担，从长江中上游七口输入 211 935 担，分别占两大市场的 83.7%和86.4%[①]。洋纱和其他外国工业品的空前盛行，标志着广大手工业和农村家庭手工业的进一步破产，在客观上为中国资本主义的发展提供稍许扩大了的商品市场和劳动力市场。事实上，在战前二三十年间，已经出现了一批民族近代工业。在《马关条约》正式允许外国人在华设厂的强烈刺激下，要求自行大办实业以挽救民族危机的进步舆论更为高涨。清政府为了缓和人民的愤怒不满和挽救自身的财政危机，也不得不对民族资本主义独立发展的要求作出某些让步。

早期的民族近代工业处于洋务派官僚严密的控制之下，发展极为困难，很多处于旋生旋灭的悲惨状态。经过甲午一战，洋务派在经济上、政治上、军事上遭到全面惨败，人们对他们直接控制的官办、官督商办和官商合办等企业失去幻想，民间资本不愿意在企业内部与官僚共事，而更为强烈地要求独立的企业活动和社会地位。但是，民间资本当时实在弱小得可怜，在甲午战前，全部商办近代工矿企业资本总额只有 4 704 370 元，还不到官办、官督商办、官商合办三种企业资本总额的三分之一。幼弱的民族资本家遭受帝国主义和封建主义的残暴欺压，然而却幻想能够得到作为帝国主义和封建主义共同工具的清政府的保护扶植。在现实生活的严酷教育下，他们把与官府打交道视为畏途，很希望有一种社会势力出来作为他们与官府之间的桥梁。他们认为理想的方案是："商管银钱账项买卖，绅管学习机器教训学徒，官主保护而不侵利权。即有事涉衙门，有绅承当，不累商民，无可疑惧。"（《陕西集股创用机器织布说略》）张謇以及其他一些大大小小与张謇类似的人物于是应运而出，一方面为清政府募集了一批民间资本，一方面为民间资本向清政府争得

① 严中平：《中国棉纺织史稿》，科学出版社，1955 年，第 145 页。

某些资金、设备、营业方面的便利。他们的这些活动，在一定程度上有利于民族近代工业的发展。

张謇在四十岁以前，主要“以读书励行、取科名、守父母之命为职志”[①]，和一般封建士人并没有很大的区别。但是，他出身于富农而兼小商人的家庭，自幼受过注重农事经营和土木建筑的庭训，甚至还受过某些体力劳动的训练。同时，很早就开始了的长期游幕生活，使他逐步获得比较丰富的社会阅历和办事才干。复杂、尖锐而又互相交织着的民族矛盾和阶级矛盾，更使他逐步比较清醒地认识到封建统治危机的严重。在他的青壮年时代，第一次革命高潮对于清王朝猛烈冲击的影响依然还很明显，而所谓“同治中兴”的神话又已日益在现实生活中破产。张謇从封建士大夫的忠君爱国思想出发，标榜“亭林匹夫兴亡有责之言，藜洲原臣视民水火之义”[②]，实际上却是企图继承曾国藩、左宗棠等人的反动衣钵，幻想在深重的民族危机中再来一次“光绪中兴”。由于商人家庭的社会关系和外界资本主义的影响，在他对于时事的议论中，特别是在他的社会实践中逐渐萌现了一些资本主义的倾向。历史的机缘终于使他不能成为曾国藩第二，反而蹒跚而迟缓地走上资产阶级改良派的道路。早在 1883 年，他已经与沈敬夫等筹办通海花布减捐。1884 年更强烈地喊出“欲固国必去厘捐”[③] 的口号。1886 年入京参加会试失败以后，他便在乡里提倡蚕桑，想“仿西法，集资为公司，市桑秧”，后来又想请求免捐招商开行收购蚕茧。这些活动虽然没有取得什么成就，但是已经预示着他在一定历史时机向资本家转化的可能。

与一般资产阶级改良派不同，张謇是在实际从事企业活动以后才逐步产生系统的资产阶级改良主义主张的；而在甲午战前只能被称为具有某些开明倾向的封建士大夫，和当时的维新思潮并没有明显的呼应关系。与一般资本家的创业活动也不相同，张謇事先并未积聚较多的资金。他在兴办

---

① 张謇：《大生纱厂股东会宣言书》，《张季子九录・实业录》第 8 卷，中华书局，1931 年，第 34 页。

② 张謇：《致丁恒斋函》，《张季子九录・文录》第 11 卷，中华书局，1931 年，第 12 页。

③ 张謇：《致黄学使函》，《张季子九录・文录》第 11 卷，中华书局，1931 年，第 5 页。

纱厂时的“信用不过一二千元”[①]，只是在企业活动的不断扩展中才为自己谋取了大量的财富。张謇的“原始资本”可以说主要的就是状元称号。既然当了状元，便抬高了直接向官府说话的身价；因为守制在籍而处于乡绅地位，又比当权官僚容易获致一般投资者的信任。他实质上是以官府代理人和商股代表者的双重身份从事早期的企业活动。商股—绅办—官助，这是张謇认为企业活动所应遵循的原则，也是当时一般民间资本比较容易接受的一条道路。绅，处于官、商之间，承担“通官商之邮”的任务，正是张謇主动积极地扮演了这个历史性的角色。

张謇属于早期中国资产阶级当中与封建主义联系最多的那一部分，这从大生纱厂的创办过程可以看得很清楚。第一，他从一开始便是打着商务局和奉旨总理通海一带商务的堂皇招牌从事创业活动的，而且得到张之洞、刘坤一等各级官员的具体庇护和帮助，享受某些一般商人企望不及的优惠权利。大生纱厂由官招商办，到官商合办和绅领商办，尽管愈来愈带有对于官府的独立性，然而却始终脱离不了对于封建统治势力的依赖。第二，大生系统企业资金多数来自封建官僚。以大生纱厂的创办而言，在实收资金 445 100 两中，包括官机折价 250 000 两，占56.17%；而在195 100两商股中，封建地方行政公款还要占 40 900 两；在可以查明股东身份的商股 109 700 两当中，官僚及其部属投资 64 900 两，占59.16%；商号（大多为封建性的钱典商）投资 25 400 两，占 23.5%；另外还有地主投资 3 300 两，至于张謇本人则不过只提供 2 000 两作为象征性的股本[②]。第三，他的企业本身也具有浓厚的封建性。如官利等近似高利贷的利润分配办法，企业主独断独行的管理制度，体刑、搜身等奴役工人的手段等。

但是，大生纱厂毕竟不是官办企业，也不同于官督商办或官商合办的企业。

有些人过分强调承领官机的封建性意义，这是不完全符合实际情况的。这批官机原来是湖广总督张之洞在 1893 年为武昌南纱局定购的，可是

① 张謇：《本县农校欢迎暨南学校参观团演说》，《张季子九录·教育录》第 4 卷，中华书局，1931 年，第 10 页。

② 参见南通市纺织工业局编：《大生资本集团史》（初稿），1961 年，油印本。

由于无力建厂便一直堆在杨树浦。他曾经将其拨归苏州商务局招商合办，可是，“商情观望，领办乏人，机器仍庋沪栈。应还机价，迭又届期，镑价日昂，息款暗蚀，加之栈租、保险，以及华、洋员匠随机照管、守候、装配等费，阅时已多，需款更巨”①。据说前后五年已经花费将近 830 000 两②，而由于风吹雨打，机器陷入泥土二三尺，锈烂部分堆积成山，可见已经成为封建官府难以推脱的包袱。如果没有张謇出面承领，这批机器还不是要继续锈烂下去！承领之后，废置已久的封建官府的公物便转化成为资本主义企业的资产，已经发生根本性质的变化。虽然官机折价成为官股，要占大生纱厂创办时实收资本总额将近 60%。可是官股在企业内部并没有具体当权的代表人，和一般商股同样只能到期领息，实质上是一种变相的高利贷款，并不能对企业性质起决定性的影响。随着大生系统经济实力的迅速发展，官股所占比重也就愈来愈小了。

也有些人过分强调大生纱厂股东的官僚身份的封建性意义，甚至把张謇叫作官僚资本家，这同样是不完全符合实际情况的。大生纱厂的主要股东都不是当权官僚，他们虽然在很多方面取得封建官府的庇护和支持，但是从根本上来说，就一直通过企业内部的资金积累来不断扩大再生产，并非主要依靠超经济的政治力量来求得发展。应该承认，在当时那样的历史条件下，把官僚、地主纯粹消费性的封建财产，吸收、集中、转化成为资本主义近代工业的资本，这也是进步的。我们不能简单地把所有投资于近代企业的官僚都叫作官僚资本家，也不能把所有取得封建官府某些帮助的企业都叫作官僚资本企业。陈伯达曾指出：“近代中国所谓‘官僚资本’不是别的，正是代表帝国主义和封建主义的利益而在政治上当权的人物，他们在大地主和大买办的基础上，利用政治的公开强制手段，一方面加速掠夺农民及其他小生产者，一方面压迫民族工业而集中起来的金融资本。”

---

① 《刘忠诚公遗集》第 32 卷，“奏疏”。

② 翰墨林编译印书局编译：《通州兴办实业之历史》（上），翰墨林编译印书局，1910 年，第 123 页。

“它是近代中国买办制度和封建制度的混血儿，是大买办和大地主在经济上的联结物。”[①] 严格说起来，中国官僚资产阶级的完全形成，是在以蒋介石为首的“四大家族”反动统治时期。民国初年，张謇虽然开始表现出向官僚资本家转化的趋向，但是以后他还没有完成这个转化过程便死去了。

总之，大生纱厂从所有权到经营管理、产品销售、利润分配，都具有明显的私人资本主义性质。大生纱厂的建立，标志着张謇开始从封建士绅转化成为资本家。当然，张謇对于自己由于经济地位变化而发生的阶级成分变化未必明确地觉察到。他一方面追逐资本主义利润，为资本主义的发展披荆斩棘；一方面却俨然以封建卫道者自居，唠叨地向人们进行陈腐不堪的说教。下面我们将对张謇这种矛盾性格做进一步的考察。

二

张謇从封建官绅队伍中走出来，但是始终与这个队伍保持着密切的联系，因此他本人和他的企业都保持着浓厚的封建性。

张謇一生当中最重要的时期是最后的三十年，而在这三十年期间主要精力确实用于发展资本主义或者带有资本主义性质的“实业”和“教育”，真正出来专门担任实缺官职的时间不过三年左右。但是，他的经济事业的发展，在很大程度上依靠了官僚、军阀势力的庇护和支持。除了张之洞、刘坤一而外，他还曾先后依靠过瑞澂、端方、袁树勋、袁世凯、冯国璋、齐燮元、孙传芳等，其中与袁世凯的关系特别密切。在民国初年出任袁政权农商总长期间，张謇已经明显表现出向官僚资本家转化的迹象。袁世凯败亡以后，张謇与北洋军阀的关系虽然有所疏远，并且重新恢复在野的地位，然而与各级反动官府仍然保持着不同程度的关系。张謇由于自身的经济地位和反动声望，对于通海地区的政治局势长期能够直接控制，就是对江苏的政治局势也长期能够施加影响。张謇虽然在绝大部分时间没有直接参加全国或全省的封建买办政权，但至少在通海地区长期保持着“土皇

① 陈伯达：《中国四大家族》，人民出版社，1955年，第4页。

帝”的反动统治。离开这些封建性的因素，就很难全面解释张謇企业系统在那样的历史条件下何以能够比较迅速地得到发展。

从张謇的企业内部来看，大生纱厂系统自身的封建性虽然在发展过程中逐渐减少，但是另外一个农垦系统，通海垦牧公司的生产关系却基本上是封建租佃制，实行顶首（押金）和看田议租等剥削办法，而公司直接经营的少量岸台（堤面）土地，则系雇工耕种，与一般封建性的经营地主没有根本差别。以后，垦牧公司陆续将垦熟田地分别折价交给股东，在佃租者中又出现若干二地主、三地主等新的封建剥削者，资本主义农业的具体形式也不复存在，几乎完全成为代办集体收租事务的“租栈”了。

对封建主义在经济上的紧密联系，必然集中地反映为在政治上的极端依赖。甲午战前，张謇基本上是一个忠君爱国的封建士大夫。甲午战后，随着经济地位的变化，他逐步走上资产阶级改良派的道路，幻想封建统治者实行自上而下的改良。他与康、梁有接近的地方，然而在变法的主张和实践方面，他比康、梁更为温和软弱，完全不敢触动现有的封建统治秩序。这里表现出资产阶级上层中的企业主和政治活动家之间的某些性格差异：前者更害怕动荡，而后者为了实现自己的政治抱负却总不免冒一些风险。甚至在戊戌变法失败二十二年以后，张謇还谆谆告诫梁启超说：“公惯蹈险，惯出险，然险不可以立命也。”[①] 这可能是因为大企业主拥有百万家财，而穷酸政客则不必顾虑什么身家之累罣。辛亥革命爆发，张謇对清王朝的幻想完全破灭，但又立刻把镇压革命和稳定局面的希望寄托在北洋军阀袁世凯身上。帮助袁世凯篡夺革命胜利果实，恢复和重新建立已被打乱的反动统治秩序，并且还一度当上了袁政府的农商总长。袁世凯阴谋称帝败亡之后，各派军阀连年混战，中国由表面的统一变成公开的分裂，张謇再没有一个暂时比较强大稳定的中央或地方政权可以依赖，于是只有委曲求全地与齐燮元、卢永祥、孙传芳等相周旋，妄想托庇于地方军阀，苟全江浙地区至少是南通一带的局部安宁。检阅《张季子九录》和其他未刊稿件，我们可以看到张謇在致治上最爱用的词汇是“和平”、“统一”、“秩

---

① 《致梁任公函》，《张謇未刊函稿》，藏南通市档案馆。

序”等等，这些正是中国大资本家为了保存和发展自身实业所最需要的。但是，他坚决反对通过人民的革命斗争来实现真正的和平、统一、秩序，而是幻想通过强大而比较开明的统治者来实现反动的“和平”、“统一”、“秩序”。张謇终生反对革命，这是由他的百万家财经济地位所决定的，也是他自身保存的浓厚封建性所决定的。

由于长期接受封建教育并且出身于封建官僚，张謇思想意识当中的封建性更为浓厚，而在他的思想体系当中，教育思想又处于最为落后的地位，并且越到晚年越反动。为了抵制一切革命思潮和维护旧的封建道德，他很早便开始了而且终生努力从事恢复礼乐、崇祀孔子、表彰节义等守旧复古的宣传活动。就是对于他所努力创办的新式学校，也坚持所谓“干涉主义”和“严格”教育，反对宣扬自由平等，强调国学和读经。五四运动以后，学生运动蓬勃发展，马克思列宁主义日益传播，更使他感到如同“洪水猛兽”一样可怕。对于学生的正义斗争，劝阻无效，继之以咒骂、惩罚直至以解散学校相对抗。张謇早年并不信佛，可是在新思潮的狂烈冲击下，他感到处于穷途末路，因而不择手段来妄图抵制反扑，于是大肆宣扬佛学迷信，甚至把因果轮回这些最为荒诞不经的货色都搬出来了。他曾直言不讳地说：“历览史乘所记世变之酷，盖未有甚如今日者，洪水猛兽未足喻其祸于百一也……故释氏者言，可以辅今日圣道国法之穷，使人由祸福趋避之念，去不善而即于善。”[①] 他所谓的“善”，最主要的就是安分守己地任人压榨。

但是，我们不能只看到张謇封建性的一方面，也还需要看到他开明性的另一方面。当然，所谓开明性或进步性，仅仅是就在当时的历史条件下，他愿意发展资本主义并向资本家转化而言。

张謇系统的其他企业，大都和最早产生的大生纱厂一样，都是从创办之日起就具有经营管理的自主权利的，而且也没有依附官办企业。随着张謇经济实力的迅速上升，官股在其企业系统资本总额中所占的比重逐渐缩小，大生以外各厂从资金来源、主权所有、生产管理和产品销售等各方面

① 张謇：《海门长兴镇创建无量寺附祀节孝记》，《张季子九录·文录》第4卷，中华书局，1931年，第9页。

来看，也都愈益明显地表现出私人资本主义性质。

当然，大生等厂在早期有很多与官办企业相似的地方。如股东除到期领息外，别无其他权利，长期不开股东大会，更不设立董事会，总理决定一切，其下又设协理、总办、坐办、厂董等职，颇有点衙门排场等。但随着企业的发展，这些具有浓厚封建性的外壳越来越不能适应资本主义的经营需要，大生各厂的管理制度和组织机构的封建色彩也自然日益减少，而逐渐与官办工业明显区别开来。

就是在封建性最为浓厚的垦牧公司中，我们也不难发现某些资本主义因素。第一，垦牧公司虽然实行封建性的租佃制，但它的开办资金、佃户押租（顶首）和垦熟地历年田租的很大一部分都是用于所谓“河、堤、闸、路”等围垦工程。根据张謇在1923年的报告，公司“实垦不足十万亩，度所用已二百二三十万元”。也正是因为重视了水利工程，所以“去年大水，全县岁收二成，独垦牧八成；今年大风雨，全县收七成，独垦牧九成以上”[①]。可见田地收入相当大的一部分确实用于扩大再生产，而与一般封建地主将田租纯粹用于消费有别。当然，只有通海垦牧公司是这样经营得比较有成效的。大有晋和大豫就要差一点，显不出比一般内地租田优越的地方。至于其他大小几十个盐垦公司，即令是张謇一系的，很多都流于巧取豪夺的土地投机和纯粹的更为残酷的封建剥削。第二，垦牧公司本身虽然实行封建租佃制，但是从张謇的整个实业系统来说，它并不占主导地位，而只处于为大生服务的从属地位。垦牧主要是为解决大生的原料问题而创建的。到1925年垦牧公司年产皮棉20 000担，其他大有晋、大豫等公司年产20 000担上下不等，为大生提供了价廉质优的商品棉花，保证了大生各厂的迅速发展。在资金方面，垦牧对于大生有很大的依赖性。大生在垦牧创办时所投入的资金虽只20 000两，但历年垦牧各项工程挪用大生款项极多，从历届账略来看，自1901年至1910年，十年之中共达一百多万两。这也是一般封建大地主所做不到的。第三，张謇在倡议兴办垦牧

---

① 张謇：《盐垦公司水利规划通告股东暨公司职员函》，《张季子九录·实业录》第8卷，中华书局，1931年，第2页。

之初，原想模仿外国农业资本家采用“机器垦种”办法[①]。正式发出的《通海垦牧公司集股章程启》，在“估费”一项中也还拟有“风车”、“新式水闸设备”、“西方种植畜牧器具”等等费用。后因资金短绌，连遭风潮巨灾，这个理想始终未能实现，但张謇一直并未放弃机耕主张。1904 年秋间，在又一次风潮大灾之后，他再一次主张“采用美国大农法”，并且准备“派人前往美国，考察大农开垦之法，采购机器模型，归为仿照”[②]。直到 1922 年他还念念不忘地再度主张：“今以公司之资本而自营垦，如美之大农上矣；不则参用人工牲力，为中农之法可也。”[③] 可以设想，如果真的用机器垦种，则以个体经营为基础的租佃制必然会不适应于生产力的发展，定将代之以雇工自垦，成为名副其实的资本主义的农牧企业。但是，一则因资金短绌，再则因股东多数贪图近利，到 1917 年就“有欲变更永不分田之议”[④]，而在此前后将大批垦成熟地折价分给股东，公司因此流于空洞的形式。可见，垦牧公司乃是张謇对于资本主义农场的宏大理想的失败尝试，似乎不完全能够与单纯沿袭封建大土地所有制相提并论。在欧美以至日本的近代历史上，保存和运用前资本主义的落后剥削方式来为资本主义的发展服务（当然这会给劳动人民带来更多痛苦），是不乏先例的。我们不能离开整个大生资本主义体系的发展，孤立地考察垦牧公司的封建生产关系。

张謇这个大资本家确实拥有大量土地，兼具有大地主的身份，但究竟占有多少土地，则无法估计。根据 1903 年的“析产书”，他共分得 374 800 步，以每千步折合四亩计算，约有 1 380 亩。以后仅通海垦牧公司垦成熟地即达 90 000 余亩，若并通海一系各盐垦公司合计，则垦成熟地总面积达到 700 000 亩，张謇在其中当然要占有相当大的一份。还有他为学校等教育慈善单位请领或拨交的“基产”，所占土地面积也相当大，有一次即请领

---

① 张謇：《农工商标本急策》，《张季子九录·实业录》第 1 卷，中华书局，1931 年，第 5 页。

② 张謇：《咨呈江督垦牧盐业被灾补救筹款之办法》，《张季子九录·实业录》第 2 卷，中华书局，1931 年，第 3 页。

③ 张謇：《整理盐垦公司协议》，《张季子九录·实业录》第 6 卷，中华书局，1931 年，第 19 页。

④ 张謇：《垦牧乡志》，《张季子九录·实业录》第 8 卷，中华书局，1931 年，第 13 页。

十几万亩者，虽然大都是荒地，但也并非完全没有收益。

重要的问题在于张謇究竟以经营封建性的农垦为主，还是以经营资本主义工业为主。这两者很难比较，因为张謇企业活动的范围很广，曾经直接或间接发生过关系的实业单位太多，很难辨明他的实际权益界限。比较可靠的办法是以张謇直接经营的盐垦事业中最有成效的通海公司，和轻工业当中最有成效的大生纱厂相比。张謇自从投身实业以后，绝大部分精力都是消耗于这两大单位。到 1923 年，通海垦牧公司投资总额只有 1 300 000 元，而且大部分是向大生挪用。垦牧最初十年不能向股东付息，直到 1917 年丰收岁入才渐增加，然而从 1919 年到 1923 年，五年间总收入也只有 1 197 000 元[①]。到 1925 年，大生仅一、二两厂机器折价即已达到 7 000 000元左右（资本仍作 360 余万计算），而历年赢利达到 1 300 多万元[②]。两相比较，就可以了解张謇经营的重心确实是资本主义工业，而不是封建主义农业；可以这样说，张謇阶级成分的主要方面是大资本家，而不是大地主。附带说明一点，盐垦公司中有一部分土地用于制盐，其经营方式不一，尤其不宜一概列入封建生产关系。

但是，我们必须看到，张謇的开明性或进步性，不过是在一定程度上以资本主义剥削方式来代替封建主义剥削方式；而在他的各个企业中间，却一般都是同时实行资本主义和封建主义双重剥削。中国民族资本主义的难产和畸形发展给工农群众带来莫大的痛苦。例如，大生纱厂获得优厚利润的秘诀之一，便是利用当地农村把棉纺织业看成副业的传统心理，大量招收农民家庭的辅助劳动力妇女和儿童，对他们实行极为残酷的剥削。这一点早就有人指出过："南通大生纱厂工人的平均工资要比上海纱厂的工资低 10%至 20%……由于接近大量原料供给地，当地有良好的棉纱销厂以及工资标准较低，因而促进了该纱厂的繁荣。"[③] 实际上大生纱厂的平均工

① 根据《为通泰各盐垦公司募集资金之说明书》计算。

② 张謇：《大生纱厂股东会宣言书》，《张季子九录·实业录》第 8 卷，中华书局，1931 年，第 35 页。

③《中国棉货》，第 169 页，转引自《中国近代工业史资料》第二辑（下），科学出版社，1957 年，第 123 页。

资要比上海纱厂低20%～30%，此外工人进厂还要预扣半个月工资，叫作“存工”，专为日后赔偿或罚款而设，如中途歇工或被开除，“存工”概不退还①。像这样额外的蛮横压榨，简直是不胜枚举。垦区农民所受的压榨更为深重。承佃公司田地，必须先缴押租（顶首），每四亩合计24元，另外还要缴付“写礼钱”（手续费）1元6角。地租剥削是“公司得四，佃户得六”②。表面似乎并不高于当时一般农村的封建剥削，可是据调查，公司早期的佃户中赤贫者占十之七八，他们在承垦时无力缴纳“顶首”及“写礼钱”，只有央求公司人员代为筹措并且另行订立承种契约，到缴租时，除正式缴付公司四成以外，还要向代为筹措费用者偿付三成或四成，多数佃户实际所得不过二三成。最为毒辣的是，在佃户经过多年辛苦劳作，将荒地垦熟正可得到较多收益之时，《招佃章程》又规定股东十年之后可以任意将佃出田地收回，连最起码的承佃权都没有保证。张謇还在垦区设立“质典”，对农民实行地租以外的高利贷剥削，期限短而利息重，抵押物品至多按三折估价，到期无力赎取即成“死当”。为了维护对于佃户的残酷压榨，公司自行在垦区建立“自治公所”（权势超过一般乡政权），并且拥有反动武装，还设立“拘留所”（监狱），等于是一个封建小王国。张謇一贯大肆吹嘘的“垦牧乡”，决不是像他自己所描绘的那样一幅牧歌式的田园画卷，而是充满着血与火、剥削与欺诈、贫困、疾病和死亡。

张謇在经济上对于工农群众的残酷剥削，决定了他在政治上一贯敌视工农的反动立场；在他看来，拿起武器的下层群众要比帝国主义和封建统治者更为可怕，也更为可恨，“坏政府胜于无政府”，这就是他一再向人谆谆劝诫的“箴言”。正因为如此，他在辛亥革命前后加强了对封建当权势力的投靠，特别是在民国初年加强了对北洋军阀袁世凯等人的投靠，并且借此使得自己的经济实力和政治地位迅速上升。张謇充当袁世凯政权的农商总长，虽然不过只有两年时间，然而已经明显表现出向官僚资本家转化的趋向，他那有限的开明性或进步性则逐渐消泯。一方面他标榜以推动实

---

① 参见南通市纺织工业局编：《大生资本集团史》（初稿），1961年，油印本。

②《通海垦牧公司开办十年之历史》，翰墨林书局，1911年。

业发展作为"主要志愿"，继续强调"民办官助"的原则，并且陆续颁布《工商保息法》、《矿法》、《公司条例》、《商会法》等保护和奖励民族工商业的法令；但是另一方面，更多的却是利用职权为自己的企业系统谋求地产、资金、设备以至经济情报等方面的优惠权利，积极与外国垄断资本"合作"，策划以"劝业银行"作为中心，渴望形成控制国民经济若干重要部门的庞大金融资本，甚至还想以"国有"名义把汉冶萍公司从盛宣怀手中夺取过来。只是由于袁世凯因为妄想称帝而迅速败亡，张謇向垄断资本发展的一条主要途径才断绝了，但是他在自己一生的最后十年并没有丝毫放松这方面的主观努力。

袁世凯败亡之后，张謇仍然和直皖两系以至奉系军阀保持着不同程度的联系，甚至专门派儿子向吴佩孚、张作霖拜寿，乞求他们给自己的产业以庇护；各级反动政府也曾一再拉他出来担任水利、建设之类的官职，但他都没有取得什么成绩便先后辞职了。五四运动以后，特别是中国共产党成立，国共合作和新民主主义革命浪潮蓬勃发展以后，张謇处于更为复杂而又尖锐的矛盾之中。一方面，他更为仇视和恐惧"过激党"所领导的伟大革命风暴，拼命歪曲和诅咒共产党人和马列主义，而幻想在地方军阀的庇护下求得局部的"安宁"和"秩序"，保全和发展自己的各项企业、事业，甚至希望直系军阀吴佩孚重振旗鼓，为他"保护工商，铲除赤化"；另一方面，他又不得不经常对军阀的彼此混战和残暴压榨表示相当强烈的抗议，因为直接严重威胁和损害民族工商业的并不是什么"工党"，而倒正是他所周旋往还的"将军"。大约是在他病死的那年春天，张謇曾经写过一首长诗，历述辛亥以来的连年战乱，结尾悲叹："吁嗟吴与越，动受四面牵；幸哉一隅地，假息得苟全。太平在何时，今年待明年。呜呼复巢之下无完卵，野老洒泪江风前。"[①] 这里生动地表现出他对于军阀统治有所不满而又无可奈何。

---

① 张謇：《有人归自京师述所见闻，慨战乱之未已，悲民生之益穷，成诗一篇，寄此孤愤》，《张季子九录·诗录》第10卷，中华书局，1931年，第27页。

三

张謇一生除了具有封建性与开明性的矛盾，还有对外依赖性与民族性的矛盾，而且这两种矛盾经常交织在一起，从而使他的思想和行动都具有极其复杂的特点。

从他一生的主要方面来说，张謇历来都是主张反对外国资本主义侵略的。从中法战争到甲午中日战争，他都站在卫国主战的立场上。不过在甲午中日战争以前，他的爱国心基本上没有超越封建士大夫的思想范畴。这种爱国心在维护中国主权领土完整和捍卫民族尊严等方面，都是具有积极意义的；然而它却与忠君死节、中朝至上等封建落后意识紧密联系在一起，因而产生极为严重的局限性。

"在年轻的资产阶级看来，市场是基本问题。它的目的是销售自己的商品，战胜和自己竞争的异族资产阶级。因此，它力求保证自己有'自己'的'民族的'市场。市场是资产阶级学习民族主义的第一个学校。"① 随着甲午战后帝国主义对华侵略的加紧，随着张謇本身逐步向资产阶级转化，他的爱国心逐渐获得新的内容，而在与外国资本主义争夺市场问题上最为强烈地表现出来。他从一开始便在大生纱厂的《厂约》上明确指出："通州之设纱厂，为通州民生计，亦即为中国利源计。通产之棉，力韧丝长，冠绝亚洲，为日厂之所必需。花往纱来，日盛一日。捐我之产以资人，人即用资于我之货以售我。无异沥血肥虎，而袒肉以继之。利之不保，我民日贫，国于何赖。"② 棉纺织业是关系国民生计最为重要的部门之一，也是当时外国资本主义商品疯狂倾销危害最为严重的部门，民族资产阶级首先在这个部门奋起与强邻竞争，绝不是偶然的。

由于家庭的和社会的历史渊源，张謇一向都与封建官绅和内地商人交往，而与买办阶级和外国资本家很少联系。这一点在开始集资办厂时表现

---

① 斯大林：《马克思主义和民族问题》，《斯大林全集》第2卷，人民出版社，1953年，第302页。

② 张謇：《厂约》，《张季子九录·实业录》第1卷，中华书局，1931年，第9页。

得最为明显。在最初担任集股的所谓“通沪六董”当中，四个人都是本地花布商和上海绅商，只有两人是买办而且不久就自动辞退了，更换的两人也是本地绅商①。所以大生纱厂在很长时间内是没有买办资本或外国资本渗入操纵的，以后举办垦牧及他种企业或事业，也主要是依靠封建官绅的经济、政治力量。张謇把自己的实业中心摆在比较偏僻的南通，对于帝国主义势力直接控制的上海，保持着相对的独立性；大生纱厂以本地廉价原料、劳力提供生产的便利条件，又以本地市场销售为主，并且还有传统的东北市场作为补充，因而增强了与洋纱对抗的实力；再加上大生资本集团从棉花生产到设备维修、从收购销售到交通运输、从设立纺织学校到派人出国学习技术，大体上形成一个虽不完备但还具有某种程度独立性的实业体系。所有这一切都决定了张謇的各项企业的民族性多于对外依赖性，且从消极的方面来说，对外依赖性至少要大大少于封建性。

在清朝末年争回路矿运动中，主要是在维护苏浙铁路主权的斗争中，张謇起了积极的推动的作用。他根据对于历年对外贸易统计数字的考察研究而提出的“棉铁主义”主张，也具有抵制外国资本主义经济侵略的积极意义。民国初年，他曾经试图通过中央政权用国家的力量来保护和发展民族工商业，希望能够在世界范围的“商战”中求得生存并且进而赢得胜利。作为资产阶级，张謇自然是利己主义者，曾经利用职权在资金、地产和技术条件等方面为本集团的发展谋取不少优厚条件。但是，张謇毕竟不同于一般追求蝇头小利的市侩商人，他经常从争夺国内市场以至世界市场的全局来权衡实业的进退得失，规划比较积极进取的发展民族资本主义的方案。他所拟订的方针、政策、法令、计划和采取的某些设置、措施，都显然是以外国资本主义侵略势力为假想敌。还在世界大战的前夕，他就试图策划在棉纺织业范围内与外国资本“悍战”：“自我国奖励植棉条例公布后，各国颇为重视，而日尤甚。日本与印度有十年内在中国地方增设纺机

---

① 张謇：《承办通州纱厂节略》，《张季子九录·实业录》第1卷，中华书局，1931年，第17页。

一百五十万锭之约。其在日本本国，上冬今春，已增锭三十万，在我上海已增锭十万。悍战可畏，果如所计，我国棉业岂复有申展之余地。”[①] 离开北京政府以后，在第一次世界大战及其以后几年期间，他更乘机大力扩展纺织工业。

他不仅在纺织业范围内努力与外国资本主义侵略势力长期竞争，而且在航运、渔盐、垦牧、金融等方面也积极筹划抵制外国资本的扩张。在第一次世界大战期间直至1922年以前，由于帝国主义列强被迫暂时放松对中国的侵略，中国资本主义得到比较迅速的发展。张謇的企业活动在这短短几年当中由于盲目扩张从而超过自己的极限；源源而来的巨额利润弥补了政治上的失意，而进一步激发了他在经济上的进取雄心。一方面他积极筹划与比利时资本家合作，组织航业、贸易公司，为华股集资2 500 000至3 000 000两，推行海洋航运和国外贸易。张謇曾迫不及待地向人劝说：“有此机会，若不组织加入，恐吾国将来永无海外直接贸易之事。”[②] 另一方面则出面督办吴淞开埠，一则抵制外国侵略者的阴谋染指，一则希望进一步建立主权独立的新的国际贸易中心，以代替久已成为外国资本主义侵略中心的上海。“自欧战停后。世界商战将在中国，中国形便必在上海。……海客以拓界为容民，地主乃群嫌于遍处，即非主客相安之道，应有供求适剂之谋。吴淞壤地相接，足以自图，设更迟回，行嗟何及。”[③] 这种焦急的心情反映了张謇的民族性，说明他直到晚年都与帝国主义保持着相当的距离，这是与完全带买办性的大资产阶级根本不同之处。

经济上的民族性表现在政治、教育和其他方面则成为一定程度的爱国心。民国以后，他在反对不平等税则以至不平等条约方面，在抵制“二十一条”方面，在抗议“中日反共军事协定”方面，以及在请求巴黎和会专

---

① 《呈总统》，《张謇未刊函电》，藏南通市档案馆。

② 张謇：《中比航业致大生厂董事诸君函》，《张季子九录·实业录》第6卷，中华书局，1931年，第1页。

③ 张謇：《督办吴淞商埠就职宣言》，《张季子九录·政闻录》第9卷，中华书局，1931年，第22页。

使拒绝签字等方面，都表现出比较积极的态度。1919 年为反对段祺瑞政府亲日卖国外交，他直截了当地痛斥政府“悬亡国奴隶四字为帜，无南北无智愚不肖皆耻之，行见举国沸腾也”[①]。可见张謇在某些重大关头，还能够保持一定限度的民族立场。不过，这种民族立场的表露，主要限于对抗他所一贯痛恨的日本帝国主义的侵略，而很少用以对待他所一贯依附的英美帝国主义，这是他的狭隘阶级利益所决定的。

作为资产阶级的上层，张謇的民族性是有阶级局限的，他还存在着对于外国资本主义的依赖性。旧中国的民族资本主义从一开始就未能形成一个独立的体系，从资金、设备、技术、原料一直到其他各个方面都逐步受到外国资本主义愈来愈多的控制，大生资本集团自然不能例外。

最早成立的大生一厂，虽然没有外国资本和买办资本直接渗入，但张謇在筹措资金感到极大困难时，曾于 1899 年 3 月、6 月前后求助过美国侵略分子福开森等人[②]，已经开始流露出对于美帝国主义的幻想。至于机器设备，“纺制细纱机器，购自英国”，“他厂机器有购自德、美、东洋各国，亦有购用中国洋式机器”[③]。技术力量则更缺乏自立的基础，特别是大生一厂开办初期，在技术上全靠洋工程师汤姆司带同洋匠忒纳主持一切，所有工厂用件及机料的配置、添购，指定由瑞记、怡和、地亚士等洋行承办。以后，张謇兴办纺织等校，自己动手培养技术力量，虽然取得相当成效，但始终未能从根本上改变这种依赖外国资本主义的局面。

张謇虽然是为了抵制外国资本主义的侵略而兴办实业的，而且确曾作了很大的努力；但由于民族资本主义先天不足，随着他自身事业的日益扩大，资金日益感到筹措不及，对于外国资本的依赖也日益加深。“有奶便是娘”，作为唯利是图的大资本家，他们把可以乞贷资金的随便哪个帝国主义都看成“恩人”。特别是在 1910 年以后，他与美国资本家的联系愈来愈密切，对美帝国主义的幻想与依赖也愈来愈增多。先是，1910 年秋天，

---

① 张謇：《为时事致徐菊人函》，《张季子九录·政闻录》第 4 卷，中华书局，1931 年，第 15 页。

② 《张謇日记》戊戌二月五日、五月二十六日。

③ 《关册》“镇江口”，1905 年，中文本，第 48 页。

美国资本家大赉等四十余人到南京咨议局参观，张謇竟认为是“国民外交之始”，而不知道这正是美国与日本加强在华争夺的又一个侧面。同年11月，他和熊希龄等与大赉等在上海赵凤昌家中会谈，“协议共营银行、开航业、设商品陈列所、置商品调查员四事。银行资本一千万，各半；太平洋商轮华赀过半云。与之言则注重奉、吉、黑垦事。主客之意，尚能周浃”①。次年夏天，张謇更作为沪、津、粤、汉四地商会公推代表，为组织“报聘美国及中美银行、航业事”入京，向摄政王、庆亲王等建议“中美人民联合”、东三省“亟宜强力自营”等事，并曾亲自到东三省与总督赵尔巽集议筹款2 000万两，主要希望仍然寄托在美国资本家身上。所以南下一回到上海，他便立即与赵凤昌等积极策划中美“实业合作”，甚至还迫不及待地在商会设立了报聘事务所，作为办事机关②。张謇一向反日，但对于美国侵略者却认识不清，妄想联美抗日，特别是抵制日本在东北的侵略；殊不知美国侵略者正是因为在东北与日本争夺失利，所以才伪装“亲善”的姿态，加强笼络清政府和中国资本家，以谋积极排斥日本在东北的既有势力并且进而控制整个中国的经济命脉。美帝国主义已经开始明显地暴露了独霸中国的野心，张謇却想与它联合抵制日本，这当然是引虎拒狼极端错误的办法。只是由于辛亥革命的突然爆发，才使美国这个庞大的侵略计划暂时没有实现。

民国成立以后，张謇一度出任农商总长，热衷于在全国范围大办工矿、农林等近代企业，但更加感到资金缺乏，因此也就更加幻想得到外国特别是美国资本家的援助。他曾经不顾社会舆论的强烈抗议，连续向美国提供了导淮借款和开采延长、建昌油矿等优惠权利，并且正式组织游美报聘实业团，准备实现以前与大赉等达成的协议，大规模“合办”金融、航运、农垦等各方面事业。同时，他还与法国签订中法劝业银行合同，对于矿业则主张“开放主义”，也曾经拟订过利用外资“振兴实业”等办法，提出合资、借款、代办等三种借重外资的方式。甚至连垦荒都主张由外人

① 《张謇日记》庚戌八月、十月各条。

② 《张謇日记》辛亥四月、五月、六月、七月、八月各条。

代办，认为："中国人能为地主而资力不足，外国人有资力，又有技术，而不能为地主，非合并而利用之，无以收化荒成熟之效。"[①] 在此期间，以前与外国资本直接联系较少的大生资本集团也表现出明显的转变。张謇准备在实业游美报聘团当中安插一批私人，进一步向美国垄断资本寻求全面的援助。也正是在这一年（1914 年）的夏天，张謇还接受了美国"万国大学联合会"的乙级会员证书，并且与该会会正罗杰积极筹划提拨"美还赔款"，在南通"设立高等师范及机械工科、农事场"等[②]。不过，由于帝国主义忙于世界大战，美国不久也参加了战争，一时还顾不及支付更多的力量来实现这些庞大的侵略计划，所以才使张謇在经济上对帝国主义的投靠没有得到更多的实际进展。

这种对于帝国主义在经济上的依赖，必然集中地反映为政治上对外的软弱态度。如前所述，张謇有一定程度的民族性和爱国心，但绝不是革命的民族主义者，而始终是一个彻头彻尾的民族改良主义者。如果说，在甲午中日战争以前，他从爱国的封建士大夫立场出发，还能在历次民族战争中提出坚决抵抗的主张。那么，随着他向资产阶级转化而逐步加强与外国资本主义的经济联系，随着他的产业迅速扩张而害怕一切战争，他愈来愈表现出对于外来侵略的软弱的甚至屈从的态度。民族资产阶级上层人物这种可耻的弱点，在劳动群众反抗斗争日益高涨之际表现得最为充分。

早在义和团英勇反抗帝国主义侵略联军的斗争最为激烈的时候，张謇就把一向标榜的爱国心丢到一边，公然诬蔑和反对中国人民的正义斗争，生怕惹起更大的"战祸"，会使他刚刚开始奠定的实业基础遭到夭折。他坚决主张由东南督抚出兵镇压"乱匪"，并且积极参与了英帝国主义操纵的所谓"东南保卫"活动，甚至反对清政府迁往西安，主张"易西而南"，生怕"和局延缓"，引起更大的灾难[③]。他们这些活动，正好与英帝国主义

---

① 张謇：《黑龙江代垦合同之大概呈总统文》，《张季子九录·政闻录》第 8 卷，中华书局，1931 年，第 5 页。

② 《致退翁》、《致夏公使》、《复罗杰》，均见《张謇未刊函电》，南通市档案馆藏。

③ 《张謇日记》庚子闰八月初十。

"以南京为核心"，"从内部重建一个中华帝国"[①] 的分裂阴谋相适应，实际上是维护了英国侵略势力在长江流域的独占利益。1905 年的抵制美货运动本来并没有超出软弱的资产阶级"文明拒约"范围，但是张謇却唯恐激怒了帝国主义，出来与上海大商人进行"疏通"，实则企图阻止运动的深入发展。对于同年留日学生的爱国革命活动，更断然认为"嚣张可恨"，策划用较隐蔽的手法加以分化取缔[②]。辛亥革命爆发以前，他虽然积极参加了争回路矿权利的各项活动，表现了要求民族资本主义独立发展的强烈愿望，然而同时却千方百计地企图用立宪运动来抵制风起云涌的革命高潮。武昌起义爆发，阻碍了他向长江中游扩展经济实力的如意算盘，于是更气急败坏地跑回南京请求铁良、张人骏出兵镇压湖北革命。清王朝垮台以后，他又积极支持帝国主义的头号走狗袁世凯篡夺革命果实，追求所谓国内的"统一"与"和平"。这种种言行，都反映了张謇内心的深沉恐惧："外人公认保全，我乃自为破坏，生灵涂炭之余，继以外患，瓜分之祸，即在目前。"[③] 情况很清楚，不管大资本家平常怎样高唱"爱国"、"救亡"，可是真正当反对帝国主义及其走狗的怒火遍燃祖国大地时，他们首先考虑到的却是自己身家性命的安危，不惜投靠帝国主义，镇压群众反抗，以苟全自己的狭隘阶级利益。

民国成立以后，由于经济地位迅速上升并且一度参加政权，张謇在政治上更趋反动，而对于外国侵略者的妥协性也更为增强。对于人民群众历次反帝爱国斗争，他都坚决加以镇压。在五四运动前后，他一方面责备北洋军阀政府亲日，反对中国代表在《巴黎和约》上签字；然而同时却对学生的罢课斗争更为深恶痛绝，甚至不惜以停办纺织学校相对抗。他对学生提出的救国之道仍然是"教育实业救国论"，劝学生停止政治上的反抗斗争转而专心学习，并集资 2 500 万至 5 000 万两，帮助兴办棉铁或其他农工

---

① 中国近代史资料丛刊编辑委员会主编：《中国海关与义和团运动》，中华书局，1983 年，第 78 页。

②《张謇日记》乙巳七月、八月、十一月、十二月各条。

③ 张謇：《建立共和政体之理由书》，《张季子九录·实业录》第 3 卷，中华书局，1931 年，第44 页。

实业。这种反动论调极力麻痹人民革命斗争，在实际上只能有利于帝国主义在中国的殖民主义统治。在1920年他甚至直接而公开地求助于美国的反动实验主义者杜威，请他到南通"讲学"，"以真理之途径，指示南通之教员学生，而使之努力趋赴""纯静"的学风，制止"嚣张"的学潮[①]。

由于欧战结束后帝国主义重新加强侵略，也由于连年军阀混战和灾荒频仍，民族资本主义的所谓"黄金时代"迅速消逝，张謇的纺织、农垦两大事业也在1922年开始遭到最为严重的挫败。他在债主逼集、一筹莫展的困窘局势下，孤注一掷地全面向外国垄断资本求援，妄想借助外国贷款来做最后的挣扎。还在1923年，他已经提出中国实业全面向外国开放的极端错误主张，建议各国合建一银公司，以棉铁为中心，在各地兴办各种实业，但却幻想"以互输产品保公司之利，以不犯土地尊主国之权"[②]。到1924年，他因为盐垦失利，欠"厂债"256万元，"而纱之滞销，则因南北及奉直及川湘赣之世局，并布计之，殆400万元。总合其数，乃过六百数十万元"。为谋延续大生资本集团的生存，十年之内须要集资5 000万元左右，而向股东请求设法筹款，也只有卖地得到区区两万余元。张謇对国内资本家完全失望，因此决定大借外债，而且饥不择食，一改既往亲美拒日的故态，公开表示："美远而日近，近庶几济吾事，吾是以借日债"，准备向日本借6 000万元[③]。关于这次大借款前前后后的内幕，日本侵略分子驹井德三曾经隐约地透露过一些消息，据说是在此以前已由陈仪等代表"赴日请借款八百万元，将所经营之大生纺织公司之三工厂为担保"。日本帝国主义对张謇拉拢备至，想通过他来协助推行"工业日本、农业中国"的全盘殖民主义计划。这个侵略分子讲得异常露骨："故将来须以中国为供给棉花唯一地之日本，于此际进而与该国之大实业家提携，给以资金或技术上之援助，使其国人得完成棉花改良增植之大事业者，最紧要之事

① 张謇：《为杜威博士介绍词》，《张季子九录·教育录》第5卷，中华书局，1931年，第7页。

② 张謇：《商榷世界实业宜供求统计中国实业宜供求之商榷书》，《张季子九录·实业录》第7卷，中华书局，1931年，第1页。

③ 张謇：《拟发展盐垦借款成立后宣言》，《张季子九录·实业录》第8卷，中华书局，1931年，第37页。

也。今日幸而中国之大实业家且以棉业为中心事业之张謇，先望与日本提携矣，此岂非天与之好机会乎！今若失之，恐将来永不能再有得之望。”[①]但是，由于军阀混战，而且中国共产党所领导的新民主主义革命在全国范围内迅速进入高潮，外国垄断资本也不愿贸然把大量资金提交给像张謇这样还保存有一定民族性的资本家，所以对外大借款才未成为事实。

早在1922年9月，《向导》周报即已指出："近日南通州张氏父子向日本借款的事情，不过为中国私人资本主义附属于国际资本之下的必然现象之一罢了。"

正是由于这样急不可待地求助于外国资本，同时更由于极端仇恨中国共产党领导的革命运动的彻底性，张謇在晚年对于人民群众的反帝爱国斗争采取了更为公开露骨的敌对立场。他攻击因五卅惨案而掀起的革命大风暴，"今既与日英有恶感，而又挑动美法，此义和团之办法也"[②]。对于南通各校则采取最为蛮横的压制政策，宣布增加教课钟点和课外作业，"谢绝有妨校规之勾引，防止盲从政党之行为"，对违抗者则以勒令退学甚至关闭学校相威胁[③]。他要求学生在帝国主义的血腥屠杀下保持缄默，"努力于学业"，将来做"健全之国民"。

"帝国主义侵略中国，反对中国独立，反对中国发展资本主义的历史，就是中国的近代史。"帝国主义用以反对中国发展资本主义的一个重要手段就是资本输出，而他们却往往恬不知耻地美其名曰"外援"。从抵制帝国主义侵略而兴办实业开始，却以谋求帝国主义的"外援"来"维持"自己的实业结束，这真可以用张謇自己的话来作总结，是"以爱国始，以害国终"。不过由于各种历史际遇，再加上还保留着一些为帝国主义所不大喜爱的民族性残余，张謇在没有来得及完成这个奇异的历史逻辑以前便走到一生的尽头。

---

① 驹井德三：《中国江苏省南通州张謇关系事业调查报告书》（抄本）。

② 张謇：《为沪案召集学生演说》，《张季子九录·教育录》第6卷，中华书局，1931年，第12页。

③ 张謇：《正告南通自立非自立各学校学生及教职员》，《张季子九录·教育录》第6卷，中华书局，1931年，第7页。

四

张謇生于 1853 年，死于 1926 年，整整活了七十三岁。以 1896 年为界，他的前半生是一个爱国的封建士大夫，后半生则逐渐转化成为大资本家。他所从属的这个阶层，从经济地位来说，是资产阶级的上层；从政治态度来说，则大部分是资产阶级的右翼。张謇又是资产阶级当中与封建主义联系最多的那一部分，他对于外国资本主义的侵略还能保持一定程度对立，但是对于国内的革命运动却始终抱着仇视和敌对的态度。中国资产阶级分化为带买办性的大资产阶级和民族资产阶级，本来不是一次完成的；但是应该看到，在 1927 年以前，这种分化还不十分明显。张謇在就任袁世凯政府的农商总长以后，也就是在他一生的最后十二三年期间，由于他的经济、政治地位迅速上升，特别是由于他更加倾向于投靠帝国主义和封建军阀，并且在晚年疯狂地反对共产党和新民主主义革命，已经表现出逐步向带买办性的大资产阶级转化的大量迹象。当然，也应当看到，帝国主义所最宠爱的，还是那些为他们所直接豢养和训练的江浙买办阶级，即以后被称为江浙财阀的新兴资本集团。这个集团的大部分成员没有任何民族观念，更没有任何封建传统名节观念的束缚，公开地毫不知羞耻地为帝国主义效劳，因此也比张謇更加得到帝国主义的信任。正是这个集团，在张謇死后不久，很快便成为新军阀蒋介石的主要社会支柱，协同帝国主义支持蒋介石绞杀了第一次国内革命战争，建立了更为反动的独裁统治。张謇所遗留的气息奄奄的大生企业系统也终于落在他们的手中。

张謇的一生经历比较曲折复杂，活动范围也较为广泛；但是，在他投身于实业以后的整整三十年当中，大部分精力确实交付于发展资本主义。然而，他的经济事业须要得到政治力量的支持和帮助，再加上和一些军阀官僚的历史因缘，他的政治活动也相当频繁，甚至在一定时期（如辛亥前后）竟成为他的生活的主要方面。当然，张謇在教育方面、文艺方面和学术方面也做过很多工作，不过这些都在他的生活当中处于更为次要的地位。

张謇在发展民族资本主义的过程中确曾尽了很大努力并且取得某些成绩。在三十年中，他不放弃一切机会，利用多种多样可以利用的条件，经过困难重重的途程，创造了一个资产总额达到几千万元的大生企业系统。这个企业系统以棉纺织业为中心，包括盐垦、榨油、皂烛、磨面、蚕桑、运输、铁冶、罐诘、金融、印刷、市政等各个方面。至于他所参加和协助创办的企业单位，则为数更多，范围更广。总之，他对于通海地区的民族资本主义发展起了一定的推动作用。在当时的历史条件下，努力发展民族资本主义以抵制帝国主义的经济侵略，是具有进步的积极意义的。当然，大生资本集团的大小几十个企业单位和 700 000 亩已垦荒地，都是由千千万万工农群众用自己的血汗和辛勤的劳动缔造成功的，民族资产阶级在与帝国主义的激烈竞争当中，正是以对于工人农民残酷的压榨来弥补自身在资金、技术等方面的不足。但是，应该承认，张謇在缔造这些企业的过程中，毕竟起了重要的领导和组织作用。他尽力促进通海一带资本主义经济、文化发展所取得的若干有益成果，是应该给予适当肯定的。

张謇在将近五十年的政治生活当中经历了两次民族战争、一次改良运动和三次革命高潮。对于中法战争和甲午中日战争，他从爱国的士大夫立场出发，坚决主张武装反抗；尽管包含很多封建落后的意识，但基本上是符合民族利益的。甲午战争以后，他逐渐转化成为资产阶级改良派，但是由于他与封建主义保持着较多的联系，而且有日益增多的产业拖后腿，所以政治主张和实践总是落后于现实生活的发展。正如他所自嘲的："生平万事居人后。"[①] 到 1898 年他还没有达到资产阶级改良派的先进水平，因此对于连康、梁那样温和的变法都感到是"操之过急"，是"有诟骂而无商量，有意气而无条理"。等到戊戌变法失败两年多以后，在义和团运动的猛烈冲击下他才提出"变法平议"的全面改革主张，勉强够得上正式的资产阶级改良派水平，但是却连资产阶级性质的议会制度都未能正面提出，而只敢建议设置类似咨询机关的议政院[②]。而这时这些建议只能成为

① 《张謇日记》戊戌三月三十日，《怡儿生志喜》。

② 张謇：《变法平议》，《张季子九录・政闻录》第 2 卷，中华书局，1931 年，第 1 页。

革命运动的障碍。辛亥革命粉碎了立宪运动，十余年后他还对此扼腕叹息不止。等到他最后勉强放弃封建王朝的正统观念，接受名不副实的“中华民国”的正统观念时，历史很快已经进入新民主主义革命时期，甚至连旧民主主义革命的道路都成为落后的错误的东西了，张謇的“国家”、“法制”思想自然更只能是维护帝国主义及其走狗北洋军阀残暴统治的彻底反动的东西。大家都知道，张謇是在声嘶力竭的反苏、反共叫嚣声中结束了自己的生命的。张謇一生的最后三十年，是发展资本主义的三十年，也是反对革命的三十年，前二十多年反对旧民主主义革命，后六七年进而反对新民主主义革命，他在政治上虽然一贯标榜爱国救亡，然而从根本上来说，却是极端反动的。

张謇的经济活动和政治活动关系非常密切。他用政治活动来维护和发展自己的经济实力，同时又以经济成就来说明和宣扬自己的政治主张。所谓“地方自治”或“村落主义”，正是张謇的经济活动和政治活动的综合体。张謇的“地方自治”，在发展资本主义的经济和文化方面确曾取得某些成绩，但是他却一贯以这些成绩来证明自己反动的“局部改良”论。仿佛中国人民只要像张謇一样，中国各地只要像南通一样，不经过任何反对帝国主义和封建主义的革命斗争，就可以和平地渐进地求得民族的独立和国家的富强。这是一种典型的民族和社会的双料改良主义，它要求人们不要去触犯帝国主义及其走狗的反动统治，相信单纯依靠兴办带有不同程度资本主义性质的实业、教育和慈善事业就可以达到“救国”、“救世”的目的。张謇曾经主张过在清王朝和袁世凯中央集权统治下的“地方自治”，晚年更退而要求在军阀割据局面下的“地方自治”。这种“地方自治”与泛滥一时而且为南方军阀所利用的“联省自治”在实质上有其一脉相承之处，它“不但不能建设民主政治的国家，并且是明目张胆的提倡武人割据，替武人割据的现状加上一层宪法保障”①。这就是何以军阀政府把南通当成模范县而帝国主义也加以称赞宣扬的根本原因。

但是张謇毕竟不同于军阀，也不完全等同于带买办性的大资产阶级，

---

①《中共中央第一次对于时局的主张》，1922 年 5 月 10 日。

在帝国主义及其走狗的残暴统治下，他的企业系统不但不能得到进一步的发展，而且已经很难“苟全性命于乱世”。他向中外反动派发出的千百次苦口婆心的劝说并未换来一个和平安宁的环境。“若疾中膏肓，欲救非口舌。”[①] 临死之前他终于对自己的所作所为感到绝望。但新的出路在哪里？他是不可能认识到的。张謇生前已经看到自己主要企业的全面破产并且为银团债主所接管，却未料到这些企业在他死后不久便落到新起的反动统治者四大家族手中。“生已愁到死，既死愁不休。”[②] 这竟仿佛是他给自己的事业留下的预言。

“在一个半殖民地的、半封建的、分裂的中国里，要想发展工业，建设国防，福利人民，求得国家的富强，多少年来多少人做过这种梦，但是一概幻灭了。……这是好消息，这种幼稚的梦的幻灭，正是中国富强的起点。”[③] 张謇的梦的幻灭不是什么坏事，它至今仍可作为一切爱国的民族资产阶级的反面教材。同时，作为资产阶级的上层人物，他在参加政权以后所表现出的向带买办性的大资产阶级转化的大量迹象，以及加强投靠帝国主义、封建军阀和加强反对群众革命运动的明显趋势，也必然会在人们的心目中留下极为深刻的印象。

［说明］文中所引用的未刊函电，现均藏于南通市档案馆；同时，在写作过程中还利用了《大生资本集团史》（初稿），特此说明，并向有关同志表示感谢。

（原载《历史研究》1963年第3期）

---

① 张謇：《五月五日忆儿子京师二首》，《张季子九录·诗录》第10卷，中华书局，1931年，第31页。

② 张謇：《释愁》，《张季子九录·诗录》第8卷，中华书局，1931年，第24页。

③ 毛泽东：《论联合政府》，《毛泽东选集》第三卷，人民出版社，1952年，第1140页。

张謇与中法劝业银行

张謇在 1913 年出任农商总长以后，曾积极参与筹建中法劝业银行。但是，有关此事的中文文献至今尚甚少重大发现，《张謇未刊函电》中也只有寥寥数语："近法人有与中国合资建劝业地产银行之议，订限六个月成立。缔合之法，为不动产抵押长期借款。"另据当年曾任北洋政府驻外财政官员的老人回忆："法国资本家原来就在北京、天津、上海、汉口等处设有房地产贷款公司，凡持有房契、地契者皆可向该公司抵押借款，过期不赎即由公司将抵押品变卖补偿。中法劝业银行于 1914 年 10 月 9 日经农商部批准成立，这时张謇尚在农商总长任内。"

最近，在白吉尔教授为我复印的一部分法国外交部档案中，偶然发现若干有关中法劝业银行的资料，记载较为翔实可靠。由于时间与精力的限制，本文只能作概述式的介绍，或许可以有助于研究者了解张謇参与筹建中法劝业银行一事的来龙去脉。

一

根据法国外交部档案记载，此事发端于清朝末年。

早在 1905 年 12 月 13 日，法国外交部即已发出《关于东方汇理银行和兴办一家法中银行的通知》，对东方汇理银行的经营状况表示极端不满，拟议另外设立一家逐步与该行脱钩的法中银行。

原来，东方汇理银行凭借法国政府给予的发行特权，在法属印支殖民地获得极为丰厚的利润。但是，根据法国外交部的调查，该行的经营管理存在着严重弊端。如西贡分行为当地一些大高利贷者提供大量贷款，使之更为放肆地盘剥本地平民与小公务员，而另一方面却拒绝贷款给正当商人，甚至也拒绝借款给法国商人。同时，东方汇理银行还以“国家银行”为借口，拒绝为法国商人的存款提供应有的合理利息，妨碍了这些商人的正常业务活动。外交部调查的结论是：“我国和我国国民在这个国家的普遍利益，没有得到东方汇理银行应该提供的支持。”

1898年，在法国外交部的强烈要求下，东方汇理银行在中国建立第一个分行，即上海分行，以后又陆续建立广州分行与汉口分行。这些分行的风格同总行一模一样，它们热衷于通过买办“做中国式的高利贷生意”，但却拒绝给批发商开往来账户，并且不做票据汇兑、商号证券买卖等金融业务。最令法国外交部不满之处是这些分行没有一个总体规划，既不积极参加法国在华的企业投资（如法商长江航运公司），又不给法国一些重要的在华企业、事业以支持与通融（如东方新闻社、蒙通南货行等）。

法国外交部认为，尽管东方汇理银行利润尚称丰厚，但却不符合法国对华经济扩张的整体利益，甚至还会产生消极后果，使法国继续落后于英、俄等国。为此，外交部以法国政府名义，发出《政府对东方汇理银行的要求》这一文件。文件包括两个部分：(1)联合审查小组。(2)创办一家“法中银行”专门负责中国业务。第一部分的内容是重申对于东方汇理银行在华业务状况的批评，第二部分则明确提出应该建立一家具有总体规划的“法中银行”。

文件为拟议中的“法中银行”明确规定了两条原则：(1)它应当是法国金融整体利益的在华代表；(2)它应当为在华法商的特殊利益与法侨的公众利益服务。法国政府希望这家银行将能向自己的竞争对手（如汇丰银行、德华银行、华俄道胜银行等）学习，真正成为法国资本的在华总代表，以求有助于实现法国通过各种条约获得的在华特殊权益。文件还对该行新章程及业务改进提出许多具体意见。

但是，根据法国政府各部门的分工，印支殖民地事务不属外交部管辖范围，因此东方汇理银行亦不归外交部直接领导。东方汇理银行已经成为一个实力相当雄厚的海外既得利益集团，它对法国外交部的批评与筹建新的在华银行的拟议极为反感。1905年12月21日，东方汇理银行行长室以斯塔尼斯拉斯·西蒙的名义，给法国外交部部长办公厅副主任贝特罗发出一封公函。他明确宣布，该行董事会经过讨论一致通过决议，无论在任何情况下该行都不参与法国外交部通知中拟议的新银行的创办，属于该行董事会的各信贷机构也拒绝给新银行提供资金与人才的帮助。西蒙不仅以外交口吻回答："从今以后我已无权讨论这个由我们董事会表决最终了结的问题"，而且还以尖刻的言辞向外交部进行反击："在你们的两份通知中，你们曾三番两次地提到东方汇理银行的小业主思想和不精明，何以你们又那么特别希望恰恰是由东方汇理银行来创办一家法中银行呢？我觉得这似乎很不符合逻辑。"此外，东方汇理银行还在法国外交部的通知上作了反驳性的旁批，并附有长达 16 页的按语，对通知中列举的各项批评进行辩解。

法国外交部对于东方汇理银行的傲慢态度极为恼火，因此又发出一个文件：《就东方汇理银行对 1905 年 12 月 13 日通知的意见所作的答复》(以下简称《答复》)。外交部的答复纯粹是说理的，但态度则是异常明确的，并且对于设立法中银行的意图作了更为具体的阐明。《答复》指出："部长的希望，是在中国建立一个作为法国资本代理人的坚强的金融地位，它在这个国家里有它的基础和很大范围上的领导职能。印度支那银行（即东方汇理银行——引者）的名称本身，它享有的特权，将永远是引起中国人怀疑的原因，使中国人老是把它看作一个外国政府的工具。"在列举东方汇理银行种种弊端与不足之后，《答复》的结语是："中国目前正处于彻底改革之中。由于它要建造铁路，它便需要用国外借来的钱财建立符合新需要的金融机关。所以从现在起，法国就应该注意要在中国拥有一个精明得足以了解新的形势和灵活得足以利用这个形势的金融代表。"

在此以后，法国外交部再次发出一个《关于可能在远东创办一所法国商业银行的通知》。这个文件分为"概述・引论"、"新银行即将开展的业务性质，它的行动范围"、"应在新银行和东方汇理银行、华俄道胜银行之间建立密切的关系"、"总行所在地的选择，应授予远东总经理的职权"、"董事会或'管理委员会'的组成"、"法国贸易在中国的特殊地位，法国向远东输出资本可能带来的利益"、"远东总行长或常务董事的选择"等方面，更为详尽地论证了建立一所法中银行的必要性、可能性，以及该行的业务范围、组织机构、领导体制等等。

从以上这些文件可以看出，以印度支那为主要基地的东方汇理银行，其传统的经营思想与工作方式已不再能够适应帝国主义最后瓜分世界以及在中国激烈争夺势力范围的新形势。法国政府急于另行建立一所有“总体规划”的法中银行，不仅是想把在亚洲扩张的重点转移到中国，而且还想通过这一战略转移进一步加强对于泰国、朝鲜乃至日本的经济渗透。所以，《关于可能在远东创办一所法国商业银行的通知》野心勃勃地说：“由于资本已经成为我们向远东输出的几乎是唯一的商品，现在显然应是考虑在另一种形式下恢复平衡（指与其他列强抗衡——引者）的时候了。那便是建立必要的金融机构，以便在这个地区，用法国的钱，产生在欧洲、甚至在美洲都已变得很难获取的收益。”

二

根据我们现在所能见到的法国外交部档案，最先提到张謇参与筹建法中银行一事的文件，是1908年4月起草的一份合同稿本，题目是《为建立一所中国劝业银行的联合会》，全文如下：

“为建立一所劝业银行，参加签订合同的张季直大人和他的中国合股人为一方，德·马尔托（De Marteau）先生和维·霍夫曼（W. Hoffmann）先生为另一方，双方一致同意拟定下列条款，以留作将来的证据。

一、殿试进士出身张季直大人及其他中国股票发起人，承认外国股票发起人德·马尔托先生和霍夫曼先生已于1907年6月1日与伦敦著名金融家佩吕吉亚（Perugia）先生规定了的外国资本为五百万法郎。

二、鉴于此种情况，中国股东发起人宣布，愿将他们的资金与外国股东发起人的资金合并，以创办上述的劝业银行。本合同之目的即在于认可这一一致意见。

三、该银行的资金交付后，殿试进士出身张季直大人（如有意外事故，当为另一中国合股人）的董事长资格将得到承认，张大人应向中国政府陈报该行宗旨为帮助中国的工商企业，凡此类事务必将事先与他们（指中国政府——引者）探讨磋商。

四、中外股东发起人将各交付资金总额为一千万法郎的半数。在向欧洲寄出本契约的十星期后，外国股东发起人将通过华俄道胜银行在上海交纳五百万法郎，即他们应交付的份额。在拨出这笔外国基金15天后，中国股东发起人应将一百万法郎存入华俄道胜银行。其余部分，即四百万法郎，将于上述一百万法郎交付三个月后全部存入华俄道胜银行。

五、已议定上述银行的名称为‘中国劝业银行’。它将在中国的农工商部登记注册。同中国人的讼端将按中国商事法典处理，同外国人的讼端将按外国法典解决。

六、上述银行的主要目标是把外国资本引进中国，以帮助中国的工商企业。所以，上述银行将能给此类企业以基金贷款。

七、上述银行业务首先应在中国处理。它的主要机构将设在上海，一些分行将同时在伦敦、巴黎和维也纳建立。

八、资本的外国部分五百万法郎一经在上海交付，本合同即将正式生效。

本合同只是临时合同，万一爆发战争或非常事件，本合同即不能作为依据。

本合同已以外国合股人的名义和中国合股人的名义宣读和通过。

副本与原文无误。　　　　　　　　　　(S. 德·马尔托)”

合同之后还附有《未来的劝业银行的中国合股人名单》，第一名就是张季直，并且还简略地介绍了他的官爵与事业。此外则有许久香（鼎霖）、曾少卿（铸）、蒯礼卿（光典）、汤蛰仙（寿潜）等东南著名绅商，还有李经羲亦签认十万两股金。

关于这个合同，在张謇自己的日记、函件中缺乏具体记载，但他在1908年以后非常热心于对外开放，包括以引进外资为主要内容的“国民外交”，所以法国外交部档案的有关记述应当是可信的。在中法合办劝业银行议定合同（实际上只能看作是意向书）两年之后，张謇又以中国绅商代表身份与美国大赉商团商讨合办银行及外海航运等事。张謇在1910年10月8日的日记中曾有简略记载：“达（大赉）、华（华尔特）与我南北商会协议共营银行、开航业、设商品陈列所、置商品调查员四事。银行资本一千万，各半；太平洋商轮，华资过半云。与之言，则注重奉、吉、黑垦事。主客之意，尚能周浃。”大赉的日记则写得更为具体详细：

1. 银行。资本中美各半。

资本的一半，三百万两由中方承担。我们的银行委员会同意向我方银行家们提供一个报告。

2. 在中美两国举办展览。

此点业经取得协议，并将提交我们商业协会在（明年）一月举行的会议。

3. 1915 年在旧金山举行博览会。

决定由中国商会要求北京政府付诸实施，并要求我们政府同意在太平洋沿岸举行。

4. 互惠。

互惠原则已经讨论并完全明确。双方必须互相进口货物。贸易利益不能只限于单方面。

5. 两国商人互相访问。

着眼于上述目的，两国商人必须互相访问，增进了解，以推动贸易发展。

6. 建造轮船，资本中美各半，悬挂中国国旗。

建造一艘货船，资本中美各半，悬挂中国国旗。商会将依法呈报商部，并咨询邮传部可能采取何种奖掖措施。

7. 中国商会联合。

据商会代表报告，昨晚已成立全国商务总会，会所设于上海。来自满洲、直隶等各省人士联合起来并步调一致，这还是第一次。此事已引起强烈反应。

大赉日记系于当年 12 月 25 日在旧金山出版，原名 *Private Diary of Robert Dollar—on His Recent Visit to China*，由于是当时所记，比较翔实可靠。这里介绍的若干情况，可以作为张謇参与筹建中法劝业银行的背景材料。

但是，无论是中法合资或是中美合资创办银行，筹议的方案都未能付诸实现。主要的原因是由于辛亥革命的爆发，这一“非常事件”使原来的合同或意向书因此失效。再就是中方股东发起人集资困难，民间资本已是捉襟见肘，官方赞助更是纸上谈兵，自然谈不上为引进外资提供比较优良的环境。

因此，民国成立以后，法方又旧事重提。但是很可惜，我们现在所能见到的法国外交部档案，与此事直接有关的文件仅只有一件，即 1912 年 1 月草拟的《在中国建立银行的计划》。

这个计划实际上只是一个以个人名义提供咨询的备忘录。它一共有十一个要点，并附有详细的注释。拟议中的银行包括两个孪生银行，“一个中国银行甲和一个法国银行乙”，两个银行的经营管理互为补充，但甲乙两行的集资办法、领导成员与业务范围均有所区别。

甲行的资本来源是：“三分之一由中国政府提供，三分之一由个人或中国股东们提供，三分之一由法国资本家提供。”该行行长由中国政府任命，副行长从另两类投资者中选出。该行的宗旨是为中国政府、各种集团以至个人提供贷款，包括购买国库券与短期债券，开设往来账户，发放抵押贷款等等。

乙行的资本来源是：“三分之一由中国人提供（个人或政府），三分之一由英国（或外国）资本家提供，三分之一由法国人提供。”行长必须由法国人担任，副行长则可由中国人或其他外国人担任，亦可由中国政府任命的监察官担任。乙行的宗旨是:(1)通过发行有关欧洲市场的贷款，引导需要的发展，使将由该行负责的中国政府流动债务逐步变成固定债务。(2)普遍地保证中国政府同外国金融界，尤其是其中最重要的巴黎金融界的接触。(3)逐步发行与合并抵押债券，并保管作为典押的产业证书。

现在还弄不清楚，这个计划或意向书与之后正式筹建的中法劝业银行之间有何等程度的关联，但它至少能够说明法国政府与商人为建立一所规模较大的中法合资银行而进行的策划，在十年之间是坚持不懈的。同时，法方的每次策动都在中国的绅商界引起强烈的反应。

三

中法劝业银行从商讨到筹建的十年间，从世界范围而言，资本主义已经确定地发展到帝国主义阶段。资本主义国家的对外经济扩张，其主要方式也已经从商品倾销转为资本输出。所以，法国政府在其内部文件中明确指出："资本已经成为我们向远东输出的几乎是唯一的商品"，而建立一家法中银行的主旨，便是与英国汇丰银行、俄国道胜银行在中国市场上争雄角逐。

面对外资加强涌入的新形势，中国方面的反应是多种多样的。袁世凯在清末北洋大臣任内，曾派杨士琦专程南下，就是否可借外债问题征询郑孝胥、汤寿潜、张謇三人意见。郑孝胥"绝端主张借"，汤寿潜则"绝对主张不借"。处于两者之间的是张謇的持平之见："风气未开，国人常识不足，不尽知实业、交通之利益，有力者徘徊观望，无力而徒知者不足济事。故外债可借，但借时即须为还计。用于生利可，用于分利不可；而用之何事，用者何人，用以何法，尤不可不计。"(《张季子九录·实业录》) 所以当时有"南方借外债分三派"之说。

张謇对于引进外资的认识是逐步加深的，他在出任北京政府农商总长之后，明确宣布自己的政见："加以自今而后，经济潮流，横溢大地，中外合资营业之事，必日益增多。我无法律为之防，其危险将视无可得资为尤甚，故农林工商部第一计划即在立法。"(《实业政见宣言书》，《张季子九录·政闻录》。) 这就是说，引进外国资本与引进外国科技同样为发展本国经济所必须，至于如何维护民族主权与国家利益，关键在于独立自主而又有完善健全的经济立法。他在农商总长任内制定的许多政策法令，大体上都未离开这个主旨。从上述有关中法劝业银行的档案亦可看出，张謇所参与拟定的合同或意向书，是比较注意维护平等互利原则的，如股金比例的分配、领导成员的任用、业务范围以至讼事处理等等。张謇自信在引进外资的过程中未曾损害或牺牲民族利益，他最强调的是贷款或投资条件："今以条件公布，请国人评之，请我之资本家观之，丧主权否？涉国际否？至于忌者嫉者或爱我者之任作何语，吾不暇恤也。"(《张季子九录·实业录》)

张謇生前对于引进外资确曾表现出极大的热心，除上述引进法资、美资的努力外，他还曾经试图引进其他国家或地区的大宗资金。譬如，1920 年他曾一度打算与比利时政府合资筹办中比航业贸易公司，开辟中国往来西贡、新加坡、法国、比利时、德国各大商港之间的海洋航线，预计："航业公司股本定为一万万佛郎；比国占五十五份，计五千五百万佛郎；中国占四十五份，计四千五百万佛郎。贸易公司股本定为一千万佛郎，中比各半入股，计中国方面占五百万佛郎，合计中国应任股资五千万佛郎。”(《为中比航业致大生纱厂董事诸君函》，《张季子九录·实业录》）此事梁启超等亦曾参加，而且显然处于倡议与主动地位，他们是通过刘厚生与张謇联络的。同年 5 月 14 日张嘉璈为中比公司招股问题致书梁启超，即曾提到："顷得厚生电，南通（指张謇——引者）已允担任百八十万两，嘱即电北京，尚缺七十万两，即由此间凑集。”(《梁启超年谱长编》第 9 册）所谓"即由此间凑集"，就是由张謇断然决定以大生一、二两厂上年积存余利全部拨充。5 月底，刘厚生又通知梁启超，说是即将在南通召开华股创办人谈话会，可见张謇与大生资本集团对于引进外资兴味之浓。

但是，中法、中美、中比合资经营银行、航业的庞大计划，任何一个也未能实现。其原因有客观方面的，也有主观方面的。从客观方面而言，主要是外资方面并未落实，徒然以文字、语言相周旋。从主观方面而言，则是心有余而力不足，确实难以在短期内筹集如此巨额股金。而归根到底，则是由于当时缺少一个可供中外正常合资发展中国工商企业的社会环境。情况正如张謇所慨叹的那样："同室引外寇，大声张六拳。章贡有传檄，闽峤无安眠。吁嗟吴越地，动受四面牵。幸哉一隅地，假息得苟全。太平在何时？今年待明年。呜呼覆巢之下无完卵，野老洒泪江风前。”(《有人归自京师，述所见闻，慨世乱之未已，悲民生之益穷，成诗一篇，寄比弧愤》，《张季子九录·诗录》。)

然而，张謇这些目的在于富国富民的引进外资的努力，毕竟是值得尊敬的，他所留下的经验教训也不乏可供今天借鉴之处，我们应该认真加以研究。

（以上引用法国外交部档案译文，均系周国强、李莉诸同志提供）

张謇与中国近代化

在中国走向近代化的过程中，张謇是极其重要的开拓者之一。他的主要劳绩虽然是在实业与教育两方面，但在政治方面也并非毫无建树。本文着重从中国近代化的角度考察张謇的生平事迹，并且试图评论其功过得失。这里用得着张謇自己说过的一句话："勿爱其长而因护其短，勿恨其过而并没其功，为天下惜人才，为万世存正论。"[①]

一

张謇一生事业的主要基础与主要成就都在于实业，而实业的主体则是大生纱厂。

关于大生纱厂的兴办与发展过程，张謇在1925年《大生纱厂股东宣言书》中曾有概略的回顾："一厂计自丙申至己亥，为负谤含诟，强力图成，无息赔息之一节。自庚子至辛丑，为渐转复厄，支柱危险之一节。自壬寅至丙午，为日进有功之一节。自丁未至乙卯，为平流而进之一节。丙辰一年独亏折，而尚有官利之一节。自丁巳至庚申，为大顺而退机四动之一节。自辛酉至壬戌，为败见急救，第三度被困忍辱之一节。然辛酉一年，余利尚不薄。二厂计自丁未至戊申，为整地建厂，无息赔息之一节。己酉至乙卯，为岁获赢余之一节。丙辰一年同一厂。丁巳至辛酉，为有利且优之一节。言乎股东本息，一厂自未开机前五年，年即付息八厘。开机后息多者，自四五分至八九分。总凡二十七年，赢利兼正、余二者，凡九百九

① 张謇：《追悼孙中山演说》，《张季子九录·文录》第17卷，中华书局，1931年，第12页。

十六万四千六百余两；二厂未开机前亦付息，开机后十六年，赢利兼正、余二者，凡三百五十一万七千一百余两。合共一千三百四十八万一千七百余两。言乎基产，一厂纱机，自二万四百锭，增至九万三百八十锭，又线机二千锭，布机七百二十张，折价合计近十万锭。二厂机自一万二千锭，增至三万五千锭，又布机二百张，折价合计近三万七千锭。共凡十三万七千锭，今按锭计价，每锭作平均六十两，值可八百余万两；即每锭从廉作价五十两，亦值近七百万两。然一厂资本今仍二百五十万两，二厂资本今仍一百十九万四千三百九十两耳；合共三百六十九万四千三百九十两，以锭相衡，裁十之五强。"①

这个《宣言书》虽然是胪陈若干数字，但却是这位近代化开拓者披荆斩棘、筚路蓝缕的真实记录，其中蕴含着创业者多少心血、艰辛与酸楚。在二十多年期间，大生纱厂以二万四百锭起家增至十三万七千锭（增长671%），以三百六十多万两资本赢利达一千三百余万两（赢利364%）。1925年全国华厂纱锭总数为1 866 232锭，大生纱厂锭数（125 380）占6.7%;同年全国华厂布机总数为11 121台，大生纱厂布机数（920）占8.2%。这大体上可以说明张謇对于发展近代棉纺织工业的重大贡献。

然而张謇的企业活动并非仅限于棉纺织业。经过近三十年的艰苦奋斗，他利用各种可以利用的条件，克服层出不穷的困难，创造了一个资产总额达到几千万元的大生企业系统。这个系统以棉纺织业为中心，包括盐垦、榨油、皂烛、磨面、蚕桑、运输、冶铁、罐头、金融、印刷、市政等各个方面。至于他所参加和协助创办的企业单位，则为数更多，范围更广。据一个日本人的实地调查，"张謇之事业地在江苏省扬子江口之北岸，以南通为中心，北越旧黄河流域，以至淮河口附近。其面积约有三万六千七百方里。以经纬度而言，则纵自北纬三十度至三十四度，横自东经一百十九度四十分至一百二十一度三十分。东北滨黄海，南临扬子江，西接安徽、江苏之大平原"②。早在1929年，胡适为《南通张季直先生传记》作

① 张謇：《大生纱厂股东宣言书》，《张季子九录·实业录》第8卷，中华书局，1931年，第34—35页。

② 驹井德三：《张謇有关事业调查报告书》（抄件）。

序时曾经指出：张謇做了三十年开路先锋，造福于一方，影响于全国。应该肯定，这个评价是符合历史实际的。

张謇的企业活动的可贵之处，还在于它从一开始就立足于与帝国主义列强竞争并且具有自己的战略思想。

大生纱厂的《厂约》明确宣布自己的宗旨："通州之设纱厂，为通州民生计，亦即为中国利源计。通产之棉，力韧丝长，冠绝亚洲，为日厂所必需。花往纱来，日盛一日，捐我之产以资人，人即用资于我之货售我，无异沥血肥虎，而袒肉以继之。利之不保，我民日贫，国于何赖?"[①] 如果说，张謇开始办厂还只限于防止利权外溢与抵御外资在内地设厂，那么通过一系列企业活动则使他进而认识到当今中国经济"决非可以闭关自了之时"，必须引进外国机器设备、科学技术以至资金，并且大力发展"海外直接贸易"。张謇始终主张对外开放，同时又强调完善经济立法与妥议合同条件，以维护国家主权利益与贯彻平等互惠原则。

早在1910年，张謇考察光绪一朝海关贸易报告，认识到中国实业"当从至柔至刚之两物质，为应共同注意发挥之事。……至柔惟棉，至刚惟铁，神明用之，外交内治裕如，岂惟实业"[②]。以后他也曾重申，"謇于棉铁，固向持积极主义者"，"知棉铁两业，可以操经济界之全权"。重工业强调钢铁，轻工业强调纺织，可以说是从战略高度抓住了发展民族近代工业的关键。但是，由于财力的限制，张謇对于钢铁工业确实"未涉津涯"，他只能寄希望于汉冶萍公司"群策群力"，维护"吾华一线生机"[③]。张謇的一生事业主要在纺织，与外国的竞争主要也在纺织。他在农商总长任内，发布奖励植棉条例等政策法令；离开北京政府以后，他更利用西方列强暂时无力东顾的有利时机抓紧扩展棉纺工业，决心在国内外市场上与列强"悍战"。

---

① 张謇：《厂约》，《张季子九录·实业录》第1卷，中华书局，1931年，第9页。

② 张謇：《海关进出口货价比较表序》，《张季子九录·实业录》第4卷，中华书局，1931年，第29页。

③ 张謇：《汉冶萍就职演说》，《张季子九录·实业录》第5卷，中华书局，1931年，第14页。

当然，这毕竟是一场双方实力悬殊的“悍战”，其结局的悲剧性质自然是在意料之中。张謇在颠蹶挫折之余竟幻想乞灵于“世界各国经济互助”，引进各国资本组织“银公司”，“以棉铁为主要，以类于棉之稻麦，类于铁之煤为从要”，同时还就力所能及兴办其他有关企业。张謇理想中的银公司，“均势以平等其资本，公开以昭布其条件，以互输产品保公司之利，以不犯土地等主国之权，如是十五年小效、三十年大效可以预言”①。这个预言显然是缺乏现实根据的，以半殖民地国家向帝国主义要求“经济互助”、尊重主权与平等互利，等于是鸡群谋求与黄鼠狼成为盟友。张謇原先充满青春活力的棉铁主义，如此迅速地被扭曲成为虚幻中的中外合资“银公司”构想，这是当时的历史条件使然，后世的人们应该给以理解而非苛求。

二

张謇一生的主要旨趣在于兴办教育，“父教育而母实业”是他的信条；而从某种意义上来说，从事实业就是为了筹措教育经费。

张謇深深理解教育对于发展民族近代工业以至整个国家近代化的重大意义。早在1895年为张之洞起草《条陈立国自强疏》，即已要求“广开学堂”。戊戌维新期间，他赞成废科举、兴学校，并草拟大学堂办法。变法失败以后，他在南京文正书院设立“西学堂”，专教汉文、英文、翻译、算学，作为创办新式学堂的试验。

以1902年兴建通州师范学校为发端，直至1926年春以9 900元购买沙田产权作为男女师范校产，他无时无刻不在为发展新式教育呕心沥血。他以武训为榜样，曾说：“不观夫名满海内山东之武训乎！武一乞丐，幕天席地，四大皆空，是真毫无凭藉。然一意振兴教育，日积所乞之钱，竟能集成巨资，创立学塾数所，是真士大夫对之而有愧色者也。人患无志，

① 张謇：《商榷世界实业宜供求统计中国实业宜供求之趋势书》，《张季子九录·实业录》第7卷，中华书局，1931年，第1页。

患不能以强毅之力行其志耳。”① 可以这样认为，张謇正是以强毅之力行武训之志，为发展通海地区近代教育事业奋斗到最后一息。

办学的成绩确实是引人注目的，张謇在 1924 年曾回顾说：“吾通因世界之趋势，知文化必先教育，教育必先实业。于清光绪二十二年，即一千八百九十八（六）年，因南通棉产著名，首先创设大生纱厂。二十八年，创立师范学校，以为普及教育之基础。纺纱须棉，须增产棉地，乃创设通海垦牧公司。有棉产地，须讲求改良棉种及种法，又创设农业学校，此校亦在省立农校之前。纺纱须纺织专门人才，又设立纺织学校，此校为全国所仅有。又设商业学校。南通实业逐年发达，各省旅学于南通各校者亦逐年加多，乃注重卫生，设立医校及医院。更进而有图书馆，有博物苑，有气象台。此南通已成立之文化事业也。总计开办至今，除本省本县外，其他各省青年远道而来者，凡浙江、江西、安徽、福建、湖南、湖北、山东、山西、陕西、甘肃、云南、贵州、四川等十三省。现在各校已有之基产，计地十二万亩，及通海垦牧公司股本值银二十万元。”② 当然，这个回顾并未全面反映张謇兴办教育的成就与雄心壮志。譬如，1920 年他已经将医、纺、农三个专科学校合并为以后的南通大学，1924 年他又向美国政府谋求以退还庚子赔款资助南通教育事业向高层次发展，包括完善南通大学农科设备，工科增设印染专业，水利交通增设河海工程，商业从中专提高为大学，文科分设哲学、经济、历史、地理四个专业。

张謇的教育理论与实践，颇有自己的特点。

首先是特别重视师范教育。其思路是：“不民胡国？不智胡民？不学胡智？不师胡学？”③ 这就是把提高整个民族素质作为国家近代化的根本，而培养合格国民教育师资又是增进民智的必要前提。所谓智，不仅仅是文化知识，还有思想品格与身体素质等方面的要求，用他在《师范章程改订

① 张謇：《北京商业学校演说》，《张季子九录·教育录》第 3 卷，中华书局，1931 年，第 21 页。

② 张謇：《致美国政府请求以退还庚子赔款酌拨补助南通文化教育事业基金意见书》，《张季子九录·教育录》第 6 卷，中华书局，1931 年，第 1 页。

③ 张謇：《通州师范学校始建记》，《张季子九录·教育录》第 1 卷，中华书局，1931 年，第 14 页。

例言》中的说法，即应包括“国家思想、实业知识、武备精神”三个方面。因此，他把培养新式的合格师资放在发展国民教育的起点与基点这样重要的地位，称之为“普及根源，教育本位”[①]。他愤慨于社会对教师与师范的轻视：“何况中国沿科举之颓波，学生歆利禄之余热，使人人知教员无厚利可图，而国家又无虚名维系。试问世界真肯身殉教育者几人？其弊必至英异之上材，视师范为绝路。”[②] 他主张采用擢优、励恒、彰廉等方法加以奖励，规定给俸法、就聘法、义务界限、任职资格、解约规则、处分规则等有关教育法规加以约束，并且以国家税和地方税补助学校，以地方教育经费资助，努力发展师范、普及教育。在中国近代教育史上，张謇堪称师范教育的卓越先驱。

其次是强调发展教育必须统筹规划、循序渐进。他反对清朝政府在庚子以后“仓皇兴学即以大学为发端”，认为“大学之预备在分科高等，高等之预备在中学”，而中学之预备又在小学，必须先打好基础才能逐步向高层次发展。因此，他比较重视总体设计与数据预测：办大学要考虑需要与可能，确定规模与招生人数，而这就涉及生源和高等、中学的提前准备；即使是发展小学，也必须考虑地方的需要与经济承受能力，规划合理的布局，还要准备毕业后继续升学的出路，在普通中学和职业、技术学校方面作相应的发展。他在 1906 年给南通劝学所、教育会的一封信，对于当地乡镇初等小学的发展作了通盘规划，其立论之谨严，思路之缜密以及考虑之全面，在当时的历史条件下可以作为范例。总之，张謇办教育与办其他各种事业一样，都是脚踏实地、讲究效益，决不好高骛远、追求虚名。张謇在 1903 年到日本参观时，日本教育工作者嘉纳治五郎询以“东来调查宗旨”，他的回答是：“学校形式不请观大者，请观小者；教科书不请观新者，请观旧者；学风不请询都城者，请询市町村者；经验不请询已完全时者，请询未完全时者；经济不请询政府及地方官优给补助者，请询地方人

① 张謇：《师范奖励约束补助说呈学部》，《张季子九录·教育录》第 2 卷，中华书局，1931 年，第 1 页。

② 张謇：《师范奖励约束补助说呈学部》，《张季子九录·教育录》第 2 卷，中华书局，1931 年，第 2 页。

民拮据自立者。”[①] 在学习外国先进事物时注意从国情出发，时时事事都要考虑自身的财力物力和接受、消化能力，这是张謇所富有的一种特别可贵的务实精神。

第三是注意教育与生产实践的结合，同时又从整个社会的角度充分发挥教育的功能。他把“实业知识”作为教育三项大纲之一，“实业”二字本身即已强调教育与生产实践结合并为生产实践服务。他很早就在师范学校附设测绘、蚕桑、农、工等科，以后更分立、扩充成为各个专科和中等技术、职业学校。他还在南通女子师范学校附设绣工科，以后又另行建立绣织局与女工传习所，均请著名绣师沈寿主持其事。他担心沈寿病弱早逝，亲自为她笔录并整理成为《绣谱》，使誉满世界的沈派天香阁绣法得以流传。他设立伶工学社与更俗剧场，亲自参与戏剧教育与京剧艺术的革新，目的也是改良社会。他曾对梅兰芳说：改良社会的作用，文字不及戏曲之捷，美术工艺不及戏曲之便[②]。此外，他还以私人的力量设立图书馆、博物馆、公共体育场，以谋更有效地使文化教育服务于社会，借以提高整个民族的科学文化以至身体素质。张謇在私人发展教育事业方面所表现出的视野之开阔，气魄之宏大，构思之完整，措施之切实，就中国范围而言真可以说是前所未有。

尽管张謇发展近代教育事业已经作出很大贡献，但他绝没有满足于已有的成就，他对于教育近代化的追求可以说是永无止境。他在晚年颇为遗憾地概叹：“謇营南通实业、教育二十余年，实业、教育大端粗具。言乎稳固，言乎完备，言乎发展，言乎立足于千百余县而无惧，则未也未也！实业未至人尽足以谋生，户尽不至乏食，教育未至乡里学龄儿童什七八有就学之所，儿童长成什五六有治生常识，未足云大效。謇方目计之，心营之，而年日以长，力日以薄，智能日以绌，未知观成之何日也？”[③] 这种勇于自责的举动，充分体现出张謇对于中国近代化事业具有高度的使命感和

---

① 张謇：《东游日记》，《张季子九录·专录》第4卷，中华书局，1931年，第21页。

② 张謇：《致梅浣华函》，《张季子九录·文录》第11卷，中华书局，1931年，第18页。

③ 张謇：《南通中等以上学校联合运动会演说》，《张季子九录·教育录》第5卷，中华书局，1931年，第16页。

紧迫感，而他的生平的魅力亦正在于此。

三

与经济思想、教育思想相比，张謇的政治思想显然稍形逊色。张謇曾经因为得子太迟而自嘲“生平万事居人后”，其实这句诗如果用以形容他在政治上的前进步伐，倒也十分贴切。

甲午战争以前，他基本上仍属于充满忠君爱国思想的封建士大夫范畴，尽管已经受到西方资本主义的某些影响。思想上的重大转变是在甲午战争后，战争的失败与《马关条约》的签订给他以极为深刻的刺激，使他开始与传统知识分子群体逐步离异，谨慎而迂缓地迈出了新的步伐。

张謇是农民出身的士人，商人当中的儒者。他相信眼睛甚于相信耳朵，习惯于凭借事实而不是凭借哲理来思考。当然，他并没有完全摆脱士大夫的习染，在重大的政治转向之前，必须作出道义上的辩解以谋求心灵的平安。但即令是这种道义辩解也以对于现实的利害判断为前提，而且无非是作为既定行动的伦理辩护词。在政治上，他既非理论的巨人，又非行动的勇士；既不会大言欺世，也难以冲刺在前。他在没有思考清楚以前决不采取行动，但一经采取行动就决心进行到底。他起步虽然稍嫌迟缓，但每一步都踏在实处，并且有足够的后劲，因此往往得以后来居上。可以这样说，稳健是张謇政治行为的最大特点。

对于戊戌维新，张謇虽然同情与支持，但着眼点主要在于实业与教育方面。变法失败以后，他批评康梁躁进躐等，就说明自己在政治主张方面与他们还有一定距离。只是在1903年访问日本以后，他通过亲见目睹的大量事实，认识到议会与政党确实优越于专制政体，这才正式投身立宪运动。

张謇在政治近代化方面的主要贡献就是领导立宪运动。对于这一运动，他的感受最深，直到晚年还不胜慨叹系之：“自清光绪之际，革命风炽，而立宪之说以起。立宪所以持私与公之平，纳君与民于轨，而安中国亿兆人民于故有，而不至颠覆眩乱者也。主革命者目为助清，清又上疑而下沮，甲唯而乙否，阳是而阴非，徘徊迁延而濒于澌尽。前此迁延徘徊之故，虽下愚亦能窥其微，虽上圣不能警之寤。”[①] 他甚至总结自己的生平：“一生之忧患、学问、出处，亦尝记其大者，而莫大于立宪之成毁。”

是张謇自己，用言行、思想、情感把自己的名字与立宪运动紧密地联系在一起。

过去人们习惯于在清末立宪运动之前冠以“虚伪”二字，但张謇的鼓吹立宪则确实是真诚的。因为他主要是通过兴办实业、教育的实践真正认识到改变专制政体的迫切需要，而并非是首先谋求反对革命，更不是政治投机或附会新潮。

自从创办大生纱厂与通州师范学校之始，他就痛感政府专制腐败与官员的愚昧贪婪。1903 年访问日本之后，他认为工业、农业、商业、教育、国防等方面的革新与发展，都需要有“政、学、业”三方面的配合。“政者君相之事，学者士大夫之事，业者农工商之事。政虚而业实，政因而业果，学兼虚实为用，而通因果为权。”(《东游日记》) 作为君相之事的“政”，主要指政府的政策以及宏观管理，他认为日本实业、教育近代化之所以成功，就是因为政府实行奖励补助的“以予为取”政策。他曾对比北海道的开发与通海地区的垦牧，前者是“国家以全力图之，何施不可”，后者则是从初建之日起，便“有排抑之人，有玩弄之人，有疑谤之人，有抵拒挠乱之人，消弭捍圉，艰苦尤甚”。他亦曾对比大阪府立师范学校与通州师范学校的不同遭遇，又不胜感叹：“凡事入手有次第，未有不奏成绩者。其命脉在政府有知识，能定去向，士大夫能担任赞成，故上下同心，以有今日。不似一室之中，胡越异怀，一日之中，朝暮异趣者，徒误国民有为之时日也。”通过这一系列考察与对比，结论是：“抉其病根，则有权位而昏惰者当之矣。”(《东游日记》)

至于如何“抉其病根”，如何改变昏惰者当权的现状，张謇在《东游日记》中已经形成比较清晰的思路。一是健全法制：“东西各国办事人，并非别一种血肉，特造止法度，大段（体）公平画一，立法、行法、司法人，同

---

① 张謇：《年谱自序》，《张季子九录·文录》第 8 卷，中华书局，1931 年，第 8 页。

在法度之内，虽事有小弊，不足害法。”二是政党政治：“鸟兽亦有群，朋党性情事。与盗掩耳钟，宁各表其帜。日风多任侠，党多自明治。道同旅进退，明白不曾秘。揭来舆论哓，纷纭在国计。增税与募债，并策强邻备。”

当然，不能过分强调东游的收获与外来的影响，张謇转向立宪的驱动力主要还是来自内因。非常明显的一个事实，就是企业家的利害观念已经猛烈冲击到他固有封建士大夫的伦理纲常。例如：“故尝以为，过捐卡而不思叛其上者，非人情；见人之酷于厘卡，而非人之欲叛其上者，非人理。”[①] 这样激烈的言辞，如果不是清清楚楚写在张謇给张之洞的一封回信上，确实很难令人相信出于这位状元公之口。作为内因的利益冲突与作为外因的西潮东渐相结合，于是产生投身立宪运动的动机与行动。光绪二十九年除夕之夜，他得知日俄战争已经爆发而日本已获两次小胜，便在日记上写道：“日本全国略与两江总督辖地相等，若南洋（指南洋大臣管理地区——引者）则倍之矣。一则致力实业、教育三十年而兴，逆抗大国而拒强国。一则昏若处瓮，瑟缩若被絷。非必生人知觉之异也，一行专制，一行宪法，立政之宗旨不同耳。”从此，张謇便集会结社，宣传鼓吹，组织请愿，为改变清朝政府的“立政宗旨”而努力奋斗。

张謇领导的国内立宪运动诚然失败了，但在历史上并非毫未留下痕迹，它至少在思想上、组织上、制度上，以至社会风气方面，对中国的政治近代化（主要是民主与法制）起了明显的促进作用。

张謇从立宪运动一开始就很注重宣传教育，这就是他一贯主张的“不民胡国？不智胡民”。除组织编译刊印《宪法义解》、《日本宪法》、《日本议会史》外，他们还出版《预备立宪公会报》作为机关报，并控制《时报》使之成为鼓吹立宪运动的喉舌。此外，他们所编印的《公民必读》之类普及立宪知识的读物，也流行于全国各地。尽管他们经常强调“尊主”与“统于一尊”，但这主要是为了维持政局的稳定，并非不注重民权与民主意识的灌输。譬如预备立宪公会首任会长郑孝胥在成立大会上的报告词

① 张謇：《答南皮尚书条陈兴商务、改厘捐、开银行、用人材、变习气要旨》，《张季子九录·实业录》第4卷，中华书局，1931年，第5页。

中，即公开指出中国数千年来都是“家天下”，而人民的弱点则是“苟安偷活”四字。“苟安”就是自居“卑贱”而屈从于“尊贵”的绝对权威，人民无丝毫权利可言。所以应该革除“苟安”而提倡“责难”，即人民必须关心、研究、议论“国政”，加强影响政府的决策。这与当时整个社会民主思潮的发展是相呼应的。

张謇自从创办大生纱厂以后，历任江苏教育会会长、预备立宪公会副会长、苏省铁路公司协理、劝业研究会会长、中央教育会会长，民国以后除参与中华民国联合会、统一党、共和党等政党活动外，亦曾担任国际税法平等会会长、国际同盟同志会理事、中日菲远东运动会名誉会长。可以这样认为，张謇不仅是实业家、教育家，而且是一个社会活动家。中国在专制政体统治上，长期实行中央集权，强调大一统、大一尊，最忌讳的是“内轻外重”，不愿分散权力于地方，更加不愿分散权力于社会。当然，地方绅士的力量不容忽视，但绅士与绅士所控制的传统社团都是封建宗法社会的有机组成部分，很难成为改变旧的社会结构与社会秩序的异端力量。张謇所创办与参加的各种社团则具有明显的近代特征，它们不仅有利于将新兴资本家群组织成为阶级力量，而且可以在一定程度上增强“民间”同“政府”对话的实力背景，也就是在一定程度上削弱了政府而加强了社会。尽管这种变化还比较微小，但却是国家近代化的基础部分，因而不容忽视。

从专制政体走向议会政治虽然在中国是一条走不通的道路，然而历史毕竟记录下当年追求民主与法制的先驱者前进的步伐。预备立宪公会在1907年发起与组织的调查商业习惯与拟定商法草案的活动，正式派代表到上海参与讨论的有88个商务总会与分会（包括新加坡、三宝垅、长崎等海外华商总会），另有30余处商会则以通信方式参与讨论，这可以说是中国历史上空前未有的壮举。咨议局的功能虽然主要被局限于咨询性质，但江苏省咨议局在张謇领导下，却自成立之日起就极力争取成为真正的立法机构，并且在清末政治舞台上表演得颇有声色。张謇在第一届常会提出并得到通过的《本省单行章程规则截清已行未行界限分别交存交议案》，要求凡在咨议局开办以后所订的本省单行法，都必须经过该局议决，然后才能呈请公布生效。第二届常会议决的《本局议案公布施行后之实行方法案》，规定地方官必须按期报告咨议局议决案的执行情况，如有故意拖延不办者则据实给以纠劾。这两个议决案并非一纸空文。在第一届常会期间，江苏巡抚瑞澂交议改定厘金征收办法一案。瑞澂与张謇虽然私交颇好，但此案却以有损商民利益被咨议局据理驳回。两江总督张人骏愚昧而又顽固，他批复第一届常会十一件议决案，两件交令复议，五件予以驳回，实际上就是否决了一半以上。咨议局当然对此极为不满，所以在1910年即以张人骏无视该局权限，擅借外债，属于违法侵权行为，要求资政院核办。次年又以预算案与张人骏发生激烈冲突，以张謇为首的咨议局常驻议员全体辞职以示抗议，并且发动社会舆论给以声援，使总督在政治上陷于孤立。同时，张謇还通过咨议局努力开展国民外交。1910年夏天，他在咨议局亲自主持欢迎美国大型商团的宴会，到会的还有包括奉天在内的16省咨议局代表，实际上成为一次全国性的咨议局系统的国民外交活动。当然，还应该特别注意到由江苏省咨议局发起的全国范围的国会请愿运动，其声势之浩大与影响之深远更是史无前例。

总之，无论从民主思想的传播还是从议会政治的实践而言，张謇在当时的历史条件下都创造了引起中外瞩目的业绩，而这些业绩对于整个中国政治近代化也是颇有贡献的。

四

在百余年中国近代历史进程中，有些先驱者虽然声名显赫，但业绩却仅限于某一方面，或为政治、或为文化、或为经济、或为科技；而张謇业绩的特点却在于它的整体性，这就是他自己经常标榜的“村落主义”，亦即地方自治。

地方自治是清末立宪运动的一个组成部分，而张謇则认为“立宪基础首在地方自治”[①]。张謇经营的地方自治事业包括实业、教育、慈善三个部

---

① 张謇：《预计地方经费厘定地方税界限应请开国会议》，《张季子九录·自治录》第1卷，中华书局，1931年，第11页。

类，他曾回顾说："以国家之强，本于自治；自治之本，在实业、教育；而弥缝其不及者，惟赖慈善。謇自乙未以后，经始实业；辛丑以后，经始教育；丁未以后，乃措意于慈善。盖失教之民与失养之民，苟悉置而不为之所，为地方自治之缺憾少，为国家政治之隐忧者大也。"① 慈善部类包括范围甚广，除传统的善堂、义仓、敬老院与新增的育婴堂、贫民工厂外，还包括其他社会福利与许多市政项目。如果再加上地方议会、自治会之类机构及其活动，张謇所提倡与推行的地方自治，其范围已经大大超过了清政府的规定："地方自治以专办地方公益事宜，辅佐官治为主。"(《地方自治章程》）当然，两者的根本差异是其落脚点为官治抑或民治。清朝政府所认可的地方自治无非是作为官治的点缀与补充，而张謇所追求的则是以"自存立、自生活、自保卫"为基础的民治。

张謇所从事的地方自治，其实质是谋求建立一个完整的近代社会范型，而其范围又决不是仅限于自己所居住的村落。他脚踏实地而又放眼全局，不仅谋求南通的物质文明与精神文明超过国内其他一千七百多个县，而且还雄心勃勃地谋求与外国的先进"村落"作文明之竞争。张謇的设想是以南通为示范，将这种地方自治模式逐步推广到江苏全省，最后推广到整个中国，而用我们今天的语言来说，就是全面实现中国的近代化。平心而论，张謇提倡并推行的"实业救国"、"教育救国"、"立宪救国"，都是从不同侧面谋求中国近代化，而地方自治则是这三个方面的综合，或许也可以说是总的纲领。

过去，由于长期处在革命战争环境，再加上一些"左"倾思想的影响，人们曾经对"实业救国"、"教育救国"以至立宪运动进行反复批判，而许多批判又往往流于简单化与主观武断。但是，历史现象毕竟是复杂的，某种主张或方案的社会效应也是多方面的，而对于持有此种主张或方案的人更需要作具体分析。在张謇所处的那个时代，如果不去推翻清朝政府、北洋军阀的残暴统治，单纯靠实业与教育或局部政体变革都是救不了

① 张謇：《拟领荒荡地为自治基本产请分期缴价呈》，《张季子九录·自治录》第 2 卷，中华书局，1931 年，第 9 页。

中国的。因为如果没有整个社会环境的根本变革，即使是实业、教育以至局部政体变革本身，也是面临重重困难而无从避免失败的命运。同时，张謇一生所追求的民族资本主义的发展和议会政治的目标，在20世纪的中国也是行不通的。但是，张謇的爱国之心毕竟是真诚的，他的“实业救国”、“教育救国”并非空洞的高调，而是切切实实创办了许多有益于国计民生的企业、学校以及其他社会公益事业。大生资本集团在张謇生前诚然已经陷于破产，但是他们艰苦创业的一系列实业、文教实体终究留存下来。这里用得着今日南通人所说的那句话，就是：“为今天和明天南通工业、文化教育事业的发展奠定了基础。”我们应当批判过去那些用“实业救国”、“教育救国”之类美丽空话来阻挡革命潮流的政客，但却不能因此一概否定那些可能暂时迷失政治方向然而确实曾在中国土地上为营造近代化大厦添砖加瓦的先辈。

在中国近代史上，我们很难发现另外一个人在另外一个县，办成这么众多的事业，产生这么深远的影响。甚至在他离开人世六十多年以后，这个地区仍然到处可以感觉到他的存在。张謇的名字已经与历史名城南通联成一体，并将以其开拓近代化道路的光辉业绩而永远为后世所缅怀铭记。

（原载《华中师范大学学报》1987年第4期）

对外经济关系与大生资本集团的兴衰

关于大生资本集团与外国资本主义之间的关系，严中平的《中国棉纺织史稿》专著与林刚题为《试论大生纱厂的市场基础》的论文①，已有许多深入的剖析。本文是在他们研究的基础上，结合我自己在撰写《张謇传稿》过程中的一些收获，对于这个问题试作进一步探讨。

一、刺　　激

大生资本集团的所在地南通，位于长江口北岸，东北滨海，南面临江，属于江海冲积平原。这里的土壤、温度、雨量、霜期都宜于植棉。通棉不仅产量高，而且色地洁白并富于弹性，很早即以"沙花"著称，盛销于东南沿海地区，张之洞筹办湖北棉纺织厂时即曾预定要采用通棉。南通的手工棉纺织业素称发达，至少有三百年以上的历史，除销售于本省邻近州县以外，还在东北形成了传统市场，特别是可供包装货物、裱糊油篓、制作船帆之用的"稀布"颇受商户欢迎。

通海地区僻居江北一隅，从总体上来说经济、文化发展都落后于苏南，所以它的手工纺织业虽然具有悠久的历史，而且商品化已经达到引人瞩目的程度，但是这大都是中世纪个体经济性质，未能超越自给自足小农

---

① 林刚：《试论大生纱厂的市场基础》，《历史研究》1985 年第 4 期。

经济范畴。严格地说，它还没有达到 18 世纪英国西部地区“家庭工业制度”（Domestic Manufacture）那样的水平[①]。通海地区手工纺织业的保守状况，正是整个中国封建社会经济发展的一个缩影。

法国历史学家保尔·芒图（Paul Mantoux）在他的名著《十八世纪产业革命——英国近代大工业初期的概况》中曾经说过：“这是旧经济组织的标志，虽经内部的缓慢演进而逐渐改变，但仍保存其累世旧习所维持的旧形式，毛纺工业太保守了，太受到特权和偏见的压制，所以不能通过自己的技术革新来自行完成自己的变革。因此，产业革命要在毛纺工业以外着手。”[②] 所谓“毛纺工业以外”就是商业，亦即海外市场的急速扩大及其对工业品需求的大幅度增长。这也就是马克思和恩格斯在《共产党宣言》中早已说过的道理：“市场总是在扩大，需求总是在增加。甚至工场手工业也不再能满足需要了。于是，蒸汽和机器引起了工业生产的革命。”

南通的棉纺织工业也是一种“太保守”的旧经济组织，它同样需要来自市场的巨大推动力量才能完成自己的变革，不过这个迅速扩大的国内外市场，并非专属于自己的民族，而是日益明显地控制在外国资本主义手中。由于南通的棉纺织业由家庭手工业进入工厂大工业，其时已在欧美资本主义国家已经完成产业革命并且侵入亚洲与中国之后，这就决定它的发展过程是一条畸形的坎坷道路。

首先应该看到，棉纺织品市场的扩大，其主要动因并非来自国内经济的自然发展，而是由于外国资本主义入侵加速中国自然经济的分解。1871—1873 年，进口棉布价值 32 013 727 元，棉纱 37 791 担；1891—1893 年，进口棉布价值 44 911 705 元，棉纱 704 877 担[③]。这些进口棉纺织品，大部分集散于邻近南通的上海，到 1890 年汇聚于上海的外洋棉纺织品即达三千万

---

① 《受命考察英格兰毛纺工业状况的特别委员会报告》，1806 年，第 1 页称：“在约克郡的家庭工业制度中，工业是掌握在许多老板兼工匠的手中，他们每人都有很小的资本。他们从商人手中买进羊毛，在自己家里得到妻儿的帮助，还有几个工人。在必要时他们也把羊毛染色，使羊毛经过制造上的种种演变，直至成为未整饰的呢绒为止。”

② 保尔·芒图：《十八世纪产业革命——英国近代大工业初期的概况》，杨人楩、陈希泰、吴绪译，商务印书馆，1983 年，第 64 页。

③ 严中平等编：《中国近代经济史统计资料选辑》，科学出版社，1955 年，第 74 页。

关平两以上。

外洋棉纺织品大量输入的结果，首先是引起农村家庭手工业纺与织的分离。大约是在中法战争前后，洋纱开始经由上海销往南通。由于洋纱色泽光洁，条干均匀，不易断头，而且价格低廉，逐渐为织布农户所乐于采用。他们用洋纱为经、土纱为纬，织成质量较佳的“大尺布”，在东北市场颇为畅销。到甲午战争期间，通海两地每天可销洋纱 20 大包（每包重 400 磅），每年农村购买洋纱掺织土布，价值达 40 余万两。甲午战争以后，洋纱进口增长更快。1894—1898 年，洋纱平均每年从华北四口输入 315 278 担，从长江中上游七口输入 211 935 担，分别占华北、华中两大市场的 93.7%和 86.4%[①]。这对通海地区传统手工棉纺织业的冲击自然更大。

洋纱倾销不仅在客观上为大生纱厂开拓了市场，而且激发了大生纱厂创办者的危机感与紧迫感。可以这样说，大生纱厂就是在洋纱倾销的强烈刺激下诞生的。关于这层道理，大生纱厂的《厂约》本身已经说得很清楚：“通州之设纱厂，为通州民生计，亦即为中国利源计。通产之棉，力韧丝长，冠绝亚洲，为日产所必需。花往纱来，日盛一日，捐我之产以资人，人即用资于我之货售我，无异沥血肥虎，而袒肉以继之。利之不保，我民日贫，国于何赖？”[②]

《马关条约》允许外国资本在内地设厂，这是对于中国第一代机器棉纺织企业家们更大的刺激。据 1895 年上海口海关报告：“按马关所订之和约，华洋各商，俱可任便购运，兴作各项工艺。本埠已建有纺织、缫丝等厂，将来中国所产纱布诸货，势必与印度来者相争衡。其新创之丝厂，前幅已经论及，而所设之纺织等厂，官商合股者，先有五家。此五厂计共有十二万锭子，八百五十机张。每年能出纱九百包，每包重四百磅；布能出二十五万匹，每匹重十四磅，长四十码。”[③] 显然，甲午战争与《马关条约》激起上海一股兴办纱厂的热风，而邻近的南通很快便作出积极的反应。

---

① 严中平：《中国棉纺织史稿》，科学出版社，1955 年，第 145 页。

② 张謇：《厂约》，《张季子九录 · 实业录》第 1 卷，中华书局，1931 年，第 9 页。

③《关册》，“上海口”，1895 年，中文本，第 32 页。

中国第一代企业家不同于西欧早期的资本家，他们创办企业不单纯是由于利润的刺激，其中有些人甚至主要不是由于利润的刺激，而反抗外来侵略的爱国思想与民族情绪也具有很明显的刺激作用。因此，中国初期民族近代工业的兴办，从动机到集资、兴建、经营，都有明显的政治因素在起作用，单纯从经济规律的角度是很难给以全面与合理的解释的。

二、引　　进

中国早期资本主义发展的道路与西欧不同，它不必重复西欧经由工场手工业阶段然后再进入产业革命那样的历史常规道路。无需讳言，它们在设备与技术等方面一般都是直接从外国引进。

大生纱厂的兴办，尽管曾有洋行买办参加，却没有引进外国资本。它的倡导者是具有浓厚忠君爱国思想的士大夫，张謇当时的心理状态不容许这样做。但是，大生纱厂的机器则必须来自外洋，因为中国还没有自己的纺织机器制造工业。

由于集资极端困难，大生纱厂无法自行购买外洋机器，只得求助于清朝官府。1897 年，张之洞与刘坤一议定：将原先湖北南纱局向地亚士(Diers) 洋行购买的“官机”40 800 枚纱锭，折价 50 万两对半平分，由盛宣怀与张謇“合领分办”，在沪、通分两厂，这就是所谓的“绅领商办”，而机器折价则作为投资于两厂的“官股”，这批“官机”，纺制细纱机器系英国直林登厂制造，其他则分别购自德、美、日诸国。机器从上海进口以后，曾于 1895 年运往湖北，由于南纱局停办而折往南京，随后又回到上海。从此搁置在杨树浦江边，任凭风吹雨打，整整三年无人过问。及至运到南通，机件断烂者已达十分之三四，所以折价 25 万两而实际上只值 17 万两左右。

大生纱厂创办初期，在技术上亦全属引进，主要是靠洋工程师汤姆司带同洋匠忒纳主持一切；至于工厂用件及机料的配制、添购，也完全由瑞记 (Soy Chee)、怡和 (Jardine)、地亚士等洋行承办。张謇并不满意于这种纯粹依赖外洋的局面，他曾经回忆当年的情况说：“缘欧人之设厂于上海始。欧人之设厂，辄募我十数不识字之工人供其指挥。久之，此十数工人者，不能明其所以然，而粗知其所受指挥之当然。由是我之经营纺织厂者，即募是十数工人者为耳目，而为之监视其工作者，都不习于机械之学，强半从是十数工人而盗其绪余。工人曰左，左；工人曰右，右。或否之焉，而工人仍瞪目不知所对，则又不得不延欧人以习其命。夫如是则安足以望自树立之一日哉！"[①] 他以后之所以创办南通纺织专门学校以及其他各类技术职业学校，用意都在于谋求技术自立，并且取得一定的成效。

大生纱厂创办初期虽然没有求助于外国资本，但随着企业管理经验的增加与大生集团谋求发展的需要，张謇逐渐认识到引进外资也不失为可以采用的一种手段。特别是1903年访问日本以后，张謇的思想更趋开明通达，1910年，他曾经联络沪、津、粤、汉四地商会，与美国大赉财团筹议"共营银行，开航业，设商品陈列所，置商品调查员四事"[②]，甚至还打算与美方合作在奉、吉、黑三省举办垦务。只是由于辛亥革命爆发，这一庞大的中美合营计划，不得不半途而废。民国成立以后，张謇一度出任北京政府的农商总长，热衷于在全国范围大办工矿、农林等近代企业，也即因此更加感到资金匮乏，更加企望寻求外国资本的合作。他曾不顾社会舆论的强烈抗议，向美国提供导淮借款与开采延长、建昌油矿的优惠权益，并且正式组织游美报聘实业团，以谋实现以前与大赉财团达成的协议，大举合办金融、航运、农垦等事业。同时，他还与法国签订中法劝业银行合同[③]，对于矿业则主张"开放主义"，也曾经拟订过利用外资"振兴实业"，提出合资、借款、代办等三种借重外资的方式。甚至连垦荒都主张由外人

---

① 张謇：《南通纺织专门学校旨趣书》，《张季子九录·教育录》第4卷，中华书局，1931年，第2页。

② 《张謇日记》、《啬翁自订年谱》，庚戌8月、10月。

③ 在法国外交部档案中，1905年12月13日《关于印度支那银行和兴办一家法中银行的通知》以及同日《就印度支那银行对1905年12月13日通知的意见所作的答复》等件，说明法国政府早在二十世纪之初始即已想在中国创办"一个专门负责法国在华金融业务的银行"。1908年4月题为《为建立一所中国劝业银行的联合会》的临时合同，记录了张謇与法方代表德·马尔托（D. Marteau）等达成的初步协议，预定中法双方各投资五百万法郎，并由张謇出任董事长。合同后附有预定中方合股人名单，列名者有张謇、汤寿潜、许鼎霖、曾铸等；李经羲亦签认十万两，参加中方股东会。这些文件可以弥补有关张謇的中文文献记载的不足。

代办，认为："中国人能为地主而资力不足，外国人有资力，又有技术，而不能为地主，非合并而利用之，无以收化荒成熟之效。"[①]

当然，更为雄心勃勃的还是1920年拟议中的中比航运贸易公司筹建计划。这个公司打算开辟中国往来西贡、新加坡、法国、比利时、德国各大商埠之间的海洋航线，然后再向其他各种企业大量投资。预计："航业公司股本定为一万万佛郎，比国占五十五份，计五千五百万佛郎；中国占四十五份，计四千五百万佛郎。贸易公司股本定为一千万佛郎，中比各半入股，计中国方面占五百万佛郎，合计中国应任股资五千万佛郎。"[②] 当时，中国民族工商业还比较景气，大生资本集团正处于鼎盛时期，所以张謇对于这个合资方案兴味甚浓而又信心十足。他认为："此事与国际贸易有极重要之关系，有此机会若不组织加入，恐吾国将来永无海外直接贸易之事。"[③] 他除承诺组织、筹股等事之外，独任入股20万两，并决定以通、崇两厂积存余利70余万两，"一并拨入中比合办之航业贸易公司作为股本"。

张謇在引进外资开发国土资源方面表现出远见卓识与宏伟气魄。他认识到当今的中国经济"决非可以闭关自了之时"，因此在平等互惠条件下引进外资实属紧迫必要之举。早在1911年初，袁世凯曾托人询问张謇是否可借外债，张回答说："借自可，但问用于何事？用于何法？用者何人？当则借，不当不借。"[④] 他并非对主权的沦丧漠不关心，曾极端愤慨于："查中国江海河面，失主权而丧民心，无过洋商领单运货内地，华船愿挂洋旗一事。华民畏官，官虐船户，盖数百年积成之习俗。自外势日张，关卡官吏慑而媚外。于是同一民船也，此受雇于华商，则刁难需索，节节阻

① 张謇：《黑龙江代垦合同之大概呈总统文》，《张季子九录·政闻录》第8卷，中华书局，1931年，第5页。

② 张謇：《为中比航业致大生纱厂董事诸君函》，《张季子九录·实业录》第6卷，中华书局，1931年，第10页。按：《梁启超年谱长编》第9册，1920年4月23、28、29日亦有相关记载，此事系由梁启超、徐新六等倡议推动。

③ 张謇：《为中比航业致大生纱厂董事诸君函》，《张季子九录·实业录》第6卷，中华书局，1931年，第10页。

④《啬翁自订年谱》，宣统三年正月，张謇晚年又重申此说："故外债可借，但借时即须为还计。用于生利可，用于分利不可，而用之何事，用者何人，用于何法，尤不可不计。"

滞，彼受雇于洋商则否。今日受雇于洋商，则理直气壮，处处畅行，明日受雇于华商则否。”[①] 但是，他认为只要政府有独立自主与完善健全的经济立法，便可以创造正确引进外资的前提。他一接任农商总长便宣告：“加以自今而后，经济潮流，横溢大地，中外合资营业之事，必日益增多。我无法律为之防，其危险将视无可得资的为尤甚，故农林工商部第一计划即在立法。”[②] 同时，他认为在实地引进外资时必须注意“条件”：“夫借债视条件，无内外一也。条件刻酷，内亦不可；条件平恕，外胡不可？条件拘束，以能还本息为止耳，此易知者。其尤要则借外债不可丧主权，不可涉国际，吾诚懔焉若履虎尾若涉春水也。”[③]

平心而论，张謇对于引进外国资本与科技的见解，既顺应时代潮流又维护民族权益，不失为当时比较高明的经济思想。可惜由于历史条件与自身实力的限制，上述各项庞大计划都未能实现，而大生集团也始终未能摆脱半殖民地半封建社会中民族近代工业的悲惨命运。

三、竞　　争

洋纱进口由来已久，而且与日俱增。1895 年《马关条约》签订以后，外商纷纷在中国开设工厂，仅 1897 年一年即有怡和纱厂（英商）、老公茂纱厂（英商）、协隆纺织局（英商）、鸿源纱厂（美商）、瑞记纱厂（德商）五家相继设立，资本一般在 100 万元左右，而且都集中在上海。相形之下，资金短绌、先天不足的大生纱厂，便成为棉纺织工业竞技场上的后来者与弱小者，从开办之日便面临着强有力的挑战。

张謇是精神上的强者，他以勇敢的态度迎接各种挑战。或许可以说，大生纱厂的创办，正是向垄断中国棉纺织品市场的主动反击。张謇不同于

① 张謇：《为商航复商部文》，《张季子九录·实业录》第 3 卷，中华书局，1931 年，第 29 页。

② 张謇：《实业政见宣言书》，《张季子九录·政闻录》第 7 卷，中华书局，1931 年，第 2 页。

③ 张謇：《拟发展盐垦借款成立后宣言》，《张季子九录·实业录》第 8 卷，中华书局，1931 年，第 28 页。

一般追逐蝇头小利的市侩商人，他从筹建纱厂之始就是从争夺国内市场以至世界市场的全局来权衡民族工业的进退利弊，规划积极进取的发展方略。

他把自己的战略思想称为棉铁主义。这种主义的形成，正如他自己所曾生动地回忆："宣统二年，南洋劝业会开幕。謇既与各行省到会诸君子，发起联合研究会，乃裒光绪一朝之海关贸易，参考其大略。如寐始觉，如割始痛。如行深山，临悬崖，榛莽四出，披而始识无路。如泛雾海，见一岛屿，若隐若现，而始得所趋。则以我国实业，当从至柔至刚之两物质，为应共同注意发挥之事。……至柔惟棉，至刚惟铁，神明用之，外交内治裕如，岂惟实业。"① 以后他又曾重申："謇于棉铁，固向持积极主义者。"重工业强调钢铁，轻工业强调纺织，可以说是抓住了发展民族工业的关键。

对于钢铁工业，张謇自称是"未涉津涯"，虽然知其重要，却始终无力举办，充其量也只创设了一个小小的资生铁厂聊以自慰。张謇的一生事业主要在纺织，与外国的竞争主要也在纺织。还在第一次世界大战前夕，他就试图策划在棉纺织业范围内与外国资本"悍战"："自我国奖励植棉条例公布后，各国颇为重视，而日尤甚。日本与印度有十年内在中国地方增设纺机一百五十万锭之约。其在日本本国，上冬今春，已增锭三十万，在我上海已增锭十万。悍战可畏，果如所计，我国棉业岂复有申战之余地?"② 离开北京政府以后，他便利用西方列强暂时无力东顾的有利时机，大力扩展棉纺织工业及大生集团的其他企业、事业。

但是，这毕竟是一场对抗双方实力悬殊的"悍战"，在早期（1913 年以前）中外纺织工业竞争中，大生纱厂是唯一的幸存者。严中平曾考察 1896 年至 1910 年期间创办的 19 家华商纱厂，结论是："我们找遍上述十九家纱厂，发现未经改组、出租、出卖而能继续增机增资者，只有南通大生纱厂一

---

① 张謇：《海关进出口货价比较表序》，《张季子九录·实业录》第 4 卷，中华书局，1931 年，第 29 页。

② 张謇：《呈总统》，《张謇未刊函电》（稿本）。

家，其余十八家莫不曾经失败易主。”① “悍战”之说，决非危言耸听。

大生纱厂之所以能在激烈竞争中幸存，原因之一就是它的地理位置，厂址设于不在上海而又靠近上海的南通。由于不在上海，加以僻处比较落后的江北，它暂时还可以避开外国纱厂的直接竞争与排挤。又由于靠近上海，大生在沪设有办事处，进货出货与经济信息都有莫大的方便。同时，南通本身在市场方面也为大生纱厂提供了比较优越的环境。正如张謇自己所说的那样：南通是“棉产最优，销纱最多之区，亦即收棉较廉，售纱较胜之区”。其有利之处在于：“棉产则供多于求，纱市则求多于供。”据粗略估计，1897 年机纱日销 80 大包，年销值 200 万元左右，大生纱厂的产品不愁没有销路。“当沪上各厂积纱如山之时，而通厂之销独旺。”到二十世纪初年，通、崇、海三地每年上市棉花约 40 万包，而大生纱厂每年用棉不过 10 万包，原料供应也绰绰有余。加以就地购棉节省了长途运费，价钱也比较便宜，有利于大生纱厂降低成本以增强竞争力。

此外，通海一带农家素习手工纺织，大生纱厂就地招收工匠，不仅可以压低工价，而且其中许多人还有一定技术水平。据统计，大生纱厂的平均工资要比上海纱厂的平均工资低 10%到 20%。大生纱厂还利用当地农民把纺纱织布看作家庭副业，以及把妇女儿童的收入看作家庭经济辅助性收入的传统心理，以更为低廉的工价招用季节工、女工与童工，日工资有低至一角多甚或五六分钱的。廉价劳动力与廉价原料一样，也有利于大生纱厂压低成本以增强竞争力。

当然，大生纱厂张謇等人的主观努力，经营管理比较得法，以及关键时刻的一些正确决策，对于企业在竞争中幸存并得到较快发展，也起了重要作用。经过他们的多年艰苦努力，大生资本集团成绩斐然。据日本人驹井德三调查，到 1902 年前后，张謇已身兼南通实业、纺织、盐垦总管理处总理，大生第一、二纺织公司董事长，通海、新南、华成、新通等盐垦公司董事长，大达轮船公司总理，南通电厂筹备主任，淮海银行董事长，交通银行总理，大生第三纺织公司董事长等职务。驹井生动地描绘说：“是

---

① 严中平：《中国棉纺织史稿》，科学出版社，1955 年，第 141 页。

故张謇在实业上之努力，以南通江北一带为根据。在上海之地，以金融之关系，在九江路设事务所，掌南通关系各银行、公司交涉事务及生产品之交易。又于黄浦江沿岸法租界邻接地之十六铺，建立巨大之仓库及埠头，以大达轮船公司之名，营仓库及航行之业。在吴淞商埠所有之地产，占该埠形胜之区，现正建设埠头，进行都市之计划。"①

张謇对吴淞开埠特别寄予厚望，公开宣称将尽最大努力使它"与世界名埠之先进者争辉誉于地上"②。其潜台词则是企望建成一个能够保持民族主权独立完整的新国际"名埠"，以取代租界盘踞、洋行林立并为帝国主义列强所控制的上海。

张謇时时事事不忘与外国资本竞争。

四、衰　　落

但是，正如前面所已说过，这是一场实力悬殊的竞争，纵观大生资本集团三十年的发展史，人们不难发现，它多半只是在外国资本主义向中国不断扩张的某些空隙中得到若干发舒。大生纱厂创办之始，日纱在其政府资助厂家联合倾销的推动下，刚刚挤进印纱历来占优势的华中市场，所以南通机纱市场并未感到很大威胁，张謇的事业得以初步站稳脚跟。1900年至1902年期间，日本纱业连续呈现萧条景象；1903年初刚有复苏景象，又因日俄战争而重趋消沉，到1908年日纱输入华中市场的数量跌落到最低点。同一期间，印纱在竞争中受到日纱的严重冲击，逐渐失去传统优势，在华中市场上几乎踏步不前。而大生纱厂正是在这些年得到从容展布的机会。正如张謇以后所曾回忆：大生纱厂1899年开办时只有二万纱锭，1904年增加二万锭，1905年又增加二万六百锭。1902年以前日产纱从45箱增加到58箱，1904年以后又从日产纱108箱增加到110箱，1905年由于纱锭总数增加到六万六百锭，日产纱箱数亦"同时递增"。至于营业赢利，从

① 驹井德三：《张謇有关事业调查报告书》（抄件）。

② 张謇：《万国航业伦敦大会报告书序》，《张季子九录·文录》第8卷，中华书局，1931年，第5页。

1899 年开工到 1916 年，股东得正息1 657 000余两，得余利 2 733 000 余两，合共 439 万余两[①]，这样的成绩在当时自属难能可贵。

但是，大生系统发展最快还是在 1918—1921 年期间。截至 1921 年，大生一厂的资本增加到 2 500 000 两，历年纯利总额累增到 11 608 499 两。大生二厂的资本也增加到 1 194 390 两，历年纯利总额累增到5 011 674两。两厂合计，资本共增加到 3 694 390 两，历年纯利累增总额共为16 620 173两；应该说明，在这些历年纯利累增总额中，有三分之二以上是在欧战期间获得的，而在 1919 年大生一、二两厂的纯利竟分别为各该厂资本的 106.08%和113.02%[②]。这样丰厚的利润在民族近代工业发展的历史上确实罕见。

其所以出现这个“黄金时期”，就是因为欧战爆发后西方列强对中国的棉纱倾销迅速减少。日本和印度（实际是英国）由于正在国内大力发展织布业，也相应减少了棉纱的外销数量。因此，中国棉纱进口总额大幅度下降。在 1909—1911 年三年之间，棉纱进口总额已经高达 1 320 197 公担；而在 1919—1921 年这三年之间，棉纱进口总额却下降到 807 249 公担[③]。这样就为中国机器棉纺织业的增长留下了一定的空间，上海、无锡许多华商纱厂也都获取了极为丰厚的利润。

欧战结束四五年之后，外国资本主义恢复并加强了对中国的经济扩张。以棉纺织工业为例，外商在华设立的纱厂纺锭总数，1921 年为 631 466枚，1922 年增加到 879 674 枚，1924 年更增至 1 183 244 枚[④]。其中以日商在华纱厂发展最快，如果以 1913 年日商纱锭、布机总数作为基数 100%，那么到 1922 年其纱锭总数即增至 542.31%，布机总数亦增加 447.79%[⑤]。外国资本主义从商品倾销转向在华设厂，就地利用廉价劳动力和原料，并凭借其充足财力、先进技术设备与各种优惠特权，其产品具

① 张謇：《大生纺织公司二十年纪念开会词》，《张季子九录・实业录》第 6 卷，中华书局，1931 年，第 1 页。

② 根据《大生资本集团史》（初稿）提供数字计算。

③ 严中平等编：《中国近代经济史统计资料选辑》，科学出版社，1955 年，第 74 页。

④ 严中平等编：《中国近代经济史统计资料选辑》，科学出版社，1955 年，第 134、135 页。

⑤ 朱斯煌主编：《民国经济史》，银行学会银行周报社，1948 年，第 137 页。

有更大的竞争力。因此，表面上进口洋纱数量较诸欧战以前大为减少，而实际上在华外商纱厂所生产的机纱却空前泛滥于中国市场，使华厂产品销路日益缩减。同时，外国资本主义还逐步加强控制中国的棉花生产、原料供销，以至纱、布的运输与销售。这样便把中国民族棉纺织工业逼得走投无路。

正是在1922年，上海华商纱厂全部赔累不堪，大生一厂也结亏为39万多两，二厂结亏为31万多两；一厂负债总额达到12 428 720两，二厂负债总额也达3 520 004两。对于大生资本集团来说，1922年是一个重大的转折点，从此结束了它的鼎盛时期，迅速走向衰败破产的道路。到1925年，大生资本集团的情况愈益恶化，仅一厂负债已高达资本总额的258.89%。张謇罗掘俱穷，曾致力于向日、美商借大笔贷款，虽允以苛刻条件也无所获。这年7月，由上海方面的中国、交通、金城、上海四行和永丰、永聚钱庄组成债权人团，全部接办了大生各厂。

“生已愁到死，既死愁不休。”张謇终于在生前亲眼看到自己的企业王国的崩溃。

大生资本集团失败的原因是多方面的。客观方面除抵敌不过外国资本主义的经济扩张以外，还有军阀混战、苛捐杂税等，国内缺乏一个可供民族工业健康发展的良好环境。主观方面则是缺乏一个科学而切实的总体规划，张謇想办的事情太多，摊子过大，战线过长，已经远远超过大生资本集团的资金承受极限。所以一旦盐垦事业遇上巨大风潮灾害，立即严重牵动全局，动摇根本，造成整个大生系统的溃败。同时，在经营管理上也有许多陈旧的不合理弊端，特别是“官利”制度与任意调拨企业资金的做法危害最大。所谓“官利”，即一经入股便按年利八厘起息，无论企业是否已经开工或盈亏如何，这八厘“官利”都需照付不误，如果延付以供周转还得利上加利。这样，股东实际上便是商业高利贷者，他们的着眼点主要在于提取“官利”(或称“正息”)，完全不顾折旧等公积的提存，自然更谈不上对于技术设备更新的关心。至于任意调拨资金，则主要是张謇本身的毛病。勇于任事与积极进取是他品格中的可贵之处，但严格说来他还不完全具备现代企业家的素质，也不完全习惯遵循现代企业合理的规章制度。

例如，为了创办大生纱厂，他一次即从一、二两厂调拨公积金各 20 万两。大生八厂创办之始资金即极端短绌，竟至从一厂强行抽拨 80 万两作为“收并”资金。为了筹办中比航业贸易公司，一次即截留大生一、二两厂余利 72 万两。至于属于大生系统的十几个盐垦公司，资金周转也主要靠大生纱厂调拨或代为在外挪借，所以前后拖欠纱厂债务达到 130 多万两。这种缺乏计划性的东拉西扯式的资金调拨，不仅严重地抽空了作为大生系统台柱子的一、二两厂的家底，而且造成整个大生系统的恶性信用膨胀，从而最后成为以江浙财团为代表的金融资本重利盘剥与蚕食鲸吞的牺牲品。

从市场的角度来考察，大生集团也有一个根本性的弱点。前面已经说过，大生纱厂的诞生及其发展，主要是适应于当地农村家庭手工织布业对于机纱日益增长的需要。这既是大生纺厂优势之所在，也是它的局限之所在。说是优势，是因为大生纱厂可以在一段时间（特别是早期）借此抵御外界的激烈竞争，站稳脚跟并取得发展。说是局限，是因为这毕竟是一个带有相对封闭性的落后市场，它的荣枯主要取决于农村家庭手工织布业的命运。这种市场的经济基础是落后而又脆弱的，它在一定时间内的发展靠的是农村个体经济对于外来资本主义抗拒的顽强性以及某种程度的适应性。而小农经济和家庭手工业的顽强性与适应性毕竟是有限度的，它终究不能抗拒从纺、织分离到农工分离的总趋向。正如手工纺纱业幻灭于洋纱价廉于土纱之时一样，只要洋布有朝一日比土布便宜得多，农村家庭手工织布业也不可避免地要走向衰败，只不过其时间较诸农村家庭手工纺纱业延续得更久罢了。到 1922 年，随着国内新设中外机器织布厂的增多与洋布在市场上的强力竞争，南通土布的销路日益减缩，加以技术落后与质量下降造成信誉低落，当年关庄布销沪总额较之前年竟减少三分之一，这也是直接影响大生纱厂从严重亏损到全面衰败的重要原因之一。

农村家庭手工织布业养育了大生纱厂，然而它对后者却缺少强有力的刺激与推动，因为土布对机纱的质量规格本来没有什么很高的要求。这种相对封闭型市场机制的落后性与保守性，使长期依赖于它的大生纱厂减少了技术与管理革新的紧迫感，因而在国际市场上便不可能具有真正的竞争力。一旦土布业萧条，大生纱厂便只能随之俱枯，而不可能在南通以外的广阔市场上开辟新的出路。

五、结　　语

从对外经济关系的角度观察大生资本集团的兴衰过程，可以初步获致以下几点认识：

第一，外国资本主义的侵入，促使农村手工织业与手工纺业分离，促使手工纺业迅速衰落，从而加快了机纱市场扩大的节奏。这些都在客观上为大生纱厂的创办提供了条件，大生纱厂在技术与设备方面早期也全靠引进。

第二，大生纱厂与外国纱厂之间的竞争，大生纱厂只能在外国资本主义暂时放松对华经济扩张的间隙中得到某种程度的发展。一旦外国资本主义卷土重来并加强排挤华商企业，大生纱厂便必然要从市场角逐中败下阵来。

第三，农村家庭手工织布业与土布市场的长期存在并维持较大的比重，说明农村个体经济抗拒外国资本主义，既有顽强性的一面，又有适应性的一面。从总体上来看，这既说明中国资本主义发展的不足，又说明农民的极端贫困，他们必须以高度强化的副业劳动来添补辛勤耕作的微薄收入。大生系统与土布市场俱荣俱枯，说明中国当时缺乏可供民族近代工业健康发展的正常投资环境。

第四，张謇曾寄望于借助国家的力量来改善这种投资环境。他认为中国政府应该取法于日本政府："日本凡工业制造品运往各国，出口时海关率不征税，转运则以铁道就工厂，又不给则补助之，国家劝工之勤如是。……与世界竞争文明，不进则退，更无中立，日人知之矣。"(《东游日记》）他出任北京政府农商总长期间制定的一系列政策、法令，主旨都在于发挥国家政权的作用以扶植涵育幼弱的民族近代工业，以期进而"与世界竞争文明"。但是，他的这些善良愿望都落空了，包括他自己精心制作的众多政策、法令都流于一纸空文。在处理对外经济关系的过程中，旧中国的政府不仅不能维护民族的主权与独立，反而从多方面压榨摧残民族近代工业。

最后的结论应该是：如果不改变半殖民地半封建社会制度，就没有可能建立独立、开放、平等、互利的对外经济关系，就没有可能从根本上改善民族近代工业发展的社会环境。

（原载《近代史研究》1987年第5期）

张謇与近代化模式

19 世纪末 20 世纪初，张謇在创办和经营大生纱厂等一些近代企业的同时，也积极摸索着一种地区近代化的模式。研究并弄清这种探索，对我们当前建设有中国特色的社会主义现代化，是有借鉴意义的。

张謇是怎样进行探索的呢？他在南通以一个县为单位，进行实业、教育、慈善三个部类的试验，让南通这个县在中国走向近代化的历程中走在前列。他所说的慈善，实际上范围很广，不仅是社会福利、社会保障，还有很多市政建设都包括在内。这就提供了一个值得思考的问题，像中国一个这么大的国家，要想走向近代化、现代化，由于各个地区的情况都很不相同，就应该容许地方根据自己的实际情况，获得自己相对的抉择性，让地方有更大的自主权。张謇当年就是这样设想的，而且也是这样做的。中央主要是给宏观指导，给政策；地方，特别是县一级的地方，应该实行地方自治。他这样做了，而且取得了一定的成效。我们的国家长期以来社会发展比较迟缓，有一个很重要的原因，就是大一等、大一统这种传统观念根深蒂固，中央太强，地方太弱；政府太强，民间太弱。而张謇所提出的以县一级从事地方自治的模式，到今天为止，跟我们的思路还是有某些相通的地方。这是一点。

第二点，他根据地方实际情况，从县情出发，发展国民经济。南通盛产棉花，他就根据这个优势，首先办纺织厂。有了纺织厂，需要棉花基地，又办起了通海垦牧公司，然后又带动了机器制造业、食品加工、交通和其他各个方面企、事业的发展。这也是一个很给人启发的做法。

第三点，张謇从一开始，就很重视教育与实业的同步发展。大生纱厂是1899年建成的，1902年他就开始筹建南通师范学校，所以他终身都是把实业和教育放在同等的地位来发展。一直到大生资本集团破产后，他仍然支持南通教育事业的发展。在他临死之前，他还为南通师范学校、南通女子师范学校购置了田产，并把它作为校产，所以这一点也很值得我们重视。

第四点，张謇在从事实业、教育、市政建设的发展方面，很重视调查研究，很重视做科学的预测和规划。他的步伐是相当稳健的，不大轰大嗡，不追求浮名。他办教育，就不像清朝政府那样先从大学办起。他是先从师范办起，从小学办起，然后由小学到中学，到专科学校，然后到大学。这样就符合循序渐进的规律。再如办小学，他事先做了全县的调查，也了解了农村小学生从家庭到学校去学习，距离多远比较合适，然后再确定在一个乡建立多少初等小学，或者是高等小学，然后再拟定整个教育发展的计划。所以，从这个角度来看，张謇在南通的做法，也有值得我们今天借鉴的地方。

但我这样说，并不是认为张謇当时所探索的南通模式已经完美无缺，而且在当时的历史条件下，没有社会制度的根本变革，没有一个好的政府。在军阀混战的情况下，他所有的努力最后并没有取得预期的效果。而且在他的晚年，他自己也违背了科学，违背了规律。他按照自己的主观意志，把南通的地方自治规模办得太大，而且要求又过分急躁，所以他的事业的发展，从速度、从规模来讲，都超过了他自己资本集团所能负荷的能力，因此最后失败了。这个沉痛教训同样也是值得我们今天借鉴的。所以我想，在研究中国近代化的时候，张謇所探索的南通近代化模式，是可以作为一个重要的研究课题的。

最后，我想我们的历史学家，不仅要写书，要研究，还要做点实事。我们学到一点东西，最好还要身体力行。前一阶段，对历史为什么服务问题，史学的社会功能问题，讨论得很多。什么为政治服务啊，为现实服务啊，为四化服务啊，等等。所有这些讨论，都是有意义的，但我认为也是不够的。我认为历史学家不仅是为政治服务，还要干预政治；不仅是为现实服务，还要干预现实；不仅是为生活服务，还要干预生活。不要忘记，历史学家也是国家的主人，而且历史学家还有自己的优势。正如司马迁所说的那样，“究天人之际，通古今之变，成一家之言”。历史学家通过研究历史，鉴古知今，而且预测未来。历史学家应该有自己的主张，而且也可以利用自己的主张来影响政治，来促进国家现代化的发展。所以本着这个精神八月在南京参加张謇国际学术讨论会以后，我回到湖北，带领了二十几位专家，到我们学校附近的一个市（县级市），叫仙桃市，作了考察，而且与仙桃市签订了科技与经济、文化协调发展的长期合作协议。当时我就有一个设想，我希望仙桃能办成湖北的“南通”，也希望仙桃市市政府及其各个团体，能够跟我们合作，办好这件事。我有一个小小的“野心”，就是通过我们华中师范大学与仙桃市的合作，也创造一个模式，创造一个“一校一县”合作的模式。我们全国有一千多所大学，如果每一所大学都同一个县结合起来，而且用张謇那种精神来帮助这个县，让它在经济、科技、社会各方面，都能得到协调的发展，我想这个作用是很大的。我举这个例子，是说明历史学家并不是书呆子，不应该成为某些人瞧不起的一介穷儒，我们也有自己的优势。以华中师大为例，我们学校有一千多名教师，而张謇当时手下的人才堪称为专家的，充其量不过二三十人。一个学校每年的经费有一两千万元，而张謇创办大生纱厂的时候，只有两千多元股金。所以我们与仙桃市的合作也是有基础和信心的。这就是说一个历史学家可以做的事情很多，不仅是研究史学（当然主要是研究史学，否则就不再是一个史学家），而且应该把研究史学所得到的一些收获、一些历史的经验与教训，能够在现实生活里面发挥更大的作用。

总的来讲就是一句话：历史学家应该增强自己的主体意识，史学应该维护自己的科学尊严！

（本文系作者在1987年10月召开的民国档案与民国史学术讨论会上的发言，由中国第二历史档案馆杨斌同志根据录音整理而成，载《民国档案》1988年第1期）

对于张謇的再认识

中国早期著名的企业家之一，张謇离开人世已有61年了，但是他的事业及其影响至今仍然延绵不绝。半个多世纪以来，人们都承认他是名人，是大实业家和教育家，但实际上褒贬不一，评价歧异甚多。中国人总爱说盖棺论定，其实许多历史人物都是盖棺而不能论定，至少是盖棺而难以论定，只有通过若干世代历史的验证和众多论者的争辩驳难，然后才能获致比较一致和近乎实际的结论。“青史凭谁论是非”，历史人物评价之难，岂独张謇一例。

当然，张謇并不怎么重视后世对自己的评说，他曾为生塘墓门自拟联语：“即此粗完一生事，会须身伴五山灵。”五山即南通南郊的狼、剑、军、马鞍、黄泥诸山，是张謇生前喜爱的自然景观；自己要做而又能做的事情大体都做完了，而且死后能与秀美的五山永相伴随，这就可以心满意足、安眠地下。同时，张謇对于历史人物评价，也有自己独到而较为通达的见解。他曾说：“若孙中山者，我总认为在历史上确有可以纪念之价值。其个人不贪财聚畜，不自讳短处，亦确可以范式人民。今中山死矣，其功其过，我国人以地方感受观念之别，大抵绝不能同。然能举非常大事人，苟非圣贤而贤哲为之左右，必有功过互见之处。鄙人愿我国人以公平之心理、远大之眼光对孙中山，勿爱其长而因护其短，勿恨其过而并没其功，为天下惜人才，为万世存正论。”[①] 张謇并不是马克思主义者，他甚至曾将共产主义学说视为异端，但在历史人物评价问题上却颇有与历史唯物主义

---

① 张謇：《追悼孙中山演说》，《张季子九录·文录》第17卷，中华书局，1931年，第12页。

相通之处。他认为对前人功过评论之所以众说纷纭，是由于后世人们所处社会地位与感受观念都有许多差别，因此特别强调评论者应该具有“公平之心理、远大之眼光”。我想，这种见解，即令是今天用于评价张謇自身，也是可以作为借鉴的。

回想新中国成立以来，张謇在历史研究园地曾被冷落多年，尽管在50年代后期曾经出版过刘厚生写的《张謇传记》，但并未引起多少人的注意，这自然是与当时的政治气候有关。但是出人意料，1961年纪念辛亥革命50周年学术讨论会却曾引起一度小小的“张謇热”。徐崙同志提交会议的论文激发了人们研究张謇的兴趣，一是由于他比较深入地探讨了张謇对于辛亥革命的政治态度，二是由于他初步利用了《近代史料信札》（即《赵凤昌藏札》）中丰富而饶有兴味的有关史料。会后的争论仍然是相互关联的两个方面，一是张謇的阶级属性，二是张謇的政治立场，特别是张謇与袁世凯的关系。以今天的认识来检讨，当时的众多论著一般都失之于简单、片面与偏颇，少数作者虽然主观上希冀持平立论，但也难免有苛求之处。这是强调“以阶级斗争为纲”以后史学界的通病，而即令如此，多数张謇研究者在“史无前例”的持续“大批判”狂潮中仍然是在劫难逃。

历经多少年的忧患风雨，现在终于到了可以用“公平之心理、远大之眼光”来重新认识张謇的时候，许多研究者已经发表了许多精辟的新见。我自然不甘于沉默，也向关心张謇研究的同志们略陈心得，意在参加讨论并欢迎批评。

一

对于张謇其人，不宜给以简单的阶级定性，因为他是过渡性时代、过渡性社会中的一个过渡性人物。

早在1901年，梁启超在《清议报》上发表《过渡时代论》一文，即曾以恳挚而又热切的笔调呼唤“过渡时代之英雄”。他说：“英雄之种类不一，而唯以适时代之用为贵。故吾不欲论旧世界之英雄，亦未敢语新世界之英雄，而唯望有崛起于新旧两界线之中心的过渡时代之英雄。”可以说，张謇就是一位“适时代之用”、“崛起于新旧两界线之中心的过渡时代之英雄”。

以甲午中日战争为界，在此前40年，很难说张謇是一个英雄，顶多只能说是为成为一个英雄准备了若干条件。尽管他高高取中状元，但如果不办工厂，或办工厂而无成效，他也成不了英雄。由于是状元办厂，彻底突破了“学而优则仕”的陈旧传统格局，而且居然办成中外驰名的大生纱厂，开“实业救国”一代风气之先，顺应了发展社会生产力的时代要求，这就使张謇成为名噪一时的英雄。大生纱厂建成于1899年，作为张謇另一实业大项目的通海垦牧公司则动工于1901年。这恰好是两个世纪交接的年代，张謇的企业群体恰好成为中国旧世纪终结与新世纪发端的众多标志之一，因此确实可以称之为“崛起于新旧两界线之中心”。

“崛起于新旧两界线之中心”，除了时代的含义之外还有营垒的含义。19世末到20世纪初，是中国知识分子弃旧趋新的重要转折年代，以学堂的勃兴与科举的废止为标志，传统的封建文士群体走向衰亡，新兴的近代知识分子群体则逐渐成长。在转折的初期，新群体的成员大多来自旧群体，这就是人们习惯称之为“转化”的社会现象。由于“转化”大多是渐变，甚至是相当缓慢的渐变，旧式文人的转化过程又往往与新式学生的成长过程形成部分的组合。张謇没有读过新学堂，更没有正式出国留学，他的弃旧趋新便是一个相当缓慢的渐进过程。甲午战争以前，也就是他在40岁以前，基本上是一个具有爱国心的封建士大夫，完全属于旧营垒。甲午战争以后，也就是他在40岁以后，外来侵略的强烈刺激与西方文化的浸润潜移，促使经世致用的传统形式增添了“实业救国”、“教育救国”等新的内容。他经由官绅队伍跨进企业家群体的门槛，也就是从旧营垒游离出来并且趋向于归属新营垒。由于已经具有“大魁天下”的声名，而且又经由翁同龢接近新旧党派斗争的核心，所以真正是“崛起于新旧两界线之中心”，使他的转化产生一般人难与比拟的深远影响，其辐射作用决非限于“倾动东南”而实际上是波及全国。不过，这又是一种藕断丝连式的转化，也可以说是新旧相互包容式的转化，在转化过程中缺乏具有足够力度的冲突与决裂。

中国早期的企业家群体通常被人们称作绅商，这意味着他们大多具有过渡阶段的双重品格。当然，情况总归是复杂的。有些人是由绅而商，有些人是由商而绅；有些人是以绅为主，有些人是以商为主。而其共性则是，双重品格并存的状况大多维系甚久，甚至连它们的主人也往往难以辨认自己究竟是绅抑或是商。张謇也不例外，而且双重品格保存更久，“言商仍向儒”便是最好的自我表白。直到最后停止心脏跳动，他始终未能摆脱绅的地位，也未能排除绅的意识。在一系列社会活动中，他总是扮演“通官商之邮”的中介角色。

当然，从总体上来把握，张謇一生最后30年的社会身份主要还是商。大生纱厂与通海垦牧公司的兴办，标志着张謇跨出了决定性的一步，他从此把自己的事业与命运与新兴资产阶级紧密联系在一起。张謇在病逝前一年，曾经回顾生平这一最大转折：“张謇农家而寒士也，自少不喜见富贵人……而以读书励行取科名守父母之命为职志。年三四十以后，即愤中国之不振。四十年后，中东事已，益愤而叹国人之无常识也，由教育之不革新。政府谋新矣而不当，欲自为之而无力，反复推究，当自兴实业始。然兴实业则必与富人为缘，而适违素守，又反复推究，乃决定捐弃所恃，舍身喂虎。认定吾为中国大计而贬，不为个人私利而贬，庶愿可达而守不丧。自计既决，遂无反顾。”[①] 用“捐弃所恃，舍身喂虎”形容自己的弃儒从商，说明“轻商”传统观念是何等根深蒂固，也说明张謇当年的思想斗争是何等艰苦激烈。同时，儒学正宗的“义利之辨”依然严重束缚着人们的思想，爱国而又开明的知识分子在投身实业以前依然需要为自己的行为作道义上的辩护。他们不愿也不敢公开声明从事实业是为了个人私利，而必须打出“中国大计”的旗帜才能求得心灵的平安。这些都是中国第一代企业家中许多人共有的思想特征。

---

① 张謇：《大生纱厂股东会宣言》，《张季子九录·实业录》第8卷，中华书局，1931年，第34页。

二

张謇的主要事业是实业与教育，而“实业救国”与“教育救国”则是他终身服膺的宗旨。

记不清是从哪一年开始，大约总是与简单、片面地强调“反修”有关，“革命”遂成为涵盖一切的历史内容，而“实业救国”、“教育救国”便属于“改良主义＝修正主义”的范畴。张謇是“实业救国”、“教育救国”热诚的倡导者与推行者，因此便理所当然地受到种种非议与贬抑。

对于社会制度的根本变革来说，革命诚然是一种促其实现的重要手段，因为代表旧制度的反动统治阶级决不会轻易退出政治舞台，那些抹煞革命作用以致完全否定革命必要性的论调都是极端错误的。然而革命毕竟不是最后目的，也不是社会发展的根本动因，它更不能涵盖历史的全部内容。只有社会生产力的发展，才是社会发展的根本动因，也是革命为之奋斗的终极目的。因此，对于那些真诚地谋求国家富强，亦即切实谋求社会生产力发展的“实业救国”、“教育救国”论者，切不可给以简单的贬抑以致否定，应该结合当时的历史实际给以科学的分析与评价。

诚然，在革命高潮到来之际，统治者及其御用政客有时也高唱“实业救国”、“教育救国”，其目的在于否定革命、欺骗人民、转移人民的视线，借以抵制革命思潮与革命运动的蓬勃发展。对于这种“挂羊头卖狗肉”的“实业教育救国论”，我们应该揭露其反动实质，肃清其恶劣影响。但是，在中国近代史上，确实有许许多多爱国的实业家、教育家，他们深明世界大势，理解只有发展经济才能使国家臻于富强，只有发展教育才能提高整个民族素质，因此用自己的毕生辛劳为祖国的近代化添砖加瓦。我认为，对于他们的历史劳绩应该给以充分的肯定，即令他们的思想与言论中存在某些不足或谬误，也需要从当时的历史条件加以理解。因为无论如何，这些在祖国大地上踏踏实实营造近代化大厦的有志之士，总比那些只唱高调而无实绩的空头政治家们要可贵得多。

同时，也不可认为张謇不关心政治，他并没有（也从来没有）把实业、教育与政治割裂开来。恰恰相反，政治、教育、实业三位一体乃是他一贯宣传的主张。他在1903年访问日本时，曾对已参观的日本各种企业、事业单位作总体评估，结论是："就所知者，评其次第，则教育第一，工第二，兵第三，农第四，商最下，此皆合政、学、业程度言之。政者君相之事，学者士大夫之事，业者农工商之事。政虚而业实，政因而业果，学兼虚实为用，而通因果的为权。"(《东游日记》) 所谓"政"，主要是指政策、立法与政府的管理指导，因此属于"君相之事"。正是由于不满清朝之"政"，他才参加并领导了全国范围的立宪运动，以后又顺应共和潮流放弃了君主立宪方案，先后参加了南京和北京的民国政府。他反对袁世凯称帝，反对军阀混战，反对巴黎和会、华盛顿会议不合理的议案，坚决主张废除不平等条约。凡此种种，都说明他并非不主张政治变革，不关心社会制度的从落后进步到文明。

张謇的政治思想诚然有其保守与落后的部分，但从总体上来考察，至少在19世纪末与20世纪初他是顺乎时代潮流前进的。1903年应邀到日本参观访问，表面上注意力似乎全部集中于教育与实业，但实际上却蕴含着政治思想乃至政治实践的重大转折。因为他考察教、工、兵、农、商各种企业、事业单位，都是把"政、学、业"三种因素结合在一起分析评估，并且把"政"放在第一位来研讨琢磨。通过实体考察，他认为日本"以予为取"的奖励补助工商业政策之所以迅速取得巨大成效，"其命脉在政府有知识，能定去向；士大夫能担任赞成，故上下同心以有今日"(《东游日记》)。而对比之下，中国之所以贫穷落后如故，"抉其病根，则有权位而昏惰者当之矣"。至于如何除去"病根"，他总结戊戌维新的历史经验，特别是从日本获得有益的借鉴，对于政党政治与健全立法两方面都有进一步的认识。随后，他组织预备立宪公会、调查商事习惯、讨论起草商法，都是试图把这种新的政治认识付诸实践。

人们习惯于在清末立宪之前冠以"虚伪"一词，但这主要是指清朝政府的虚应故事，至于张謇等人的要求立宪则大多是非常真诚的。他领导的江苏咨议局，不甘心处于"宪政花瓶"的陪衬地位，力争成为具有相对独立性的立法机构，并且与愚昧专断的两江总督张人骏发生激烈冲突。由这个咨议局发起的全国范围的国会请愿运动，是一次具有近代格局的民主运动，其声势之浩大与影响之深远更是史无前例。

总之，不应将张謇看成是单纯埋头从事实业与教育，他是把政治、教育、实业三方面的革新作为一个总体来认识并为之奋斗的。当然，张謇的业绩，即令仅仅局限在教育与实业两方面，其贡献也是令人钦佩的。因为在当时的历史条件下，我们很难发现另外一个人，在另外一个县，能够办成这么多企业、事业，而且如此深刻地改变了这个地区的经济、文化面貌。

三

近几年来，有些研究者开始注意到，张謇在谋求南通地区经济、文化发展的过程中，具有相当自觉的总体协调（也可以称之为整体性）的特点，这是一个极为可喜的现象。

早在甲午战争以前的10年间，张謇即已开始“经营乡里”的活动，但无非是办理通海花布减捐、改良蚕桑事业、倡议设立社仓以至恢复溥善堂等局部的改良和慈善事业，而且由于缺乏实力作为后盾，成效也极为有限。以至甲午战争以后，特别是在大生纱厂创办成功之后张謇的认识水平与社会地位及经济实力三者同步增长，他终于提出了以“村落主义”相标榜的地方自治方案。现时的地方自治与昔日的“经营乡里”有明显的区别，重要的一点就是他已经把地方自治与整个国家的革新（首先是政治体制改革）紧密地联系起来。他把地方自治看作“立宪基础”、“立宪之根本”，而地方自治则包括实业、教育、慈善三大部类。张謇所说的“慈善”一词含义甚广，具有社会救济、社会保障、公益事业以至某些市政建设等多方面的内容。

地方自治表面上是清末宪政的一个组成部分，因为清朝政府在宣布预备立宪以后已经颁布《城镇乡地方自治章程》，并且还责成各省督抚奏报办理地方自治情况。但是仔细考察起来，张謇等人倡导的地方自治又超越了《城镇乡地方自治章程》所限定的范围，他们不甘心只是作为“官制”

的辅助，不满足于仅仅协助地方政府管理一些道路、卫生、慈善、治安之类的公益事业。如果说，《城镇乡地方自治章程》强调的是“渊源国权”与“官制”的主体地位，那么，张謇等人强调的则是以“自存立、自生活、自保卫”为基础的“民治”。他们认为，“地方自治之中，亦有行政、代议之别”，力求把资产阶级议会政治的模式推行到基层政权，为国家实行立宪奠定切实的基础。甚至到处于军阀混战之中的晚年，张謇仍然对“村落主义”坚信不疑，强调：“治本维何？即各人抱村落主义，自治其地方之谓也。今人民痛苦极矣，求援于政府，政府顽固如此；求援于社会，社会腐败如彼。然则直接解救人民之痛苦，舍自治岂有他哉！”[①]

当然，由于张謇离开了人民民主革命的主流，以个人的力量孤军奋战去经营地方自治，其挫折与失败是不可避免的。但是，他在南通地区的30年苦心经营，毕竟在两方面给我们留下了宝贵的历史经验。

一是他经营的虽是南通一县的经济、文化建设，但用心则在于探索一条适合于中国国情的近代化道路。

张謇在南通经营的地方自治，有自己的思路，有既定的序列。他“以为举事必先智，启民智必由教育；而教育非空言所能达，乃先实业；实业、教育既相资有成，乃及慈善，乃及公益”[②]。在三者之中，实业不仅是首先着手的部类，而且处于地方自治的“根本”的重要地位。道理很清楚，没有财力就办不成任何教育，更谈不上兴办任何“慈善”事业，经济毕竟是其他一切事业的基础。

在实业方面，他结合南通的县情，决定从兴办纺织工业入手。因为南通既盛产质美价廉的纱花，又有较为发达的家庭手工纺织业，且已通行用机纱作为经纱织布，形成了有相当规模的机纱市场，这些都是就地创办新式纱厂的有利条件。再则，棉纺织业是关系国民生计最为重要的工业部门之一，也是当时帝国主义侵略危害最为严重的工业部门之一。只有自己设立纱厂，奋起竞争，才能逐步改变“花往纱来，日甚一日”的不利局面。

---

① 张謇：《苏社开幕宣言》，《张季子九录·自治录》第3卷，中华书局，1931年，第1页。

② 张謇：《谢绝参观南通者之启事》，《张季子九录·自治录》第4卷，中华书局，1931年，第2页。

“通州之设纱厂，为通州民生计，亦即为中国利源计。”这就是当年张謇的高见卓识之处。

接着就是创办通海垦牧公司，把资本主义经营方式引进农业，企图以大农业来解决大生纱厂的原料问题。随后又以大生纱厂为轴心，围绕发展纺织工业的各方面需要，创办了一系列其他辅助工业，形成一个初具规模的地方性企业网络，这就是以后称之为大生资本集团的主干。

通州师范学校的创办与大生纱厂的建成，其间相隔不过 4 年。因此，张謇的兴办实业与教育，只是开始着手稍有先后的差别，实际上可以说是同步进行。师范是教育之母，师范教育的主要成果便是国民教育的发展，而专科以上的高等教育才有依托与基础。南通的教育发展模式是合乎教育的内在规律，与清朝中枢及各省疆吏首先忙于创办有名无实的高等学堂(大学)，正好形成鲜明的对比。南通的专科与职业教育首先是在师范学校附设开班，然后再逐步分离自立，并经由若干专科合并成为南通大学。顺理成章，脉络井然，而且由于密切配合工、农、商业发展的需要，智力投资很快就转化成为新的生产力，因此办学效益极为显著。如纺织、印染之对于大生纱厂，测绘、农科之对于通海垦牧，河海工程之对于水利交通，都及时满足了各种企业、事业对于科技人才的迫切需要。这是大生资本集团迅速发展的原因之一，也是张謇高明于其他许多企业家之处。

张謇非常重视提高整个民族的文化素质，他的思路是很清晰的：“世变亟矣，不民胡国？不智胡民？不学胡智？”而他所说的“智”不仅限于文化知识，还有思想品质与身体素质等方面的要求。除兴办各种类别、层次的学校以外，他还非常注意社会教育，设立博物苑、图书馆、更俗剧场、伶工学社、体育场以至公园等等，目的都在于提供良好的环境和有效的渠道，使市民素质不断得到陶冶与提高。张謇有很大的抱负，他渴望能在通海地区“建设一新新世界雏形”，因此其视野与规划都是很广阔的。

张謇是一个务实主义者，他既与空想无缘，更痛恶以大言欺世，其旨趣主要在于脚踏实地尽量做有益于社会的实事。他的访日之行就充分表现出这种求实的风格。当日方接待人询问“东来调查宗旨”时，张謇回答说："学校形式不请观大者，请观小者；教科书不请观新者，请观旧者；学风不请询都城者，请询市町村者；经验不请询已完全时者，请询未完全时者；经济不请询政府及地方官优给补助者，请询地方人民拮据自立者。"(《东游日记》) 他事事都从国内以至通海本地的实际情况出发，在学习外国先进事物时总是首先考虑自身的财力、物力和接受消化能力，寻求收效最快、最大的引进之道。譬如参观学校，他着重考察的是师范与中小学、幼稚园，因为普及国民教育乃是中国的当务之急。在制盐技术方面，则宁愿学习日本简易的改良工具，而不引进更为精巧的美国生产方法，因为后者距离当时中国的经济基础太远。

当然，张謇也有自己的严重弱点，那就是晚年对南通地方自治缺乏正确的宏观指导，不仅没有严格控制各种企业、事业发展的规模与速度，反而在没有经过科学论证的情况下匆匆忙忙上了许多不该上或应缓上的项目，以致战线过长、摊子过大、资金全面短绌、信贷恶性膨胀远远超过了大生资本集团自身的承受能力。1925 年以后的全线溃败，固然与洋纱的强力排挤以及垦牧遭到严重灾害有密切关系，但作为最高领导人的决策失误也是极为重要的原因之一。

尽管存在着这样或那样的失误，而且由于中国各个地区经济文化发展的千差万别，张謇在南通的经验也不一定适合其他州、县，但是他在毫无先例可以遵循的情况下勇于探索，力求闯出一条具有本地特点的走向近代化的道路，这种披荆斩棘的开拓精神永远是值得尊敬的，而且确实给后人留下了许多有益的东西。

四

在中国的传统观念中，"士、农、工、商"似乎是一种凝固的定位序列。19 世纪末年，尽管"商战"、"工战"的口号已经喧腾一时，但士大夫轻商、鄙商的陈腐观念仍然根深蒂固，并未受到何等有力的冲击。所以当张謇决心投身实业之际，思想斗争极为激烈，甚至有"舍身喂虎"、溷于秽浊的酸楚感想。但是，他毕竟迈出了可贵的第一步，不顾一切世俗偏见而毅然走进企业家行列，并且义无反顾地为发展中国近代工业与教育事业奋斗到生命的最后一息。

守旧营垒是有形的惰性力，守旧意识则是无形的，甚至是更为可怕的惰性力。他们拘守“义利之辨”，骨子里则是寓利于义、借义谋利。他们视科举为正途，实际上就是走“学而优则仕”的老路，借功名以博取飞黄腾达。他们知识穷乏，缺乏能力，却自视甚高，鄙薄他人，清议空谈，飞短流长。张謇弃仕从商就吃尽这种苦头，他在晚年曾经沉痛地说：“夫今世何世乎？韩昌黎所谓小人好议论人，不乐成人美之世也。此非谓世无君子也，为君子少而伪君子多。议论人者，恒以不肖之心测人。一人也，一事也，事先测之云：言若此，意不若此也；事后验之，言果若此也，意果不若此也。不自私，固私也；不自利，固利也。”① 大生纱厂艰难创业，张謇为之呕心沥血，但并没有得到多少人的真诚赞助，而泼冷水、看笑话的所谓冷眼旁观者则甚多。工厂筹建未久，“厂终不成之谣”即已四起。即使在厂房已经建成、机器已经安装完毕之际，也有些人散布怀疑空气：“厂囱虽高，何时出烟?”甚至在试机运转一切正常之后，仍然有人持鄙薄态度大刮冷风说：“引擎虽动，何时出纱?”张謇意志坚强，丝毫不受流言蜚语的消极影响，他以更加勤奋的工作与纺织厂正式开车的事实，来回击这些伪君子、真小人的挑战。中国第一代企业家的处境是艰难的，而由士大夫投身企业者的处境更为艰难。张謇的可贵之处就在于知难而上，知难而进，顺乎时代之要求，适乎国情之需要，为实业与教育的发展，乃至为全中国的近代化都作出了极大的贡献。

南通模式固然不一定适用于今日，但张謇的勇于开拓、探新务实、坚毅顽强的精神，则仍然值得我们尊敬并作为借鉴。这就是我们何以需要继续加强张謇研究的原因之所在。

（原载《江海学刊》1988年第1期）

① 张謇：《大生纱厂股东会宣言》，《张季子九录·实业录》第8卷，中华书局，1931年，第34页。

张謇与中韩文化交流

张謇（1853—1926）是近代中国早期的著名实业家与教育家，他为通海地区乃至全国的现代化奋斗终生，创造了无可磨灭的辉煌业绩。张謇逝世后曾有人撰挽联赞之曰："讴思淮海三千里，关系东南第一人。"胡适更进一步肯定其历史地位，说他"开辟了无数新路，做了三十年的开路先锋，养活了几百万人，造福于一方，而影响及于全国"。20 世纪 80 年代以来，海内外研究张謇者日益增多，研究的广度与深度也有明显扩展，但深入探讨张謇与中韩文化交流者还比较罕见。现借"中韩文化关系研讨会"之光，匆撰陋文，抛砖引玉，以期引起中外学者的注意与讨论。

一

张謇在 19 世纪 80 年代，曾作为庆军幕僚两次前往朝鲜执行公务。第一次是在光绪八年（韩光武帝十九年，1882 年）阴历七月，应朝鲜国王李熙之请，随庆军统帅吴长庆率兵前往协助平定"壬午兵变"，完成任务以后于八月中旬回国。第二次是在光绪九年（韩光武帝二十年，1883 年）四月，奉长庆召再次前往汉城军幕协助料理军务。此次在朝鲜逗留时间稍长，但由于张謇认为庆军处境与前景均不甚佳，在冬季提前回家乡度岁。此后，便再未到朝鲜故地重游。张謇在朝鲜工作的时间总共不到一年，但却与朝鲜的许多爱国士大夫结下颇为深厚的友谊，并且终生关心朝鲜国家与人民的处境和命运。在此后长达 40 多年的漫长岁月里，张謇与朝鲜友人的诗文之交连绵不绝，成为近代中韩文化交流史上的一段佳话。

当然，张謇与朝鲜友人的诗文唱和，以在朝鲜逗留期间最为频繁。

张謇结识的第一个朝鲜友人是金允植（洵卿）。允植时任朝鲜吏部参判，系奉王命来华请援的领选使。张謇与他在乘“威远”兵轮前往朝鲜的途中即曾多次叙谈，允植的爱国热忱、政治识见与文化素养，都给这个初出茅庐的中国年轻人留下了深刻的印象。庆军在马山登陆以后，允植奉王命自行前往南阳，张謇也忙于协助吴长庆料理军务与对外交涉，自然无暇顾及诗文唱和。但在平叛事定并且进入汉城以后，张謇曾特地前往允植住宅拜访，可惜允植当天已调任江华留守，两人未能晤谈。只见其宅“门巷湫隘，茅舍数楹，墙垣不能蔽邻人之目”[①]。可见金允植是个颇讲操守的清廉高级官员。

张謇在朝鲜这次短暂逗留的时间，曾在汉城书肆购得《全唐诗》、《太平广记》、柳河东（宗元）、韩魏公（愈）、曾南丰（巩）、王临川（安石）等人的文集，以及《全唐文》、《册府元龟》、《经籍纂诂》等大批书籍，但他仍不满足，还托金云养等友人代为购买其他中韩典籍。

张謇与金允植都喜爱诗词，所以允植还特地向张謇介绍另一位朝鲜诗人金泽荣。张謇后来曾回忆此事：“往岁壬午，朝鲜乱。謇参吴武壮（长庆）军事，次于汉城。金参判允植颇称道金沧江之工诗，他日见沧江于参判所，与之谈，委蛇而文，似迂而弥真。其诗直窥晚唐人之室，参判称固不虚。间辄往还，欢然颇洽。沧江复为言其老辈申紫霞诗才之高，推服之甚至。予亦偶从他处见申所流传者，盖出入于晚唐北宋之间。”[②]

张謇在汉城期间还结识了兵部判书赵宁夏（惠人）、宏文馆侍讲鱼一斋（允中），“皆世家之尤者”。但交往更为密切的则是“知外务”的吏部参判金石菱（昌熙）。石菱有中国血统，张謇曾说过：“石菱参判者，金匮之华裔，而鸡林之故家也。”并且盛赞其熟悉朝鲜的历史、地理，“故都廿代，能说其替兴；道洽八区，从咨夫险易。多闻识要，瞻智用愚。朝鲜多

---

① 《柳西草堂日记（稿本）》，光绪八年七月二十七日。

② 张謇：《金沧江刊申紫霞诗集序》，《张季子九录·文录》第6卷，中华书局，1931年，第8页。

材，亦其楚矣”[①]。石菱与允植对庆军的各项重要决策，都提供了颇有价值的切实咨询。

壬午年八月，张謇在朝鲜的最后十几天，由于局势已经平静，生活节奏遂较为舒缓而有情趣，慕名来访且索赠诗题字的朝鲜文士渐多。八月五日张謇又与石菱晤谈甚欢。因为石菱不识金器，张謇嘲以联曰，“论金不识金黄赤”，并请石菱对以下联。石菱大喜，“谓肖其生平”，大概平素讲究操守，不大注意金银。他自己没有对下联，却请张謇代书下联，以便一并贴在墙上留念。张謇知道石菱在同治初年曾出使中国，对华夏文化了解较深，便代拟下联，“观乐能知雅颂风”。石菱更加高兴，问张謇可否更拟数对。张謇随即应以“标卷平分甲丙乙，贡赋犹区下上中”，“闻乐徐参肉竹丝，品酒能分碧白红”[②]。信手拈来，对仗工整，颇能切合石菱的经历与个性。最后一联是调侃石菱嗜酒善饮，盖因朝鲜酒以色分等，红上碧中白下也。

壬午这一年，张謇还不满30岁，也没有一官半职，连举人都未取中，而且是第一次走出国门。但他在朝鲜文士群体中周旋，却如鱼得水，相处颇为融洽；虽然语言有所阻隔，但却可以借助笔谈相沟通。在短短一个多月期间，张謇在这个东北邻国朝野人士中赢得很高声望，当然主要是由于他对朝鲜平乱和善后的正确决策提出了颇具识见的建议，而其个人在品格情操和文化素养两方面的魅力也起了重要作用。连朝鲜国王都曾经想把张謇留下来，以“宾师”之位待之，可见器重之深。七月二十四日，国王曾以酒馔赏赐劳苦功高的张謇。八月二日张謇撰写《谢还朝鲜国王酒具启》报之，文云：“往拜大王盛篹之赐，今见盛酒瓷盎，尚在军中行厨。列讯庖丁云：比还役仓卒遗此。庋上宫之履，既审辨乎是非；还合浦之珠，且叙明其来去。反璧为例，削简增惭。”[③] 虽然是漏还一件宫中酒器，亦必说明原委并及时送回，这说明张謇颇知维护庆军和国家的形象，而谢笺典雅凝

① 张謇：《朝鲜金石菱参判谭屑序》，《张季子九录·文录》第5卷，中华书局，1931年，第3页。

②《柳西草堂日记（稿本）》，光绪八年八月五日。

③《柳西草堂日记（稿本）》，光绪八年八月二日。

重，言简意深，可以看作是他留给朝鲜的壬午之役纪念。八月十一日，张謇即将束装回国，国王又赐以三品官服。张謇接受了并作笺致谢，但他并非是接受其官爵，而只是作为朝鲜礼制文物加以珍藏，以后送交南通博物苑陈列，作为中韩友谊的象征。

次年张謇再次来到汉城庆军营中，公务之暇曾为金石菱所撰《谭屑》一书作序。文云："即岁孟夏，载赋东征。寻之燕栖，赓队驩于鸿雪。感慨人事，怊怅功名。既窾于歌，复进商其著录。《谭屑》二卷，则参判有得之微言，而冥通于释老者。夫五世界在在贪痴；三乘便门，谁谁觉悟。参判以维摩之善病，工蒙庄之寓言。满谷满山，道无坠不著；在鸟在兽，词缘物以成声。"① 我未见过《谭屑》此书，但可想见是与《阅微草堂笔记》、《子不语》之类讽喻文字结集，而且作者在付梓之前还曾与张謇等挚友有所讨论。

在此期间，张謇保存下来的诗作还有《书朝鲜赵玉垂参判冕镐异苔同岑诗卷后》、《调玉垂逸妾》、《书朝鲜近事》、《送黄李二生归江原道》、《招隐三首赠金石菱》（石菱筑三思亭，期十载后归隐，索诗为卷，感而赋之）等。其中赠黄李二生诗云："时事江河下，纷纭口舌争。上书空涕泪，当路有公卿。白璧珍缄鐍，青山迟耦耕。即看齐二隐，愁甚鲁诸生。"对朝鲜局势和爱国志士的怀才不遇，表现出异常的关切。

离开朝鲜之前，张謇应石菱子敬献之请，作一律与之。诗云："忆昔初冠日，公庭举茂才。淹迟雄剑合，沦落爨琴灭。幕府因征伐，尊公与往来。风云激深感，期子凤翎开。"② 除感慨身世外，还追述了与石菱结交的经过，并且对朝鲜青年一代寄予期望。

二

张謇自 1883 年冬天回国以后，再未去过朝鲜，但他数十年如一日，始

---

① 张謇：《朝鲜金石菱参判谭屑序》，《张季子九录·文录》第 5 卷，中华书局，1931 年，第 3 页。

② 《柳西草堂日记（稿本）》，光绪九年八月二十五日。

终关心朝鲜的不幸境况，并且与一些韩国友人保持着联络。这些联络大多是为了策划如何挽救朝鲜的危局，但也有一部分属于文化范畴。

其中最感人的就是他与韩国诗人金泽荣终生不渝的诚挚友谊。

金泽荣于韩熙伦王元年生于朝鲜开城府东部。韩光武帝二十八年会试中进士，先后任议政府主事隶编史局、中枢院参书官兼内阁记录局史籍课长、弘文馆纂辑所、正三品通政大夫等职。甲午战后日本加强了对朝鲜的殖民统治，1905 年实际上已加以吞并。金泽荣愤而辞官，携妻女从仁川乘船来华。张謇曾记其事云："甲申既归，遂与沧江暌隔，不通音问。阅二十年，忽得沧江书于海上，将来就我。已而果来，并妻三人，行李萧然，不满一室；犹有长物，则所抄紫霞诗刊稿本也。"[①] 仓皇出走，行李萧然，却不忘随身携带手抄的申紫霞（纬）千余首诗稿，真可以称得上对文学的痴迷。张謇同情其悲惨遭遇，更钦佩其品格高尚，便安排他到南通翰墨林印书局任编校，并购买房宅于东濠河之侧供其居住。由于书局对他的照顾，编校工作并非繁重，沧江大部分时间还是用于自己的学术撰述。

沧江在生活稍得安定之后，第一件事就是从事申紫霞诗集的编辑。1906 年冬选定清稿，1907 年由翰墨林书局铅印线装（二册），共印一千部，几乎全被朝鲜购去，可见紫霞诗之受韩人喜爱。张謇为之作序云："沧江于紫霞之诗，可谓有癖嗜者矣。比与余书：子方劫劫然忧天下之不活，而仆忧一诗人之不传，度量相越甚远。余语沧江：活天下难，若子传一诗人亦不易。相与大笑。"盖以沧江工资收入不丰，自行编选刊印申紫霞诗近千篇，其艰难可想而知也。张謇序文的结语是："紫霞之诗，诗之美者也，沧江学之而工，而辛苦以传之不迂。独念金参判（允植）年过 70，以孤忠窜海岛，不能复有握手谈诗之一日。见沧江所编紫霞之诗，得毋有人事离合相形之慨也乎！"[②] 两度朝鲜之行始终是张謇难忘的记忆，特别是对那些国破家亡颠沛流离的韩国挚友，张謇更满怀思念之情。

---

① 张謇：《金沧江刊申紫霞诗集序》，《张季子九录·文录》第 6 卷，中华书局，1931 年，第 8 页。

② 张謇：《金沧江刊申紫霞诗集序》，《张季子九录·文录》第 6 卷，中华书局，1931 年，第 8 页。

但金泽荣（沧江）更多的精力却是用于编写韩国历史。据南通市图书馆和博物馆合编《金泽荣撰辑书目》（以下简称《书目》），先后印行的有《韩国历代小史》(十三卷，1915年翰墨林书局铅印本，线装四册)、《韩国历代小史》(二十八卷，民国年间翰墨林书局铅印本，线装九册)、《韩国历代小史》(二十八卷，正误本，1924年翰墨林书局铅印本，线装九册)、《韩国历代小史》(最后正误本，民国年间翰墨林书局铅印线装)、《校正三国史记》（五十卷，1916年翰墨林书局铅印本，线装四册)、《新高丽史》(五十三卷，目录一卷，系郑麟趾《高丽史》的增修本，另有《正误》一卷，1924年翰墨林书局铅印本，线装十四册)、《朝史綮》（六卷，1914年翰墨林书局铅印本，线装三册)、《高丽季世忠臣逸事传》(一卷，民国年间翰墨林书局铅印本，线装一册)、《重编韩代崧阳耆旧传》（二卷，1920年翰墨林书局铅印本，线装一册)、《金泽荣年略》（一卷，民国年间翰墨林书局铅印本，线装一册）等。

金泽荣勤奋撰史之用心良苦，张謇对此也理解甚为真切。其《韩国历代小史序》云："今李氏朝鲜忽焉墟于邻，并其三千二百余年之国社斩矣。金君沧江当其国是抢攘之际，尝一试为史官。度与其志与所学拂戾不能容，而国将不国，乃独懔坚冰且至之，'懼本其生平崇敬孔子之志，挈妻子而来中国'以为庶几近孔子而中国居也。既至，不十年，国遂为人摧践以亡。而祖宗邱墓所在，故国禾黍之悲，耿耿不忘于君之心。于是始终李氏朝鲜之事。成《韩史綮》。居数年，以其书合之于前所作《韩国历代小史》为一书，以仿虞书冠尧典之义。甚矣！君之用力勤，而其志可悲也。庄生有言，哀莫大于心死，而身死次之。嗟乎！此以人而言。言乎国，则謇独以为哀莫大于史亡，而国亡次之。国亡则死此一系耳，史亡不唯死不幸绝之国，将并死此一国后来庶乎有耻之人。金君叙一国三千二百余年事，可观可怨可法可戒者略备矣。谓以供人观怨而法戒，如是焉差可也。韩之人抱持纶一旅楚三户之志者伙矣。艰哉！读金君书，其亦有慄然而思，瞿然而忧，踽踽然困而弥厉者乎！"[①] 把历史看作国魂之所寄，把史亡看作比国亡更为悲哀，把撰史看作维系民族精神的大业，把史书看作鼓舞民心寻求

① 张謇：《韩国历代小史序》，《张季子九录·文录》第8卷，中华书局，1931年，第1页。

民族解放的有力武器，这是张謇与金泽荣共具的卓识，而也正是中韩传统文化互相契合之处。

除史书撰辑外，金泽荣还整理、纂辑、出版了若干有关韩国文化的书籍，如《丽韩十家文钞》（十一卷，1915 年翰墨林书局铅印本，线装二册，十家指金富轼、李齐贤、张维、李植、金昌协、朴趾源、洪周、金迈淳、李建昌、金泽荣）、《梅泉集》（七卷，续集二卷，黄玹撰，金泽荣选，1911 年翰墨林书局铅印本，线装四册）、《重编朴燕岩先生文集》（七卷，朴趾源撰，金泽荣评，民国年间翰墨林书局铅印本，线装二册）、《崧阳耆旧诗集》（二卷，1910 年翰墨林书局铅印本，线装一册）、《古本大学私笺》（六卷，1918 年翰墨林书局铅印本）等。此外，他还曾辑《箕子国历代诗》四卷，共收 85 人，诗 230 首，并附各作者小传，惜未及付梓。其用意也在于保存与弘扬韩国文化精粹，借以维系与振奋民族精神，鼓舞人们为民族解放而奋斗。

金泽荣毕竟是诗人，诗歌创作乃是他的生活主体与最大欢悦。从 1911 年开始，他先后出版了《沧江稿》（十四卷，诗稿四卷，文稿十卷，1911 年翰墨林书局铅印本，线装六册）、《韶濩堂集》（十五卷，附刊一卷，收诗 1 041 首，文 463 篇，1911 年翰墨林书局铅印本，线装七册）、《韶濩堂续集》（三卷，1919 年翰墨林书局铅印本，线装一册）、《精刊韶濩堂集》（内有诗集定本六卷，文集定本卷数不详，1920 年翰墨林书局铅印本，线装四册）、《韶濩堂集补》（九卷，附编二卷，1920 年翰墨林书局铅印本）、《韶濩堂集精》（十二卷，线装四册）、《合刊韶濩堂集》（十五卷，目录二卷，民国年间翰墨林书局铅印本，线装八册）、《韶濩堂全集补遗》（二卷，南通崔竟成选，1925 年翰墨林印书局铅印本，线装一册）、《韩国金沧江集选》（二卷，山阴李祯选，民国年间翰墨林印书局铅印本，线装一册）。张謇是金泽荣诗的知音，他在《朝鲜金沧江云山韶濩堂集序》中感慨地说："朝鲜东南北介日本、俄罗斯，崎岖其间。其人独慎固风气，谨事大之礼，而不骤迁于异说。私尝窃论：鲁秉礼而后亡，朝鲜庶几其犹有断断之风。曾不几年，役于其国，观乎其政教与其士大夫，乃若举先王之遗，壹切芟夷而陵替之，弦诵如也。周辙东而王道衰，聘问歌犹行于列国。其贤者于是征存亡，辨得失，而不肖者犹不敢有野心以肆于恶。至一变为游说倾悏之徒，日以捭阖纵横论构陷诸侯王，而天下弊矣。兹其可不为长虑却顾太息者与！晋山金沧江能为诗，隐山泽间，与之言，隤然君子也。观其业，渊思而趣，踵古而冥追。世纷纭趋于彼矣，沧江独抗志于空虚无人之区，穷精而不懈，自非所谓风雨如晦鸡鸣不已者乎！道寄于文词，而隆者时命，沧江其必终无悔也，故为之所感以序其诗。”[①] 沧江属于当时韩国老辈士大夫，受儒学濡染甚深，且恪守传统纲常伦理，其诗自然是言志载道，以忧国忧民之作居多。也正因为如此，他与张謇的诗歌唱和往往是一拍即合，融洽无间。譬如南通有曹公亭，系为纪念当地抗倭名将曹顶而建。张謇曾咏诗赞之：“人亦孰无死，男子要自见。曹生磊落人，无畏赴公战。鲸牙白草纤，马革黄金贱。荒原三百年，突兀一亭建。田父何所知，亦说单家店。”[②] 金泽荣在1922年亦曾作《曹公亭歌》，诗云：“往者万历倭寇东，韩臣有李忠武公（李忠武公名舜臣，与倭数十战于海上皆胜，杀数万人，《明史》误作李舜）。奇韬妙略似神鬼，杀倭满海波涛红。当时倭儿患疟疾，背书其名胜药功。三百年后汉江竭，修罗蚀月凶肠充。使我奔伏淮之侧，白头欲举羞苍穹。奈何今日中州彦，籧篨之病颇相同。慨然共思曹壮士，沫血击贼卫南通。奇功垂成身径殒，愤气化为青色虹。叱工筑亭安厥像，横刀立马生长风。请君且揽新亭涕，与我赊酒向新丰。一杯酹我李兵仙，一杯酹君曹鬼雄。巫阳与招魂气返，旂光剑色摩虚空。雷鼓鼓动两国气，人间何代无勇忠。”[③] 诗人虽已年逾古稀，但仍满怀爱国豪情，呼唤韩中两国人民联合起来，发扬以李舜臣、曹顶为代表的抗击外侮的光荣传统，共同反抗日本军国主义的侵略。

但是，金泽荣并未完全生活于陈旧的故国之思，或者沉溺于历史故纸堆中。他不仅关心韩国民族解放斗争的现实，而且思想也在随着时代发展不断有所前进。在他来到南通的第6年，武昌起义突然爆发，各地革命军

---

① 张謇：《朝鲜金沧江云山韶濩堂集序》，《张季子九录·文录》第6卷，中华书局，1931年，第8页。系作于宣统元年，即金氏诗集正式出版之前。

② 张謇：《曹公亭》，《张季子九录·诗录》第7卷，中华书局，1931年，第27页。

③ 费范九：《曹公亭诗》，1912年，铅印本。

民纷纷响应，南通也继上海之后宣告光复。金泽荣并未伤感于素所崇奉的君主政体的消亡，反而为中国共和制度的建立欢欣鼓舞。他曾作《感中国义兵事五首》，其中有“武昌城里一声雷，倏忽层阴荡八垓。三百年间天帝醉，可怜人日始醒来”。“箕域地灵应愧死，寥寥仅只产安生”①。他和张謇一样，在政治思想上都大体上经历了君主、君主立宪、共和三个阶段，因而都以积极的态度迎接民主共和制度的到来，尽管他们对民主真谛的认识仍然是有限的。张謇在辛亥年十一月十三日日记上写道：“临时政府成立，是日改用阳历，适元年正月一日。至江宁。”第二天就接受临时政府实业总长的职务。1912 年 1 月 19 日（阴历为辛亥十二月一日）又提前写春节对联：民时夏正月，国际汉元年。“晋以武兴虞不腊，周于农用夏之时。”② 金泽荣则在民国肇建之后立即申请加入中国国籍，自认为加入“中国新民”行列，对刚刚诞生的亚洲第一个共和国寄予厚望。但其著述署名仍多冠以“韩国遗民”、“朝侨”、“韩产”、“韩客”，以示永远不忘故国。朝鲜爱国志士在上海法租界组织临时政府，他立即代为拟《陈情表》，把韩中关系比喻为“为瓜为葛，为唇为齿”，希望中国政府大力支持朝鲜民族解放斗争。他与国内的爱国志士也常有联络，在衰暮之年仍然尽心尽力为光复故国而呼号。泽荣在南通旅居 22 年，与张謇情趣相投私交甚笃，常相携徜徉山水，春秋雅集，岁暮消寒，因此咏景抒情的诗文唱和也甚多。如民国五六年间，张謇曾作《沧江示所和诗复有赠》：“爱客攻吾短，论诗数尔强。时时惊破的，炯炯达升堂。蜡屐吟山出，蜗庐借树藏（沧江寓庐名借树）。众人怜寓卫，后世有知扬。”据曾见过泽荣者的回忆，其人“面貌清癯，须髯修美，一望而知为有道之士”，“或戴朝鲜纱筒帽，身着朝鲜长服”③，“首缠纱巾，深衣款步……古味盎然”。读张謇的诗，一个真率而洒脱的韩国诗翁仿佛就在我们的眼前。民国八年，张謇又有《沧江翁今年七十，不以生日告人，八月一日为延客觞翁于观万流亭，赋诗为寿，属客

① 《韶護堂集精》诗集定本，辛亥稿，箕域指朝鲜，安生指 1909 年在哈尔滨火车站刺杀伊藤博文的韩国爱国志士安重根。

② 以上记述均见《柳西草堂日记》相关诸日。

③ 万跃西、陈修定、陈曙亭等老人口述。

与翁和之》："六十七十翁发皤，旧运新运天旋螺。《春秋》惟有乱可纪（指翁作《韩史》），忧乐合以诗相摩。看花老辈应逾共，载酒佳时莫厌多。槛外朝来云物好，从容等视万流过。东北浮云屡变更，秋风落日汉阳城。南坛幕府萦吾梦，左列词曹系子情。一局烂柯嗤对弈，几时得尽话长生。引年送日须歌舞，准备缠头听玉笙。"感时怀旧，人生苦短，昔日豪情不再，惟有以诗酒歌舞自相慰藉。这大体上可以看作张、金等诗友休闲生活的写照。张謇与金泽荣唱和的诗作甚多，收于《张季子九录·诗录》系年最后的一首，是大约写于1924年的《视沧江病》。此时泽荣已74岁，张謇也有71岁。诗云："闻病抛诗叟，来探借树亭。填栖书锸被，烧匜柮连扃。扶掖怜参术，荒寒满户庭。余年犹兀兀，史笔耿丹青。"对贫病交加的沧江极表同情，并且盛赞他在衰暮之年仍能秉笔直书朝鲜历史。

张謇也始终未能忘怀远在朝鲜的那些诗友知己。当接到金允植逝世消息时，他立即写《朝鲜金居士讣至，年八十七矣，哀而歌之》长诗一首："破晓飞来尺一纸，开缄叹嗟泪盈眦。朝鲜遗民老判书，生已无家国俱死。国何以死今匪今，主孱臣偷民怨深。强邻涎攫庇无所，昔尝语公公沉吟。自是别公四十载（癸未与公别），东海风云变光怪。居州独如宋王何，楚人甘受张仪绐。一窜投荒不复还，国社夷墟犹负罪。李家兴废殊等闲，河山辱没箕封贤。白发残生虏所假，赤心灰死天应怜。噫吁兮！朝鲜国，平壤城，李完用不死，安重根不生，运命如此非人争。居士低头惟诵经，诵经之声动鬼神。后生拔剑走如水，亡秦三户岂徒然，从会九京良有以。公胡遽化九京尘，淬患缠绕八十春。回忆南坛驻军日，肠断花开洞里人（花开洞，居士昔居处）。"情深意挚，沉痛感人。

三

由上可见，张謇的朝鲜情结堪称伴随终身，他数十年如一日关心朝鲜的命运，热爱朝鲜的传统文化，并且与朝鲜的爱国文士心心相印，同时也为中韩文化交流做了许多卓有成效的工作。

其所以如此，首先，由于中朝两国在近代都曾经处于相近似的历史命运。日本明治维新以后，很快就在所谓“脱亚论”的误导下，走上效仿西方列强的军国主义道路，打着大亚洲主义的旗帜疯狂侵略亚洲邻国，而首当其冲的便是同处于东北亚的朝鲜与中国。中国是日本的主要侵略对象，朝鲜则是其侵华的主要跳板。金泽荣在为朝鲜临时政府草拟《陈情表》中所说的“为瓜为葛，为唇为齿”，表达的就是这种历史形成的共识。因此，中韩之间具有历史形成的亲和感，其近代文化交流不仅具有更多的共同语言，而且具有更为深沉的感情交流与理念沟通，而这种文化交流又与共同反抗日本帝国主义殖民统治的亚洲民族解放运动紧密相联系。

其次，中韩都属于儒学文化圈，儒学在近代两国文化交流中仍然是重要的精神纽带。如忠君爱国、伦理纲常等，都是他们（特别是老辈士大夫）在交流中惯常运用的话语。但是有三点需要加以说明：第一，随着西学东渐与国内诸多新的社会因素的兴起，这些古老话语承载的理念逐渐有所变化，悄悄地增添了近代民族主义内容，而日益疏离于对于一朝一姓的愚忠等腐朽纲常名教。第二，也正因为如此，张謇、金泽荣等虽然都曾对旧王朝竭尽忠诚，恪守臣子大义，但终于经由主张君主立宪而走向认同民主共和。这样就使他们以儒学为基本色调的诗文唱和具有了新的时代精神，从而区别于既往千余年的中韩文化交流。第三，传统文化的情结甚深，某些落后的消极因素不可能迅速消失，与朝贡体系相伴生的大国主义与事大主义在中韩两国老辈士大夫的诗文唱和中经常有所流露，这是应该认真加以辨析与扬弃的。

再次，中韩两国语言虽然不同，但文字则曾经可以通用，两国朝野人士常常借助笔谈以相沟通，这也是中韩文化交流比较方便之处。且不说金泽荣与张謇的大量诗文唱和，仅以南通现在尚保存的他题赠给当地其他友人的诗作、对联、屏条而言，就颇有流传价值，无论是书法还是文词。如“小梅零落柳丝垂，满袖清风独往时。渔店闭门人语小，一江春雨碧丝丝”(屏条，题韩诗赠叶仲)。“龙鼠升沉家国事，吾曹何以际斯辰。千秋广武英雄叹，阮步兵真是快人”（屏条，自题近作）。“村翁小舸装凫重，溪女长茭缚蟹簏。八尺过头青竹杖，我行参作野中图”（屏条，自书旧作）。“桐江春水绿如油，两岸青山送客舟。明秀渐多奇险少，分明山色近杭州”

(屏条，题赠送陈曙亭)。作者对于中国古文，特别是旧体诗，虽不能说是炉火纯青，却已经达到运用自如的地步。如果不署明作者身份，如“韩产”、“箕子遗氓”等，我们就很有可能误认为其作者是中国的大诗人和书法家。金泽荣写作甚勤，他的诗文经常发表于《南通报》文艺附刊，仅1924--1927年三年就有近百篇（首）之多，深受读者喜爱。他的书法作品收入《中国名人金石书画》第一集，1924年由上海合群石印社出版，可见其在书法界已享有相当高的声誉。

张謇自甲午状元及第以后，已经具有举足轻重的社会地位和影响，但是他在与韩国友人的交往中始终以平等待人。特别是对流亡来华者如金泽荣这样的爱国志士，他更是优礼有加，关怀备至。他与泽荣的交流不仅限于诗文与学术，还包括音乐与艺术。为了推动京剧全面改革，包括对梅兰芳表演艺术有所建言，他曾专门向泽荣请教朝鲜舞蹈。其笔谈记录以《与金沧江论舞笔谈》为题，发表于民国九年五月三十日的《南通报》文艺附刊，后收入《张季子九录·文录》。这是一篇很宝贵的中韩文化交流原始文献，全文照录如下：

> （啬）愿闻尖袖舞之名何自始？容节若何？（沧）其源不知，大抵佳妙。（啬）我忆君诗中独不及舞，中国古人诗亦不详于舞；白香山有之，而尚病其略。彼此皆看作寻常事，故并无谱，今苦人思索矣。尖袖或当作纤袖乎？（沧）阮亭白纻词说舞极详，但阮亭之时，舞废则久，则所说亦是说梦。（啬）诗词中但形容得态耳，不言其次第。项庄剑舞与尖袖舞何别？几人为队？（沧）多多益可观。（啬）何种衣裳？（沧）长袖长裙如飞。（啬）有毹否？（沧）舞剑时髻上载小圆竹笠，其剑有刃，转环着游钉，持此而舞。（啬）剑长几何？剑柄环乎？（沧）有游环使剑转运。（啬）不知是剑器遗制否？舞时有歌否？古舞必有曲。（沧）有歌亦可，但东（朝鲜）俗用乐以助舞且叶其节；鼓一、缶一、篥篾二、笛一、奚琴一，名曰六角。中国非徒琴亡，乐亦大亡。东乐无论雅俗，皆有十二节，节节渐深，故使人耳心感；而中国乐则终始首尾，似无分别。（啬）岂能无首尾，不习者不知耳。从子今何在？岂能识别舞伎操术之优劣乎？今至沪市之美人团，君能知

之乎？（沧）初闻此事，非必吾侄能辨其才之浅深也。歌舞苟能为国工，自然名满一国，不劳求泽也。（啬）然则君知今日国工为谁？抑有他友擅长此事者乎？（沧）我在本邦，尚未知谁为国工，况今去国十五年，何能知此乎？若使吾侄从少年冶游探之，必晓然知谁为国工耳。尝于汉阳闻乐队中一琴师之弹琴，其神神妙妙，使人欲舞欲哭，中国之乐，似是首尾皆急，无次第耳。（啬）此人尚在人世否？（沧）壬午年闻之，想已宿草（病故）矣。（啬）有弟子否？（沧）必有。现今少年能琴者甚多，虽未知其与琴师孰为优劣，然比之此间琴客则夔也。大都东国之琴音，可以昌黎听颖师琴意观之。（啬）昔欧阳永叔论昌黎此诗是琵琶音，非琴音；而永叔琴诗，则亦未是琴。固知琴不易工，作琴诗亦不易工。（沧）乐声由缓而急，节节渐深可也，中乐似是初发已急矣。兵火不入阙里，则夫子庙之乐舞，似不沉沦。（啬）孔庙之舞，家舞之属也，乐则所谓郊庙之乐。今中国世俗之乐非雅乐，益与郊庙有别。古乡里通行所谓墅舞，与庙乐亦不同。（沧）东邦之歌，无用于中国，惟舞与乐可用。乐调大约在二：一曰灵山会上，一曰与民众，即韩世宗时所制之歌曲。新罗时琴学大行，有入山五十年操琴者，其所制曲为数百。若韩则所制曲不多，亦琴学之衰也。歌乐之中，学琴最难；若极聪慧者，数年可学成云。雅乐不可陈于戏园，亦所不敢也，人将闻而坐睡。复舞复琴，必不可已之事也。令舍侄招善工，仍令为之通译何如？但此儿好作贾业，恐难久在此场中。一场舞妓二人为好，若着多人舞，则使人眩乱，反无精采。琴是房中之乐，故尤宜用一人。作校则将因西公园旧屋乎？抑别建乎？（啬）教剧与教乐不同，今名之曰伶工学社，须别建。（沧）教育大约以三年为期。舞时有一人在傍执檀板以为节。尖袖舞，妓二人；剑器舞，妓二人（或一人能兼之）。执檀板者一人，琴师一人，六角六人，求时探问可也。韩廷壬午以后，遣驻美公使令带六角以往。美总统令陈于庭中，闻之大称好云。日本无乐，故亦好用韩之六角。日本学乐于百济，而今其乐不足可观可听。永叔不知唐宋之琴，古今殊变，而妄欲讥昌黎乎？乐非可摸捉之物，如大风吹物，往而不返。中国多乱离，乐所以失也。若韩则僻在一隅，自古别无大兵乱，故乐至今能存。

张謇问难的谦虚求教，泽荣回答的不厌其详，都是在较高的艺术欣赏水平上进行的，有些见解即使从专业角度来看亦堪称深刻。应该承认，位居高层而持如此严肃认真的文化交流态度，在当代并非可以多见。而泽荣的详尽讲解，对张謇有关改进京剧表演艺术思路的裨益，也是不言而喻的。

1926 年夏天，张謇不幸病故。对于这位异国知己的永别，泽荣的悲痛是极为深沉的。他曾作诗表示哀悼："等霸期王负俊才，应龙飞处一声雷。纵无邓禹奇功在，足试瞿昙活水来。昌黎云与孟郊龙，文字狂欢卅载中。今日都来成一错，奈何淮月奈何风。"[①] 此时，国事家事每况愈下，民族光复的希望似乎仍然渺茫。张謇遗留下来的各项企业、事业情况也不妙，泽荣所任职的翰墨林印书局有时连工资都发不出来。1927 年 4 月底，这位可敬可爱的韩国诗人，在忧时愤世贫病交加的凄凉情境中自杀身亡。但是，泽荣在南通 22 年并未虚度余生，他留下了卷帙浩繁的史学著述与诗文佳作，为保存和发扬朝鲜民族文化精魂作出了极大贡献，同时也为韩中文化交流增添了美好的篇章。他热爱中国文化，热爱南通的土地和人民，南通也永远不忘这位韩国诗翁。1927 年 5 月 7 日，南通各界人士为泽荣隆重出殡，遗体安葬在狼山之麓骆宾王墓之上坡，隔江与福山中峰相望[②]。墓碑由张謇胞兄张詧手书"韩诗人金沧江先生之墓"，与唐代大诗人的文采前后辉映，把南通的山川形胜装点得更加神韵盎然。

在研究近代中韩文化交流史时，千万不要忘记这两个名字——张謇与金泽荣。

（原载《华中师范大学学报》2000 年第 5 期）

---

① 金泽荣：《挽张啬老》，《南通报》，民国十五年九月十四日。

② 南通市图书馆、博物馆：《金泽荣资料》，1976 年，油印本。

百年树人　一往情深

——张謇赠通师毕业生诗述略

【编者按】

我国著名历史学家、华中师范大学原校长章开沅教授，多年来潜心张謇研究，极富造诣，蜚声海内外，现为张謇研究中心顾问。值此以张謇先生亲手创办的南通纺织专门学校为前身的南通工学院九十校庆之际，章教授拨冗命笔，特给本刊寄来此文，为我院校庆增辉添彩。

文章引述了民国十五年六月张謇先生书赠天水籍通州师范毕业生王新令的诗卷内容（未逾两月，啬公即师归道山，此几于绝笔矣），介绍了赠诗的由来及相关历史背景。藉此，充分展示了我国近代教育家张謇先生对兴办教育的呕心沥血和对年青学子的诚挚情愫。章教授文章之题定为“百年树人，一往情深”，实乃画龙点睛也。啬公在20世纪初即表现出的对教育事业的忠诚，当值得今日之吾辈效尤。

谨向开沅先生表示衷心的感谢！

王生天水之少年。十七南学，赢粮两月，道路经六千。比于王伯舆，跋远而志坚。五载不归去，朱丹肄摩研。独爱文学探陈编，攀窥汉魏唐宋诸儒贤。吐尽世俗里儿语，侏儒兜昧尤弗专。不知所造浅深与高下，英气超绝尘垢缠。岁时休暇窃娱乐，从人更受丝桐传。出视所蓄命操缦，欲其正直如朱弦。为语文法及书法，略指途径犹蹄筌。生家固有秦渭田，有父有母俱华颠。学成合藉授经养，思归动引义以宣。河洛甲兵，秦陇风烟。行不由陕，其必由川，川中四将兵满前。忧非五盘岭栈三峡船，闻生戒路心凛然。天下蜩螗羹沸煎，读书奉亲命苟全。奚世不谐无违天。生为奏一曲，吾为歌一篇。炯炯风义江云骞，行矣无慕何蕃欧阳詹。

兰州大学历史系王劲教授几年前给我寄来张謇赠其叔祖王新令诗卷的照片，来信说："张啬翁赠叔祖新令公诗卷，原有两件，一件毁于'文革'，现存一卷。现寄上所存一卷的照相，原打算放大一下，你看起来方便，不意底片一时翻检不出，只好这样寄上。两诗啬翁集中《诗录》均收有。陈衍、冒广生、高一涵题跋亦寄上。新令公离开南通师范后，在安徽、西安、兰州做官，供职于方振武、于右任、观宝珊部下。1935年去南京，做了十多年的监察院委员，1949年末去台湾。奇特的是他的党派是民盟（重庆时期加入）。他与章士钊、于右任、沈尹默等颇有交游。"

陈衍、高一涵的题跋侧重书法评价，如"草圣张颠笔有神，山阴妙腕更无伦"之类。难免溢美而流于俗套。倒是冒广生（鹤亭）更着眼于师生之间的深厚情谊："啬翁久作踉山书，绝笔长谣墨尚新。增得人间师友重，间关一卷不离身。东坡白发扬州路，尚感欧阳国士知。难怪今朝王法护，抚琴一恸为钟期。"另有濮一乘题诗亦尚可读："徇知老笔意殷殷，嘉话何殊白练裙。一任张芝夸绝艺，王家自数右将军。负展江东路几千，濠南宾馆散如烟。知君展对增惆怅，绛帐尘封二十年。"

王劲来信还附有1937年3月8日出版的《文艺》双周刊一篇文章的复印件，题目是《啬庵师送王生毕业归天水诗卷跋》，署名怡生，又自称公毅，为新亭通师先后同学。此文提供了诗卷有关历史背景，并追忆张謇为新令饯别时的赠言，不仅可以增进对诗卷的理解，而且充分展示了通师尊师爱生的良好风气。全文如下：

天水王生新令，以民国二十五年十月自京（南京——引者）寓书公毅，谓啬师前贻诗卷装就，将广征题咏，请先为文发其凡。越一月，卷至，申前请。啬庵师之言曰：不民胡国？不智胡民？不学胡智？不师胡学？此吾师创设师范学校之旨趣，且以开全国师范教育之先。远省闻其风，多资遣学生业我师校。以甘肃言，先后毕校业者，狄道七，天水四，武山一，凡十有二人。皋兰刘太史尔炘榜书“西被流沙”为师校颂。师应陇上师范学校之请，书校内“坚苦自立，忠实不欺”成训赠之，而以南北学风有大同之一日相勖焉。新令于十二人中为后至，师校第二十届本科毕业生也。其时师校以江苏省第一代师范学校著称，经营村落历三十年，师亦稍稍暇矣。新令将归，求师书奉其父正平先生。师为写一诗，诗曰：“王翁七十姥五八，经义晚婚森四男。伯氏服农儒季子，天西弱岁客江南。学勤好古诸生冠，归有余师二曲参。游笈到家嬉白发，寿觞充溢酒泉甘。”旋就中公园南楼饯新令，席次，公毅与于君敬之、曹君勋阁、王君辛伯皆先新令。师曰：“新令之师应先，为新令行，余将首进之酒。”师尝谓教育当养成有礼法不苟简之人，故所次若是欤。师即席诏新令者恳切周详。新令为鼓琴适然亭上，师闻之，掀髯而笑。明日贻新令长句，即此诗卷。当诏新令时，有云：“文章有一定之气运，文在唐必变，惟昌黎足以承之。初学文或诗，不厌摹仿；摹仿既熟，自不难进而辟一新路，成一格局，至此则陈言可去而词由己出矣。”此种意境非好学深思不能知之，诗（师）谓为语文法者略若是。又云：“字须一笔一画有着落注意常人所易忽略处，从平正方面用力，尤须多玩味古人。今人于篆隶多推邓完白，不知何子贞实驾而上之。何读书多，邓读书少；一则士气，一则将气。”又云：“执笔用拨灯法，写碑帖皆宜。曩摹颜柳苦不肖，用拨灯法后即头头是道。”诗（师）为语书法者略若是。此民国十五年六月事，民国十五年即师范创设之二十有四年。未逾两月而师归道山，则此卷也，几于绝笔之列矣。新令之归，公毅私以何时再见此卷为叹，不图仅阅十年，又得珍重审览。吾师当年饯别之心情，授书之神态，如复见之。此十年中，师校忽焉由省代用（管?）复私立。定章，师范附设中学，师校又忽焉称中学。未几，师校又忽焉奉令复师范由附设复独立。“天下蜩螗羹沸煎”，诗言至可味也。新令与余各遭无父之痛，且同在民国十八年，若敬之若勋阁则又先后失母。“有父有母俱华颠”，诗言尤可念也。新令游学国外之志未遂，历浙皖豫晋青海诸省，军书政牍，时有杂遝之感，而未尝一日废书。今列监察院，闻其爱文学，探新编，窥摩汉魏唐宋诸儒，仍一如诗所云。新令持此卷若拱璧，为言从师校归去，国民军败衄，道路为梗。惧此卷之失也，内之铁匣，付诸邮传。途次检查苛，编韵句探字，竟全损。贤韵句宋字，前韵句将字，船韵句岭字，并损。又言天水为匪窖数年，家人苦心护持，此卷得未罹兵燹，言之不胜累欷太息之情。今又殷殷然乞余文。诗云：炯炯风义江云骞，新令体验盖已久矣，此则展卷而益为之悠然神往不置者也。

张謇赠王新令两诗均收入《张季子九录·诗录》，题为《送王生毕业归天水》、《天生求书，归奉其父，其父年政八十，母五十有八，兄弟四人，生最少者也，写一诗予之》。张謇对王新令的赠诗蕴含着他对通州师范学校的一往情深，他为这所学校已经倾注无量心血与精力，而且把它看作自己的骄傲与希望。当这所学校还在筹建之际，他即已自豪地宣称：“夫中国之有师范学校自光绪二十八年始；民间之自立师范学校，自通州始。”他亲自为这所学校选定校址，关注并指导全部修建工作。由于过分劳累，他在1903年初曾“腰酸咳血”，但仍然没有任何一天停止工作，有时不顾病痛住在校内照管修建工程。在开学前一天晚上，他亲自与庶务（职员）逐一敲牢学生宿舍门上挂名牌的钉子。他的作风一贯严谨扎实，门牌要正，挂钉要牢，不容许有丝毫差错，因为学校的环境、建筑、设施、管理都将对学生产生经常而深远的影响。在70多年后的今天，我们可能对赠诗中某些陈腐观念难以苟同，但却不能不为这位忠诚的教育家对学生的诚挚情愫所感动。

（原载《南通工学院学报》（社会科学版）2002年9月第18卷第3期）

张謇感动中国

——纪念啬翁诞生150周年

CCTV刚刚举办过2002年感动中国的十位人物评选活动，这些人物的事迹确实都使中国为之感动。但如果再要评选“20世纪感动中国的十位人物”，我将毫不犹豫地提名张謇为候选人物之一。因为他也曾经感动中国，而且其影响持续之久、事业经营之难、泽惠地区之广，都为时人所难以企及。当然，这样的评选对于张謇本人也许是多余的，因为他并不在意自己的身后之名。“即此粗完一生事，会须身伴五山灵。”他的志趣只在于做事，其座右铭是：“天之生人也，与草木无异。若遗留一二有用事业，与草木同生，即不与草木同腐。”然而也正因为如此，他的人格魅力甚至比他的事业成就更加使中国感动。

感动中国的人必定先受中国感动。张謇的一生是爱国的一生，这已经是无需说明的事情。但他受中国感动最深的一年却是1895年，甲午战争的失败与《马关条约》的签订，使他受到极大的刺激。他在日记上逐条记下条约的主要内容，并且注明：“几罄中国之膏血，国体之得失无论矣。”愤极语塞，但就是这句话，表达了多少悲愤、屈辱、忧虑之感！这个贫穷、衰弱、腐化和备受欺凌的中国啊！难道我们可爱可敬的祖国竟沦落到了如此境地吗？这是难以接受的事实，而这又是不得不面对的事实。张謇必须为中国也为自己作出历史性的抉择。

为中国所感动的张謇，决定投身于革新中国并使之走向富强的伟大事业。正是从1895年开始，他的一系列重大举措都使中国为之感动。当时中国的新闻媒体虽然已经日渐增多，人们尚未知悉“炒作”之类话语，然而张謇的这些重大举措却无一不具有轰动效应。

1896年至1899年，他以新科状元的身份，历经千辛万苦，并且冒着极大的风险，在通州创办了大生纱厂。状元办厂乃是中国历史上前所未有的创举，张謇堪称一千多年以来科举史上的第一人。他长期经受科场蹉跌，参与县、州、院、乡、会等各级考试达20多次，前后共耗费25年生命，仅直接消磨在考场中的时间就有120天之多。他攀登到科举生涯的顶峰，但却毅然与学而优则仕的传统道路告别，把人生的坐标从做官转为做事，而且是脚踏实地办实业与教育两件大事、新事。对于一个年逾不惑的科举文士来说，这需要多大的勇气！

大生纱厂的初见成效，感动了中国，更感动了张謇自己。他没有就此却步，而是更为奋勇向前，兴办通海垦牧公司，创建通州师范学校，设立南通博物苑，乃至参与举办南洋劝业会等，无一不是开风气之先的大举措，无一不是在神州大地上萌现的新事物。值得注意的是，张謇追逐的不是昙花一现的新潮时尚，更不是浮而不实的哗众取宠。他的每一步前进都是脚踏实地的，而且又是怀着远大目标的。归根究底，他着重考虑的并非个人名利而是社会福祉，也就是乡土与国家的根本利益。譬如举办新式教育，他主张从基础教育抓起，因此首先创办师范学校，而没有如同其他地区那样本末倒置，不具备必要的师资、生源、图书、设备而“仓皇兴起即以大学为发端”，设立什么高等学校。这很容易被误解为保守和缺乏宏伟气魄，但却是他一贯讲求实效的质朴作风。他事事都从国内实际情况出发，在学习外国先进事物时决不盲目引进，首先考虑的是自身的财力、物力、人力和接受消化能力。

张謇能脚踏实地又志在高远，他确实具有世界眼光与现代意识。他尽管宣称弃仕言商，然而却始终把工业放在首要的位置。他从创办大生纱厂入手，就是首先要抓住“工业”这个根本。他起初还只限于试图从纺织业起步而奋起直追，到1910年南洋劝业会开幕，他发起组织劝业研究会，并认真研究光绪一朝（1874—1908）的海关贸易册，才“如寐始觉，如割始痛”，认识到“则以我国实业当从至刚至柔之两物质，为应共同发挥之事”。所谓“至柔至刚”也就是以后他所说的“至白至黑”，即着重发展纺织与钢铁两大工业系统，并以此为基础而营造独立的民族近代经济体系，以求摆脱祖国贫穷落后的悲惨命运，进而参与世界范围的“文明竞争”。

张謇当时的过人之处，还在于从经营事业的开始便有一个全局观念：从经济而言并非仅仅着眼于某一工厂，而是要逐步营造一个企业体系；从教育而言并非仅仅着眼于某一学校，而是要逐步营造一个文教体系。同时，他的事业又并非局限于实业与教育两大部类，而是谋求通海地区经济、文化和整个社会的协调发展。吴良镛院士称南通为“中国近代第一城”，意即这是中国首先按照总体规划建设的近代城市，诚非溢美之语。然而，他的最终目标又不是仅仅按照自己的理想建成这“第一城”，而是希望通过这个“理想城”（恕我杜撰）的示范与推广，建设一个独立、富强、幸福的中国。张謇具有如同宗教徒一般的虔诚，一步一步走向自己信仰的彼岸，当然这是人世的现实乐土而非虚无缥缈的彼岸。

1895 年中国有三个人各自作出了自己一生最重要的选择：康有为选择了变法，孙中山选择了革命，张謇选择了实业，而其终极目标都是救国，可以称之为殊途同归。但是在 19 世纪末年，这三个重要历史人物的知名度却是差异很大。孙中山尚未被国人所真正认识，在许多人的心目中无非是一个犯上作乱的小小逃亡者。张謇虽然以大魁天下赢得广泛仰羡，又以状元办厂的壮举感动了中国，但与康有为所策划的戊戌变法相较却是小巫见大巫。一度由皇帝亲自主持的“百日维新”与六君子的最终血染菜市口，那才是中国最大的感动，康有为也即因此成为中国瞩目的头号热点人物。但是，随着变法的迅速夭折与自身的逃亡海外，再加上思想的日趋保守与保皇党内部的分歧涣散，康有为在国内的影响明显淡出，而张謇则凭借兴办实业的初试牛刀，逐渐取代了康梁的媒体聚焦位置。

其所以如此，当然不仅仅是由于创办大生纱厂的成功，更为重要的还是由于他参与了全国性的政治活动。张謇虽说是不愿做官，但并非不关心政治，他已经进入商界，为了市场的稳定发育，势必关心政治局势的变化。同时他也具备足够的条件关心政治，状元的称号加上大生业主构成其新的社会身份——绅商，而且俨然是东南地区绅商的领袖人物。他还拥有充沛的人脉资源，主要是与两江、两湖督抚的密切关系，还有前此 10 年与清流、帝党的深厚情谊。张謇在商界并非属于长袖善舞型，然而办事（包括政治事务）却很善于运用这些社会资源，何况他本身亦已成为各界人士争相延揽的一项社会资源。

1900 年“东南互保”的策划与促成，不仅保持了东南市场的稳定，而且提高了张謇的全国声望。他对刘坤一的建言：“无西北不足以存东南，为其名不足以存也；无东南不足以存西北，为其实不足以存也。”(《啬翁自订年谱》）一语破的，堪称对庚子年中国局势的绝妙概括。“张殿撰”的大手笔不仅表现于八股文章，而且表现于实业、教育与政治，这就使他在东南新旧精英群体中脱颖而出，与汤寿潜等若干大佬一起领导戊戌政变以后重新崛起的又一波维新潮流——立宪运动。张謇可以说是历史的幸运儿，庚子对戊戌的反动并没有对这个变法同路人造成损害，他不仅隐于市而且兴于市。及至清朝政府迫于形势而不得不作出预备立宪姿态时，康、梁仍然作为通缉要犯被拒于国门之外，张謇、汤寿潜、郑孝胥等遂通过预备立宪公会以及各地商会、地方自治团体等社会网络，连续发起三次全国规模的国会请愿运动。与戊戌时期维新派与帝党携手幻想通过自上而下的“诏谕革新”不同，20 世纪初年的国内立宪派倒是切切实实做了大量社会动员工作，企图利用合法的自下而上的请愿运动来促使政府加快立宪步伐。由于国家已经濒临瓜分边缘，革命又迫在眉睫，立宪的呼声至少在中上层人士中已经引起强烈的回响，从而成为当时主要新闻媒体的热点话题。

张謇再一次感动中国。1909 年冬天，张謇在《送十六省议员诣阙上书序》中慷慨陈词：“明乎匹夫有责之言，而鉴于亡国无形之祸，秩序秉礼，输诚而请。得请则国家之福，设不得请，而至于三，至于四，至于无尽。诚不已，则请亦不已，未见朝廷之必忍我负人民也。即使诚终不达，不得请而至于不忍言之一日，亦足使天下后世，知此时代人民，固无负于国家，而传此意于将来，或尚有绝而复苏之一日。”清季朝廷颁布立宪诏谕时，张謇发现，“立宪之谕，人以为假”，而他却“以为天下之人当咸认为真。认真而后有希望，有希望而后有精神，有精神而后有思虑，有思虑而后有学问，有学问而后知要求，知要求而后则真真矣”(《袁氏家藏近代名人手书·张謇致袁树勋》，转引自罗志田：《中国现代史上的自由主义》，《二十一世纪》2002 年 12 月号)。张謇不幸而言中，国会请愿运动至于三即被迫消弭于俄顷，“不得请而至于不忍言之一日”接踵而至，那就是张謇最不愿看见而又无可避免的革命狂飙终于降临这个神州古国。

革命的潮流不可阻挡，张謇经过反复思量，终于顺应共和潮流。尽管君主已被废弃，但他曾追求的“进我人民于参预政权之地，而使之共负国家之责任”之目标，也许还有实现的前景。张謇以同样的精诚参与了“南北议和”的幕后协调，也参与了民国肇建的若干筹议，甚至还一度担任北京政府公职，为经济立法殚精竭虑。但是，“无量金钱无量血，可怜购得假共和”，真诚的革命派与真诚的立宪派，都对辛亥革命以后的政局失望。张謇拒绝了袁世凯的帝制，但是他也没有介入南方反袁斗争的“护国”与“护法”。他对政治已经失望而又迷惘，只有保持始终如一的“村落主义”略尽国民责任。他已经远离政治主流，只能在军阀争夺地盘的缝隙中千方百计保全通海一隅，继续苦心孤诣地营造他那心血铸成的小小“新新世界”。“幸哉一隅地，假息得苟全。太平在何时？今年待明年。呜呼覆巢之下无完卵，野老泪洒江风前。”(《有人归自京师，述所见闻，慨世乱之未已，悲民生之益穷，成诗一篇，寄此孤愤》)张謇苦心孤诣营造 30 多年的“新新世界”，始终未能推广到全国（甚至江苏一省)，他的悲愤自然是极为深沉的。

“生已愁到死，既死愁不休。”也许，张謇的一生，其本身就足以感动中国。

但是，我们现在纪念张謇，不能仅停留于感动，应该更着重于思考。

尽管张謇晚年自责甚深，但我们似不应给予苛求。我曾多次说过：“在中国近代史上，我们很难发现另外一个人在另外一个县办成这么多事业，产生这么深远的影响。”我们首先应当思考的是：何以张謇能够以个人的力量在通海地区办成这么多事业？

个人的力量毕竟是有限的，何况又是处在那样一个政治腐败、民生凋敝、市场尚未充分发育的落后社会环境。张謇自身的人格、气魄、能力以及知人善任等，固然是一个很重要的原因，但这终究不能保证他想做的事必定能够办成。我认为在客观上还有另外一个重要原因，那就是机遇，是机遇给他提供了施展抱负与才能的必要空间。

早在1903年访日期间，张謇就感悟出一个有关政、学、业三者之间的关系问题。他在日记中写道："政者君相之事，学者士大夫之事，业者农工商之事。政虚而业实，政因而业果，学兼虚实为用，而通因果为权。士大夫生于民间，而不远于君相，然则消息其间，非士大夫之责而谁责哉?"君相即政府，此处所谓"政"即政策，包括对工商企业的鼓励、保护乃至必要的优惠与补助等。他把"政"形容为"虚"，而把农工商之业形容为"实"，就是政府在给予积极政策之外，不必干预企业的独立运作，当然更不应"阻抑"其正常运作。用今天的语言来说，就是应该让企业的运作享有足够的空间。

尽管张謇对政府颇多怨言，如鼓励徒托空言、补助有名无实、苛捐杂税繁多、官吏敲诈勒索等，但平心而论，清朝政府及其后北洋政府给企业运作留下的空间还是相对充裕的，否则张謇就很难在30年之间办成那么多新式事业，而且其中许多均属创举。其所以如此，有以下几个原因：

其一，君主专制主义虽然存在两千多年，而且已经发展到极为完备严密的程度，但作为县一级政府与乡村之间仍然留有较大空间，这个空间实际上由绅这一群体发挥着中介乃至主导作用，在宗法、公益、祭祀等方面尤其如此。19世纪中叶以后，绅权愈益扩张，加以清末新政推行地方自治，新兴绅商除享有传统的空间外，并可合法地把自己的权力延伸到市政建设的众多方面。

其二，以若干强势且有开明倾向的督抚为中心的地方实力派在19世纪后期也日益壮大，而且与新兴绅商群体趋向于某种程度的结合，甚至呈现出与中央政府逐渐疏离的迹象。1900年两江、两湖总督在清廷业已对外宣战以后仍然敢于公开策划"东南互保"，其背景正在于此。同时，自立军密谋在长江中下游起义，革命党在港、穗亦有计议独立的传闻，与这种背景也有一定关联。历史表明，清朝政府虽然依旧维持中央集权体制，然而始终未能发展成为真正的极权统治，而它自身的虚弱与内轻外重的政治态势，也在客观上为地方绅商的实业活动留有较宽松的余地。

其三，民国成立以后，虽然袁世凯曾经一度力图恢复中央政府的强势地位，然而武力统一的美梦终于由于帝制失败而成为泡影。嗣后由于大小军阀割据称雄且混战不已，在20世纪20年代以前也始终未能形成一个真正强势有效的中央集权政府，更谈不上严格意义的极权统治。所以，张謇至少在通海地区，仍然可以凭藉业已掌握的各种社会资源，做成并且“遗留一二有用事业”。所谓“幸哉一隅地，假息得苟全。太平在何时？今年待明年”，即为其处境的真实写照，虽然是如履如临，战战兢兢，但却并非完全不能有所作为。

这种局面的出现，对于中国早期近代实业的发展，虽然不尽理想，然而在客观上毕竟暂时有利。白吉尔所说的“黄金时代”虽然未免溢美，但却给人们留下一个悬念，即国民经济的发展需要给民营企业留下正常运转的必要空间。政府的管制太严与干预太多，其危害并不下于巧取豪夺的杀鸡取卵。当然，上述局面的形成也并非出于当时政府的本意，而是由于他们的力不从心，即有全盘控制之心而乏实际干预之力。此外，上述局面也并非真正有利于中国国民经济整体持续健康发展的正常环境，所谓留有空间也只是极为有限的活动余地，而且诸多不利于民族工商业的内外因素仍然大量存在，这也是需要充分认知的。国民经济整体持续健康发展，更为需要的毕竟是政府、企业、社会之间的良性互动的成熟机制。

由此可知，张謇所建立的“南通模式”，并非十全十美的可以垂诸永久的模式，而只是一定历史条件下的特殊产物。且不说它有明显的历史局限，就是在当时也并非所有地区、所有个人都能如此作为。我们今天只能从其事业吸取必要的经验教训，却不能更不必照搬这种模式。也许，我们更应该着重探讨“南通模式”所体现的张謇精神。他在晚年曾经讲述过自己的平生志趣：“仆兄弟农家子也，祖父耻负债，生平耻随人世间一切浮荣虚誉，及流俗猥下之是非，向不以为轻重。徒以既生为人，当尽人职，本吾所学与吾所志，尺寸行之，不可行则止。世不论治乱，亦无所为厌。自投身实业以来，举所岁得，兄弟次（第）经营教育、慈善、地方自治公益事业，凡所当为者，自无至有，自塞至通，自少至多，自小至大，既任建设以谋始，复筹基本以虑终。乡党戚好，间有助者，将伯之呼，从未敢出南通一步。此区区不欲倚赖他人之心，辄欲随一事而矢诸百年以后。是以行年七十，不敢自遐逸，几与老而务得夜行不休者等。”(《谢教育慈善募捐启》) 通观其一生言行，我深信张謇这段自白是朴实无华而又真诚感人的。他的晚年虽然迭遭颠蹶，忧危困苦，但报国爱民之心始终未泯，兴利除弊之志未尝稍减。他就自己力所能及，做了大量有益于故乡的经济文化发展，有益于中国近代化的工作，可以说是鞠躬尽瘁，死而后已。

早在1929年，胡适曾给张謇以高度评价，说他是近代中国一个伟大的失败的英雄，造福于一方，影响于全国。(《南通张季直先生传记·序》) 张謇的结局诚然带有悲剧性，然而中国近代史上真正伟大的英雄也大多如此。孙中山百折不挠地为新的中国奋斗40年，临终前的语言也仍然充满遗憾：“革命尚未成功，同志仍需努力。”但是，个人的生命毕竟是短暂的，而改造落后积弱已久的中国，则需要几代人持续不断的努力，我们很难对早期中国现代化的开拓者作更高的要求。张謇事业的失败与自责太深，可能正是由于他自身角色的错位。他原本是一个民营企业家，可以也应该关心公益社会，但是却需要恪守客观的分际，还得准确估量自己的承受能力。可是，他却越位承揽了许多本应由政府办理的事情，同时也就过度耗费了许多本应投入再生产的资财。对于社会而言，他可以为政府“拾遗补阙”，然而却不应扮演“二政府”的角色。对于企业而言，他是理所当然的法人代表，然而他更应该尊重董事会的民主运作，特别是需要建立比较完美的制度与机制，切切不可以大家长自居。张謇晚年的自责，大多是停留于“壮志未酬”的慨叹，而缺少更为深沉的企业经营方面的自我反思。这才是这个伟大人物的真正悲剧，也是他的历史局限之所在。

但是，人们必然会反问，当年张謇越位办事而造福人民固然有失当之处，然而如果他不越位办理而政府又置之不理，情况又将如何？南通岂非进化更慢，人民岂非更少享几分实惠？也许，社会宁可多几个张謇这样失败的英雄，而少几个为富不仁、贪得无厌的暴发奸商。然而市场经济的健康发展，主要还得依赖制度与机制，单纯强调道德似乎无补于关键问题的解决。张謇是深明这层道理的，所以他本人虽然重视伦理自律，然而所追求的却是政学业三者之间分工而又合作的良性互动关系。我们在百年以后，应该给张謇以历史的理解，尊重其劳绩，同情其艰辛，客观评判而不必苛求。从现今的情况来说，最好是发扬其精神，学习其品格，借鉴其模式，把地方乃至全国的事情办好，这才是实实在在的纪念！

（原载《文史知识》2003 年第 8 期）

民营企业家的伟大先驱

——纪念张謇诞生150周年

“大江东去，浪淘尽千古风流人物。”由于岁月沧桑的消磨，多少叱咤风云不可一世的历史人物，逐渐在后世的集体记忆中淡化乃至消失，只有那些确实具有崇高思想、美好品德与泽惠人民的重要业绩的少数典型，才能传诵千古，永远难以磨灭。

张謇就是这样的一个典型，所以我们今天如此隆重地纪念他的150周年诞辰。

张謇的一生业绩范围甚广，覆盖社会生活的诸多方面。由于篇幅的限制，本文仅从经济方面，而且仅从民营企业家这一角度，说明纪念张謇的深远意义。

甲午战前，中国幼弱的民营企业，处于外资企业与官办企业的夹缝之中，成长极为困难，很多处于旋生旋灭的悲惨状态。甲午战败以后，人们对官办、官督商办、官商合办等经营方式日益不满，民间资本不愿继续在企业内部供官僚驱使，渴望独立的企业活动与社会地位。但是，当时民间资本实在弱小可怜，全部商办近代工矿企业资本总额只有4 704 370元，还不到官办、官督商办、官商合办三种工矿企业资本总额的三分之一。

民间资本吃尽了官府的苦头，他们希望独立发展企业，却不能不寻求官府的认可与保护，而严酷的现实又使他们把接触官府视为畏途。他们希望有一种社会势力出来，作为他们与官府之间沟通的桥梁。其理想方案是：“商管银钱账项买卖，绅管机器教训学徒，官主保护而不侵利权。即有事涉衙门，有绅承当，不累商民，无可疑惧。”(《陕西集股创用机器织布说略》）于是，张謇以及其他一些相似的绅们应运而生，一方面响应清政府号召，募集一批民间资本；一方面为民间资本向清政府争得某些资金、设备、营业等方面的便利，同时自己也逐步转化为民营企业家。

张謇果真是民营企业家吗？40多年以前史学界对此曾有激烈的争论，现今恐怕也难免存在着歧见。这当然是可以而且应该继续深入探讨的问题。

状元办厂而且是奉旨办厂，确实容易使人认定为政府行为。大生纱厂创办之始，在实收资金445 110两中，仅官机折价就有250 000两，占资金总额56.17%，此外还有地方行政公款40 900两。可以说，如果没有张之洞、刘坤一等封疆大吏的实力支持，大生纱厂就很难建成投产。

但是，大生纱厂在初办阶段，已经历了从官招商办、到官商合办、到绅领商办的演变过程，其趋势是疏离于官府，而结果则是最终归于商办。官股在企业内部并没有具体掌权的代表，和一般商股同样只能到期领息，尽管利率较高迹近变相的高利贷。而且，随着大生集团经济实力的日益发展，官股所占比重及其作用也就越来越少，更加不足以对企业性质起决定性影响。大量史实表明，大生纱厂从所有权到经营管理、产品销售、利润分配，都显示出明显的私人资本主义性质，而作为大生厂主的张謇也就顺理成章地演变为民营企业家。尽管他在民国初年一度担任实业总长，然而为时甚短并且也没有进行什么权钱交易。在近代国家，企业家可以进入政府担任公职，政府官员也可以在离开公职后为企业工作。在官言政，在商言商，这本来是很正常的事情。

作为早期的民营企业家，或许也可以说是近代中国第一代民营企业家，张謇的一生业绩究竟应该作如何评价？

在张謇生活的那个时代，中国还没有出现什么富豪排名榜。如果我们仅仅着眼于他的财产多寡，那简直是对于这位历史人物的极大亵渎。因为张謇的人生志趣主要是做事，其座右铭是："天之生人也，与草木无异。若遗留一二有用事业，与草木同生，即不与草木同腐。"人生就是做事，做对国家、对社会、对老百姓有用的事，事做完了，也就可以心安理得地离开人世。"即此粗完一生事，会须身伴五山灵。"座右铭浓缩成为墓门联语，张謇终于履行了自己的质朴承诺。他把自己的生命与南通融为一体，“南通张謇”遂成为中国现代化进程中一块难以磨灭的丰碑。

张謇不同于一般的传统知识分子，他从小就学习做事，除为塾师洒扫侍应并随雇工从事田间劳动外，还要在家中修建房屋时帮忙打杂。父亲教他如何“注意需砖之度”，根据其长短厚薄“检以畀工”。甚至还带他观察其他人家建房，学习如何计划土木建筑。动脑与动手相结合，学习与劳动相结合，这是张謇所受家庭教育的特点。由于家中经济困难，张謇21岁就到江宁开始游幕生涯，起初是在江宁发审局，随后又到庆军幕府，前后共计10年之久（1874—1884）。其间得到丰富的社会阅历与多方面的工作锻炼，特别是“壬午之役”在朝鲜期间充分展示了自己的聪明才智。因此，他的治学逐渐摆脱了八股制艺的狭隘格局，迅速接受了当代桐城派合义理、词章、考据为一炉的宗旨，并且走上了曾国藩等时贤经世致用的道路。

尽管张謇经过“壬午之役”赢得较高的声望，但科举途上仍然屡遭蹉跌。但从1884年到1894年，张謇在这又一个不平顺的10年中并未蹉跎岁月。张謇是一个闲不住的人，他有做事的干才，也有做事的热情，更有做事的抱负。他决心从“经营乡里”做起，首先是办理通海花布减捐，接着是提倡改良和发展蚕桑事业，同时还倡议平粜放赈、建立社仓、恢复溥善堂（收容野尸的机构），并且向学院请求扩大海门生员名额及增设拔贡等等。此外，他还先后主持过江苏赣榆选青书院与崇明瀛洲书院，初步积累了教育管理方面的经验。

到甲午战争前夜，张謇已经具备了足够的办事才能与经验，缺少的只是适当的办事机遇与空间。

甲午这一年对于中国、对于张謇都是太重要了，中国不幸由于战争的失败而进一步沉沦，张謇则有幸由于大魁天下而登上历史舞台。张謇是历史的幸运儿，也许可以说是历史选择了张謇。新科状元的桂冠极大地提高了张謇的身价，而奉旨招商办厂更为他提供了千载难逢的大好机遇。他抓住了这个机遇，历经千辛万苦建成了大生纱厂，并且以此为根基与起点，逐步从棉纺业发展到黄海垦殖、交通运输、金融贸易，终于形成一个初具规模的大生资本集团，把僻处江北的落后的南通迅速推上现代化道路。

张謇的可贵之处在于实业与教育并重，用他自己的话来说，就是“父教育而母实业”。他以实业之母乳培育教育，同时又以教育养成之人才推进实业。他不像当时中央和许多地方的当政者那一样，“仓皇兴学即以大学为发端”，可谓本末倒置；而是从师范教育与国民基础教育做起，并且进而为新兴实业培养专业人才。张謇晚年曾经回顾说：“吾通（南通）因世界之趋势，知文化必先教育，教育必先实业。于清光绪二十二年，即一千八百九十八（六）年，因南通棉产著名，首先创设大生纱厂。二十八年，创立师范学校，以为普及教育之基础。纺纱需棉，需增产棉地，乃创设通海垦牧公司。有棉产地，需讲求改良棉种及种法，又创设农业学校，此校亦在省立农校之前。纺纱需纺织专门人才，又设立纺织学校，此校为全国所仅有。又设商业学校。南通实业逐年发展，各省旅学于南通各校者亦逐年加多，乃注重卫生，设立医校及医院。更进而有图书馆，有博物苑，有气象台。此南通已成立之文化事业也。总计开办至今，除本省本县外，其他各省青年远道而来者，凡浙江、江西、安徽、福建、湖南、湖北、山东、山西、陕西、甘肃、云南、贵州、四川等十三省。现在各校已有之基产，计地十二万亩，及通海垦牧公司股本值银二十万元。”（《北京商业学校演说》）当然，这个回顾并未全面反映张謇兴办新式教育的成就与抱负。例如，1920 年他已经将医、纺、农 3 个专科学校合并为以后的南通大学，1924 年他又向美国政府谋求以退还庚子赔款资助南通教育事业向高层次发展，包括完美南通大学农科设备，工科增设印染专业，水利交通增设河海工程，商业从中专提高为大学，文科分设哲学、经济、历史、地理专业等等。

张謇更为可贵之处，还在于他对南通的建设具有总体协调的思考与规划，确已形成自己的思路与既定序列。他曾经这样概括：“以为举事必先智，启民智必由教育；而教育非空言所能达，乃先实业；实业、教育既相资有成，乃及慈善，乃及公益。”（《谢绝参观南通者之启事》）慈善属于社会救济，公益则包括公园、体育场等公众设施，这已经是一个相当完备的市政建设方案。加以经营者思虑细密，布局合理，南通遂呈现“一城三镇”的城市格局：即作为政治、商业、金融、教育、文化中心的城区，以及周边环绕的唐闸工业区、天生港港口区与狼山风景区。不仅三镇有地区功能的划分，就是城区建设也有功能与景观相结合的总体布置。据城区居民描述：“特别是城区的桃坞路至濠南路一带，更是近代南通的精华所在。在桃坞路上，从西往东，有西式建筑更俗剧场和宏伟的通崇海泰商业总会，有新式旅馆‘桃之华’和具有开会、住宿、餐饮和休闲等多种功能的西式建筑‘南通俱乐部’。在桃坞路至长桥之间，有东、西、南、北、中5座公园。公园内外，垂柳依依，蜂蝶翻飞，小桥流水，景色宜人。……”（杨桐：《南通：当之无愧的中国近代第一城》）南通在民国年间成为模范县，而至今仍被誉为中国近代第一城，实属名不虚传。

而张謇的可贵之处还不止于此，他苦心经营南通自有其更为远大的抱负。他把自己在南通所作的各项努力统称之为地方自治，并且苦口婆心地寻求人们的理解与支持。譬如，他在通海垦牧公司第一届股东会上说：“言乎地方自治，则以股东会议决提存之公产，举办公司界内应办之教育、慈善……凡鄙人之为是不惮须者，欲使所营有利，副股东营业之心，而即借各股东资本之力，以成鄙人建设一新新世界雏形之志，以雪中国地方不能自治之耻。”他领导公司全体职工战胜1902年和1905年两次狂风巨潮的严重灾害，百折不挠，艰苦创业，终于在1910年取得了初步的成功。“堤成者十之九五，地垦者十之三有奇。”“各堤之内，栖人有屋，待客有堂，储屋有仓，种蔬有圃，佃有庐社，商有廛市，行有涂梁，若一小世界矣。”（《垦牧乡志》）同时还建立了自治公所、初等小学、中心河闸，沟渠纵横，阡陌井然。历经10年艰难困苦，终于在滨海大片荒野上出现一个六七千人安居乐业的小社会。他把这个小小世界作为组成理想的新新世界的细胞，并且热切期望把通海地区的范型推广到江苏乃至全国。在当时的历史条件下，这一伟大宏图当然无法实现，但是张謇对乡土与祖国的热爱，特别是对中国现代化伟业的呕心沥血与殚精竭虑，则是永足以感动国人的。

综上所述，作为早期的民营企业家，张謇不仅以自己创办的各项实业促进祖国走向富强，而且从一开始就不断谋求以企业的部分利润回报社会，也就是如他自己所说的注挹于教育与慈善，公益事业。而且，随着大生资本集团的发展壮大，他对教育与社会公益事业的投入与操劳更加与日俱增，从多方面造福于南通，泽惠于后世。这与那些释全主义者的单纯聚敛钱财，恰好形成极为鲜明的对照。

也许有人会觉得像张謇这样活着太累，甚至太单调、太枯燥无味。其实张謇并不是木头木脑的工作狂，不是苦行僧式的禁欲主义者，更不是装模作样的道学家。他热爱生活，更懂得享受生活，包括业余的家庭生活与社交休闲生活。

诗歌与书法是他业余的最大爱好。春秋佳日，与三五好友雅集，相携徜徉山水，咏景抒情的诗文也很多，并非全部都是忧国忧民的言志感怀。其中如："新城城外港通潮，蚌味清腴晚更饶，一勺如姜如乳汁，冒寒应为退翁消。"(《与金沧江同在退翁榭食鱼七绝三首》)"看花老辈应逾共，载酒佳时莫厌多，槛外朝来云物好，从容等视万流过。"(《沧江翁今年七十，不以生日告人。八月一日为延客觞翁于观万物亭，赋诗为寿，属客与翁和之》)都很有生活情趣，且有人生感悟，与时下一般酒食征逐贪图口腹之享者不可同日而语。

他对戏剧也有相当的痴迷，当然最爱的还数京剧与舞曲。他不仅听戏，而且看戏，把唱腔做功与扮相当作一个完整的表演艺术，而且把服装、道具、美工、背景与舞台调度与演员的唱、做、念、打融为一体来欣赏。他特别喜爱与提携德艺双馨而且有更高境界追求的年轻演员，为此在南通建立梅欧阁与更俗剧场，借以彰显当时风华正茂的双子星——梅兰芳与欧阳予倩，并且与他们结为忘年交。这种作为不同于当年的捧角，也不同于现今的追星，真正是出于对艺术的共同痴迷以及谋求京剧改革的满腔热忱。他是多么期望梅郎更加绚烂，乃至尽早成熟为世界级的艺术大师。我们只要检阅《张季子九录·文录》所收"致梅浣华函"9件及《与金沧江论舞笔谈》、《观梅郎三剧之商榷》等文，就可以知道张謇对梅兰芳的成长倾注了多少心血。他对年轻演员从艺术到艺德的那些精辟教诲，恐怕连梨园内的一些老师父也难以如此指点。梅欧阁建成以后，有人不大理解为何以梅欧名阁，张謇赋长句答之，以后并收入《梅欧阁诗录》。诗云："平生爱说后生长，况尔英蕤出辈行。玉树谢庭传子弟，夜香荀坐好儿郎。秋毫时节忘嵩岱，雪鹭弥天足凤凰。绝学正资恢旧舞，问君材艺更谁当。”梅兰芳直至晚年还念念不忘张謇的知遇情深，曾感慨系之说：“这是他有意用这种方法来鼓励后辈，要我们为艺术而奋斗。我这三十年来始终站在自己的岗位上，认真苦干，受我的几位老朋友的影响是很大的。”(《舞台生活四十年》第二集)

张謇堪称京剧的知音，他与表演艺术家、剧作编导、乐师美工，都有许多共同的志趣与语言。同此，南通这方热土对于戏剧演员具有磁石一般的吸引力。除梅、欧以外，姚玉芙、姜妙香、程砚秋、盖叫天、余叔岩、杨小楼、谭富英、筱翠花等优秀人才均曾应邀在更俗剧场演出。其中有些演员当时还未享有以后那样的盛名，还只不过是蓓蕾初放的新秀，这就更加显示出张謇辨识人才的眼力与奖掖后进的殷勤。

张謇对于刺绣艺术不仅情有独钟而且还有自己的红粉知己，他与沈寿的友谊与合作在近代工艺美术史上堪称一段佳话。早在宣统元年，为筹备南洋劝业会，张謇负责审查绣品。当时湘、鲁、江、浙刺绣精品云集，商部派绣工科总教习沈寿前来参与审查，并且带来自己的佳作意大利皇后像。沈寿不仅绣作精美绝伦，审查工作也极端认真负责，挑选精要，作风严谨，因此受到张謇的赏识与推重。辛亥革命爆发后绣工科被迫解散，沈寿避居天津。张謇唯恐一代高超绣艺失传，便延聘她来南通任女子师范学校附设绣工科主任。以后又另建绣织局与女工传习所，张謇亦请沈寿主持，并提供濠阳小筑房屋供她养病，夫妇二人照顾她无微不至。沈寿以病弱之躯在南通执教8年，学员结业者有150余人之多，其中优异人才亦有9人，沈派天香阁绣法遂得以推广并在刺绣艺苑大放异彩。唯恐长期以后沈绣失传，又由沈寿口授张謇笔录，花费好几个月时间终于写成《绣谱》一书。此书包括绣备（绣具）、绣引（准备）、针法、绣要、绣品、绣德、绣节、绣通各节，绣要一节传授审势、配色、求光、肖神、妙用、慎性的绣法要领，可谓尽得沈绣神髓。《绣谱》堪称中国刺绣工艺史上第一部近代意义的教科书。沈寿病逝于1920年夏季，张謇根据其遗言，为之公葬于黄泥山（五山之一）南麓，墓碑书曰：“美术家吴县沈女士寿之墓。”

沈寿死时才47岁，即令按当时国人寿命标准，也是属于英年早逝。红颜薄命，天才夭折，都是人间极大的遗憾，而沈寿则兼而有之，张謇内心悲痛之深沉可想而知。沈寿生于苏绣的故乡，但沈绣的成熟与发扬光大则在南通，其原因自然是由于张謇充当了伯乐的角色。当初只有张謇对沈绣的“独运之深心，与不可磨之精气”，以及“精微广大之思”，知之最切，理解最深，并且为这位困顿病弱的艺术家提供了一个相当优越的创作与教学的环境。张謇与沈寿之间的深厚情谊，建立在相互深切理解的基础上，并且有共同的美的追求作为联结纽带，属于一种高尚的情感境界，所以很难为当时世俗所真正认识，但却已经彰显其深远知音文化的影响于后世。

张謇对园林建筑与文物、图书收藏也有极为浓烈的癖好，但他首先考虑的都是社会民众的共同受益，并非自己和家族的垄断独享。正如他把个人的戏曲痴迷扩展成为京剧改良与移风易俗，或是把自己的绣品喜爱延伸为提倡工艺美术的教育、创作与普及一样，他爱世间一切美好的东西（包括物质的与精神的），但却从来认为这些都是天下之公器，不应被一家一人所私有。他一手营建的五个公园都是向所有居民开放的，精心创办的博物苑、图书馆也是作为地方的社会教育设施。开风气之先的博物苑可以说是张謇的最爱。早在1904年，他就在通州师范学校校河对岸，迁荒冢千余及居民29户辟为基地，建立面积达30余亩的植物园。随即于第二年在植物园的基础上开始规划与营建博物苑。经过10年辛苦经营，博物苑在1914年已经建成天然（自然）、历史、教育、美术4部，包括动物、植物、矿物、金石、陶瓷、拓本、书画、雕刻等约30类，共有器物近3 000件。在当时的历史条件下，一个私人办的县级博物馆，而且毫无先例可循，能够达到这样的规模，实属难能可贵。此馆当年已有“南通各校专设之标本室”的美称，而“他地人士特来参观者踵相接，因之而常苦应接不暇之概”，可见社会效益的卓然可观。张謇对博物苑营造管理的倾注心血，一如他对京剧改良与刺绣工艺那样的痴迷。甚至在武昌起义爆发的前一天，他还在当地购买一对孔雀，向友人索要一对锦鸡，并派专人于当天送回南通博物馆。

应该说明，本文有意对张謇的企业经营以外的生活情趣多着笔墨。也许张謇的企业经营并非他那一代人最成功的范例，也许他的企业经营从今天的大企业眼光看来无非小菜一碟。但是“筚路蓝缕，以启山林”，我们应该理解第一代民营企业家作为先驱者的特殊艰难，同时更应该尊重他们为后世开路奠基的劳绩。同时，在张謇这样的早期企业家身上，我们还应该学习他们的精神层面那些闪光的优点，特别是他那时时不忘回报社会、振兴中华的拳拳之心与惓惓之意。单纯的金钱的追逐决不是人生唯一的价值，也不会给个人带来真正的幸福；只有把企业真正当作事业，当作有益于人民福祉与社会进步的事业，才会使生活变得充实，内心感到幸福。也许只有这样才称得上是当代值得人们尊敬后世受到人们怀念的企业家，从而与唯利是图、鼠目寸光的市侩庸贾划清界限。

作为教育工作者，我曾经长期研究过陶行知，并把他作为自己一生学习的榜样。对于我们这些真诚的师陶、研陶者，位于南京郊区的晓庄师范学校就是自己心目中的一座圣殿。我在一次全国学习陶行知骨干培训班上曾经倡议，应该让那些千千万万的“小陶子”（年青一代师陶、研陶者自称），每个人都有机会来这里朝圣，洗涤自己的灵魂，吸取精神的营养。我很理解与尊重当代企业家的劳绩，国家与社会对他们抱有极为殷切的期望。但是恕我直言，在他们中间也许不乏运筹帷幄决胜千里的经营干才，但是像张謇这样志趣高洁气度雍容的真正现代儒商尚未多见。我很希望新一代的企业家能把南通作为自己心目中的一块圣地，都有机会到这座张謇为之奉献终生的历史名城进行实地考察，也许可以进一步提高时代使命感与社会责任感，使自己的事业与自己的精神都进入一个更高的境界。如果当代中国能够出现一大批类似张謇这样的现代企业家，那才真正是国人之幸、社稷之福。是所至愿！

学习张謇的理性爱国主义

爱国主义与民族国家一样，都是近代逐渐形成的思想观念。梁启超早就说过：中国自古标榜大一统。“数千年来，常处于独立之势，吾民称之禹域也，谓之天下，而后谓之国也。……未曾与平等之国相遇，盖视吾国之外，无他国焉。……自中东一役，我师败绩，割地赔款，创巨痛深。于是慷慨忧国之士渐起，谋保国之策者，所在多有。非今优于昔也。昔者不自知其为国，今见败于他国，乃始自知为国也。”①

张謇的爱国思想，大体上也经历了梁启超所描述的演变过程。甲午战争以前，也就是他40岁以前，基本上属于忠君爱国的传统士大夫范畴；甲午战争以后，外来侵略的强烈刺激与西方文化的浸润潜移，促使他对世界和中国增添了新的认识。正如他晚年对自己这一重大思想转折所作的回顾：“年三四十以后，即愤中国之不振。四十年后，中东事已，盖愤而叹国人无常识也，由教育之不革新。政府谋新矣而不当，欲自为之而无力，反复推究，当自兴实业始。然兴实业则必与富人为缘，而适违素守，又反复推究，乃决定捐弃所恃，舍身喂虎。认定吾为中国大计而贬，不为个人私利而贬，謇愿可达而守不丧。自计既决，遂无反顾。”②

这段话讲的似乎是为何决心从商下海，但字里行间则透露出爱国思想内在蜕变的信息，其中最重要的变化就是其内心关切主体的转移。张謇仍然是爱中国的，而急切企盼救亡图强更增添了这种爱国情感的炽烈，但他所关切的中国主体不再是君而是数以亿计的民众。这也就是他何以在甲午

① 梁启超：《爱国论》，《饮冰室合集：文集之三》，中华书局，1989年，第66页。

② 张謇：《大生纱厂股东会宣言》，《张季子九录·实业录》第8卷，上海书店，1991年，第34页。

战争以后经常要强调的几句话："不民胡国？不智胡民？不学胡智？不师胡学？"① "不民胡国"与过去的"民为邦本"已经萌现明显的差异，因为君主专制主义骨子里的取向是"民愚"或"愚民"，而近代国民则必须经由学（新式教育）而启蒙益智，最终摒弃奴隶根性而获取国民自觉。这是甲午战后，特别是庚子年以后，中国趋新文化精英的新思潮。他们不再把救亡图强的希望，集注于明君贤相的纵天之圣，而是逐渐意识到必须凭借民间的精神与物质的资源从根本上改造自己的国家。

庚子年以后，由于清廷标榜推行新政，废科举、办学堂已经成为一种时髦，并非张謇的发明与首创。但他始终保持清醒的头脑，以稳健务实的风格，引导教育改革的潮流。当时各省正兴起一股"大学热"，不顾主客观条件匆忙创办大学或将原有的书院改制升格为大学。张謇坚持独立思考，决不随波逐流，因此旗帜鲜明地反对"仓皇兴学即以大学为发端"这种本末倒置的错误做法，强调发展新式教育必须统筹规划、循序渐进："大学之预备在分科高等，高等之预备在中学"；而中学之预备又在小学，必须先办好基础教育才能逐步向高层次教育发展。因此，他比较重视总体设计与数据预测，认为办大学必须考虑实际需要与可能，确定办学规模与招生人数，而这就涉及生源乃至大学和中学的提前准备。即使是发展小学，也必须考虑地区的实际需要与经济承受能力，规划合理的布局，还要准备毕业后继续升学与就业的出路，在普通中学和职业、技术学校方面作相应的发展。1903 年他到日本访问，对日方接待者宣告教育考察的原则："学校形式，不请观大者，请观小者；教科书不请观新者，请观旧者；学风不请询都城者，请询市町村者；经验不请询已完全时者，请询未完全时者；经济不请询政府及地方官优给补助者，请询地方人民拮据自立者。"② 这决非故意标新立异，而是强调在学习外国先进事物时注意从国情乃至省情、县情出发，时时事事都要考虑自身的财力、物力和接受消化能力，正体现出张謇所固有的极为可贵的理性务实精神。

---

① 张謇：《通州师范学校始建记》，《张季子九录·教育录》第 1 卷，上海书店，1991 年，第 14 页。

② 张謇：《东游日记》，《张季子九录·目录》第 8 卷，上海书店，1991 年，第 34 页。

昔时论者常过于强调张謇是“教育救国”论者或“实业救国”论者，其实张謇非常关心政治改革，特别是政治体制改革。他认为政治腐败才是中国贫穷落后挨打的“病根”，必须“抉其病根”才有可能实现国家的独立与富强。1903年他对日本作认真考察，已经对政党政治与议会政治萌发浓厚的兴味。日俄战争爆发后，他在除夕之夜的日记中明确写道：“日本全国略与两江总督辖地相等，若南洋（指南洋大臣辖地——引者）则倍之矣。一则致力于实业、教育三十年而兴，逆抗大国而拒强国。一则昏若处瓮，瑟缩若被縶。非必生人知觉之异也，一行专制，一行宪法，立政之宗旨不同耳。”其中批评的似乎是俄国，但实际上已经是在暗喻清朝政府。此后，张謇专注于实业、教育，坚定地走上了力推立宪的道路。

张謇顺乎时代潮流倡导立宪运动，从一开始就不务虚名、不讲空话，力求从培育新式国民的基础工作做起，这是他常讲的“不民胡国？不智胡民”的更为深层的内涵。他与郑孝胥等创立预备立宪公会，出版《预备立宪公会会报》作为自己的喉舌，并且对《时报》施加影响，使之成为鼓吹立宪的舆论中心。同时他们还编译刊印《宪法义解》、《日本宪法》、《日本议会史》、《公民必读》等宣传立宪与法治的普及读物。作为首任会长的郑孝胥在成立大会上的报告词，即公开指出中国数千年来都是“家天下”，而民众的弱点则是“苟安偷活”，以“卑贱”自居并屈从于“尊贵”的绝对权威。因此，当务之急是革除“苟安”而提倡“责难”，即人民必须关心、研究、议论“国政”，从而加强影响政府的决策。这些主张与当时国内民主思潮的发展是相吻合的。

他们是这样说的，也是这样做的，而更为可贵的是他们执着的追求与实践。1907年，预备立宪公会成立未久，即发起与组织对商业习惯进行调查并由民间拟定商法草案。这一倡议受到热烈响应，有88个地区商务总会与分会（包括新加坡、三宝垅、长崎等海外华商总会）正式派代表到上海参与讨论，另有三十余处商会以通信方式参与讨论。这可以说是中国历史上空前未有的壮举。此外，根据清廷的规定，咨议局的功能被局限于咨询，但张謇所领导的江苏咨议局从一开始就极力争取成为名副其实的以民意为基础的立法机构，并且在清末政治舞台上表演得颇有声色。张謇在第一届常会上提出并通过的《本省单行章程规则截清已行未行界限分别交存交议案》，要求凡在咨议局开办以后所订的本省单行法，都必须经过该局议决，然后才能呈请公布生效。第二届常会又议决《本局议案公布施行后之实行方法案》，规定地方官必须按期报告咨议局议决案的执行情况，如有故意拖延不办者则据实给予纠劾。这两个决议案并非一纸空文。在第一届常会期间，江苏巡抚交议改定厘金征收办法一案，即以有损商民利益被咨议局据理驳回。1910 年两江总督张人骏无视该局权限，擅借外债，该局认定为违法侵权行为，要求资政院核办。次年又因预算案与张人骏激烈冲突，以张謇为首的常驻议员全体辞职以示抗议，并且发动社会舆论给予声援，使总督在政治上陷于孤立。江苏咨议局为各省咨议局树立了榜样，在国内外赢得了较高的声誉，因而在全国范围声势颇为浩大的国会请愿运动中起了先锋与主导作用。张謇晚年感慨地说："自清光绪之际，革命风炽，而立宪之说以起。立宪所以持私与公之平，纳君与民于轨，而安中国亿兆人民于故有，而不至颠覆眩乱者也。主革命者目为助清，清又上疑而不下沮，甲唯而乙否，阳是而阴非，徘徊迁延而濒于澌尽。"但张謇推动立宪确实是真诚的，而且是异乎寻常的投入，所以他在《啬翁自订年谱·自序》中自我总结说："一生之忧患、学问出处，亦尝记其大者，而莫大于立宪之成毁。"是张謇自己用思想、感情、言行把自己的名字与立宪运动紧密地联系在一起。

立宪运动终于事与愿违，以失败而告终结。但是，我们切不可以成败论英雄，更不可以虚无主义的眼光看待整个立宪运动。立宪运动不仅教育了群众，也教育了张謇自己。所谓教育，就是民主政治的启蒙；失败的只是期盼取代革命的君主立宪方案，而立宪诉求不仅没有消失，反而更趋增强。立宪派本来想以"请愿不已"的真诚来感动清廷，而清廷对请愿运动的冷漠与严拒终于使之绝望，逐步认识到体制内改革的此路不通。革命派与立宪派的论战曾经持续经年，但其主战场是在海外而主要对手是以康、梁为代表的保皇派。辛亥革命的爆发诚然出乎国内立宪派的预料，但其迅猛进展的势头却使后者很快就感悟到时代的潮流无可阻挡，认识到与其逆潮流为腐朽透顶的清王朝殉葬，倒不如顺潮流与革命派共同实现立宪共和。导致清王朝灭亡的不仅仅是革命党人和革命群众，作为推动社会前进的历史合力之中也包括许多立宪派的劳绩。独立各省多有立宪派与革命派携手“咸与维新”，也并非人人都是随机应变或为了抢夺胜利果实，而是客观形势发展的需要与必然的结局。

应该指出，张謇并非一开始就心甘情愿吞咽革命的苦果，他曾经劝说地方官员防阻革命，但这无非是借此寻求传统道义上的自我安慰，并非竭尽愚忠以殉故主。其后来迅速转向共和是有思想基础的，而且与其一贯慎于出处的品格相符，也是有过客观冷静的审慎考虑的。在他的心目中，国家已经与爱新觉罗皇室断绝关系，他所忠于并献身的中国已经具有新的时代含义。张謇在历经世事沧桑之后，转而在晚年专注于通海一带的经济、文化建设与地方自治，其实质是谋求建立一个完整的近代社会范型，而其范围又并非局限于自己居住的“村落”。他脚踏实地而又放眼全球，不仅谋求南通的物质文明与精神文明超过国内其他 1 700 多个县，而且雄心勃勃地谋求与外国的先进“村落”作文明之竞争。张謇终生抱持的宏图大愿，是以南通为示范，将这种模式逐步推广到江苏全省，最后推广到整个中国，而用我们今天的语言来说，就是实现全国的现代化。

当然，张謇也有自己的弱点与失误，其中最严重的问题就是晚年对南通地方自治缺乏正确的务实的宏观指导，不仅没有严格控制各种企业、事业发展的规模与速度，反而在没有经过周密论证的情况下匆匆忙忙上了不该上或应缓上的项目，以致战线过长，摊子过大，资金全面短绌，信贷恶性膨胀，远远超过大生集团自身的承受能力。1925 年以后的全线溃败，固然与洋纱的强力排挤以及垦牧遭到严重灾害有密切关系，但作为最高领导人的主观武断与决策错误也是极为重要的原因之一。但是，尽管存在着这样或那样的失误，而且由于中国各个地区经济、文化发展的千差万别，张謇的南通模式也未必适用于其他许多州、县；然而他在毫无先例可循的情况下勇于探索，力求闯出一条具有本地特点的走向近代化的道路，这种披荆斩棘的开拓精神永远是值得尊敬的，而且确实给后人留下许多有益的东西，包括其物质文明与精神文明两个方面的建设业绩。

我在 14 年前即曾提出爱国主义必须与理性精神相结合。因为中国长期遭受帝国主义的侵略与欺凌，民族情绪必然会使许多中国人对外来冲击的反应感情多于理智，特别是在民族危难关头感情更容易湮没理智。对于被侵略民族的义愤，应该给予理解与尊重，但义愤如果不与理智结合，则又很难把可贵的民心、民气、民力引向正确的道路，甚至会给本民族带来更大的损失。这层意思，魏源早在《海国图志·序》中已经表达得相当清楚。他总结鸦片战争的教训，认为欲平外患，必须“先平人心之积患”，而战败所激发的“愤与忧”，正蕴含着“天道所以倾否而之泰也，人心所以违寐而之觉也，人才所以革虚而之实也”的消息。因此，他不满足于简单的义愤，提倡“不愤不启，不悱不发”(《论语·述而》)，讲求“愤悱”，特别是在“违寐而之觉”以后的“讲画”。他在百余年前所提出的“师夷制夷”的光辉命题，正是经由“愤悱”而缜密“讲画”的结果。继承这种理性爱国主义优秀传统的有王韬、冯桂芬、郭嵩焘、薛福成、严复乃至伟大的革命先行者孙中山，而“五四”以后在马克思主义的指导下，中国共产党人更把这种理性爱国主义提高到与国际主义相结合的更高境界。

与魏源、林则徐等发其端绪相对立的，是在朝野都占统治地位的顽固守旧潮流。外来侵略不仅没有促使他们走向省悟、警醒与革新，而狂热的民族情绪反过来淹没了他们有限的理智。这股顽固潮流在19世纪末更发展到极端，变成仇恨一切外国人和外来事物的笼统排外主义，仇外狂热涵盖一切，已经完全丧失理智。早在20世纪之初，有些先进的中国人已经看出症结之所在：“彼无意识之排外虽甚剧烈，其发念不过从耳目之忿恨点而起，而非从爱国心之点起。故虽讲尊敬之学深厚如徐桐，尚不知割台湾、租胶岛、借旅顺、广州湾为何物，唯使馆市街有侵其府第一寸土者即忿忿不能平。适拳民亦妒教士之势横，两盲同意，二聋联盟，遂决欲铲除东交巷使馆，及烧毁四牌楼教堂，以为如此外人即可莫予毒。呜呼！此即挟民族主义之国民举动乎？扶清者，仅扶东交民巷及四牌楼，灭洋者仅灭公使馆及天主堂，如此彼尚知国家国民为何解乎！”① “两盲同意，二聋联盟”的说法虽然过于尖刻，但却一针见血地道出了丧失理智的笼统排外主义的

① 佚名：《箴国民》，《苏报》1903年5月8日。

要害。劳苦群众与统治集团本来是对立的阶级，可是在瓜分惨祸迫在眉睫与仇外情绪空前高涨之际，却在一定时期走上同一条道，轰轰烈烈的反帝斗争从而遭到扭曲的命运，这就是以前两个世纪之交发生在中国土地上的民族大悲剧，而又从反面验证了魏源在此半个世纪前提出的“愤悱”二字的深刻意义。

应该看到，作为东南精英的杰出代表，面对这举国如痴如狂而又混乱不堪的险恶局面，张謇再一次表现出可贵的理性精神，他与其他有识之士一起，审时度势，冷静思考，敏锐地看清“无西北不足以存东南，为其名不足以存也；无东南不足以存西北，为其实不足以存也”。他们甘冒天下之大不韪，把清廷的仓促对外宣战视为“乱命”，劝说刘坤一、联合张之洞并利用帝国主义列强内部的利益分歧，实现“保卫东南”，亦即所谓“东南互保”。“东南互保”确实是地方实力派与列强之间的妥协，但至少暂时稳定了半壁江山，遏制了笼统排外主义潮流的进一步蔓延，从而在某种意义上以东南之“实”保全了西北之“名”，以后才有十年新政的推行。重温这段历史，我们不能不佩服当年这批杰出绅商的智慧与勇气。

当然，时间已过去一百多年，现今的世界与中国已经有了翻天覆地的变化，因而对于当代中国的政治家与广大民众应该提出更高的要求。特别是面对着全球化的汹涌潮流，面对着霸权主义的挑战与地缘政治的复杂化，更需要冷静审慎地处理好各种各样的国际关系，使中国与世界朝向和谐互利的良好局面持续发展。也正因为如此，今天的爱国主义更需要大智大勇的理性，更需要有全球全人类的博大胸怀，更需要以大格局的思路与战略来化解各种各样国家之间的历史恩怨与现实利益冲突。而作为正在和平崛起的负责任大国的国民，应当如何珍惜当前的大好局势，如何正确地维护与发展国家利益，如何体现现代国家成员的文明风范，应该是我们进行爱国主义教育着重探讨的重要课题。

（原载《华中师范大学学报》2006 年第 2 期）

张謇与日本

（2006 年 6 月 24 日在日本关西大学接受
荣誉博士学位大会上的演讲）

在近代中日关系史中，张謇是一个相当重要的角色，但是我写的两本传记，从初始的《开拓者的足迹——张謇传稿》到最近的《张謇传》都没有给予足够的论述。现在根据对相关文献的重新阅读与思考，撰写此文以求教于各方先进。

一、张謇早期日本观的形成

张謇 1853 年出生于通海地区的偏僻农村，自幼接受的是传统的科举应试教育，除《四书》、《五经》之外，他对外在世界了解甚少。加上当时的交通与传播手段十分落后，所以他在 20 岁以前尚未形成真正的日本观。

南通地处苏北沿海，明清以来常受所谓倭寇的骚扰，亦有若干可以引发张謇对于中日关系有所感慨的历史遗迹，其中之一就是在当地比较著名的曹公庙（亭）。流亡并定居于南通的朝鲜诗人金泽荣，1922 年曾撰写长诗《曹公亭歌》，其中有“往者万历倭寇东，韩国有李忠武公。奇韬妙略似神鬼，杀倭满海波涛红”，“慨然共思曹壮士，沫血击贼卫南通。奇功垂成身径殒，愤气化为青色虹”等句，对日本侵略者的义愤填膺溢于言表。可是在此 18 年以前，即同治十三年元月二十六日，张謇曾与友人游曹公庙，日记上仅有“与范肯堂骑马出游，归途范马惊逸，至曹公庙始驻”（《张謇日记》，同治十三年元月二十六日）寥寥数语，并无任何愤日情绪的流露。

但此后不久，张謇应原通州知州孙云锦之聘，前往江宁发审局担任书记，这是他走出封闭而又狭小的通海文化圈之始，也是他的眼光转向全国与世界的发端。江宁仍然是东南地区的政治、经济、文化中心，而且与开埠最早、华洋杂处的上海相距甚近，张謇在这里不仅可以大开眼界，而且能够比较及时地获取许多重要信息。同治十三年七月十一日，他在日记上写道："海师返，知宰臣有议和之举，夫复何言！"海师即孙云锦，是他带回有关台湾事件的最近消息，并且促使张謇逐渐形成比较清晰的日本观。

当时日本明治维新开局不过 7 年，但在"脱亚入欧"观念的支配下，却已效仿西方列强向周边地区采取扩张态势，而首当其冲的便是中国的台湾和邻国朝鲜。就在 1874 年春天，日本政府不顾国际舆论的反对与文部卿木户孝允等重臣的劝阻，借口所谓"台湾生番戕杀琉球人民案"，悍然派军侵犯台湾。台湾原住民（原住民，这里仅指台湾地区较早定居的族群）奋勇抵抗且遭日军烧杀残害，但清朝政府却犹豫不决，与日方的咄咄逼人形成鲜明对照，所以张謇才有"夫复何言"的沉痛感慨。九月二十二日，《中日台湾事件条约》签订，中国承认日本行为正当，日军退出台湾，清政府给予"以抚恤代兵费"的变相赔款 50 万两。此后，日本扩张野心更为滋长，随即公然阻止琉球向中国"入贡"，这就给张謇更大刺激。他在光绪元年三月二十六日的日记上写道："闻叠有国丧（指同治帝逝世）。且闻台湾复有兵警，以去年受庇之人，一旦反戈相向，既失体制，亦贻后患。……杞人之忧，未有已时。"

由此可见，张謇自此已经开始把日本作为一个具有严重威胁的邻近敌国看待。

日本的行为也确实符合张謇的判断，1876 年 2 月它又强迫朝鲜订立《江华条约》，不仅严重破坏朝鲜主权，而且使之逐步成为侵略中国东北地区的跳板。1879 年 4 月，日本正式宣布吞并琉球，将它改制为冲绳县。日本的节节进逼，已经成为中国当时陆海整体边疆危机的一个组成部分。此时张謇已经于光绪二年夏季应吴长庆之邀进入庆军幕府，这便有一个直接与日本在政治与军事两方面交手的难得机遇。

但是，张謇在光绪八年以前，无论是屯军浦口还是移驻登州，心情始终是抑郁的。除了试场连续失利以外，主要还是为外患频仍与国势险危而忧心忡忡。光绪三年八月十日日记有"闻西征捷报"七律一首，嗟叹："绝域蒲萄应入贡，连江鼓角尚防秋。兵间自觉儒冠贱，国事宁容我辈忧；惭愧故人相问讯，劳劳终岁稻粱谋。"既为左宗棠的西征胜利而振奋，又为自己身处军旅而碌碌无为感到惭愧。然而张謇的人生态度始终是积极的，对于外来侵略的心理因应也是坚强的。值得注意的是，正是在苦于无可作为的期间，他连续阅读了若干当时颇为忌讳的另类书籍，这些情况在其日记中有所反映。如光绪元年十月二十四日："看《名臣言行录》别集下，至胡邦衡铨《请诛奸桧论》，读竟复读，不觉失声称快。高宗见此诒(奏) 而不感悟，真无心肝者。宋南渡之不振，高宗之罪也。"光绪二年八月二十七日："看《青磷屑》、《扬州十日记》竣。"八月二十八日："看《烈皇小识》。"九月五日："看《烈皇小识》。"九月六日："看《烈皇小识》。"九月七日："看《嘉定屠城记》、《幸存录》。"九月十二日："近看《东明闻见录》。"九月十四日："看《明季稗史》。"

根据现存文献与张謇自身的思想演变轨迹，很难判断他是否已经萌发若干"反满"意识。但至少可以肯定的是，他对民族危机的担忧已经相当深沉，而且在思想上趋向主战派，坚决反对妥协投降。日本继续对中国周边地区的不断扩张，乃是促成张謇主战意识的重要因素之一。

"壬午兵变"终于把张謇推向中日交锋的第一线，虽然没有正式开战，但双方在朝鲜已经形成军事对峙。正是由于这一历史机遇，张謇得以直接获取较多有关日本的信息，并且成为较有见地的中日关系的研究者之一。

光绪八年夏季，朝鲜爆发了反抗日本侵略势力的"壬午兵变"。日本乘机派遣军舰前往仁川，逼迫朝鲜政府赔款并签订允许日本在朝鲜驻军的《仁川条约》。朝鲜国王请求清朝政府出兵援助，事态又复演变成为中日之间的冲突与交涉。署理北洋大臣张树声于六月下旬急命吴长庆前往天津，张謇随行并参与商议如何应对这一事变。庆军随即奉命前往朝鲜，协助该国政府平定骚乱，张謇又随军前往，协助长庆"理画前敌军事"，手书口说，夜以继日，在中日交锋的第一线经受政治与军事两方面的严峻考验。

庆军协助国王平定叛乱后，在朝鲜一直停留到光绪十年春夏之交。在这一年多期间，张謇作为主要幕僚，参与庆军历次重大决策与军事行动，并且撰写《壬午东征事略》、《乘时规复流虬（即琉球）策》、《朝鲜善后六策》等政论文章。这些文章已经明确地把日本与俄国一样，看作威胁甚大而应早为遏制的敌对邻国，绝不可以节节退让，纵容其野心滋长得逞。作为主帅的吴长庆，对张謇为此役胜利所作贡献评价甚高。他在亲自拟稿的致张树声书中说："惟庆生平事事务求平稳，而此次捷速如是，前事则端赖薛叔耘（福成）、何梅生（嗣焜）之规画周详；临事则赖张季直赴机敏决，运筹帷幄，折冲樽俎，其功自在野战攻城之上。"①

张謇当时对日本亚洲政策走向的判断基本上是正确的，因为福泽谕吉在1885年发表《脱亚论》，已经明确主张："我国不可犹疑，与其坐等邻邦之进步而与之共同复兴亚洲，不如脱离其行伍，而与西洋各文明国家共进退。"并且极为露骨地说："对待中国、朝鲜的办法，不必因其为邻邦而稍有顾虑，只能按西洋人对此类国家之办法对待之。"② 但是，当时日本毕竟羽翼未丰，在扩张过程中难免力不从心，所以张謇也尚未视之为难以战胜的强敌。他在光绪八年八月日记上不胜感慨："日使花房义质谒延陵（吴长庆）。日兵甚弱，行不成列，吾甚惜朝人以五十万元款之为失计也。"同时，张謇也不是狭隘的仇日主义者，他在光绪九年四月再次前往朝鲜，除了继续与当地士大夫诗文唱和以外，也为日本驻朝鲜公使竹添进一郎的著作写序。他在这年四月二十七日日记上写道："竹添名光鸿，字渐卿，进一郎其小字。……文义颇通，著有《栈云峡雨日记诗草》，益尝游我中国蜀、楚、秦、晋、燕、齐、吴、越诸地也。其《孟子》论文尤精通驳辩。"六月十四日日记又有所记述："集《后汉书》、《北史》语赠竹添渐卿：'百家之言，无不穷究；九州以外，正自有人。'"竹添可以说是汉学造诣较高的"知华派"，在对华态度上亦比较通达，所以张謇并未因为他是敌国使节而拒绝正常的文化交流，而且以后还成为相知渐深的好友。

---

① 张謇：《张謇全集》第一卷，江苏古籍出版社，1994年，第11页。

② 转引自朴英姬主编：《韩国学研究论丛》第二辑，辽宁民族出版社，2005年，第80页。

即此可以看出，在张謇的早期日本观中，已经开始表现出可贵的理性精神。

二、坚决主战与实业救国

甲午这一年，即光绪二十年，对于日本，对于中国，对于张謇，都是极为重要的一年。

正是在这一年，张謇在历经26年的考场蹉跌，终于经过恩科会试金榜题名，而且还是状元及第。但也正是在这一年，日本经过10年充分准备，悍然大举进军朝鲜并向中国正式宣战。日本的侵华野心在战争前夕早已暴露无遗，19世纪80年代末期曾任外相的大隈重信坦率地表白："日本洗雪它在1884年所蒙受的耻辱的时候已经到来了。如果小心利用目前独一无二的情势，日本就可以……使自己成为不仅受朝鲜敬畏，而且受其他一切国家敬畏的强大帝国。"①

张謇在10年以前的判断大多不幸而言中，但当时他毕竟还人微言轻，其对日主张很难在清朝政局中产生明显影响。而在甲午战争期间，至少是在战争初期，由于政治地位的突然擢升，他的有关政见甚至可以影响清朝中枢决策。

当时清朝政府内部已出现主战与主和两派政见分歧，后党与淮系（以李鸿章为代表）主和，帝党与清流（以翁同龢为代表）主战。张謇历来主张抗击日本的扩张政策，而且又是翁同龢的得意门生与亲信，因此自然而然地与帝党保持一致。从这年六月到九月，翁、张之间书信往还极为频繁，大多是有关中日战争对策问题。其内容可归纳为3点：①六月底以前，主要是建议加强战备，推动清政府对日宣战；②七月一日清政府对日宣战以后，主要是建议购买兵舰、增援驻朝清军，加强渤海防务，防危日军偷袭京、津等；③八月以后，由于战争节节失败，极力策划起用废置多年的恭亲王奕䜣以取代李鸿章。帝党的群体活动大体按此步骤进

① 转引自丁名楠等：《帝国主义侵华史》第一卷，人民出版社，1973年，第331—332页。

行，所以多年以后一位淮系人士攻击张謇说："甲午以前，孝钦显皇后（慈禧）与德宗景皇帝（光绪）意见甚深。德宗景皇帝困于孝钦显皇后尊严之下，久思出人头地。适至甲午与日本构怨，德宗景皇帝意欲跃武国外，凭临母后，轻视日本，颇欲灭此而后朝食。时常熟（翁同龢）秉政，误入殿撰（张謇）之言，亦谓日本不足平，迎合上意，极力主战。"（详见章开沅《张謇传》相关章节。）由此可见，张謇作为帝党核心决策参与者的重要性。

但是帝党在统治集团内部是缺乏实力和非主流派，他们的暂时优势无非是制造舆论的清议。因此没有可能改变战争的结局，而只能在事后发泄对于屈辱求和的愤慨。张謇则由于突然接到父亲病故的消息，循例应该"丁忧"回乡守制，因此于九月十九日匆匆离开政争纷纭的北京。次年三月《马关条约》正式签订，清朝政府承认朝鲜"独立"，割让辽东半岛、台湾、澎湖列岛给日本，并赔偿日本军费二万万两白银。这是近代中国史无前例的奇耻大辱与严重损害，张謇在日记上沉痛地记录"和约十款"的主要内容，并且特地注明："几罄中国之膏血，国体之得失无论矣。"随后又花祭奠亡父时沉痛自责："徒为口舌之争，不能死敌，不能锄奸，负父之命而窃君之禄，罪尤无可追也。"①

张謇怀着赎罪之心面对甲午战争带来的千古未有之惨变。但他并未沉溺于单纯的愤慨，而是以在野之身冷静思考国家与个人如何正确因应当前这惊涛骇浪般的大变局。他比较清醒地认识到战争的胜败最终取决于综合国力的强弱，而立国之本则在于人才，在于整个国民素质的提高。他的思想很明确："夫立国由于人才，人才出于立学，此古今中外不易之理。"实业需要人才，人才出于学校；但办学需要经费，这又不得不仰仗于实业，所以务实的张謇认为自己的救国宏图还得从实业入手。张謇办实业从一开始就立志高远，他敏锐地看出《马关条约》准许外商在中国内地设厂的严重威胁，并且深刻地阐明："向来洋商不准于内地开机器厂，制造土货，设立行栈，此小民一线生机，历年总署及各省疆臣所力争勿予者。今通商

① 张謇：《告父文》，《张季子九录》（五），文海出版社有限公司，1983年，第2619页。

新约，一旦尽撤藩篱，喧宾夺主，西洋各国，援例尽占。……今更以我剥肤之痛，益彼富强之资；逐渐吞噬，计日可待。”① 他已经意识到兴办实业也是一场激烈的战争，虽然没有硝烟炮火，但同样多有生死搏斗，而必须首先与之较量的对手就是近邻日本。

张謇办厂从棉纺织业人手，这也是有针对性的。大生纱厂的《厂约》讲得非常明白：“通州之设纱厂，为通州民生计，亦即为中国利源计。通产之棉，力韧丝长，冠绝亚洲，为日厂所必需。花往纱来，日盛一日，捐我之产以资人，人即用资于我之货以售我，无异沥血肥虎，而祖肉以继之。利之不保，我民日贫，国于何赖?”② 张謇从此走上实业救国的不归之路，而日本发动的甲午战争则促成了他这一人生的重要选择。

三、 理性的爱国主义者

从光绪二十一年到二十三年，张謇在家乡守制整整三年。在这段时间里，他主要是忙于创建大生纱厂，但不等于说已经忘情于国内外政治局势的变化。作为帝党的骨干，他不能不关心战后帝后党争发展的趋向；作为正在向企业家转化的开明士绅，他又必然会注意正在蓬勃兴起的维新变法运动。

甲午战争结束不久，他同意列名发起上海强学分会，并且因此再次与日本外交使节有所接触。光绪二十三年暮春，正是江南杂花生树的季节，张謇北上销假途中经过上海，并且应邀在郑观应家中会晤了日本驻沪领事小田切万寿之助，同时参与会见的东南精英人士有20人。这个日本外交官说明对华政策的变化：“日人以甲午之役，有毫毛之利，启唇齿之寒，悔而图救，亟连中央。又以政府（指清廷）不足鞭策，为联络中国士大夫，振兴亚细亚协会之举。”在此三天以后，张謇在另一次酒宴上听说：“日廷

① 张謇：《代鄂督条陈立国自强疏》，《张季子九录》（一），文海出版社有限公司，1983年，第26页。

② 张謇：《厂约》，《张季子九录》（三），文海出版社有限公司，1983年，第1098页。

又遣大臣来沪图兴协会。”① 此大臣显然是指七月来华“与中国政府共筹东亚安全之策”的伊藤博文，协会即兴亚会。小田切万寿之助在伊藤动身4个月之前透露这个消息，很可能是向中国士大夫们投放试探性气球。日本从一门心思脱亚入欧转变为带头振兴亚洲，这是“三国干涉还辽”以后的部分策略变化。一些别有用心的日本人，于戊戌变法前夕在长江中下游展开频繁活动，引起许多维新派人士和帝党分子曾对他们抱有幻想。但张謇的态度却比较慎重，他在郑家会晤当天日记上写下自己的观感：“日人言则甘矣，须观其后。”似乎并未被日本人的甜言蜜语欺蒙。其实，所谓国际关系，说到底就是实力的较量、分合与利害的权衡、趋避，因此今日为友、明日为敌，或昨日为敌、今日为友等微妙变化的出现，完全不足为怪，关键是如何冷静分析与正确因应。

在近代中国，自鸦片战争以来，国人对于外来侵略的反应久已有两种不同趋向，一种是笼统排外主义，一种是理性爱国主义。魏源在《海国图志·序》中提出的“师夷长技以制夷”，可以看作理性爱国主义的发端，并且历经冯桂芳、王韬、郭嵩焘、薛福成、马建忠、郑观应等先进思想家的发扬光大，已经成为优良的历史传统。曾经出使日本并且撰写《日本国志》② 的黄遵宪堪称近代中国实地研究日本并倡导向明治维新学习的第一人。甲午战败以后，作为戊戌变法的领军人物，康有为也意识到日胜中败的根源乃是教育之优劣，以及是否有效地学习西方。因此，他向皇帝进呈《日本明治变政考》，主张全面学习明治维新，并且极力倡议派人到日本游学。张謇早在光绪二十年《代鄂督条陈立国自强疏》中，也强调了教育为富强之本(“外洋之强由于学”)，除广开学堂之外，还应仿效日本派人出国留学，并“多派游历人员”。他引用了两句古人名言：“百闻不如一见”(赵充国)；“真知自能力行”③（王守仁）。这正是推动他癸卯东游的思想渊

① 见《张謇日记》戊戌闰三月。此事郑观应亦有记述，小田切万寿之助还说：“中国亟宜仿日本变法图强，勿念宿嫌。”见《盛世名言》后编第二卷。

②《日本国志》成书于光绪十三年，早于甲午战争七年。

③ 张謇：《代鄂督条陈立国自强疏》，《张季子九录》（一），文海出版社有限公司，1983年，第40页。

源。其后，他在为刘坤一、张之洞所拟《变法平议》时，又阐发了类似主张。

19 世纪末，特别是 20 世纪初，赴日考察初步蔚然成风。在张、刘二督倡导下，姚锡光、张在镛、罗振玉、刘洪烈、严修、吴汝纶、缪荃荪等相继东游，并且都有考察日记问世。游学日本与考察日本逐渐形成一股热流。特别是年过花甲的吴汝纶，在出任京师大学堂总教习之前（1902 年），专程前往日本作为期三月的教育考察，收获极大而对张謇的影响也最深，因为他是后者极为尊崇的前辈学者。在光绪二十八年九月十九日日记中，张謇写道："观挚老《东游丛录》。日本井工至厂。"一方面阅读老前辈的考察报告，一方面又引进了日本的技术工人，可见对日本的兴味正浓。而其光绪二十九年四月十五日的日记，则已明言"定东游考察农工及市町小学之计"。

促成张謇东游还有日本方面的因素。张謇在光绪二十三年至二十七年任江宁文正书院院长期间，曾经接待过日本访问学人。据其晚年自订年谱，光绪二十六年二月："日人岩崎、西村、僧长谷川至院论学，因借小住。"西村即西村天，日本汉学家，此次学术交流想必十分融洽。所以张謇同年五月二十六日赠诗送别将他与竹添进一、冈千仞等日本旧友并列，且有"游学远征唐史传，观风来视禹山川"[①] 等赞誉之语。甲午战后，日本也出现中国问题研究热，许多有关"兴亚"团体纷纷建立。特别是 1898 年东亚会与同文会联合组成东亚同文会以后，由于得到张之洞、刘坤一的赞同，怀着各种目的到东南地区"游学"、"观风"的日本人日益增多，而作为"同文"象征的汉学更是成为他们与中国社会精英结交的重要媒介。西村正是在这股热潮中来到南京与张謇经由"论学"而成为好友，同时也与刘坤一有比较密切的交谊。西村返日后，曾在大阪《朝日新闻》相继发表《南京来书》、《张修撰的〈变法平议〉》等文，对刘坤一与张謇都有评价甚高的介绍。张謇以状元身份办新式实业教育，并且积极参与策划"东南互

① 详见陶德民：《张謇与内藤湖南及西村天囚》，关西大学《中国文学会纪要》第 25 号，2004 年。

保”，自然成为日本朝野争相联络的对象。

光绪二十九年正月，日本驻江宁领事天野函邀张謇参观日本第五次国内劝业博览会，张謇欣然接受，并于四月二十五日晨乘日本邮船会社博爱丸东行。

有关此次为期两个多月，足迹遍及大半个日本的实地调查情况，张謇在《癸卯东游日记》中已有详尽记载，无需在此一一赘述。使我最为感动的是他在参观学习过程中那种极端认真而又务实的精神。他在70天中参观教育机构35处，农工商机构30处，几乎平均每天参观一处，还要与日本各界人士应酬交流。他每至一处，必定虚心请教，详细询问，绝不放过任何重要细节。他在访日之前早已具有明确的宗旨与规划。所以当老友竹添之婿嘉纳治五郎询问“东来调查宗旨”时，他的回答是：“学校形式不请观大者，请观小者。教科书不请观新者，请观旧者。学风不请询都城者，请询市町村者。经验不请询已完全时者，请询未完全时者。经济不请询政府及地方官优给补助者，请询地方人民拮据自立者。”（《张謇日记》，光绪二十九年闰五月六日。）这绝不是缺乏迎头赶上的宏大气魄，而是张謇一贯抱持的实事求是精神。他绝不好高骛远，更不追求浮华新奇，而是处处都从国情的实际出发，在引进外国先进事物时首先考虑自身的财力、物力和接受、消化能力。

当然，张謇在思想深处仍然没有忘记甲午、乙未之痛，仍然没有忘记日本是威胁最大的邻近敌国。五月十二日，他再次前往博览会参观通运馆，看到中国台湾的地理模型极为精审，但“可异者，乃并我福建诸海口给绘入，其志以黄色，亦与台湾同”。他在当天日记上郑重记录这件曾经引发东京中国留学生愤怒抗议的错误行为，并且在内心诘问“振贝子、那侍郎或未之见耶”。载振、那桐在此前已曾参观过此馆，但事后却陶醉于大集声伎酒宴寻欢，且“广购美术品而不甚购书”（《张謇日记》，光绪二十九年闰五月六日）。这些都表明张謇对中国领土主权完整的维护，拳拳爱国之心溢于言表，并且对日本扩张野心始终保持警惕。

但是，张謇在日本期间的心态却是极为冷静、客观而又开明。在北海道参观种畜场与中小学时，北海道泰晤士新闻社记者辻筹夫追踪采访，并问中国士大夫“近日满洲事处置宗旨”。所谓“满洲事”，即俄军拒不撤兵与日俄激烈争夺满洲，战火已一触即发。这本来是一个颇敏感且令华人尴尬的问题，张謇却坦然回答：“余言无处置之权力，不愿张处置之空谈。二十年来，稍留心于实业、教育，近日稍有着手处，是以来游，增长其知识。东士大夫有能以维新时实业、教育经验之艰难委局见教者，愿拜其赐，他不遑及也。”（《张謇日记》，光绪二十九年闰五月十三日。）落落大方，不卑不亢，委婉而又得体，自然使这位记者为之折服。

作为一个已经具有相当丰富管理经验的实业家和教育家，张謇以细密得近乎挑剔的眼光审视一切，详尽地了解日本那些先进的可以借鉴的经验，同时也不忽略某些缺点与存在的问题。例如，他曾寄宿东京清静轩，“旅馆门外临江户城濠，濠水不流，色黑而臭，为一都流恶之所，甚不宜于卫生”（《张謇日记》，光绪二十九年五月二十四日），但他并未声张，更没有借题发挥，只不过在两天后迁居其他地区了事。但却高瞻远瞩地认识到“此为文明之累”，回国后在南通发展工业的同时特别注意生态环境的保护与改进。

张謇此次东游，虽然时间不过两个多月，但是收获却极为丰富。其参观主轴诚然是教育与实业，但是关注的却是日本社会的许多侧面以及日本迅速臻于富强的根本原因。他对日本各行各业的总体评价是：“教育第一，工第二，兵第三，农第四，商最下。此皆合政、学、业程度言之。”并且进一步解释：“政者，君相之事；学者，士大夫之事；业者，农工商之事。政虚而业实，政因而业果，学兼虚实为用，而通因果为权。士大夫生于民间，而不远于君相，然则消息其间，非士大夫之责而谁责耶？”（《张謇日记》，光绪二十九年六月初四。）他从日本的社会进步，看出政、学、业三者之间良性互动的必要，实际上也就是官、绅、商三个社会群体之间良性互动的效应。他意识到士大夫（绅）的责任重大，并且特别强调其中介（桥梁）作用，但实际上起决定作用的还是官，特别是政府的政策导向。因此，张謇通过访日，思想又进入一个新的境界，对比日本的富强与中国的贫弱，他终于直面现实：“抉其病根，则有权位而昏惰者当之矣。”（《张謇日记》，光绪二十九年闰五月十一日。）他仍然抱持“教育救国”、“实业救国”，但已无法回避更为迫切也更为关键的政治体制改革，否则“抉其病根”就无从着手。出路何在？他以日为师已经比较明确地把握两个要点，一是健全立法，三权分立；二是遏制君权，政党轮换。因此，他回国以后很快就积极推动立宪运动，并且出版《日本宪法》、《日本议会史》。从这个意义上来说，访问日本也是促成张謇投身立宪的重要推动力之一。

此后，张謇历经立宪运动、辛亥革命，而终于弃君主专制而趋向民主共和。在他的晚年，无论是在朝还是在野，事业鼎盛还是处于逆境，他对日本的态度仍然一如往昔：保持警惕而又理智对待，维护领土主权而又寻求平等互惠的合作。他在政治上愈益成熟，逐渐形成国民外交与多元取向的新思维与新格局，但那是需要另行撰文论述了。

展望二十一世纪的张謇研究

能够伴随张謇研究进入 21 世纪，这是我个人的幸运。

如何促使张謇研究在新世纪持续健康发展并进入更高境界，这是我们大家共同关心的重大问题，需要集思广益，相互切磋，寻求新的共识。

张謇研究在 20 世纪后半叶，历经艰难曲折，由于社会的关切与研究者的共同努力，业已取得有目共睹的成绩，并且初步奠定了可以保证持续发展的基础。

我敢于作出这个判断，主要根据有四：

第一，有关张謇资料的发掘、整理、编辑、出版已经取得多方面成就，并且正在继续向前推进。

第二，已经有一批老、中、青热心于张謇研究的学者，分布于全国各地，而且很自然地以南通作为汇聚中心。更为可喜的是，这些研究者已经不仅限于文史专家，经济、工程、艺术等方面的卓越人才加盟，促使张謇研究拥有更为宽阔的视野与空间。

第三，经过多年的努力，张謇研究的论著不仅在数量上而且在质量上，都有引人注目的进展，而且不乏堪称上乘的学术佳构。这是继续攀登张謇研究高峰的有力保障。

第四，张謇研究已经赢得国际学术界的重视，不仅有一批资深研究者，而且有新生力量（以博士候选人为主）不断增补。特别是最近与日本涩泽荣一研究的结盟，必将产生相得益彰的明显效应。

但是，学如逆水行舟，不进则退。特别是在各行各业竞争空前激烈的现今，一个学术分支的由盛而衰乃至消亡，并非什么稀罕现象。我说张謇研究有可能持续发展，并不等于说它就一定能持续发展。把可能变成现实，关键在于张謇研究者自身的努力，而且不是一般的努力，需要竭尽全力与一往无前的奋斗。这不是说大话，唱高调，而是切切实实的人生感悟。如有不信，请拭目以待。

我最关心（也可说是担心）的还是南通这个研究中心。中心就是根据地，也就是张謇研究最紧要的安身立命之处。南通张謇研究中心的健全与否，关系着张謇研究的全局，甚至关系着它的成败兴废。正如广东之于孙中山研究，南京之于民国史研究，武汉之于辛亥革命研究，这都是有半个世纪以上的历史经验可以作为借鉴的。张謇研究过去长期倚重外地学者，南通自身的队伍培育与机构建设反而滞后。近几年，这一缺陷虽有明显改善，但真正作为一个众望所归的学术中心，还有待于长期的艰苦努力，而南通本地官绅商学各界的共同关心与资源整合则是重中之重。

南通对于张謇研究而言，最大的优势就是相关档案文献资料的集中。其数量之大，范围之广，种类之多与内容之丰富，都令中外学者羡慕不已。再加上众多的历史遗址与其他各种相关的有形的和无形的历史文化遗产，更使南通成为研究张謇的最佳胜地。多年以来，南通人不仅为搜集、保存、整理这些宝贵资料作出了极大的努力，而且对外地学者表现出极其热情的开放态度与无私帮助，这更使南通对于海内外张謇研究者具有较大的凝聚力。南通的当务之急，是要保证《张謇全集》（修订本）的出版质量，因为这是一件功德无量且泽惠后世的大型基础工程。

也许是个人的偏见，我仍然坚持认为，资料是最重要的基础工作。仅就中国近现代史范围而言，张謇研究的资料工作就与太平天国、辛亥革命、孙中山、梁启超等研究领域差距较大，还有很多重要的工作急需着手。比如，谈论过多年的在韩国、日本、美国、法国搜寻有关张謇的外文资料工作，至今仍未见有人认真落实。张謇年谱与张謇传虽已有多种出版，但作为其写作基础的大型张謇年谱长编尚有待努力完成，希望其内容与编排都能比《梁启超年谱长编》更有所进步。张謇日记的笺注，虽经龙威兄多年苦心经营，但从已刊的成果来看，仍然不够完备并失之于过分简略。过去我曾有志于笺注张謇重要未刊函电，但亦以杂事阻隔，现今已力不从心，也希望有年轻学者承担此事。有关张謇的资料，若非详加考订，就很难准确理解。如果有学者不辞辛劳，勇于编撰一部高水平的《张謇研究词典》(包括方言、民俗、礼仪、科举等),必将为张謇研究的水平提升作出重要贡献。

近些年利用电脑建立历史文献资料库已经蔚然成风。苏州档案馆率先把馆藏苏州商会档案二千余卷全部扫描上网,供海内外研究者查阅利用。我非常欣赏这种做法,因为它既节省了编辑出版之劳,又保存了档案的原生态。可供研究者作更为客观的独立分析。台湾的大学教授黄一农最近提出"e考据时代",即以电脑数据库作为检索工具,然后再作选择、有重点地与原来的文本进行校勘考订。我们的用意都是提倡把历史学的实证工作与当代高科技结合起来,这样才可以更加保证质量并提高效率。衷心希望张謇研究的资料工作能够朝这个科学的路径扎扎实实地前进。

张謇的一生内容极其丰富多彩,其思想与实践涉及政治、经济、文化、教育、军事、外交乃至市政、建筑、艺术、宗教、医药等众多方面。而从其知识结构来说已近似百科全书型。研究这样的历史人物,确实需要许多学科的介入。除文、史、哲、经以外,社会学、人类学、宗教学、城市规划学、水利学乃至戏剧、美术、医学等,从相关理论到方法都应该加以适当运用与整合。从目前状况来说,张謇研究虽然规模与数量已略有可观,但研究方法与视角大多仍然比较单调,因此往往流于就事论事,既缺乏宏大的叙说,更缺乏深刻的阐析,其成果必然停留于较低层次。我认为,张謇研究不能消极地等待其他学科加盟,而应该更为主动地走出去,与其他学科对话、沟通以增进相互理解,从而合力将其提升到更高境界。历史学者与其他学科专家可以合作的空间很大,如科学、学术、知识结构、价值观念、文化艺术、城市建设、社会福利、企业管理、经济立法等领域,都可以合作研究,只要付出足够努力,必定能见明显效益。

比较研究虽然已经倡言多年,但至今仍是张謇研究的软肋。张謇不是一个孤立的个人,他是清末民初新出现的绅商群体之一员。需要在群体内与其他有代表的成员,如与所谓"南张"相对应的"北周"(周学熙)相比较,与一江之隔,且同时奉旨办厂的另一个状元陆润庠相比较,与其他不同地区不同类型的著名绅商相比较等。去年,在南通承办的"涩泽荣一与张謇比较研究国际研讨会",为中日两国第一代大企业家的比较研究开了风气,并且赢得越来越多的海内外学者的关注。华中师范大学在涩泽荣一纪念财团和涩泽雅英先生的支持下，已经成立涩泽荣一研究所，组织中日学者共同从事资料建设并逐步开展学术研究，为涩泽荣一——张謇比较研究的深化与提升提供条件。我个人认为，这种合作对于涩泽荣一研究与张謇研究可谓相得益彰。当然，与外国早期企业家的比较研究还应该逐步扩大范围，首先是选定亚洲相关国家与地区的早期大企业家，也不排除同张謇有直接交往者（如美国的大赉、法国的金融财团等），与张謇进行多角度、多侧面的深层比较研究。只有比较研究的扩展，才能促使张謇研究走出南通，走出中国，在全球视野的观照下实现真正的国际对话，这是当前各个研究领域的生存和发展必须具备的重要条件。

最后，大家关注的焦点可能还是集注于张謇学问题。对此我无新见，仍然是6年前那几句老话："张謇研究毕竟起步较晚，还有大量的基础工作要做，而且一定要做好，然后才有可能出现一批真正可以传世的学术佳构，乃至一批处于国内外先进行列的张謇研究者。"只有到那时，"张謇学"才能水到渠成、实至名归。至于那时究竟是何时？历史学家不是预言家，也订不了日程表，一切都取决于众多有志于张謇研究的中外学者（特别是青年学者）的共同努力，也有赖于社会各界热心人士的大力支持。至于我本人，当然期望并乐观其成。必须认识到，对张謇学的认可，要取决于中外学术界的众多有识之士，决非少数"一言九鼎"者所能主观裁断。希望我上面那几句大实话能起"促进"而非"促退"作用。我已经多次宣布告别张謇研究，内心的恐惧就是唯恐成为这个领域的绊脚石。"成也萧何，败也萧何。"人贵有自知之明，老年人更应有自知之明，千万不可老气横秋，大言欺世。

至于张謇研究何时堪称张謇学，当然不会如同东坡所谓"不知天上宫阙，今夕是何年"。请容许我鼓起勇气说句大话：只要我们一代又一代不懈努力，成熟的张謇学必将现身于21世纪！

（本文系作者在第四届张謇国际学术研讨会上的演讲稿，原载《南通大学学报》2007年第1期）

以张謇精神研究张謇

第五届张謇国际学术研讨会在啬翁家乡海门召开，我感到特别高兴。其原因不仅在于自己可以重访张謇故里，更在于这些年海门的张謇研究欣欣向荣，为张謇研究增添了新的活力，显示出新的势头。

我历来强调，张謇研究应以江苏与通海地区为根据地。因为，中国太大，历史太久，一些省比欧洲许多国家大得多，各省都有许多本土重大史学课题值得研究，而这些重大课题往往需要若干学者奉献终生锲而不舍地刻苦钻研。当然，中国历史是一个整体，我们也需要研究全国的与外省的历史，特别是要有宏观的全局大视野。但是，如果连本地人都不注意研究本地的历史，单纯指望外地学者甚至外国学者来研究自己地区的历史，这就很难保证本地重大历史课题的持续健康发展，甚至可以使若干与本地相关的显学逐渐衰微，乃至沦为绝学。在课题挂帅与急功近利的现今，我这些话绝非危言耸听。予谓不信，请拭目以待！

因此，我今天特别强调以张謇精神研究张謇。

首先，我们要学习张謇的人生观，要做大事而不是一味追求做大官发大财。“天之生人也，与草木无异，若遗留一二有用事业，与草木同生，即不与草木同腐。”张謇是这样说的，也是这样做的。他办实业，办教育，办慈善，办地方自治，为的就是四个大字——“国计民生”，而且都是实实在在地办事。他曾为生圹墓门自拟联语：“即此粗完一生事，会须身伴五山灵。”这是何等的高尚，何等的超脱。张謇研究也是“有用事业”，无论从学术与社会而言都是如此。我们只有用张謇的事业精神，殚精竭虑，精益求精，才能把张謇研究当作一番重要事业做得更好。

其次，学术研究在某种意义上来说是一种寂寞事业，研究者应该耐得住寂寞，以极大的定力专心致志做学问，特别是在逆境中或不被他人理解时，更需要百折不挠、坚忍不拔的刚毅精神。张謇历经科举道路上26年的坎坷曲折，好不容易才取得状元及第荣誉。但他却以淡泊之心视之，不仅没有热衷于仕途的青云直上，反而投身当时仍然被视为低儒一等且有极大风险的实业。张謇在病逝前一年曾经回顾这一重大人生抉择，说："又反复推究，乃决定捐弃所恃，舍身喂虎。认定吾为中国大计而贬，不为个人私利而贬，謇愿可达而守不丧。自计所决，遂无反顾。"作为中国第一代企业家，张謇可谓历经千辛万苦。如大生创业之初集资几乎垂成而败，狂风大潮使垦牧事业近乎全军覆没，垂暮之年又复债务逼集乃至濒临全面破产等。"生已愁到死，到死愁不休。"但张謇始终没有放弃自己的人生追求，鞠躬尽瘁，死而后已。在座诸公，特别我的年轻学友们，如果大家都有这样的坚毅精神，张謇研究何愁后继无人呢?

第三，张謇虽然不是历史学家，但是他在知人论世方面却很注意寻求历史的公正，形成比较通达的独到见解。譬如他曾说："若孙中山者，我总认为在历史上确有可纪念之价值。其个人不贪财聚畜，不自讳短处，亦确可以矜式人民。今中山死矣，其功其过，我国人以地方感受观念之别，大抵绝不能同。然能举非常大事人，苟非圣贤而贤哲为之左右，必有功过互见之处。鄙人愿我国人以公平之心理、远大之眼光对孙中山，勿爱其长而护其短，勿恨其过而没其功，为天下惜人才，为万世存正论。"这与王船山倡言的"平情思反"，以及正邪、是非、功罪"三者相因而抑不必于相值"，前后可谓一脉相承。历经数十年忧患沧桑，我们应当更为深化对于张謇历史观的理解，而且完全可以用"公平之心理、远大之眼光"来研究张謇本身。

第四，按照我的理解，所谓"远大之眼光"就是历史的大视野。张謇的事业虽然立足于通海，但是他的思想却从来没有局限于通海。他从创办大生之始，就把大生作为中国"国计民生"的一个组成部分，以后更倡言"棉铁主义"，从国内市场乃至世界市场的全局来权衡民族工业的进退利弊，规划积极进取的发展方略。他的一生，就是以实业、教育、慈善为支柱，全面推进地方自治，按照自己的理想构建“南通模式”，并且还企望把它推展到江苏与全国。所以，研究张謇就必须有这样的大视野与整体思维，绝不能就事论事，满脑袋都是支离破碎的历史残片。

第五，从某种意义上来说，张謇是一个百科全书式的人物。他时时考虑国计民生，必然要观察社会生活与国际关系的方方面面，举凡经济、文化、政治、军事乃至外交都在研究之列。他干一行学一行，力求从外行转化为内行，即令是对相关科技层面的知识也潜心有所理解，其好学精神与刻苦钻研令人惊叹。他本人已具有很高文化素养，经、史、子、集，诗词歌赋，乃至书法、戏曲都学有所得。试问现今以国学大师自我标榜者，有几人可望其项背？我常把研究历史当作与古人对话，而与张謇对话更感困苦，其原因就在自身知识结构缺陷太多。甚望有志于研究张謇者，能够效仿张謇那样勤学好问，努力完善自己的知识结构，特别是自己的认知水平，这才是繁荣张謇研究的根本之根本。

最后，在社会大环境影响下学风日趋浮躁的今天，我们更加要学习张謇的务实精神。张謇虽然胸怀大志放眼全球，然而却不务虚名，不讲大而空的废话假话。我曾经说过：“他既非理论的巨人，又非行动的勇士；既不会大言欺世，也难以冲刺在前。他在没有思考清楚以前决不采取行动，但一经采取行动就决心进行到底。他起步虽然稍嫌迟缓，但每一步都踏在实处，并且有足够的后劲，因此往往得以后来居上。”譬如，他办教育首重师范教育和中小学，反对清朝政府庚子以后“仓皇兴学即以大学为发端”，因为他充分认识到，必须先打好基础才能逐步向高层次发展。而即使是兴办新式基础教育，也必须考虑地方的需要与经济的承受能力。他在1906年给南通劝学所、教育会的一封信，对于当地乡镇小学的发展所作的通盘规划，其立论之谨严，思想之缜密以及考虑之全面，在当时历史条件下堪称典范。张謇生前所创办的主要事业，大多已在历史上留下痕迹，并且可以视为南通现今经济、社会飞跃发展的最初基础和根本原因。

1978年，我们创建辛亥革命研究会，从一开始就是自我定位为地区民间学术团体，不讲大话、空话，不争地位名利，努力在“桥梁”与“园地”两方面多办实事，着重在促进人才成长与提高学术水平两方面下真功夫。所以至今尚能保持优良传统，不称“显学”而其学自显，其人才之盛与成果之丰，可谓历久而不衰。我早已宣布告别辛亥革命，但对张謇研究却情犹未了，因此略献野叟曝言，或可供有志于此者借鉴。祝愿张謇研究百尺竿头，更进一步，通海学脉，世代绵延！

（原载《历史教学》2009 年第 10 期）

文集后记

年届九旬的章开沅先生是国内外著名历史学家和教育家，不仅在中国近现代史多个重要研究领域开拓创新，取得颇受关注与好评的丰硕成果，而且培养了一批又一批博士和硕士，其中不少人现今也已成为海内外知名的近代史学者。章开沅先生还曾出任华中师范大学校长，及至晚年仍不断为当下中国高等教育的发展指陈利弊，建言立说，屡有发人深省之语。

章开沅先生作为华中师范大学中国近现代史学科的开创者和引领者，已经圆满而出色地完成了自己的历史使命，为华中师大中国近代史研究所在海内外近代史学界奠定了显著地位，而这一重点学科在今后的进一步深入拓展，则有待我们后辈一代又一代学人不间断的艰辛努力。学术研究的持续发展依赖于薪火相传，继往开来，编辑出版章开沅先生的文集正是出于这一目的。

从早期对近代重要历史人物张謇的深入探讨，到辛亥革命史研究的蜚声海内外，以及对近代商会研究的倡导与近代资产阶级的开创性研究、思想文化史与近代社会的“历史社会土壤学”研究，再到后期的南京大屠杀研究、近代中国教会大学史研究和近代中国基督教史研究等，章开沅先生曾涉足近代史诸多研究领域，并在许多重要领域都是开拓者或先行者，留下了重要的研究成果，为中国近代史研究的不断发展作出了卓越贡献。除此之外，章开沅先生还曾在海内外举行过无数次学术演讲，接受了许多海内外知名报刊和电视台的访谈，晚年还撰写过一些回忆性文章，所有这些文字也都收录至文集之中。因此，可以说该文集是集中展现章开沅先生学术与人生的皇皇大著。

严昌洪教授曾在2013年江苏人民出版社出版的《史海远航——章开沅传》（作者刘莉）一书中概括描述章开沅先生说：他是史学家，曾将国内辛亥革命史研究推向世界，又曾将国外中国教会大学史研究引进本土；他是教育家，是享誉国际的华中师范大学历史研究所（现更名为中国近代史研究所）和中国教会大学史研究中心的创办人和领导人，后担任华中师范大学校长六年，育人无数；他是思想家，通过历史研究寻求前人智慧，对一系列攸关中国和世界前途的问题进行深沉思考，从而参与历史的创造。严昌洪教授写下的这段文字，称得上是对章开沅先生突出贡献的准确概括。

在庆贺章开沅先生九十华诞之际，我们遵从章先生本人的意愿，不举行任何祝寿活动，只是以这套十余卷的大型文集和另一部正在编辑的纪念文集，表达研究所以及学界同仁的良好祝愿。这部文集能够得以出版，应该感谢具有学术传承使命的华中师范大学出版社。范军社长等出版社领导，主动提出出版章开沅先生文集的意向，并征得章先生同意，随即与近代史研究所多次商议相关具体事宜，最终确定了文集的编辑方案，而且愿意不计成本，制作装帧精美、印刷优良的图书精品，为章开沅先生九十华诞奉献一份厚礼。

《章开沅文集》的顺利编辑出版，再次集中体现了我们研究所在章开沅先生的开创与培育下所形成的优良学术传统。多年来，研究所全体人员除各自拥有自己的专攻研究领域之外，也形成了积极合作、共同从事重大项目研究的传统，由此推出了一部又一部大型学术成果，受到史学界好评。该文集的收集整理与编辑，尤其是增补注释内容，工作量较大，单靠一二人将耗时甚久，只有研究所全体人员共同分担，才能在较短的时间内完成任务。不仅如此，文集如何分卷、各卷内容如何排列，以及相关各方面一系列具体技术问题的处理，研究所全体整理编辑人员曾经多次开会讨论，运用集体智慧一一予以解决。

具体负责文集各卷相关编辑整理工作的人员名单如下：第一卷至第三卷：何卓恩、许小青、付海晏、章博；第四卷和第五卷：田彤；第六卷：周月峰、徐炳三；第七卷：彭剑；第八卷：严鹏；第九卷和第十卷：郑成林、刘莉；第十一卷：魏文享。此外，刘莉承担了与出版社的相关联络事宜，黄丽为各卷文章的收集付出了努力，各卷编辑者所指导的研究生也参与承担了不少具体工作。在此，一并表示衷心感谢。

最后，还有几个具体问题需要略予说明。

第一，收入文集的早期著作与论文，由于当时在注释的完整性要求上与现今相比较并不十分严格。对于这种情况，我们虽尽量进行了补充，力图按照现在的规范要求，使注释达到完整的程度。但由于受客观条件限制，仍有少数注释没有达到这一要求，敬请读者谅解。

第二，文集中涉及的我国历代纪元按要求应该在其后加注相应的公历年，但考虑到公历年与阴历年并非一一对应，为避免错讹，一律不加注。

第三，由于文集所收各著作均在当时特定的历史条件下写就，有些观点不免带有时代的痕迹，为尊重历史，文中均一仍其旧。

“历史是已经划上句号的过去，史学是永无止境的远航。”章开沅先生的这一题词，是勉励我们后辈学人在学术研究的艰难道路上不断前进的持续动力。

朱　英

2015 年 2 月春节写于桂子山